뉴노멀, 초연결, 플랫폼시대의

평생교육프로그램개발

평생교육프로그램개발

FOR
NEW NORMAL,
PLATFORM

LIFELONG EDUCATION PROGRAM DEVELOPMENT

한국평생교육박사연구회

| 권진하 · 고근영 · 김한준 · 서보람 · 이석진 |

dm 동문사

추천의 글

앞으로 평생학습의 중요성이 그 어느 때보다도 중요해지고 있는 상황에서 평생교육의 이론과 실제를 총망라하고 있는 평생교육서의 발간은 매우 시의적절하다 생각합니다. 이번 평생교육서의 구성은 평생교육의 핵심적인 분야를 모두 다루고 있으며, 평생교육학 전공으로 박사학위를 취득한 전문가에 의해 집필되었다는 점에서 특별한 의미와 장점을 지니고 있습니다. 특히 예비 평생교육 전문가와 현장에서 일하고 있는 평생교육 실무자들뿐만 아니라 평생교육에 관심을 가지고 있는 일반인들에게도 훌륭하고 유익한 지침서가 될 것입니다.

숭실대학교 평생교육학과 교수 유기웅

희망과 두려움을 동시에 안고 우리 곁에 다가온 4차 산업혁명시대가 벌써 몇 해 지났습니다. 이제는 하루를 배우지 않으면 그 다음 날을 살아가기 버거울 정도로 평생교육은 그렇게 일상처럼 우리의 삶에 깊이 파고들어와 있습니다. 그러나 온갖 기술의 발전이 우리의 삶을 대신 살아줄지라도 배움의 길은 그 누구도 대신 걸어줄 수 없습니다.

숭실대학교 평생교육학과가 창설된지 어언 사반세기를 목전에 두고 이곳에서 수학한 뛰어난 동문 학자들이 정성스럽게 옥고를 다듬어 평생교육사 필수 5과목의 교재를 여러분 앞에 내놓습니다. 평생교육과 산업교육현장 그리고 학계에서 전문성과 명성을 쌓은 25인의 평생교육 전문가가 심혈을 기울여 집필한 본 교재는 평생교육의 이론과 실제에 관한 지식과 정보를 그 어느 교재보다 체계적으로 전달해 줄 것입니다.

숭실대학교 평생교육학과 교수 이기성

우리 인류의 삶에서 그 어느 한때도 끊임없이 배우지 않으면 안 되는 시기는 없었지만, 오늘날과 같이 그토록 치열했던 시기는 없었습니다. 이러한 시대적 배경 아래에 평생교육의 실천 담론을 확장하는 옥저의 출간을 진심으로 축하합니다. 특히 이 저서는 오랜 기간 평생교육 현장에서 몸으로 체화된 저자들의 지혜가 담겨있다는 점에서 이 저서가 평생학습 사회의 확장에 일익을 담당할 수 있기를 기대합니다.

숭실대학교 평생교육학과 교수 전주성

인간은 '되어가는 존재'로서, 끊임없이 '나를 나로' 만들어나가기 위해 학습합니다. 평생학습은 나를 나로 만드는 중대한 기제입니다. 시의적절하게 평생교육의 이론과 실천의 확장을 도모하는 저서가 출간된 것을 축하합니다. 아무쪼록 이 저서가 우리 사회의 집단적 평생학습역량을 향상시키는 데 도움이 되길 기대합니다.

숭실대학교 평생교육학과 교수 이경화

평생교육 전문가로서 뜨거운 열정과 평생학습자들을 위해 정성으로 빚어낸 5권의 멋진 작품에 힘찬 박수와 큰 감사를 드립니다. 평생교육사 자격의 수준을 업그레이드시키는 절묘하고 확실한 제안으로 5권의 역작을 출판하게 된 것을 열렬히 지지하고 또 환영합니다. 숭실대학교 교육학박사(평생교육전공)들을 대표해서 바쁜 일정과 어려운 시국 상황을 잘 견뎌내며 훌륭한 저작활동을 해내신 25분의 박사님들 한 분 한 분에게 다시 한 번 큰 포옹과 박수를 보냅니다. 이 책들이 우리 사회가 좀 더 행복한 평생학습 사회로 발전하기 위한 선진개척자로서 큰 역할을 수행할 것이라 굳게 믿습니다.

숭실대학교 평생교육학과 교수 최성우

지금의 교육은 받을 수 있는 기본 권리에서 평생에 걸쳐 학습할 권리인 평생학습권을 강조하고 있습니다. 평생학습은 누구도 소외됨 없이 양질의 학습 권리를 보장받아야 하는 보편적 정당성을 갖는 기본적 인권으로 강조되고 있습니다. 평생교육은 기본적으로 사회의 변화와 함께 하며 우리의 삶과 밀착되어 변화에 적응하고 성장할 수 있도록 지원합니다. 본 교재는 평생교육을 통해 삶의 역동적 변화와 성장을 체험한 실천현장 전문가들이 각각의 전문분야를 중심으로 기술한 교재입니다. 이론과 실제 그리고 현장에서 직접 활용할 수 있는 내용으로 예비 평생교육인들의 성장과 역량 향상에 도움을 줄 것입니다.

숭실대학교 교육대학원 평생교육, HRD전공 교수 김남숙

머리말

4차 산업혁명이 이끄는 탈산업화, 지식기반사회 등 사회 변화의 주기가 점점 짧아지고 있으며, 이는 인류의 라이프스타일은 물론 미래까지 바꾸고 있음을 쉽게 느낄 수 있다. 이와 함께 지식과 정보, 의학의 발달로 인한 인간 평균 수명의 연장 등의 새로운 사회적 변화는 현대인의 삶 속에 지속적인 자기개발과 성장을 이끌게 되었고 평생학습, 평생교육이라는 단어는 어디서나 쉽게 접하는 용어가 되었다. 평생교육의 참여학습자가 점점 광범위해지면서 그들의 교육적 욕구를 충족시켜 줄 수 있도록 교육프로그램을 기획하고 운영하는 프로그램개발에 대한 전문성이 더욱 필요한 시점이다. 특히 코로나19라는 새로운 상황 속에서 평생교육 학습자의 학습권이 침해되고 있음은 물론 개인주의 중심의 일상적인 삶이 지속되고 있다. 이러한 환경 속에서 위기를 기회로 바꾸어 더 많은 학습자가 참여할 수 있도록 평생학습을 촉진하는 기회로 이끌고 비대면 상황을 극복하는 인간적인 상호작용이 이루어질 수 있는 다양한 프로그램의 개발과 운영이 필요한 시점이다. 이와 같은 현장의 필요성을 바탕으로 본 교재는 평생교육을 전공하는 평생교육 학도들 그리고 평생교육의 현장에서 활동하고 있는 평생교육 실천가들이 시대적인 변화에 초점을 맞추고 다양한 교육프로그램을 개발하는 데 필요한 지식과 능력을 갖추는 데 도움이 되고자 집필되었다.

1장에서는 평생교육과 평생교육프로그램개발의 필요성, 평생교육프로그램의 유형, 국가와 지방자치단체의 평생교육프로그램개발 지원 등 평생교육프로그램 개발에 앞서 갖추어야 할 간단한 정보를 기술하였고, 2장에는 전통적 이론, 상호작용 이론, 정치적(비판적)론, 체제 이론에 대하여 살펴보았다. 3장에서는 CBCD, DACUM, IMPACT, ADDIE, ASSURE, Dick & Carey 모형과 체제 분석적 접근법, 선형적 접근법, 비선형적 접근법, 통합적 접근법, 비통합적 접근법에 대하여 살펴보았으며, 4장에서는 프로그램의 기획에 있어 그 필요성을 기초로 하여 개발팀을 구성하고 개발의 절차와 일정을 수립하는 데 필요한 내용을 담았다. 5장에서는 요구 분석에 대한 이론을 바탕으로 요구 진단도구와 우선순위를 결정하는 방법을 기술하였고, 6장에서는 교육목표를 설정하고 진술하는 구체적인 방법을 다루었다. 7장에서는 평생교육프로그램의 학습내용과 학습방법을 잘 전달하기 위한 다양한 교수·학습방법을 함께 살펴보았고, 8장에서도 역시 교육내용을 잘 전달하기 위해 필요한 교수매체와 학습자료에 대한 내용을 다루었다. 9장에서는 평생교육프로그램운영에 필요한 인적, 물적, 재정 자원에 대하여 기술하였고, 10장에는 프로그램의 마케팅 단계 및 홍보 전략에 대한 내용을 담았다. 이어서 11장에서는 프로그램의 운영방법과 평가방법을 이론을 바탕으로 기술함으로써 평생교육프로그램개발의 절차를 전부 다루었다. 12장에서는 우리나라 평생교육프로그램개발의 동향을 살펴보았으며, 13장에서는 우리나라 평생교육프로그램개발의 현황과 앞으로의 과제를 기술하여 우리가 앞으로 나아가야 할 방향에 대하여 함께 생각하고자 하였다. 마지막으로 14장과 15장에서는 구체적인 프로그램개발 사례를 제시하여 본 교재에서 다룬 모든 내용을 정리할 수 있는 장으로 제시하였다. 각 장의 끝부분에는 연구문제를 제시하여 보충학습을 위한 기회를 제공하였다.

본 교재가 우리나라 평생교육프로그램개발의 모든 것을 말할 수는 없지만, 평생교육프로그램개발에 관심을 두고 있는 연구자와 실무자 그리고 학생들에게 유용한 가이드가 될 수 있기를 기대한다.

끝으로 본 교재를 집필하는 데 도움을 주신 숭실대학교 평생교육학과 박사연구회에 감사드리며, 아울러 본 교재 집필에 귀한 가르침을 주신 기영화 교수님, 김진화 교수님, 신용주 교수님께도 감사드리고 출판계의 어려운 현실에도 불구하고 이 책의 출판을 허락해 주신 동문사 이중수 사장님과 관계자 분들에게도 감사를 드린다.

2021년 7월

저자 일동

차례

CHAPTER 01

평생교육과 프로그램의 이해

제1절 평생교육과 평생교육프로그램

제2절 평생교육프로그램개발의 필요성

제3절 평생교육프로그램의 유형

제4절 평생교육프로그램개발의 지원

제1절 평생교육과 평생교육프로그램

1. 평생교육

UNESCO의 '성인교육발전을 위한 국제위원회(International Committee for the Advanced of Adult Education, 1965.12)'에서 Lengrand이 평생교육(Lifelong education)이라는 용어를 처음 사용한 이후, UNESCO에서는 '국제교육의 해(1970)'에 Lengrand의 이념을 구체화시킨 「평생교육입문」(An Introduction to Lifelong Education)을 발간하였다. 이어서 UNESCO는 1972년 평생교육의 비전으로서 「존재를 위한 학습」(Learning to be)을, OECD에서는 1973년 평생교육의 전략으로 「순환교육」(Recurrent Education)을 선언하면서 평생교육에 대한 서막이 시작되었다.

우리나라의 평생교육은 유네스코를 통해 1970년대 초반 삶(Life), 평생(Life-long), 교육(Education)이라는 용어로 소개되었고, 1980년 「헌법」 제31조에 '국가는 평생교육을 진흥하여야 한다'는 조항이 추가되면서 본격적으로 시작되었다. 이후 1982년 12월에 「사회교육법」을 제정하였고, 1999년에는 「평생교육법」으로 법명을 개정하면서 법 내용을 전부 개정하였다. 이후 교육부에서는 2007년 평생교육에 대한 사회적 수요가 확대됨에 따라 평생학습 시대가 요구하는 교육복지국가(Edutopia)를 만들기 위해 「평생교육법」을 전면 개정하였다. 이렇듯 평생교육이 조직적으로 강조되기 시작한 것은 겨우 반세기에 불과하다. 평생교육의 개념은 학자와 나라, 그리고 시대에 따라 다양하게 정의되어 왔다. 그리고 이러한 개념은 교육대상과 교육범위가 넓어짐에 따라 확대되어 갈 것이다.

우리나라의 경우 평생교육을 "출생할 때부터 사망할 때까지 평생 동안 이루어지는 교육"이라는 넓은 의미의 개념으로 보는 견해도 있고, 평생교육을 사회교육이나 성인교육과 동일한 개념으로 이해하는 좁은 의미의 개념으로 보는 견해도 있다.

유네스코 한국위원회(1973)는 "평생교육이란 문자 그대로 평생을 통한 계속적인 교육을 의미하며 급변하는 현대사회에 있어서 한편으로는 일정 연령층을 대상으로 하는 한정된 기간의 교육으로서의 학교교육과 다른 한편으로는 조직화되지 못한 비효율적 상태로 방치되어 있는 사회교육의 기능을 다 같이 개편·

강화하고, 한 사회가 가지고 있는 교육자원을 효율화함으로써 교육 역량의 극대화를 지향하려는 노력을 의미한다."라고 정의하였다.

현재 우리나라 「평생교육법」에서는 아직까지 과거 「사회교육법」에서 사용한 '학교교육을 제외하고 국민의 평생교육을 위한 모든 형태의 조직적인 교육활동을 말한다.'로 협의의 개념으로 평생교육을 정의하고 있다. 즉, 현재 「평생교육법」 제2조 제1항에서도 평생교육을 '학교 교육을 제외한 모든 형태의 조직적인 교육활동'으로 평생교육의 개념을 정의하고 있다.

우리나라는 평생교육을 「평생교육법」에서 규정하면서 학교의 정규 교육과정은 평생교육에서 제외하고 있다. 비록 평생교육을 정규 학교의 교육과정에서 이루어지는 이외의 교육 즉 학교에서 우연적 이거나 자연발생 교육들은 평생교육의 범주에 들지 않는다고 보는 것이다.

평생교육은 국가에서 국민들에게 바람직하다고 판단되는 자질을 향상시키기 위해 실시되는 것이다. 그리고 평생교육이 모든 교육운영에 중심이 된다는 것을 분명히 규정할 필요가 있다. 따라서 적어도 법규상으로는 교육의 기회를 아동(유아) 및 청소년뿐만 아니라 청·장년과 노인으로 확대하고, 인간의 발달 단계상의 모든 국민이 평생교육의 학습대상에 포함하는 것을 분명히 하여야 한다.

표 1-1 우리나라 시대별 「평생교육법」 역사

시대별	주요내용
1980년대	• 1980년 헌법에 '국가의 평생교육진흥 의무' 명문화 • 1982년 「사회교육법」 제정 공포
1990년대	• 1990년 정부조직법 개편, 교육부장관에게 평생교육 관련 업무 수행 의무 명시 • 1990년 「독학에 의한 학위취득에 관한 법률」 제정 • 1997년 「학점인정 등에 관한 법률」 제정 • 1999년 「사회교육법」에서 「평생교육법」으로 개정
2000년 ~2007년	• 2007년 「평생교육법」 전부 개정 ※ 2002년 「인적자원개발기본법」 제정
2008년~ 2017년	• 「평생교육법」 일부 개정 - 2009년 평생학습 계좌제 기반 마련 - 2013년 '평생교육사 자격제도와 운영 기관'의 일원화 - 2014년 '문해교육 개념' 확장 및 지원 / 각 지방자치단체 읍면동 '평생학습센터' 운영지원

	- 2015년 지방자치단체의 '학교형태 평생교육시설' 보조금 지원 - 2016년 '문해교육 지원체계 및 문해교육센터' 설치 / '장애인 평생교육 지원'과 '국가장애인평생교육진흥센터' 설립 - 2017년 장애인평생교육 지원근거 마련
2018년~2024년	• 2021년 평생교육바우처 발급 및 사용관련 제도적 기반, 평생교육 통계조사 기반, 장애인 평생학습도시 관련 규정 마련 • 2023년 성인 진로개발역량 향상교육 실시 • 2024년 중앙행정기관도 연도별 평생교육진흥시행계획을 수립·시행, 장애인평생교육시설에서 장애 유형별 맞춤형 평생교육프로그램을 의무적으로 운영, 국가·지방자치단체 및 시·도교육감이 노인평생교육시설을 설치 또는 지정·운영, 지방자치단체가 지역사회 주민이 평생학습을 주된 목적으로 자발적으로 참여하는 모임의 활동을 지원, 평생교육사의 배치 현황, 보수 수준 및 지급 실태 등에 관하여 3년마다 실태조사, 교육부장관은 평생교육기관의 신청에 따라 기관 및 교육과정의 운영을 평가하거나 인증

출처: 교육부(2024) 재구성.

2. 평생교육프로그램

1) 교육프로그램

(1) 프로그램

프로그램의 일반적 의미는 진행계획이나 순서를 이르는 말로, 조직화된 행사나 훈련 프로그램과 같이 시간에 걸친 것으로 앞으로 진행될 절차, 사건 순서, 활동을 의미한다. 교육적 의미는 특별한 교육목표를 달성하기 위하여 계획된 학습경험의 연속으로 교육목표, 교육내용, 교육방법, 교육활동, 교육매체가 하나로 결합된 교육적 실체를 의미한다.

정은주(2012)는 프로그램의 명칭을 학습대상자들에게 제공할 때 표면적으로 나타나는 프로그램 제목으로 보고 있고, 프로그램의 주제는 교육을 실시할 때 중심이 되는 교육내용으로 핵심이 되는 제목이라고 하였다. 프로그램의 내용은 교육기관이 프로그램을 실시할 때 교육대상자들에게 제공하는 구체적인 교육내용이다. 프로그램의 목적은 교육대상 프로그램을 실시하는 업무담당자가 계획한 구체적인 목적으로 프로그램을 통해 실현하려는 방향을 뜻한다고 하겠다. 프로그램의 대상은 교육프로그램을 통해 제공받는 직접적인 수혜자를 말하며, 프로그램의 장소는 교육프로그램이 이루어지는 교육기관을 지칭한다. 그리고 프로그램 형식은 각 프로그램의 외형적인 특징을 나타내며, 다양한 단일 프로그램들이 모여서 하나의 사업적인 측면을 이루는 것으로 복합 프로그램 또는 단일 프로그램을 구분하는 요소이다.

교육프로그램은 전통적인 인쇄매체로 제작된 문서화된 자료나 텍스트로 보고 있으며, 학습목적, 학습목표, 학습 프로그램 내용, 교수 학습방법, 학습 진행과정, 학습매체 등이 하나의 체계화된 시스템으로 나타나는 총체적인 구성체이다.

(2) 프로그램과 커리큘럼

일반적으로 평생교육에서 프로그램을 학교교육의 커리큘럼과 같은 의미로 받아들여지고 있으나 프로그램은 상황에 따라 변화가 가능하므로 커리큘럼과 다른 특징이 있다. 커리큘럼이란 정규 교육기관 등에서 교육과정을 이수하였을 때 사회가 인정하는 자격증이나 졸업장을 수여한다. 이에 비해 프로그램은 교육과정 등을 이수하면 이수증을 받지만 이것이 모든 사회 구성원들로 부터 인정받지 못하는 경우가 많다. 커리큘럼은 교육과정 수준에 따라 교육대상자들을 한정하는 경향이 있지만 프로그램은 어떠한 제한도 없으며 주로 성인대상의 교육과정인 경우가 많다. 또한 커리큘럼은 확정된 교육목적이 있고 커리큘럼과 연계되어 교육목적이 설정되지만, 프로그램은 실제로 성인들의 필요와 문제해결에 대한 다양한 목적들로 존재한다.

커리큘럼은 교육프로그램에 비해 행동적인 학습의 형태로 전개되는 경향이 있다면, 교육프로그램은 교육대상자들의 다양한 욕구를 충족시키기 위한 형태로 나타난다.

프로그램과 커리큘럼을 비교해 보면 주요 관점, 학점의 부여, 설계자, 주제 등에서 차이가 있다. 즉 프로그램은 학습자들의 개인적 경험을 최대한 활용하며 이를 통한 요구에 적극 부응한다는 특징이 있고, 커리큘럼은 학습목표나 학습활동이 명백히 제시되고, 학습내용이 체계적이며 조직화된 계열성을 지닌다고 할 수 있다.

표 1-2 프로그램과 커리큘럼의 비교

구분	커리큘럼	프로그램
주요관심	교과목 위주	개인적 문제와 요구
학점	학점화	비학점화
설계자	선정된 전문가와 자문위원	학습자와 평생교육사
주제	전문가에 의해 학습자에게 필요하다고 판단되는 지식, 기술, 태도, 가치 등	학습자의 특정한 요구나 문제해결에 도움이 되는 것
초점	내용중심	문제 및 과제중심
장점	학습목표나 활동이 명백히 제시되며, 학습내용이 체계적이고 조직화된 계열성을 지님	학습자의 개인적 경험을 최대한 이용하며, 이를 통해 요구에 적극 부응함

출처: Niemi, J. A., & Nagle, J. M.(1977); 기영화(2010) 재인용.

(3) 교육프로그램

교육프로그램이란 교육목적이나 목표가 설정되면 그 목적을 달성하기 위한 활동계획이다. 즉, 교육목적 혹은 교육목표를 달성할 수 있도록 누가, 언제, 어디서, 어떤 내용으로, 어떠한 대상자들에게, 어떻게 교육을 할 것인가에 대한 단기적 또는 장기적 연도별 활동을 개략적 또는 체계적으로 작성한 운영계획인 것이다. 그러므로 프로그램의 목적이 달성되기 위해서는 활동계획을 포함하여 활동을 지도하는 구체적 계획과 지침 및 내용을 포함시킨다.

토마스(Thomas, 1964)는 교육프로그램이 굉장히 모호하고 광범위하여 사용하는 사람의 수만큼 다양하다고 하였다. 보일(Boyle, 1981)은 프로그램을 "다양한 기관들의 모든 교육활동을 총칭한다"라고 하고, 코왈스키(Kowalski, 1988)는 "조직적·의도적인 학습활동의 설계, 환경, 조직, 프로그램, 학습자 간의 상호작용"이라고 하였으며, 슈뢰더(Schroeder, 1970)는 교육프로그램을 지역사회에서 이용할 수 있는 모든 교육적 활동, 조직이나 기관에서 사람들에게 제공하는 모든 교육적 노력, 특정한 집단을 위해 설계된 교육적 활동, 이러한 활동들을 서로 연결시키려는 사회적 활동으로 의미를 부여하고 있다.

김한별(2015)은 교육프로그램을 형식과 내용에서 관심이나 전문성을 가지고 사람들이 자신이 처해진 사회적 맥락에서 구성하고 있는 체계화된 실체이다.

그리고 더 나아가 교육프로그램을 계획적이고 선정된 일련의 학습경험을 조직적으로 제공하여 학습자, 지역사회, 나아가 사회 전체의 변화를 실현하는 매개체라고 하였다.

2) 평생교육프로그램

기영화(2002)는 평생교육프로그램을 목적, 대상, 내용, 구성범위 등 그 기준에 따라 다양하게 정의되고 있으며 다차원적인 개념으로 정의하였다. 그리고 김진화(2012)는 평생 교육프로그램을 평생교육기관에서 개설하고 운영하는 다양한 프로그램으로 어원적, 활용적, 내용적, 교수학습의 과정에서 파악하였다. 평생교육프로그램은 평생교육의 문화콘텐츠로서 가치의 중요성이 평가되고 있으므로 학습기관, 학습자, 조직적 학습이라는 특성을 고려하여 정의되어야 할 것이다.

평생교육에서 사용되는 프로그램은 교육내용과 학습과정을 중시하는 '커리큘럼(Curriculum)'이나 '코스(Course)'에서 그 내용과 형식에서는 약간의 차이도 있지만 유사한 점도 많다. 평생교육프로그램은 그 교육과정이 일정하지 않고 내용과 형식도 다양하며, 각 교육과정 자체가 순서대로 제시된 하나의 계획이자 내용이다.

따라서 평생교육프로그램은 평생교육 환경 속에서 일정한 목적을 실현해 나가는 일련의 관련된 많은 요소(학습목적, 학습내용, 교수학습방법, 프로그램 전개과정, 학습체제, 시설, 홍보 등)들을 교육목적에 맞게 구성시켜 놓은 시스템을 말하는 것이라 할 수 있다.

또한 평생교육프로그램은 평생교육기관이 학습자의 성장과 발전을 돕고 기관의 비전과 지식과 경험을 포함한 학습목적을 실현하기 위해 평생교육과정을 체계적으로 개발하여 수립하는 일련의 학습지원활동의 사전계획이다.

표 1-3 학자별 평생교육프로그램 개념

구분	평생교육프로그램 개념
Verner (1964)	정해진 기간에 특정한 학습목적을 달성하도록 고안된 학습경험
Schroeder (1970)	특정 집단을 위해 설계된 교육활동, 이러한 활동들을 연계하는 사회활동, 즉 학습자들의 학습 요구를 기관 또는 조직과 연결하는 역할

구분	평생교육프로그램 개념
	• 성인들이 지역사회에서 활용할 수 있는 모든 형태의 교육적 활동 • 기관이나 조직에서 성인 대상 교육을 위한 노력 • 교육기관에서 특정 집단을 위해 설계된 교육 활동 • 이러한 교육활동들을 서로 연계시키려는 사회적 활동
Knowles (1978)	자율적이고 독립적이며 책임감을 지닌 성인 남녀가 참여하는 조직적, 의도적, 지속적인 형태의 성인학습행위를 실현하는 수단
Boyle(1981)	다양한 기관들의 모든 활동을 총칭
Kowalski (1988)	조직적이고 의도적인 학습활동의 설계로서 환경, 조직, 프로그램, 학습자 간의 상호작용
기영화 (2002)	개인, 조직, 사회의 변화요구를 충족시키는 매개체이자 실행수단으로써 학습자의 참여를 결정짓는 요인
김창섭 (2014)	• (광의) 모든 장소, 시간, 형태, 규모, 즉 삶의 영역에서 일어나는 인간의 모든 학습활동 • (협의) 특정 내용을 학습하기 위한 각각의 개별학습과정에서부터 특정 조직에서 제공하는 모든 형태의 학습활동

출처: 기영화(2002), 김창섭(2014) 재구성.

3) 평생교육프로그램개발

평생교육프로그램개발은 평생교육기관과 잠재적 학습고객과의 공동의 협력과 노력을 통해 정보와 자원을 습득하고, 나아가 일정한 절차와 순서에 따라서 프로그램을 설계하며, 그 교육프로그램을 학습자에게 제공하고 최종적으로 그 효과를 평가하며 나아가 그 프로그램을 개정하는 과정이라고 할 수 있다.

평생교육프로그램개발과 유사한 개념으로 프로그래밍, 교육개발과정 등이 있으며, 프로그램의 구체적인 형태는 교육체계, 교육내용, 교육운영, 교육자료 등이 있다.

프로그램개발의 기본원리로는 창조성, 현실성, 논리성이 있어야 한다. 평생교육기관과 평생교육자 및 학습자들은 기획-개발-실행-평가를 위해 개별적 혹은 집합적 노력 또는 활동을 하여야 한다. 특히 평생교육기관이나 운영자 입장에서는 보다 많은 잠재적 고객(평생교육생)들의 참여 확대를 고려하여야 한다.

훌(Houle, 1972)은 프로그램개발에 학습목표의 설정, 교육활동 가능성의 확인, 진행계획표 작성, 목표의 확인 및 조정, 프로그램 내용의 조직, 프로그램 실행,

결과의 측정과 평가를 포함한다고 하였다.

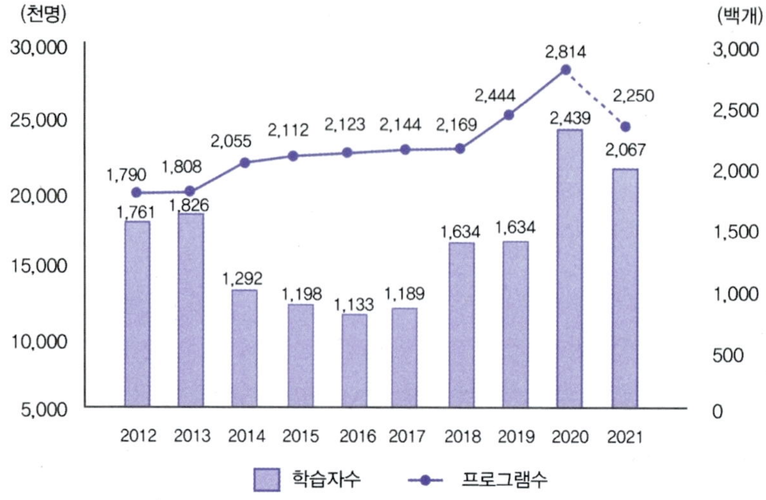

그림 1-1 연도별 평생교육프로그램 수 및 학습자수

출처: 교육부(2022).

3. 평생교육프로그램의 성격

분(Boone, 1985)은 프로그램개발의 성격을 미래지향적인 활동, 적극적이고 능동적인 행위, 평생교육기관의 효율성 증대 기능 수행 그리고 관련 정보를 수집 분석·요구확인·사정분석하는 연속적이며 단계적인 과정으로 설명하였다.

평생교육프로그램의 성격은 형식면에서 자유로우며 개방적이고 탄력적인 형태이다. 그리고 평생교육프로그램은 앞으로 전개될 행동들을 예측하여 미래 행동과정을 사전에 수립해가는 미래지향적인 성격이 있으며, 최종적으로 실현되거나 도달하려는 결과로 목표를 명확하게 제시하는 목표지향적인 성격도 가지고 있고, 구체적 목표의 효율적인 달성과 최적의 전략을 선정하여 합리적이며 구체적인 방안을 모색하거나 제시하는 수단적인 성격을 가지고 있다.

일반적으로 프로그램은 구체화된 목표를 효율적으로 성취하기 위한 최적의 전략보다 구체적이고 합리적인 방안을 의식적으로 모색하여 제시하는 수단적인 성격을 지닌다.

프로그램개발자는 평생교육프로그램의 목표를 구체적이고 효율적으로 달성하기 위한 최적의 전략을 선정하여야 한다. 그리고 합리적이고 구체적인 방안을 의식적으로 모색하여야 한다. 또한 프로그램개발을 위해 제시하는 수단적인 성격이나 실제 행동을 전제로 하는 행동지향적인 성격 그리고 시간적 연속상태를 내용으로 하는 동태적 성격도 지닌다.

따라서 평생교육프로그램의 성격을 단순히 개인학습자에 한정하지 않고 집단과 지역사회도 그 대상으로 하면서 교육내용을 교과서나 학문중심적인 것보다는 실생활과 밀접한 연관성이 있는 것으로 하였다.

4. 평생교육프로그램개발의 조건

오만록 외(2002)는 평생교육프로그램을 학습자들의 욕구충족과 문제해결을 도와 삶의 질을 향상시키고, 넓게는 사회·국가의 문제를 예방하거나 해결하며 그 발전을 촉진시키는 데 근본적인 목적이 있다고 하였다.

평생교육프로그램의 조건들은 여러 시간대에 걸쳐 다양한 수준들을 포함하여 보편적인 요소로 구성되어야 한다. 구성요소들로는 성인 학습자와 학습자집단의 요구에 대한 기술, 프로그램목표의 기술, 기술된 목표를 성취하고 기술된 요구를 충족하기 위한 교육전략의 기술이 있다. 그리고 장기적 프로그램과 단기적인 활동계획을 포함하고 있으며, 위계적인 순서를 지니고 있어야 한다.

이러한 평생교육기관과 학습자의 요구에 부합하는 평생교육프로그램개발을 위한 조건으로, 먼저 학습자들을 위해서 프로그램에 대한 높은 호응도, 참여자들의 만족도, 지역사회에서의 가시성·신뢰성·신용도, 참여교육의 중요성, 참여자의 높은 관심과 참여이다. 그리고 평생교육기관을 위해서는 경제적 후원자들의 만족도, 재정적 목표의 달성, 후원자들을 위한 부수적인 수익증대, 참여자들에 대한 부수적 수익증대, 계획자 또는 교수자의 만족도 등이 있어야 한다.

5. 평생교육프로그램의 구성요소

김진화(2012)는 국가의 평생교육 확산과 더불어 국민들의 평생교육 욕구가 가정, 학교, 지역사회 나아가 일터 등에서 확대됨에 따라 평생교육 분야가 다양하게 확대되고 있으며 평생교육의 사회적 확산은 평생교육프로그램에 대한 수요와 공급의 양적·질적 조화에서 비롯된다고 하였다.

교육기관은 평생교육프로그램들이 목표와 목적을 달성할 수 있도록 프로그램의 필수적인 구성 요소들을 갖추도록 준비하여야 한다. 프로그램이 최소한의 구성요소를 갖출 때 드디어 의미를 갖게 된다. 성공적인 평생교육프로그램을 위해서는 시간적으로는 적절하면서 혁신적인 주제가 필요하며, 효과적인 교수기법과 훌륭한 교육프로그램 및 효과적인 프로그램개발자도 필요하다. 그리고 효과적인 교수설계와 훌륭한 교수자가 있어야 한다. 또한 삶에 초점을 둔 현실적인 학습내용과 우호적이고 편안한 학습 분위기 그리고 학습자의 욕구충족과 적극적인 교수지원을 들 수 있겠다.

오만록(2005)은 평생교육프로그램의 일반적인 필수 구성요소로 ① 주체(Who : 개발자, 관리자, 실행자), ② 대상(Whom : 학습자, 참여자), ③ 목적 및 목표(Why : 교육목적 및 목표), ④ 활동내용(What : 교육과정, 교육내용), ⑤ 실행방법 및 활용매체(How : 교육방법), ⑥ 평가활동(How much), ⑦ 실행 장소 및 시설·설비(Where), ⑧ 실행시기와 기간(When), ⑨ 예산 등을 제시하였다.

평생교육에서 프로그램개발은 평생교육기관의 특성, 프로그램의 유형, 프로그램의 단위, 프로그램개발자의 특성, 학습고객체제 형태 등에 따라 다양한 양상을 보이고 있다.

또한 평생교육프로그램개발은 인적, 물적, 기법, 절차 등 프로그램개발의 과정에 관련되는 구성요소에 따라 다를 수 있다.

제2절 평생교육프로그램개발의 필요성

평생교육프로그램에 대한 관심은 시대와 사회의 흐름에 따라 다양하게 확산되어 왔다. 현대인은 개인의 자아실현, 직업적 역량개발, 취미 등 생활문화의 향유를 목적으로 평생교육프로그램에 관심을 보이고 있다. 그동안 평생교육프로그램은 정규학교교육의 과정에서 상위단계로 진학에 어려움을 겪고 있는 사람들을 위한 다양한 프로그램으로 운영되어 왔다.

현재의 많은 기관 및 단체들은 교육프로그램에 대한 수요가 급속히 증대되는 시점에서 각 기관의 경영전략 차원에서 평생교육에 관심을 보이고 있다.

평생학습은 국가 또는 개인만의 문제가 아니라 사회적 공적 과제로서 지식정보화 사회에서 국가가 국민에게 제공해야 하는 새로운 기능이다. 즉 국가의 국민에 대한 책무로 부각되고 있다. 따라서 지식정보화 사회에서 평생교육프로그램을 단순한 평생교육기관에서 고객에게 제공하는 서비스나 상품 가치를 초월한 지역의 중요한 자산이며, 나아가 국가의 시대적 유산이라 할 수 있다.

기영화(2010)는 성인교육프로그램을 개인, 조직, 사회의 변화요구를 충족시키는 매개체이자 실행수단이라 하였다. 프로그램은 당초 의도한 변화를 주도하는 전체 과정과 그 세부 실천전략을 보여주는 설계도이다. 상황변화에 따라 각기 다른 설계도가 그려지고, 서로 다른 프로그램으로 개발된다. 다양한 프로그램은 성인교육에의 참여를 결정짓는 요인이 된다. 성인교육의 확대는 성인교육활동을 조직, 개발, 관리하는 프로그램개발의 필요성을 증가시켰을 뿐만 아니라 프로그램개발을 성인교육의 핵심 분야로 만들었다.

김진화 외(2011)는 평생교육프로그램개발은 평생학습의 중요한 요소이며, 평생교육프로그램은 평생교육기관의 정체성과 활성화 차원에서 중요한 전략적 요소로서 역할을 한다고 하였다. 평생학습자들은 평생교육프로그램을 통해 학습할 기관을 선택한다. 따라서 평생교육기관들은 변화하는 사회에 대응하기 위해 현대인의 요구와 필요를 충족시킬 수 있는 평생교육프로그램을 제시하여야 한다. 그리고 평생교육기관들은 현대인들이 평생교육을 통해 새로운 변화를 창출할 수 있도록 지원하여야 한다. 왜냐하면 평생교육프로그램의 다양성은 기관의 정체성을 드러내는 수단이며 그 기관의 성과와 직결되기 때문이다.

평생교육기관의 정체성과 활성화 차원에서 평생교육프로그램은 전략적 요소로서 역할을 한다. 변화하는 사회에 적응하기 위한 현대인의 요구와 필요를 충족시키기 위해 평생교육기관은 평생교육프로그램을 대안으로 제시하고 있다. 그리고 현대인이 평생교육프로그램을 통해 욕구를 해소하고 새로운 변화를 창출하도록 지원한다.

평생교육프로그램의 개발은 학습시간과 비용, 학습자의 능력 등 다양한 여건을 고려하여 실현 타당성과 가능성을 바탕으로 해야 한다. 즉, 교육기관은 평생교육프로그램을 학습자의 요구를 적극 반영하고, 평생학습의 활성화에 직접적인 영향을 미치는 요소로 그 중요성을 부각시켜야 한다.

오늘날 다양한 평생교육프로그램의 확산은 평생교육 시대를 만드는데 중요한 역할을 담당해오고 있다. 평생교육프로그램은 학습자, 집단, 사회의 요구를 충족시켜 주며 변화를 이끌어냄으로써 평생교육의 이상과 이념을 실천하는 교육적 수단이자 실체이다. 특히 교육의 내용과 형식에서 다양성과 융통성을 지향하는 평생교육은 장소와 대상의 한계를 극복하며 교육의 일상화와 확대를 추구한다. 따라서 평생교육의 확산과 발전은 진정한 학습을 위한 질 좋은 평생교육프로그램개발과 매우 밀접한 연관이 있다고 할 수 있다.

성인인구 증가에 따라 평생교육에 대한 양적수요 확대로 중앙정부와 지자체가 연계하여 인적자원의 지적 고도화를 뒷받침할 필요가 있다. 오늘날 사회의 변화 속도가 매우 빠르므로 새로운 지식과 정보를 습득할 수 있는 유연한 평생학습체제가 요구되고 있다. 특히 IT 기술의 발전으로 온라인 중심 또는 온-오프라인이 융합된 새로운 형태의 교육모형에 대한 필요성이 대두되고, 교육 공급자-수요자 간 경계가 사라지는 추세로 학습모임 등 새로운 형태의 평생교육 프로그램이 필요하게 되었다.

제3절 평생교육프로그램의 유형

1. 평생교육프로그램 분류의 이해

프로그램에는 프로그램을 이루는 구성 요소가 다양하게 존재한다. 평생교육 프로그램 요소들은 각각의 교육프로그램들에 존재하며, 교육프로그램들 속에서 공통성을 추출하여 나온 것이 평생교육프로그램 분류기준이다. 평생교육프로그램의 분류기준은 각각의 교육프로그램에서 공통성을 선정한 것으로 교육프로그램 요소들 중 하나 또는 그 이상을 추출된 것을 말한다.

교육프로그램의 분류는 각각의 프로그램 속에 제목, 주제, 내용, 형식, 목적, 대상, 장소 등 핵심 요소에 따라 분류되고 교육프로그램 요소의 유사성 및 기능성에 따라 분류된다. 학습자에게 이용과 제공이 편리하도록 유(類)개념과 종(種)개념을 이용하여 프로그램들을 일정한 유형으로 정리하기도 한다. 평생교육기관의 관리적 측면에서 보면 평생교육프로그램에 관한 정보들을 효율적으로 교환하고 관리하기 위해 프로그램들을 일정한 기준을 정하여 체계적으로 정리하는 것이다.

한상훈·박명신(2015)은 교육프로그램의 명칭을 프로그램을 학습고객에게 제공할 때 표면적으로 드러내는 교육프로그램의 제목이며, 대상자는 담당자가 설정한 목적을 통해 실현하려는 일이나 직접적인 수혜자를 말하고, 장소는 교육프로그램이 이루어지는 교육기관이라고 하였다. 형식은 프로그램의 외형적인 특징을 나타내는 것으로, 단일 프로그램들이 모여 하나의 사업적인 측면에서 이루어지는 복합 프로그램인지, 단일 프로그램인지를 구분하는 요소를 말한다(국가평생교육진흥원, 2009).

먼저 「평생교육법」 제1조(정의)에 평생교육의 유형을 보면 학력보완교육, 성인문자해득교육, 직업능력향상교육, 인문교양교육, 문화예술교육, 시민참여교육으로 분류하고 있다.

평생교육기관이 지향하는 목적에 따라 롱(Long, 1983)은 시장 지향 프로그램, 서비스 지향 프로그램으로, 보일(Boyle, 1981)은 개발형, 제도형, 정보형 프로그램으로 구분하였다.

평생교육프로그램의 분류는 평생교육기관에서 작성한 다양한 프로그램 목록들을 기반으로 하고 있다. 평생교육프로그램 목록에는 다양한 속성과 프로그램 요소들을 포함하고 있다. 평생교육프로그램 분류가 잘 이루어지기 위해 프로그램 목록과 프로그램 요소에 대한 이해가 선행되어야하다. 프로그램의 요소는 프로그램의 분류가 이루어지기 전에 평생교육기관에서 작성된 프로그램의 목록에 포함된 속성들을 의미한다.

2. 평생교육프로그램의 분류체계

평생교육프로그램의 분류는 학자들에 의해 오랫동안 많은 관심의 영역이 되어 왔으나 평생교육프로그램의 종류를 누구에게나 인정될 수 있는 합리적인 기준에 근거하여 분류한다는 것은 쉽지 않은 일이다. 왜냐하면 평생교육의 속성, 학습자 혹은 고객의 변화 영역, 평생교육의 목적, 시간, 활동 수준 등과 같은 학습 준거 틀에 따라 다르게 나타나기 때문이다. 이에 많은 학자들은 아주 오래 전부터 프로그램 분류에 대한 관심을 가져왔으며, 학자에 따라 다양한 방법으로 평생교육프로그램 분류를 시도해 왔다.

평생교육프로그램 분류의 원리는 평생교육기관의 담당자가 프로그램 분류를

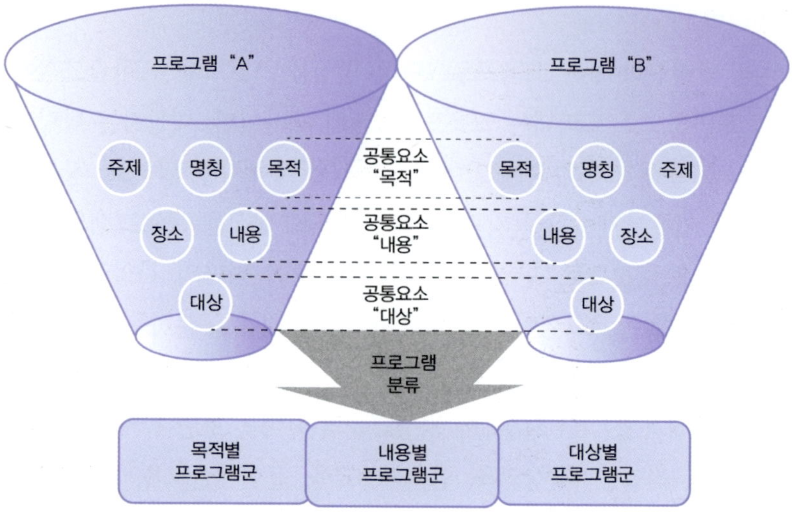

그림 1-2 **프로그램 분류의 기본원리 개념도**

출처: 경기도평생교육진흥원(2016).

전문적으로 수행하는 과정에서 따라야 할 기본적인 규칙이나 원리로, 각각의 프로그램에 포함된 프로그램 요소, 즉 명칭, 목적, 대상, 내용 등의 공통성과 유사성을 탐색하고 통찰하여 일정한 프로그램 군으로 묶어내는 전문 원리를 의미한다.

평생교육프로그램을 효과적으로 분류하기 위해 첫째, 평생교육기관은 프로그램 목록을 제대로 작성하고, 운영한다. 둘째, 프로그램의 분류는 기준이 되는 프로그램에서 프로그램의 명칭, 목적, 내용, 대상, 장소 등에 대한 지식이 잘 정리되어야 한다. 셋째, 프로그램의 분류가 전개되는 단계와 절차는 사람들이 일반적으로 수행하는 분류와 밀접한 관련이 있음을 주지시킨다. 넷째, 프로그램 요소에 포함되는 프로그램의 명칭, 프로그램의 목적, 프로그램의 내용, 프로그램의 대상, 프로그램의 형식, 프로그램의 장소 등을 순차적으로 비교하며 공통성을 발견하고 묶어내는 탐색능력과 통찰력을 갖추어야 한다. 다섯째, 프로그램의 분류가 어려운 프로그램은 사례관리 차원에서 동료 직원들과 협의하는 집단적 노력이 있어야 한다. 여섯째, 평생교육프로그램 분류표에 제시된 분류번호를 부여하여 평생교육의 분류 목적과 지침에 맞게 빠짐없이 분류하여야 한다.

1) 분류기준

김진화 외(2010)는 평생교육프로그램의 분류를 국가적 차원에서는 평생교육프로그램을 객관적으로 분류하고 정리하는 유용한 준거로 활용이 가능하며, 평생교육프로그램에 대한 계량적 통계화를 가능하게 한다. 또한 일반시민이 평생교육프로그램을 선택하고 의사결정을 내리는 과정에서 체계성과 연계성을 갖춘 평생교육상담서비스를 제공하는 데 유용하다고 하였다.

일찍이 브스키(Busky, 1966)는 평생교육프로그램을 정보와 지식의 습득(Acquisition and Comprehension of Information or Knowledge), 특별한 상황에서 지식의 활용(Application of Knowledge to Particular Situations), 상황의 분석과 탐색(Analysis or Exploration of Situations), 성과 계획의 종합과 참조(The Synthesis or Creation of Plans of Products), 개인 가치의 통합 프로그램(Intergration of Personal Values Program) 등 총 5개의 영역으로 분류하였고, 슈레드(Schrodeder, 1980)는 프로그램 체계를 준거로 기관중심 프로그램(Agent centered program), 고객중심 프로그램(Client centered program), 절충식 프로그램(Hypothetical program types)으로 구분하고 있다. 이러한 분류 방법은 평생교육프로그램이 누가 혜택을 받느냐에 따라 분류하는 방식이다.

이외에도 보일(Boyle, 1981)은 이제까지 성인교육의 현장에서 수행된 프로그램을 정보형 프로그램(Informational program: 정보 제공 및 안내 중심의 프로그램), 제도형 프로그램(Institutional program: 프로그램의 내용과 형태가 고정되어 있는 프로그램), 개발형 프로그램(Developmental program: 프로그램의 내용이 지속적으로 개발되도록 열려진 프로그램)으로 분류하였고, 롱(Long, 1983)은 프로그램 수준을 준거로 지역사회수준 프로그램, 기관수준 프로그램, 활동 프로그램의 3개 영역으로 분류하였으며, 그리핀(Grinffin, 1987)은 평생교육프로그램의 성격에 따라 시장지향 프로그램(Adult education program of market), 서비스지향 프로그램(Adult education program of service orientation)의 2개 영역으로 분류하고 있다.

한편 최돈민 외(2003)는 우리나라 평생교육의 내용 분류를 위한 선행연구들을 재분석하여 평생교육프로그램을 유형화하였다. 그 결과 평생교육프로그램을 성인기초교육, 시민성교육, 직업교육훈련, 학력인증교육, 자기개발교육의 5개 대분류 영역으로 분류하고, 이를 다시 17개의 중분류 영역으로 구분하였다.

김진화 외(2010)는 급속히 증가하고 있는 수없이 많은 평생교육프로그램을 체계적으로 관리하고 이것을 학습자들에게 상담하고 컨설팅하기 위해 한국 평생교육프로그램 6진 분류체제를 개발하였는데, 이것은 평생교육 6대 영역과 연계시켜 18개의 분류체계로 구성하였다.

2) 분류방법

(1) 「평생교육법」 분류

「평생교육법」에 평생교육 영역을 학력보완교육, 성인기초·문자해득교육, 직업능력향상교육, 인문교양교육, 문화예술교육, 시민참여교육으로 제시하여 평생교육프로그램 분류의 근거가 되고 있다. 청년실업, 재직자 은퇴 등이 사회문제화 됨에 따라 중앙정부는 그간 선직업 후진학 분야에 평생교육 역량을 집중하였다. 그러나 지역에서는 주민 수요가 많고 강사수급이 원활한 문화, 예술, 인문강좌 중심으로 프로그램 운영 그리고 성인의 특성을 감안한 맞춤형 재교육, 경력 개발 프로그램을 요구하고 있다.

표 1-4 평생교육 주제별 프로그램 현황(2024)

구분	학력보완	성인기초/문자해득	직업능력향상	인문교양	문화예술	시민참여	계
프로그램 수(개)	16,549	820	60,873	37,089	49,833	321	165,485
비율(%)	10.0	0.5	36.8	22.4	30.1	0.2	100.0

출처: 교육부(2024).

(2) 한국교육개발원 분류

한국교육개발원에서는 2007년 통계조사와 통계정보의 활용을 목적으로 평생교육프로그램에 대한 데이터베이스를 구축하고 일반 평생교육프로그램과 입시 관련 프로그램으로 구분하여 분류하였다. 다양성을 지닌 평생교육프로그램의 특성을 고려하여 모든 평생교육프로그램들을 포괄할 수 있도록 분류하였으며, 일반 평생교육프로그램 분류에 기존의 학과 분류체계를 기초로 인문계열, 사회계열, 자연계열, 교육계열, 공학계열, 의학계열, 예체능계열을 기본 단위로 구성하였고, 입시 관련 프로그램으로 인문계열, 사회계열, 자연계열, 예체능계열로 구분하여 분류하였다.

표 1-5 한국교육개발원 평생교육프로그램 분류체제

대분류		중분류	소분류
일반 평생 교육 프로 그램	인문계열	한국어	한국어, 논술·글쓰기, 독서, 한글지도(문해), 수화(손언어)
		외국어	영어, 일본어, 중국어, 한문, 기타 외국어
		문학	문학이론·문예창작, 한국문학, 동·서양문학
		인문	인문교양, 역사, 철학, 종교, 문화, 풍수·사주, 심리·상담, 윤리, 여성
	사회계열	경영·경제	경영이론, 경영정보, 마케팅, 전략·국제경영, 조직관리, 생산관리, 금융재무, 회계·세무, 부동산, 관광·호텔, 취업·창업, 경제
		법률	법학
		사회·문화	정치학, 사회학, 행정학, 사회복지, 결혼·가족·가정, 신문·방송·출판
	교육계열	교육	교육학, 아동지도, 아동발달, 진로교육
	자연계열	과학	과학이론·교양, 생물·화학·물리·천문
		수학·환경·지리	수학, 통계, 환경·지리
		농림	농업·원예
	공학계열	건설·건축·토목	건설·건축·토목
		교통·운송	교통·운송
		기계·금속	기계·금속
		전기·전자	전기·전자
		재료·정밀	재료·정밀
		컴퓨터·통신	컴퓨터기초, 운영체제, OA, 인터넷, 멀티미디어, 통신, 프로그래밍, 데이터베이스
	의학계열	의료·보건	의료, 보건, 한방
		간호·치료	간호, 응용치료
	예체능 계열	디자인	디자인이론·교양, 글씨디자인, 의상디자인, 실내인테리어

대분류		중분류	소분류
		응용예술	전통공예, 생활공예, 꽃예술, 사진·만화, 영상예술
		무용·체육	무용이론·교양, 전통무용, 현대무용, 생활무용, 체육이론·교양, 건강·미용, 레저·스포츠, 레크리에이션, 경찰·경호
		미술·조형	미술이론·교양, 그림·회화, 일러스트레이션, 조형, 서예·서화
		공연예술	연극, 마술
		음악	음악이론·교양, 대중음악, 종교음악, 국악·민요, 성악, 전통악기, 서양악기
		교양생활	다도, 게임, 제과제빵, 생활요리, 식생활
입시 관련 프로그램	인문계열	한국어	언어
		외국어	언어, 제2외국어, 한문
		인문	국사, 세계사, 윤리
	사회계열	경영·경제	경제
		법률	법과 사회
		사회문화	정치·사회문화, 사회일반
	자연계열	과학	생물·화학·물리·천문, 과학일반
		수학·환경·지리	
	예체능 계열	미술·조경	미술
		음악	음악
		생활교양	기술·가정

출처: 한국교육개발원(2007) 재구성.

3) 평생교육프로그램의 분류 형태

(1) 개발 주체에 따른 유형

① 국가수준 프로그램

평생교육의 활성화를 위해 다양한 프로그램을 보급하는 것을 주요 목표로 개발하는 정책적인 성격의 프로그램이다. 프로그램의 내용들은 포괄적인 가치관과 일반성을 띠고 있고, 그 평가는 각 교육기관들이 그 프로그램을 얼마나 활용하고 있는가에 중점을 두고 이루어진다.

② 기관수준 프로그램

단위 교육기관들이 독자적으로 그 기관의 교육활동을 구체적으로 실현하기 위한 수단으로 개발하는 사업적인 성격을 가지고 있다. 특정 교육기관이 가지고 있는 목표와 목적을 성취하기 위한 기본 수단으로 운영하기 때문에 각 기관의 기본 이념을 잘 반영할 수 있는 독창적인 교육프로그램으로 개발된다.

(2) 구성 범위에 따른 유형

① 단일 프로그램

특정 목표와 목적을 달성하기 위한 활동 내용을 가진 독자적인 프로그램이다. 단일의 목표와 목적을 성취하기 위한 하나의 교육활동으로 구성된다.

② 연속 프로그램

문제 해결을 위해 하나의 주제를 여러 개의 내용으로 나누어 일정한 순서에 따라 실행하는 교육프로그램이다. 동일한 계열에 속하는 여러 개의 운영 프로그램들이 단일 목표와 목적을 성취하기 위해 연속적으로 실시되는 프로그램이다.

③ 통합 프로그램

한 가지 주제에 세분화된 활동들이 비슷한 성격을 가진 여러 활동들을 모아서 한 체계 속에 적절하게 연결시켜 하나의 활동으로 구성한 교육프로그램이다.

④ 종합 프로그램

여러 가지 유형의 운영 프로그램들을 한데 모아서 활동의 체계에 따라 분류하지 않고 같은 구조 속에서 모든 활동을 종합적으로 전개하는 교육프로그램이다. 부분별 프로그램들이 각각 상호 관심의 영역하에서 고유 성격과 목표를 그대로 유지하면서 어떤 연결원칙이나 공통적인 문제와 그 연계성을 합리적으로 조합한 총괄성을 가진 프로그램이다.

(3) 활동 내용에 따른 유형

① 자연체험활동 프로그램: 학습자들이 자연을 사랑하고 이해하는 마음을 가지도록 하는 것을 목적으로 하는 프로그램이다.

② 체육활동 프로그램: 학습자들의 정신적·신체적인 건강증진을 목적으로 하는 프로그램이다.

③ 예능활동 프로그램: 연극, 영화 음악, 미술, 문학 등의 예술 활동에 대한 소양과 안목을 갖추고, 정서발달과 창의력 증진에 도움을 주는 것을 목적으로 하는 프로그램이다.

④ 과학활동 프로그램: 학습자들에게 실험활동과 직접적인 관찰을 통해 기초적인 과학적 지식과 상식을 습득하고, 다양한 과학적 현상들의 탐구능력을 길러주는 것을 목적으로 하는 프로그램이다.

⑤ 봉사활동 프로그램: 학습자들에게 지역사회 및 이웃의 필요성과 중요성을 일깨워주고 더불어 함께 사는 삶의 자세를 가지도록 하여, 민주시민 정신을 함양하는 것을 목적으로 하는 프로그램이다.

⑥ 예절수행 프로그램: 학습자들이 사회 및 조직 구성원으로서 갖추어야 할 공동생활 규범과 도덕의식을 습득하도록 하는 것을 목적으로 하는 프로그램이다.

⑦ 전통문화활동 프로그램: 학습자들에게 올바른 전통문화 정체성을 고취시켜 주는 것을 목적으로 하는 프로그램이다.

⑧ 자아개발활동 프로그램: 학습자들이 자신을 이해하고 차이보다 다름을 이해하는 긍정적인 자아정체성을 형성하여 사회성을 증진시키는 것을 목적으로 하는 프로그램이다.

(4) 프로그램의 목적에 따른 유형

① 개발형 프로그램: 개인, 지역사회 그리고 국가가 가지고 있는 중요한 문제점이 무엇인가를 파악하고, 그에 적절하게 대처하는데 필요한 도움을 주거나 그것을 성공적으로 해결하기 위하여 개발된 프로그램이다.

② 기관형 프로그램: 특정 평생교육기관들이 주체가 되어 개발하는 프로그램으

로 그들 집단이나 그 분야의 전문가들에 의해서 개발되는 프로그램이다.

③ 정보형 프로그램: 특정 정보를 필요로 하는 사람들에게 정보를 제공하는 것을 목적으로 개발된 프로그램이다.

(5) 학습자 조직에 따른 유형

① 개인중심방법(Individual method): 시설활용방식, 상담활용방식, 매체활용방식, 개인지도방식 등 개인학습자와 교수매체나 교수자와의 상호작용으로 이루어지는 교수방식이다.

② 집단중심방법(Group method): 강연, 강의, 토의, 역할극, 시범, 현장견학 등 집단에서 상호작용으로 이루어지는 교수-학습방식이다. 평생교육에서 많이 활용되며, 집단의 규모에 따라 소집단방법, 중집단방법 그리고 대집단방법으로 구분한다.

③ 지역사회방법(Community or Mass method): 반상회, 영농교육, 문화원과 문화학교 등 지역사회 주민의 자발적인 공동 노력과 참여를 통해 그 지역사회에 당면한 문제를 해결하고 제기하도록 도움을 주는 방법으로, 궁극적으로 주민들의 자아실현과 지역사회 발전을 이루도록 한다.

제4절 평생교육프로그램개발의 지원

「평생교육법」 제16조에서는 국가 및 지방자치단체는 평생교육진흥사업을 위해 평생교육프로그램개발을 지원할 수 있도록 규정하고 있다. 특히 「평생교육법」 제19조의2에서는 장애 유형별 평생교육프로그램개발의 지원을 할 수 있도록 하였다.

<평생교육법>

제2조(정의) 이 법에서 사용하는 용어의 정의는 다음과 같다.

1. "평생교육"이란 학교의 정규교육과정을 제외한 학력보완교육, 성인 문자해득교육, 직

업능력 향상교육, 인문교양교육, 문화예술교육, 시민참여교육 등을 **포함하는 모든 형태의 조직적인 교육활동**을 말한다.

제16조(경비보조 및 지원) ① 국가 및 지방자치단체는 이 법과 다른 법령으로 정하는 바에 따라 다음 각 호의 어느 하나에 해당하는 평생교육진흥사업을 실시 또는 지원할 수 있다.
1. 평생교육기관의 설치·운영
2. 제24조에 따른 평생교육사의 양성 및 배치
3. **평생교육프로그램의 개발**(온라인 기반의 평생교육프로그램의 개발을 포함한다)

제16조의3(평생교육이용권의 사용 등) ① 평생교육이용권을 발급받은 사람(이하 이 조에서 "이용자"라 한다)은 **평생교육프로그램**을 제공하는 자에게 평생교육이용권을 제시하고 평생교육을 제공받을 수 있다.
② 제1항에 따라 평생교육이용권을 제시받은 자는 정당한 사유 없이 **평생교육프로그램**의 제공을 거부할 수 없다.

제19조(국가평생교육진흥원)
④ 진흥원은 다음 각 호의 업무를 수행한다. <개정 2013. 5. 22., 2016. 2. 3., 2023. 4. 18.>
1. 평생교육진흥을 위한 지원 및 조사 업무
2. 진흥위원회가 심의하는 기본계획 수립의 지원
2의2. 평생교육진흥정책의 개발·발전을 위하여 필요한 연구
3. **평생교육프로그램 개발**(온라인 기반의 평생교육프로그램의 개발을 포함한다)의 지원

제19조의2(국가장애인평생교육진흥센터)
② 장애인평생교육진흥센터는 다음 각 호의 업무를 수행한다. <개정 2019. 4. 23.>
1. 장애인 평생교육진흥을 위한 지원 및 조사 업무
2. 진흥위원회가 심의하는 기본계획에 관한 사항 중 장애인 평생교육진흥에 관한 사항
3. **장애 유형별 평생교육프로그램 개발**의 지원
4. 장애인 평생교육 종사자의 양성·교육 및 연수와 공무원의 장애인 의사소통 교육
5. 장애인 평생교육기관 간의 연계체제 구축
6. **발달장애인의 평생교육과정의 개발**
7. 발달장애인의 의사소통 도구의 개발과 보급
8. 장애인 **평생교육프로그램을 운영**하는 각급학교와 평생교육기관 양성을 위한 지원

제20조(시·도평생교육진흥원의 운영 등)
② 시·도평생교육진흥원은 다음 각 호의 업무를 수행한다. <개정 2019. 4. 23., 2021. 6. 8., 2023. 4. 18.>
1. 해당 지역의 평생교육기회 및 정보의 제공

2. 평생교육 상담 및 컨설팅 지원
3. **평생교육프로그램 운영 및 지원**
3의2. 장애인 대상 **평생교육프로그램 운영 및 지원**

제20조의2(장애인평생교육시설 등의 설치) ① 국가·지방자치단체 및 시·도교육감은 관할 구역 안의 장애인을 대상으로 **평생교육프로그램 운영**과 평생교육 기회를 제공하기 위하여 장애인평생교육시설을 설치 또는 지정·운영할 수 있다. 이 경우 대통령령으로 정하는 바에 따라 청각장애 등 장애 유형별 맞춤형 평생교육프로그램을 운영하여야 한다. <개정 2023. 4. 18.>

제20조의3(노인평생교육시설 설치 등) ① 국가·지방자치단체 및 시·도교육감은 관할 구역 안의 노인을 대상으로 **평생교육프로그램 운영**과 평생교육 기회를 제공하기 위하여 노인평생교육시설을 설치 또는 지정·운영할 수 있다.
② 평생교육기관은 노인의 평생교육 기회의 확대를 위하여 별도의 노인 평생교육과정을 설치·운영할 수 있다.

제21조(시·군·구평생학습관 등의 설치·운영 등)
③ 평생학습관은 다음 각 호의 사업을 수행한다. <신설 2014. 1. 28., 2016. 5. 29.>
1. **평생교육프로그램의 개발·운영**
1의2. **장애인 대상 평생교육프로그램의 개발·운영**

제21조의2(장애인 평생교육과정)
③ 진흥원은 장애인의 평생교육기회 확대 방안 및 장애인 **평생교육프로그램을 개발**하여야 한다.

제21조의3(읍·면·동 평생학습센터의 운영) ① 시장·군수·자치구의 구청장은 읍·면·동별로 주민을 대상으로 하여 **평생교육프로그램을 운영**하고 상담을 제공하는 평생학습센터를 설치하거나 지정하여 운영하여야 한다. <개정 2023. 4. 18.>

연구문제

1. 평생교육프로그램과 학교교육 커리큘럼의 비교 중 틀린 것은?

구분	커리큘럼	프로그램
① 주요관심	교과목 위주	개인적 문제와 요구
② 학점	비학점화	학점화
③ 주제	전문가에 의해 학습자에게 필요하다고 판단되는 지식, 기술, 태도, 가치 등	학습자의 특정한 요구나 문제해결에 도움이 되는 것
④ 장점	학습목표나 활동이 명백히 제시되며, 학습내용이 체계적이고 조직화된 계열성	학습자의 개인적 경험을 최대한 이용하며 이를 통해 요구에 적극 부응함

2. 분(Boone, 1985)이 제시한 프로그램개발의 성격이 아닌 것은?

① 과거지향적인 활동
② 적극적이고 능동적인 행위
③ 평생교육기관의 효율성 증대 기능 수행
④ 관련 정보를 수집·분석·요구확인·사정·분석

3. 다음 중 「평생교육법」에 규정한 평생교육 영역이 아닌 것은?

① 학력보완교육 ② 성인기초·문자해득교육
③ 직업능력향상교육 ④ 대학교육

4. 프로그램의 개발의 기본원리로 가장 관련이 적은 것은?

① 창조성 ② 현실성
③ 논리성 ④ 경제성

5. 평생교육프로그램개발의 목적에 따른 분류가 아닌 것은?

① 개발형 프로그램 ② 보급형 프로그램
③ 정보형 프로그램 ④ 기관형 프로그램

정답 1 ②, 2 ①, 3 ④, 4 ④, 5 ②

CHAPTER 02

평생교육프로그램개발 이론

제1절 평생교육프로그램 이론 개요

이론은 어떤 현상 또는 대상의 존재방식에 대한 변화 원리를 함축적으로 설명해주는 논리체계이다. 즉 일시적인 관찰을 넘어서 사실을 기술하고 설명하며, 전체적인 통일성을 보여주고 사실에 대한 예측지표가 된다. 프로그램개발에 영향력을 가장 크게 미치는 것은 그에 관한 체계화된 과학적 지식, 즉 관련된 이론이다. 평생교육프로그램개발 이론은 평생교육프로그램개발에 있어 기존 지식의 요약 및 체계화와 제시의 기능을 수행한다. 일관된 방법으로 분리된 여러 결과들을 요약하고 기술하며, 별도의 경험적인 결과에 대해 의미를 부여하는 것이다. 또한 관찰된 사건이나 관련성에 대해 설명력을 제공하며, 관련된 변인이 무엇이고, 그것들이 어떻게 관련되어 있는가를 보여준다. 따라서 프로그램개발 이론은 기획, 실행, 평가 등의 개념들 간의 관계를 설명해 줄 수 있다.

평생교육프로그램개발 이론은 현상에 대한 기술뿐만 아니라 프로그램개발자가 취해야 하는 절차들을 제시하고 규정하는데 한정되어 프로그램개발에 참여하는 사람들에게 규범적 훈령과 절차로 구성된 선험적인 이론들이 주류를 이룬다.

1960년대 미국에서는 각 주립대학교와 지역의 확장교육센터를 중심으로 그 지역사회에서 실행되고 있는 교육프로그램개발의 실천원리를 만드는데 초점을 두었고, 1970년대는 평생교육프로그램의 이론이 형성되는 시기로 평생프로그램개발 연구들은 주로 평생교육현장의 문제를 해결하고 프로그램개발 원리에 대해 프로그램개발자들이 어떻게 인지하고 있는가를 파악하는데 초점을 두었다.

1980년대에는 평생교육 영역이 다양화되었다. 이에 따라 프로그램개발에 대한 연구가 성인교육, 산업교육, 보건교육, 청소년, 장애인 등에서 본격적으로 이루어졌다. 1990년대에는 산만하게 이루어졌던 기존의 프로그램개발의 접근모형들을 종합적으로 파악하고 분석하여 일반화 된 이론으로 발전되었다.

2000년대에는 프로그램개발 원리의 일반화와 정교화를 통해 학문적으로 보다 체계화되고 전문성을 인정받기 시작하였다. 우리나라 평생교육에서 프로그램개발 분야는 외국에 비해 이론적 체계화가 상대적으로 늦었지만, 1970년 후

반부터 관련 학자들의 논문 및 전공서적이 발표되면서 크게 발전하였다.

런던(London, 1960)은 최초로 프로그램개발에 대한 종합적인 연구를 수행한 학자로서 농업확장교육의 다양한 프로그램 계획 접근방법을 종합화하여 효과적인 프로그램 계획에 필요한 주요 요소를 파악하였다. 놀즈(Knowles, 1989)는 안드라고지(Andragogy: 성인교육학)의 독트린을 선언한 후 평생교육에서 프로그램을 어떻게 조직화하고 운영되어야 하는가를 이론적으로 체계화시켰다. 훌(Houle, 1972)은 평생교육의 프로그램이 계획되고 조직화되는 11가지의 기초 상황을 제시하고, 프로그램을 하나의 시스템으로 규정하였다.

페닝톤(Pennington, 1980)은 평생교육에서 공통적으로 적용할 수 있는 일반화된 프로그램개발모델을 제시하였고, 앱스(Apps, 1979)는 프로그램개발의 접근 방법을 전통적 합리성 접근, 자연주의적 접근, 비판적 접근 등으로 유형화시켜 프로그램개발의 패러다임을 제시하였다.

보일(Boyle, 1981)은 프로그램 유형별로 프로그램개발과 관련된 유용한 활동 목록과 대안들을 제시함으로써 평생교육프로그램개발 영역에 큰 영향을 끼쳤다. 롱(Long, 1983)은 여러 학자들이 제시한 바 있는 프로그램개발 원리 및 구성요소들을 토대로 정규학교교육의 교육과정 이론을 프로그램개발 이론에 접목시켜 평생교육에 적용 가능한 이론을 탐색하여 제시하였다.

분(Boone, 1985)은 프로그램계획 형식(Program-planning formulations)에 대한 비교 연구를 통하여 평생교육·사회교육 분야에서 일반화할 수 있는 개념적 프로그램개발(Conceptual programming model)의 이론모형을 제시하고, 그 이론모형의 타당성을 검토하였다. 랑겐바흐(Langenbach, 1988)는 평생교육목적에 따라 다양한 프로그램개발모형을 개발하였고, 카파렐라(Caffarella, 2001)는 성인교육과 산업교육 담당자에게 유용한 프로그램개발 원리와 기법들을 제시하였다.

서베로와 윌슨(Cervero & Wilson, 1994)은 프로그램개발의 현상을 보다 다양한 시각에서 바라볼 수 있도록 새로운 지평을 열어주었다는 점에서 프로그램개발의 이론형성에 토대를 구축하는데 크게 기여하였다. 쿡슨(Cookson, 1998)은 프로그램개발의 개념적인 맥락과 프로그램개발 모델을 유형화시키고 프로그램개발의 발전과제에 대해 상세히 언급함으로써 프로그램개발의 보다 세련된 이론적 형성의 새로운 가능성을 열어주었다. 쿰스(Coombs, 1968)는 평생교육프로그램개발은 개발단위, 개발수준, 개발목적, 개발의 운영체제, 교육담당자의 역할 그리고 개발의 양상에서 학교교육에서의 교육과정 개발과 차이가 있다고 밝히고 있다.

평생교육프로그램개발의 이론은 전통적 이론, 상호작용 이론, 순환적 개발 이론, 체제 이론, 실천 이론, 정치적(비판적) 이론의 6가지로 구분할 수 있다.

전통적 이론은 교육프로그램 개발이론 중에서 가장 먼저 나타난 이론으로, 교육프로그램개발을 하나의 기술적 과정으로 보고 있다. 교육의 효과성·효율성·매력성을 향상시키기 위해 교육프로그램개발의 절차에 관한 기술적 지식을 제공하는데 초점을 둔다. 이 이론은 타일러(Tyler, 1949)의 이론을 토대로 하여 교육목표, 교육경험의 선정과 조직 그리고 학습평가 등으로 이어진 절차적인 과정을 따르고 있어 타일리언 모델(Tylian model)이라고도 한다. 이 이론의 특색은 수단–목적인 접근방법으로 논리적 처방의 성격을 띠고 있다.

상호작용 이론은 전통적인 이론과 달리 프로그램개발과정상에서 이루어지는 상호작용을 중시한다. 전통적 이론이 교육프로그램개발에서는 하나의 절차라든가 단계적인 선형과정을 중시하였는데 비하여, 상호작용 이론에서는 프로그램개발이 일련의 단계에 따라 이루어지는 것이 아니라 프로그램개발 당시의 상황에 입각하여 결정된다는 것을 강조하고 있다. 이 이론의 대표적인 학자는 카파렐라(Caffarella)를 들 수 있다.

실천 이론은 전통적 이론이나 상호작용 이론이 프로그램개발을 가치중립적인 것으로 파악함으로 결과적으로는 프로그램개발 과정에서 나타나는 권력관계와 정치적인 요소를 간과했다는 점에서 출발하였다. 상호작용 이론에 해당하는 대표적인 이론 모형으로는 서베로와 윌슨(Cevero & Wilson) 모형과 프레이리(Freire)의 모형을 들 수 있다. 프레이리는 프로그램개발 모형을 제삼자가 구성하는 프로그램이 아니라 학습자와 교육자가 학습상황에서 반성하고 행동하는 실천, 프락시스(Praxis: 실천, 앎)과정으로 이루어진다는 점에서 다분히 귀납적인 모형에 근거를 두고 있다. 또한 교육프로그램개발이 교육을 위한 하나의 준비과정이 아니라 그 자체를 하나의 해방과정으로 보고 있다. 그 주된 내용이 문해교육이다. 한편 서베로와 윌슨(Cevero & Wilson)의 모형은 프로그램개발자들의 정치적인 책임과 행동에 관심을 두고 있다는 점에서 협상 모형으로 불린다.

제2절 평생교육프로그램개발 이론

1. 전통적 이론 / 고전적 이론 / 합리성 이론

전통적 이론은 고전적 이론 또는 합리성 이론이라고도 한다. 이 이론에서는 프로그램개발을 기술적 과정으로 본다. 따라서 각 프로그램개발들은 순서적으로 거치게 될 절차에 관한 기술적 지식을 제시한다.

기술공학적인 합리성에 기초를 둔 교육 효능성과 효율성을 증진시키기 위해 교육프로그램개발의 절차에 초점을 맞춘 이론이다. 가장 오래되고 지배적인 교육프로그램개발 이론의 하나로 타일리언 모델(Tylerian model)이라 한다. 이것은 타일러(Tyler, 1948)의 이론에 토대를 두고 교육목표, 학습경험, 학습조직, 학습평가 등으로 이어지는 선형적 통제과정을 따르고 있으며 실증주의 패러다임에 그 뿌리를 두고 있다. 이 이론은 평생교육현장에서 일반적이고 지배적인 이론으로 많이 활용되고 있으며 이 이론의 대표적인 학자로 분(Boone), 보일 (Boyle), 놀즈(Knowles) 등의 학자들이 있다.

전통적 이론은 수단-목표적 접근방법으로서 논리적이고 처방적 성격을 보이고 있다. 또한 기술적이고 과학적인 원리에 의존하며 동시에 교육프로그램을 명료하게 설명하는데 필요한 모형, 플랜 그리고 단계적 전략을 포함하고 있다. 목표와 목적을 체계화시키고, 활동과 내용은 목표에 일치하도록 계열화 한다. 교육성과는 목표와 목적에 근거하여 평가한다. 교육과정에는 학습자가 바라는 결과와 결과에도 달하기 위한 수단과 이 수단이 목표를 성취했는지를 결정하는 과정을 주로 기술한다.

전통적 합리성 이론은 평생교육프로그램개발 관련 가장 초기의 이론으로 타일러(Tyler)의 교육과정 모형을 평생교육프로그램개발에 처음 적용한 것이 1960년대 중반이다. 박상옥 외(2017)는 이 이론을 지금까지 가장 일반적이고 지배적인 이론으로 활용되고 있으나, 보편적인 이론을 제시하려는 경향으로 인해 지나치게 선형적이고 단계적인 측면을 강조해 왔기 때문에, 의미 있는 다른 측면들을 소홀히 한다는 비판을 받는다고 하였다.

1) 타일러(Tyler)

타일러(Tyler, 1948)는 교육목표가 학습경험과 교육내용을 결정하는데 매우 중요하다고 하면서, 학습자가 바라는 결과(목표)와 결과에 도달하기 위한 수단(학습경험), 그리고 이 수단이 목표를 성취했는지를 결정하는 과정(평가)을 기술하고 있어 수단-결과모델(Means - Ends model)이라고도 하였다.

또한 타일러(Tyler)는 '교육과정과 수업의 기본원리(Basic Principles of Curriculum and Instruction, 1949)'에서 교육목표의 설정, 교육내용의 선정 및 조직, 교육내용의 전개, 학습결과의 평가 등 교육과정 개발의 4대 구성요소를 제안하였다. 이와 같은 일련의 교육과정이 제대로 운영될 때 적절한 교육 내용을 조직·선정할 수 있으며 교육기관들은 교육활동을 원활히 진행할 수 있고, 교육평가와 평가 기준을 근거로 학습 성과를 제대로 확인할 수 있게 된다.

그런데 타일러가 교육과정의 개발에 있어서 가장 강조한 것은 교육목표를 명확하게 설정하는 작업이다. 그는 교육프로그램을 개발할 때 일반적인 세 가지 자원에 근거하여 교육목표들을 도출하도록 권고하였다. 즉, 학습자에 대한 체계적인 연구, 학교 밖의 사회생활에 관한 연구, 교과의 분석을 통하여 잠정적인 교육목표를 도출하여야 한다고 주장하였다. 그리고 다수의 일반적인 교육목표들을 도출한 다음 교육과정 개발자는 학교의 교육적·사회적 철학과 학습심리학에 근거하여 이들을 정선하여, 최종적으로 의미 있고 타당한 교육목표를 확정지어야 한다고 주장하였다.

타일러의 프로그램개발 모형은 프로그램개발 이론 중 가정 먼저 대두된 것으로 1960년대 이후 1980년대 중반까지 평생교육프로그램개발에 가장 많이 활용되었다. 이 모형은 평생교육 전문가들이 적용할 수 있도록 프로그램개발에 대한 합리적인 틀을 제시하였다. 다만 학습경험에서 내재적인 경험보다는 외면적인 활동에 초점을 두었다는 점에서 한계를 나타내고 있다.

2) 분(Boone)

분(Boone, 1971)은 프로그램 기획요소로 계획된 변화(Planned change), 연결(Linkage), 민주성(Democracy), 해석(Translation)을 주장하였다.

계획된 변화(Planned change)에는 프로그램 기획을 통해 평생교육에 참여하는 학습자에게 유동적인 변화를 일으키려는 목표가 내재되어 있다. 따라서 프로그램 기획에는 사전에 학습자의 변화에 대한 목표설정이 반드시 포함되어야 함을 의미한다. 이 목표 설정에는 교육프로그래머, 교수자 및 학습자와 평생교육기관이 함께 참여해야 한다.

연결(Linkage)은 평생교육기관과 학습자들 간의 연계가 긴밀하게 이루어져야 함을 말한다. 즉, 연결의 원칙은 프로그램개발의 모든 과정에 학습자의 적극적인 참여를 유도함으로써 평생교육기관과 잠재적 학습자집단 간의 활발한 상호작용을 의미한다.

민주성(Democracy)은 프로그램개발의 모든 과정에서 요구되는 크고 작은 의사결정이 평생교육기관은 물론이고 학습자 고객의 자발적 참여를 통해 민주적으로 이루어져야 함을 말한다.

해석(Translation)은 프로그램개발자, 평생교육기관 및 학습자들이 각각의 사회문화적 환경과 가치관 및 방법론에 대한 이해와 해석이 가능해야 한다는 원칙이다. 즉, 프로그램 제공기관, 프로그래머 및 성인학습자 간의 서로에 대한 배경과 특성에 관한 정보를 파악하고 이해하기 위한 협력이 필요하다는 것이다.

또한 성인교육자가 학습자들의 교육요구를 정확하게 명시하고 평가, 분석하기 위해 동료나 지도자들과 효과적으로 상호작용할 것을 강조했다.

분(Boone)의 프로그램개발 첫 단계는 프로그램 계획의 과정이다. 프로그램 계획은 성인교육자들이 초점을 두고 있는 행동변화를 위한 주요계획 또는 장기간의 활동설명서이다. 두 번째 단계는 프로그램 실행과정을 다시 활동계획과 활동전략으로 세분한다. 마지막 단계는 프로그램평가와 책무성이다. 프로그램평가는 학습자가 습득한 지식과 기술, 변화된 태도 등을 통해 목표달성 정도를 조사한다.

3) 보일(Boyle)

보일(Boyle, 1981)은 프로그램개발을 학습자와 프로그램개발자가 공동으로 만들어가는 일련의 활동과 과정이라고 정의하여 이른바 과정에 초점을 두는 프로그램 이론이 탄생하게 되었다.

프로그램개발을 위해서는 변화시키거나 개선해야 할 문제점이나 상황에 대하여 분석하고 나아가 의사결정을 위한 조직적인 구조를 개발하여야 한다. 또한 학습에 필요한 자원과 학습자 그리고 지역사회에 대한 분석결과를 효과적으로 이용하여야 한다. 바람직한 변화가 학습활동계획에 포함될 수 있도록 문제점과 상황에 우선순위를 매기며, 주민과 지역사회가 함께 하는 프로그램을 통하여 얻을 수 있는 장점을 확인해야 한다.

프로그램의 효과적인 홍보와 수행을 위해 동원 가능한 자원과 지원정도를 확인하여야 하고, 적절하고 다양한 학습경험을 참여 학습자에게 제공할 수 있도록 활동계획을 설계해야 한다. 그리고 회의, 워크숍, 대회, 개별적 참고자료 및 TV와 라디오 프로그램 등을 통해 적절한 학습 기회를 제공하도록 고안되어야 한다. 교육프로그램의 가치에 대한 효과적인 판단을 하는 데 필요한 책무가 무엇인가를 파악해야 한다. 교육기관들은 의사결정자, 재정계획, 참여자들 그리고 기타 관심 있는 자들과 집단에게 교육프로그램의 가치를 홍보해야 한다.

보일(Boyle)은 "보다 좋은 프로그램 계획"에서 프로그램개발을 이론, 분석, 실천 등 종합적으로 고려한 프로그램개발모형을 제시하면서 교육프로그램개발을 개인과 조직의 계속적인 요구를 충족시키는 기회의 도구로 파악하고 있다.

그는 교육프로그램개발에 대한 실제적 모형제시보다는 프로그램개발과정에 기초를 두고 교육프로그램 개념을 제시하였다. 15개의 개념과 행동은 프로그램의 상황에 따라 다양하게 변화된다. 그러면 프로그램 유형에 따라 프로그램개발자들이 수행해야 할 과업도 달라진다. 그는 프로그램을 통해 성취하고자 하는 목표를 프로그램개발의 핵심적인 요소라고 보았다. 요구분석 준거로 개인·지역사회·정치구조로 구분하였고, 프로그램 유형을 개발형 프로그램·제도형 프로그램·정보형 프로그램으로 분류하였다.

이처럼 보일(Boyle)의 프로그램개발은 지역사회 및 환경과의 상호작용에 초점을 두고 기술적인 과정으로 제시한다. 프로그램은 먼저 성인교육자가 프로그램개발에 대한 자신의 철학을 갖는 것으로 시작하여 다음과 같은 과정을 거친다고 하였다.

프로그램개발에 대한 철학적 기반설정, 학습자와 지역사회 문제에 대한 상황분석과 요구분석, 잠재적인 고객에 대한 분석과 참여, 프로그램목표설정을 위한 정보파악과 제한점 인식, 학습경험의 조직, 교수방법 기술선정 및 교수설계 확인, 효과적인 홍보, 프로그램에 필요한 자원획득, 프로그램평가, 의사결정자에게 프로그램의 가치전달 등으로 이루어진다고 하였다. 그리고 프로그램개발은 정적인 활동이 아니라 끊임없는 변화를 내포하는 동적인 활동으로 보았다. 다만 프로그램개발자의 개인적인 가치나 윤리 혹은 요구가 프로그램에 영향을 미칠 수 있음을 고려하지 못했다.

4) 놀즈(Knowles)

놀즈(Knowles, 1989)는 평생교육프로그램을 개발함에 있어, 평생교육자는 잠재적 학습까지도 고려해야 하고, 프로그램은 학습자에 대한 완전한 지식과 학습자들의 동의에 입각해서 개발되어야 한다며 다음과 같은 프로그램개발자의 요건을 제시하였다.

① 교육프로그램개발자는 학습자집단의 투입과정에서부터 교육프로그램의 계획에 참여해야 한다. 교육프로그램개발자의 개인적 특성 및 양식은 교육프로그램개발의 전반적인 과정에 반영된다. 그리고 교육프로그램개발자가 가지는 의사결정의 방향을 결정짓는 최종적인 준거를 제공해 준다.

② 교육프로그램개발자는 교육프로그램의 변화과정에 영향을 미치는 요인에 대한 제반 지식을 숙지하고 있어야 한다, 교육프로그램개발의 기초이념은 교육프로그램 개발자에 의한 의사결정이나 합리적인 선택을 위한 지적 배경으로 작용한다.

③ 교육프로그램개발자는 교육프로그램개발과정의 각 단계마다 의사결정을 해야 한다. 여러 대안 중 하나를 선택하고자 할 때는 적절한 사실과 개념, 기초에 근거를 두어야 한다.

④ 프로그램개발자는 프로그램 계획, 설계, 평가, 성과의 측정에 능숙해야 하며, 효과적인 의사소통기술, 요구조사, 교육목표의 기술, 교육전략의 선정, 프로그램의 홍보, 평가방법을 고안해 내는 능력이 있어야 한다.

또한 놀즈는 "현대 성인교육의 실제"에서 앤드라고지적인 철학에 입각, 프로그램개발 접근모형을 구조화하였다.

- 앤드라고지적 철학의 5가지 가정: 첫째, 성인은 자기 지향적인 존재로 나아 감. 둘째, 그들의 학습경험은 학습자원으로 활용 됨. 셋째, 사회적 발달과업에 따라 학습에 대한 준비도가 형성 됨. 넷째, 학습자는 학습의 결과를 즉각적으로 활용하기를 원함. 다섯째, 인간은 외적 동기뿐만 아니라 내적 동기에 의해서도 동기가 유발 됨. 특히 내적 동기가 보다 중요.

2. 상호작용 이론 / 상황 이론

상호작용 이론은 고전 이론과 달리 프로그램을 개발하는 절차나 순서를 강조하지 않는다. 상호작용 이론은 프로그램개발자의 특정 상황에서의 판단능력과 그 판단을 정당화시킬 수 있는 능력 함양을 중시한다. 프로그램개발자와 학습고객 사이의 상호행위와 프로그램개발이 이루어지는 맥락을 중요시하여 상황이론이라고도 한다. 프로그램개발과정상에서 프로그램개발자, 학습자, 조직간의 합의가 필수적이다.

프로그램개발 시 유연성의 확보문제를 가장 중요시 하였으며, 전통적 이론의 접근방법에 비해 처리절차 상호간에 서로 순환적이고 융통적이다. 교육목표에서 교육내용이 도출되는 것이 아니라 내용에서 목표가 결정되는 과정이 강조되었다. 그리고 교육목표 설정보다 실제 학습을 안내할 수 있는 프로그램의 내용(교육내용)에 더 관심을 가지며, 교육목표에 규정되는 학습자의 행동결과보다는 프로그램 및 교육내용을 통해 나타나는 학습자의 학습 자체에 관심을 기울인다.

상호작용 이론의 학자로는 브룩필드(Brookfield), 녹스(Knox), 홀(Houle), 페닝톤과 그린(Pennington & Green), 카파렐라(Caffarella) 등이 있다.

이 이론에서는 프로그램개발을 프로그램개발자가 표준화된 단계와 절차에 따라 진행해 나가는 것이 아니라, 프로그램개발의 상황과 관련된 여러 요소를 고려하여 순환적인 원리를 따른다. 따라서 프로그램개발에 참여한 모든 사람의 실제적 합리성과 신중한 숙의의 역동적 상호작용을 강조하는 순환적-합의적 접근을 따른다. 기존에 전통적으로 강조되어온 기술공학적 합리성의 선형적-전문가 모델이나 목표 모델을 거부한다. 그리고 교육목표를 교육프로그램개발을 위한 유일한 원리와 기준으로 인정하지 않고 있다. 교육목표가 교육프로그램개발의 출발점도 아니며 단지 더 나은 교육프로그램을 만들도록 해주는 여러 요소와 방법들 중의 하나로 보고 있다.

박상옥 외(2017)는 평생교육프로그램개발은 미리 정해진 목표와 절차에 의해 목적을 최대한 성취해가는 전통적 합리성이론 및 체제 이론과 달리 프로그램개발에 참여한 사람들의 신중한 숙의(Deliberation)와 실체적 합리성(Practical reasoning)의 상호작용을 강조하는 이론이라고 하였다.

그러나 이해관계자들 간의 갈등이나 조정과 같은 교육프로그램개발의 역동적 측면에 관한 설명은 여전히 미흡하며, 개발자들이 주어진 상황에서 단지 최선을 다할 것만을 주문하고 있다. 또한 전통적인 합리성 이론과 같이 지나치게 이성적이라는 비판을 받고 있으며, 현실에서는 문제도 잘 형성하지 못하고 명백하지도 않으면서 혼란스럽고, 판단 또한 곤란하다는 점을 간과하고 있다.

1) 훌(Houle)

훌(Houle, 1972)은 학습설계를 위한 자신의 가정을 기초로 성인학습형태를 구분하였고, 프로그램은 성인학습을 실행하는 전략적 도구로 학습요소간의 상호작용에 의해 이루어진다고 보았다. 훌(Houle)의 이론에서 특이한 점은 학습자의 삶의 경험을 중요한 학습과정으로 고려한다는 점이다. 학습을 학습자 개인의 폭넓은 삶의 양식으로 끼워 넣음으로써 학습활동과 학습자의 개별영역을 세부적으로 연결시켜 주고 있다.

2) 페닝톤과 그린(Pennington & green)

보일(Boyle)과 분(Boone)이 상호작용 이론의 이론적인 프로그램개발 원리를 제시한다면, 페닝톤과 그린(Pennington & Green, 1980)은 현장에서 프로그램이 개발되는 과정을 분석하여 제시했다. 페닝톤과 그린(Pennington & Green, 1980)은 분석과정을 프로그램 환경과 대상자분석, 요구분석, 프로그램목표설정, 수업계획 작성, 관리계획 작성, 평가계획 작성 등으로 분류하였고, 프로그램개발자들이 실제로 어떤 과정을 거쳐 프로그램을 개발하는가를 분석하였다.

3) 카파렐라(Caffarella)

카파렐라(Caffarella, 2001)는 프로그램개발과정에서 개발자의 상황에 따른 유연한 대처능력을 강조했다. 그리고 상호작용 모형의 6가지 가정을 제시하였다. 첫째, 프로그램개발자는 참가자들이 무슨 행동을 하며, 그 행동의 이유는 무엇인지 명확히 알아야 한다. 그리고 교육프로그램에 따른 학습결과와 변화에 대해 명확히 알 수 있어야 한다. 따라서 교육프로그램들은 참가자들이 실제로 무엇을 배우는가와 학습한 내용이 참가자의 조직, 사회적 이유와 규범들을 어떻게 프로그램화 하는지에 초점을 맞추어야 한다.

둘째, 프로그램개발은 사전에 계획된 과업 외에도 순간적으로 내려야 하는 결정(예측 못한 변수들에 대한 대처)을 포함한다.

셋째, 계획절차상에 더 많은 조직 및 개인이 추가되면 개발절차는 비논리적이 될 수 있고, 프로그램개발의 성공을 위해 프로그램개발 과정에서 유연성을 부여하는 것이 필요하다. 그러므로 프로그램개발은 조직의 우선순위, 과업, 사람과 이벤트의 복합적 상호작용이다.

넷째, 성공적인 교육프로그램 개발과 완성에는 교육프로그램개발자와 조직 후원사 간의 협동이 필요하다. 프로그램 개발에서 협동은 프로그램의 비공식적 심사, 잠재 학습자 그룹들에 의한 교육 계획, 공식적인 계획과정의 전체 또는 부분들을 포함 하는 후원자들에 의해 이루어지기도 한다. 따라서 프로그램개발은 조직적 노력이라기보다 협동적 노력이다.

다섯째, 프로그램 계획자는 오케스트라 지휘자처럼 다양한 연주자를 모아 조화와 균형을 이루어야 한다. 이처럼 다양한 연주자들의 조화와 균형이 필요하므로 사전에 성공을 확신하기 어렵다. 따라서 프로그램 설계는 실제적인 예술이다.

여섯째, 유능한 프로그램개발자는 실습을 통해 만들어진다. 다양한 현장 실습만이 우수한 프로그램을 개발할 수 있는 전문가를 양성한다.

3. 정치적 이론 / 비판적 실천 이론

정치적 이론은 프로그램개발과정에 개입되는 권력 작용에 초점을 두고 있다. 서베로와 윌슨(Cervero & Wilson, 1994)의 협상 이론과 프레이리(Freire, 1970)의 해방교육 이론이 그것이다. 문해교육을 통해 문활과 함께 세상을 읽고 자신의 해석 관점을 가짐으로써 해방적 삶을 영위하도록 했다.

Tip

문활: 지금까지 우리나라에서는 Literacy를 보통 문해(文解), 일본에서는 식자(識者)라고 번역해 왔으나, 이것은 Literacy가 갖는 인간 언어생활활동의 의미를 기능적으로만 협소하게 제한하고 있기에, 이에 대한 새로운 용어로서 문활(文活), 즉 문자활동(文字活動)이라고 새롭게 번역해 쓴다(생산력 증진을 위한 기업 내 문활교육 활성화 방안에 관한 연구, 1992, 한준상).

프로그램개발을 하나의 절차보다 총체적(Holistic) 과정으로 파악하며, 프로그램개발의 핵심요소는 교육자와 학습자의 협동적 현장실천 연구이다.

학습자는 학습경험 선택의 기회를 부여받는 것이 아니라, 교육자의 전문성에 대한 의존에서 벗어나 자신의 학습경험을 선택하고 조정할 수 있는 통제력을 갖는 데 목적을 두고 있다. 그리고 학습자가 주체적으로 만들어낸 사회적 구성물이 프로그램 내용이 된다.

이 이론에서 전통적 합리성 이론은 프로그램개발을 가치중립적 행위로 간주한다. 그리고 프로그램개발 구성의 절차적 요소를 강조하고 있음을 비판하고 있다. 이 이론에서는 프로그램개발을 총체적인 과정으로 이해하고 있다. 이 이론에서는 평생교육프로그램을 통해 변화의 대상으로 개인학습자와 사회적 구조까지도 포함시키고 있다. 이 이론은 평생교육프로그램을 개인적인 해방과 사회적 해방의 가능성 모색을 위한 사회적 노력으로 간주하기 때문에 학습자가 구체적으로 만들어낸 사회적 구성물이 프로그램의 내용이 된다. 학습자들은 비판적 실천(Praxis)을 통해 교육프로그램 내용인 지식의 구성에 능동적으로 참여하고 있다.

또한 프로그램 내용과 지식을 선정하여 구성하는 정당화 과정이다. 그리고 학습자 상호간의 대화과정에 초점이 맞추어져 있어 학습과정이 대화과정인 동시에 프로그램개발 과정이기도 한다.

프로그램개발은 교육프로그램과 주제 연구로 구성하고 프로그램개발 과정에 교육자와 학습자가 함께 참여한다. 학습자가 사회 현실을 연구하는 과정에서도 교육자와 학습자가 공동 참여가 강조된다. 교육프로그램 내용의 설계 및 학습자료의 시각화 그리고 교육방법론 및 전개과정이 하나의 단위체로 구성된다. 교육프로그램개발이 교육을 위한 준비과정이 아니라 그 자체를 인간 해방과정으로 이해하였다.

1) 서베로와 윌슨(Cervero & Wilson)의 협상 이론

서베로와 윌슨(Cervero & Wilson, 1994)은 비판적 실천 이론이 교육프로그램개발자가 매일 직면하는 세계에서 이러한 통찰이 어떻게 구현되는지 설명하지 못했음을 지적하였다.

이후 비판적 실천 이론에서 다뤄졌던 교육프로그램개발이 내재적으로 정치적이라는 주장은 서베로와 윌슨(Cervero & Wilson)의 협상 이론의 핵심이 되었으며, 일상적 실천(Everyday practice)을 통해 교육프로그램을 탐구하였다. 즉, 개발자는 역사적 선례, 조직의 정치나 갈등으로 강력한 영향을 미치는 상황 속에서 무엇을 행하고 말해야 할지 판단하여야 한다.

다른 프로그램개발이론에서 다뤄지지 않았던 프로그램개발자의 구조적 제약과 재량을 통합한 '계획 실천(Planning practice)'을 강조하였다. 평생교육프로그램 개발자는 그들이 원하는 행동과정을 선택하고 그들의 행동은 그들이 일하는 사회적·조직적 구조에 의해 결정될 수 있다는 것을 언급하며 실천에서 이루어지는 '계획 실천(Planning practice)'을 중요시하였다.

프로그램개발자의 재량과 구조적 제약을 통합함으로써 계획 실천(Planning practice)을 봐야 하고 문화적으로 구성된 인간행동과 사회·문화적 시스템의 관계를 설명하려는 지적 전통 속에서 실천을 파악하여야 한다.

서베로와 윌슨(Cervero & Wilson)은 평생교육프로그램개발의 정치적 행위를 강조하는 '권력과 관심사 협상 이론'을 통해, 평생교육프로그램개발을 '기술(Technique)'이 아니라 '사람 일(People work)'임을 강조하며, 실천적 관점에서 평생교육프로그램개발 이론을 설명하였다.

서베로와 윌슨(Cervero & Wilson)은 모든 프로그램은 특정한 조직을 가정하고 개발된다고 하였다. 그리고 단순히 절차에 의해 프로그램이 개발되는 것이 아니라 조직의 역동적 특성을 고려하며 다양한 변인들간의 상호작용에서 개발된다고 하였다. 특히 평생교육프로그램개발은 조직 혹은 개인의 이익을 반영하는 정치적 과정으로 보았다. 개인 혹은 조직의 이익을 협상, 타협한 결과로 파악하였다. 따라서 교육생을 위해서는 교육에 책임감 있게 대응하고 프로그램개발에 관한 기술적인 지식이나 법과 함께 정치적 지식과 윤리적 비전을 가질 것을 요구하였다.

프로그램개발자의 정치적인 행동과 책임에 관심을 두고 있어 프로그램개발도 개인, 조직, 사회의 교육적 욕구와 이익의 계속적인 협상과정의 산물로 이루어지기 때문에 정치적인 활동이라 하였다. 프로그램개발자는 프로그램개발의 정치성과 다양성의 이해, 의사결정 시의 정치 협상능력이 필요하다.

서베로와 윌슨(Cervero & Wilson)은 '권력'을 지속적인 사회관계로 인해 사람들에게 분산된 행위능력으로 정의했다. 이에 권력은 모든 인과관계에 존재하며, 지배관계의 특정함은 아니며, 프로그램개발과정에서 사람들 사이의 모든 권력

관계는 오히려 필요한 특징이라고 설명했다. 프로그램개발에서 권력은 사람이 할 수 있는 것이 무엇인지를 결정하는 역할을 하며, 권력은 영원한 행위능력이지만, 어떤 특정한 경우 드러나기도 드러나지 않기도 함이 중요한 지점이라고 언급하였다.

권력의 중요한 특징은 사회 분업으로 인한 지속적인 사회관계의 결과로서 권력이 존재하기 때문에, 집단적이고 조직적인 관계의 집합에 뿌리를 두고 있다는 점이다. 따라서 개인 특성의 결과만을 의미하는 것이 아니다.

또한 권력은 모든 인간관계의 특징으로 항상 관련된 사람들 사이에서 어떤 상호작용을 하며, 구체적인 상황에서 역동적인 힘은 여러 사람들 간의 협상의 형태이므로 권력에 대한 결과는 미리 정해질 수 없다.

평생교육프로그램개발을 개발자의 관심사를 협상하는 사회적 활동으로 접근하는 것은 일상 작업에서 소음이 나타나는 것을 이해하게 된다. 정치적 활동으로서 프로그램개발의 정체성을 확실히 하고, 개발자의 윤리적 책임성을 분명히 한다고 설명했다. 또한 개발자가 더 나은 세계를 만드는데 기여하기 위해 협상 테이블에서 어떠한 전략들이 사용되는지 이해할 필요가 있음을 설명하며, 협상의 사례들을 제시하였다.

서베로와 윌슨(Cervero & Wilson)의 모형 또는 이론을 지칭하는 용어가 다양한데, '정치 협상모형(장서영, 정연순, 2009)', '계획실천 이론' 또는 '프로그램 계획 실천 이론'(김진화, 이종만, 2000), '권력과 관심사 협상 이론' 또는 '협상 이론'(유기웅, 2010)으로 부르기도 한다.

2) 프레이리(Freire)의 해방교육

비판적 실천 이론은 이전의 프로그램개발 이론이 프로그램개발을 가치중립적인 것으로 설정하였음을 비판하였다. 교육프로그램개발을 사회적, 개인적 해방 가능성을 모색하는 사회적 노력으로 보면서 정치적 행위를 강조하였다. 비판주의적 패러다임에 지적 근거를 두고, '지식'을 사회적 구성물이라 전제하였다. 학습자는 교육의 주체로서 지식의 구성과정에 참여한다. 또한 갈등적 의미를 비판적으로 보고 자신의 임파워먼트(Empowerment)를 회복과 학습자의 삶의 경험으로 이루어진 실제로 판단하였다. 그리고 '대화'를 통한 학습을 중시하였다.

프로그램개발을 정치적 비판관점으로 분석하는 것은 프레이리(Freire, 1970)의 문해교육을 위한 프로그램 모형이다. 프레이리(Freire)는 문자습득을 통한 인간 해방에 초점을 두고 프로그램개발 모델을 개발하였다. 그는 학습자들에게 정치적 임파워먼트로 인식시키고 학습자들의 무의식적 지배를 일깨우기 위해 프로그램을 개발하였다.

프레이리(Freire)의 해방교육에서 중심 가치는 '억압으로부터의 해방'과 인간적인 해방이다. 억압받는 사람들의 내재되어 있는 모순을 해결하는데 초점을 두고 있으며, 억압에서 해방을 가져올 수 있는 '문제제기식 교육'을 지향하였고, 억압받는 사람들이 가지는 모순점을 해결하는데 초점을 두고 있다. '프락시스(Praxis)'라 하는 반성적인 유형의 분석과 적극적인 대화 모형을 강조하였다. 그는 억압으로부터 해방을 야기하도록 문제제기식 교육을 지향하고 있다.

교육활동의 핵심은 주변 환경과 지역사회 주민에 대한 탐구, 자료 분석, 피드백을 통한 적합한 주제를 선정하여 다시 지역사회 주민들에게 제시하는 것이다. 기본과정은 실제적인 모순을 지각하고 구두적인 표현이나 시각적인 형태를 제시하며 모순 현상을 간파하기 위해 주제의 발굴과 교훈적인 자료 마련에 초점을 두고 있다. 프로그램개발과정 자체가 하나의 해방과정이며, 주로 문해교육에 집중되어 있다.

그러나 개인의 자유, 사회적 정의, 사회변혁과 같은 개념들은 민주주의와 정의에 대한 철학적 토론에 적합할 것이며, 너무 추상적이어서 교사가 실제적 상황에서 무엇을 해야 하는지 알지 못한다는 비판도 있다.

4. 체제 이론

체제 이론(System theory)은 베르탈란피(Bertalanffy, 1965)가 "General system theory"를 발표한 후 사회과학의 여러 분야에 확산되어 활용되고 있다. 체제(System)란 여러 부분이 하나로 결합하여 생긴 전체를 말하며, 전체의 목표달성을 위하여 여러 구성요소들이 각기 독립성을 지니고 상호의존, 상호작용을 가지면서 외부 환경과 영향을 주고받는 집합체이다. 이러한 체제는 투입(Input)-과정(Process)-결과(Output)가 있으며 각각의 하위체제가 있다. 투입-과정-결과(산출)로 구성된 프로그램개발 요소인 투입의 요소에는 환경, 조직, 개인이 있다.

체제 이론을 통한 프로그램개발의 경우 기본적으로 투입 시 개인적, 조직적,

환경적인 가치와 욕구를 반드시 프로그램에 반영하여야 한다. 체제 이론의 경우 투입요인을 통하여 어떤 과정을 거쳐 어떤 결과물을 만들어 낼 것인가에 아이디어를 제공해 줄 수 있다. 체제 이론에서는 프로그램개발자에 대한 관심보다는 프로그램개발의 과정에 필요한 요소와 맥락을 강조한다. 프로그램을 개발하는 과정에서 도출되는 다양한 대안들 중에서 보다 효율적이고 효과적인 의사결정을 내릴 수 있도록 하는 이론이다.

체제 이론은 프로그램개발의 과정에 필요한 관련 요소와 맥락에 초점이 맞추어진다. 맥락적 상호작용 이론과 비교해 볼 때, 체계 이론은 프로그램개발자에 대한 관심보다는 프로그램개발에 필요한 요소와 맥락을 강조한다. 체제 이론을 평생교육에 적용한 것은 홀(Houle, 1972)이다. 그는 기관체제와 고객체제는 두 체제들 간의 상호의존적이고 상호작용적인 관계를 통해 프로그램을 개발하는 원리를 제시하였다.

체제 이론은 교육프로그램개발이 평생교육기관을 둘러싼 기능적·사회적 맥락과 변화를 요구하는 사회문화적 맥락에서 이루어진다고 가정하였다. 프로그램개발자는 교육프로그램개발이 이루어지는 경쟁 속에서 다양한 대안 중 가장 최선의 것을 선정해야 하는 업무를 담당해야 한다. 즉, 교육프로그램을 개발하는 과정에서 나타나는 다양한 대안들 가운데 보다 효과적이고 효율적인 의사결정을 내릴 수 있도록 하는 것이다.

체제 이론은 평생교육프로그램을 개발하는 과정에서 도출되는 다양한 요소들을 조정하여 추구하여야 할 목표와 그것을 성취하기 위해 필요한 수단을 규정하는 과정으로 설명한다. 체제모형은 아주 효과적이고 효율적인 도구이지만, 체계적 절차모형을 강조하여 왔던 솔크(Sork, 2000)와 카파렐라(Caffarella, 2001)조차도 교육프로그램개발 모형들이 실천 현장의 요구와 점점 더 괴리되고 있으며, 교육프로그램개발자들은 체제 이론을 점점 따르지 않는다고 하였다.

연구문제

1. 교육프로그램개발의 전통적 이론과 관련이 적은 것은?

① 전통적 이론은 고전적 이론 또는 합리성 이론이라고도 한다.
② 이 이론은 프로그램개발을 기술적 과정으로 간주한다.
③ 프로그램개발이 순서적으로 거치게 될 절차에 관한 기술적 지식을 제시하는 이론들이 포함된다.
④ 프로그램개발자의 특정 상황에서의 판단능력과 그 판단을 정당화시킬 수 있는 능력함양을 중시한다.

2. 교육프로그램개발의 전통적 이론가가 아닌 학자는?

① 분(Boone) ② 보일(Boyle)
③ 놀즈(Knowles) ④ 프레이리(Freire)

3. 교육프로그램을 개발함에 있어 놀즈(Knowles, 1989)가 제시한 프로그램개발자의 요건이 아닌 것은?

① 학습자집단의 투입과정에서부터 프로그램의 계획에 참여해야 한다.
② 프로그램의 변화과정에 영향을 미치는 요인에 대한 제반 지식을 숙지하고 있어야 한다.
③ 프로그램개발과정의 최종 단계에서 의사결정을 한다.
④ 프로그램개발자는 프로그램 계획, 설계, 평가, 성과의 측정에 능숙해야 한다.

4. 교육프로그램개발 이론의 설명으로 옳지 않은 것은?

① 고전적 이론의 모델개발자는 프로그램개발과정의 순서에 따른 절차를 중시한다.
② 상호작용 이론은 유연성과 독자성을 강조한다.
③ 정치적 이론은 프로그램개발과정에 작용하는 각종 정치적 속성을 중시한다.
④ 체제 이론에서 프로그램개발은 독자적으로 이루어지지 않고, 프로그램개발에 관련된 제반 요소들이 융통성 있게 상호작용하는 것으로 본다.

5. 프로그램개발의 과정에서 공통적으로 이루어지는 특성과 관련이 적은 것은?

① 문제와 요구의 확인 ② 목적, 목표, 수단의 설정
③ 공식적·비공식적 사회활동 ④ 명시적 또는 묵시적인 평가

정답 1 ④, 2 ④, 3 ③, 4 ④, 5 ③

CHAPTER 03

평생교육프로그램 모형 및 접근방법

제1절 교육프로그램 모형

제2절 평생교육프로그램개발의 접근방법

제1절 교육프로그램 모형

교육프로그램개발 모형은 교육프로그램개발과정에서 일반적으로 지켜야 할 지침이나 실제 적용할 수 있는 형식과 절차를 구조화한 것으로 프로그램개발의 근간을 이루며, 주요 의사결정을 가능하게 한다. 교육프로그램개발 모형에는 역량 중심 프로그램개발 모형(CBCD), 직무분석에 바탕을 둔 프로그램개발 모형(DACUM), IMPACT(Identify, Map, Product, Apply, Calculate, Tract) 모형, 전통적인 교수체제설계인 ADDIE(Analysis, Design, Development, Implementation, Evaluation) 모형 등이 있다.

1. CBCD 모형

맥클러랜드(David McClelland, 1973)에 의해 시작된 현대적 역량개념의 출발은 '직무를 효과적으로 수행하도록 하는 개인의 내재적 특성'을 의미한다. 스펜스와 스펜스(Spencer & Spencer, 2007)는 역량을 특정한 상황이나 직무에 있어 준거에 따른 효율적이며 우수한 수행을 가능하게 하는 내적인 특성이라고 정의하는데, 내재적 특성이란 개인의 심층적이며 지속적인 측면을 말한다.

역량모델이란 조직 내에서 직무를 우수하게 수행하는 구성원들의 역량들의 집합체로, 역량모델링은 이러한 역량 모델을 이용하여 특정한 역할에서 조직의 요구에 부합하는 성공적인 수행을 이끌어내는 체계적으로 조직하는 과정이다.

역량(Competency)이란 어떤 직무를 수행하기 위해 갖추어야 할 필요능력이다. 그 필요의 준거기준은 바로 성과라는 데서 출발한 것으로 역량접근법이라고도 한다. 조직의 내적 환경 여건에서 어떤 특정 직무분야의 역할에서 고성과 달성 및 효과적 업무수행에 직접적으로 관련 있는 개인의 행동지식과 기술경험 그리고 가치관 등의 안정적이고 지속적인 개인의 속성을 말한다.

역량모델링은 1970년대 심리학에 그 이론적 기반을 두고 있다. 고성과자의 역량을 발굴하는 방법론에 초점을 두고 있다. 또한 행동에 긍정적인 영향을 미칠 수 있도록 만드는 것이다. 이러한 맥락에서 보면 역량모델링은 직무분석의 한계를 극복하고 나아가 미래에 최대한의 성과를 도출하는 방법으로 평가된다. 따라서 역량모델링은 계속 변화하는 세계상황에 능동적으로 대처하고 포괄적인 학습을 가능하게 한다는 점에서 교육프로그램을 개발하는 데 활용가능성이 크다.

역량중심 교육프로그램개발(CBCD: Competency Based Curriculum Development)에 있어 먼저, 전 사원들이 역량에 대한 인식의 중요성이 있어야 한다. 핵심 역량이 왜 중요한가? 무엇이 우리의 핵심 역량인지를 알고 상호공통의 언어로 얘기할 수 있게 하여야 한다. 또한 인적자원관리와 인적자원개발 상호간의 유기적 연계 및 통합성을 제고하여야 한다. 왜냐하면 역량모델을 통해 향후 교육 이수 학점제 및 평가제도채용선발 등을 매개로 인적자원과 관련한 교육훈련 개발의 시너지 효과를 낼 수 있기 때문이다. 또한 각 기관에서는 전략적 핵심역량을 구축하고 조직의 사업목표와 전략적 의도에 구성원들의 활동을 연결함으로써 팀 성과와 개인의 역량 개발의 연계를 추구하는 데 도움을 준다.

역량중심 교육프로그램개발 모형을 보면, 직무역량 체계수립 단계에서 현황분석 및 역량추출을 실행하고, 설계과정에서 역량선정을 위한 타당성과 역량체계수립, 학습체제수립을 진행한다. 학습체제를 수립하는 단계에서 역량체계도와 학습체계도 그리고 자기개발체계와 교육과정개발을 연계한다. 또한 교육실행 단계에서 역량체계에 합당한 교육과정을 운영하고, 평가과정에서 역량체계와 학습체계를 평가한다. 이후 그것을 기관의 인사자료로 활용한다. 그리고 역량중심 교육프로그램개발 모형에는 직무역량 도구개발 및 직무역량평가로 구성되어 있다.

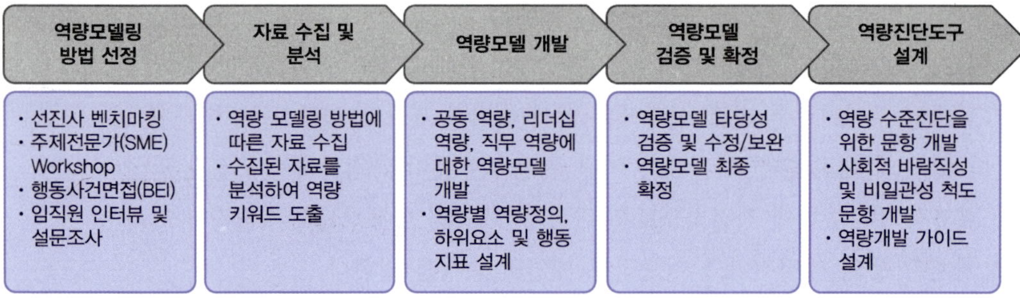

그림 3-1 역량모델 프로세스

출처: https://www.google.com/search?sxsrf(2020. 12. 31.).

2. DACUM 모형

DACUM(Developing A Curriculum) 모형은 특정 직무수행을 위한 작업(과업=Task), 책무(임무 = Duty), 직무(Job)를 내용 전문가인 DACUM 패널 위원을 통해서 태도(Work behaviors), 지식과 능력(General knowledge & Skills), 도구(Tools, Equipment, Supplies & Materials) 그리고 미래 경향(Future trend & Concerns)을 도출하는 직무분석 방법이다.

노턴(Norton, 1960)은 DACUM을 하나의 직무분석 기법으로 체계화하였고, DACUM 촉진자인 Facilitator의 자격 직무 연수를 통해 전 세계에 DACUM 전문 인력 양성에도 기여하였다. 코핀(Coffin, 1993)은 DACUM 기법을 해당 업무 현장에 실제적으로 기반을 두면서 훈련 프로그램을 체계적으로 설계하는 방법을 제시해 주고, 여러 측면에서 해당 교육으로부터 직접 영향을 받는 교육 참가자를 포함한 주요 관계자들이 교육프로그램개발과정에 깊숙이 관여할 수 있는 기회를 제공해 주기도 한다.

DACUM의 기본 배경으로는 당해 직무에서 탁월하다고 평가받은 사람만큼 업무를 정확히 정의하고 기술할 수 있는 사람은 없다. 그리고 어떤 직무든 그 직무를 성공적으로 수행하는 사람에 의해서 정의될 때 가장 효과적이고 명확하다. 마지막으로 어떤 작업(Task)이든 그 업무를 올바로 수행하는 데 필요한 지식(Knowledge), 기능(Skill), 태도(Attitude)가 있다.

DACUM 기법의 프로세스를 보면 직무분석 준비 단계, 직무/책무분석 단계, 작업분석 단계, 교육훈련 프로그램개발 단계로 이루어진다.

DACUM 모형은 기존 교육프로그램이나 새로운 교육과정을 효과적이면서 신속하고 타당하게 평가하고 나아가 수정·보완·개발하는 데 활용된다. 둘째, 교육내용이나 과제분석에서 다양한 직무에 해당하는 능력을 다각도로 파악하는 데 사용될 수 있다. 셋째, 보통 2~3일 내에 작업을 완수할 수 있으면서 최소한의 물리적 지원으로 활동과정을 영위할 수 있어 비용도 저렴하여 효율성 측면에서 장점이 있다. 넷째, 교육내용들을 추출하는 초기단계부터 우수수행자와 주요 관계자를 적극적으로 참여시켜 다음에 제공될 교육프로그램의 현장 활용 가능성을 제고시켜준다.

그러나 DACUM이 직업훈련이나 운영기술을 위한 교육과정을 개발하고 활용하는 데 이용되었다는 점은 오히려 기업의 다른 교육적 요구를 제대로 반영하는데 어려움을 안게 되었다. 예컨대, 새로운 사업상의 요구를 반영한 학습자의 '능력'을 확인하고 제고에 적합한 교육과정 체계의 개발에는 적절히 대응하지 못한다는 것이다.

3. IMPACT 모형

IMPACT 모형에는 창(Chang, 1994)의 고영향력 훈련모형(High-IMPACT Training Model), 로빈슨과 로빈슨(Robinson & Robinson, 1989)의 성과지향 훈련 접근(Training for IMPACT Approach), 필립스(Phillips, 1997)의 결과기반 HRD 모형(Result-Based HRD Model), 모렌다 외(Molenda, Pershing & Reigeluth, 1996)의 경영성과 지향 ISD 모형(Business IMPACT ISD Model)이 있다.

I-M-P-A-C-T 모형의 "I"는 현재의 상황을 파악하고, 미래의 비전을 가지며, 정보를 수집하여 분류하고, 결과를 공유한 다음 필요한 조치를 결정한다. "M"은 훈련의 목표를 설정하고 훈련의 대상자를 고려하여 훈련하는 방식을 설계한다. "P"는 학습감각을 이용하도록 고려해주고, 프로그램자료(학습도구)를 선정하여, 교육내용을 결정하며, 개발과정에 초점을 둔다. "A"는 성공적인 전달 기능을 이용하고, 보조자료를 효과적으로 사용하며, 학습자의 질문을 잘 처리한다. "C"는 개발자가 프로그램의 반응을 평가하고, 직무수행 과정의 행동을 평가하고, 경영상의 결과를 분석하고, 나아가 조직에 미치는 영향을 추적한다. 끝으로 "T"는 교육훈련 효과의 유지를 위하여 관리자, 훈련담당자, 학습자 모두 준비하고, 훈련 효과를 차기 훈련에 활용하며, 훈련 효과를 관리자, 훈련담당자, 학습자 모두 모두 실행한다.

1) High-IMPACT 훈련모형과 프로그램평가

이 모형으로 훈련이 제대로 실시된다면 직무수행을 성공적으로 개선시킬 수 있는 치료방법이 될 수 있을 것이다. 훈련을 성공시키기 위해서는 훈련의 요구를 충실히 파악(Identify), 옳은 접근 방식을 결정(Map), 적절한 훈련의 도구를 제작(Produce), 최선의 훈련기법을 적용(Apply), 훈련의 결과를 측정(Calculate), 훈련 효과를 지속(Track)시키는 것이다. 모든 과정과 절차가 제대로 된 순서에 따라야 하듯, 교육훈련의 과정도 훌륭한 결과를 원한다면 올바른 절차를 준수하여야 한다는 것이다.

2) Training for impact 접근과 프로그램평가

로빈슨과 로빈슨(Robinson & Robinson, 1989)은 교육훈련의 접근을 "훈련을 위한 훈련"(Training for Activity)과 "성과를 지향하는 훈련"(Training for Impact)을 연결선상에서 비교하였다. 단계 1은 사업요구와 의뢰인을 파악하는 것이다. 사업의 요구에는 과거의 문제와 미래의 기회를 모두 포함하고 있다. 단계 2는 의뢰인과 협력적 관계형성. 단계 3은 프로젝트 미팅실시. 단계 4는 수행분석. 단계 5는 원인분석. 단계 6은 수집된 자료의 정리 및 해석. 단계 7은 의뢰인에게 보고. 단계 8은 반응(수준1)과 학습(수준2)의 평가체제의 설계. 단계 9는 행동(수준3)과 결과(수준4)의 추적체제를 설계하는 것이다. 단계 10은 훈련 프로그램을 개발하여 실행하며. 단계 11은 평가자료와 추적자료를 수집, 정리, 해석하고. 마지막 단계인 12에서는 의뢰인에게 모든 결과를 보고하는 것이다. 위와 같이 Training for Impact에서는 의뢰인과 동반자 관계를 형성, 사업요구에 연계시키며 철저한 수행분석과 원인분석, 교육훈련을 지원하기 위하여 작업환경을 준비, 교육훈련 결과의 측정에서 Training for Activity와 분명한 구분이 있다.

3) 결과기반 HRD 모형과 프로그램평가

필립스(Phillips, 1997)의 결과기반 HRD 모형은 가시적 성과(Outcomes) 또는 성취수행(Performance)을 강조하는 경영방침을 적극적으로 교육훈련에 반영한 방법론이다. 이 모형으로는 구체적인 결과를 예상할 수 없는 교육훈련을 실시하여서는 안 된다. 각 단계의 프로그램 설계과정에 프로그램의 결과를 측정할 수 있는 방법들을 포함시켜야 한다. 따라서 HRD 전문가들은 프로그램의 결과를 측정할 수 있는 자질을 갖추고 있어야 한다. 필립스(Phillips)의 모형은 총 18단계로 되어 있다. 이 중 11개 단계가 평가활동과 관련되어 있다. 따라서 모든 HRD과정에 적용될 수 있도록 조직의 목적에 따라 필요한 단계를 취사선택할 수도 있다. 그리고 성공적인 평가를 위해서는 요구와 사정이 이루어지는 개발 초기 단계에서부터 시작하여야 한다. 이어서 프로그램의 중간, 종결될 때까지 계속되는 체계적인 과정이어야 한다.

4) 경영성과지향 ISD 모형과 프로그램평가

모렌다 외(Molenda, Pershing & Reigeluth, 1996)는 맥콤(McCombs, 1986)이 제시한 ISD 적용의 제한점을 부분적으로 극복하고 경영의 성과 및 교육활동의 채산성에 대한 물결을 반영하는 경영성과지향의 ISD 모형(Business Impact ISD Model)이 개발되었다.

기업교육 전문가와 공학자들은 글로벌 경쟁과 총체적 품질경영(TQM) 나아가 기업의 리엔지니어링으로 초래된 경영환경의 변화로 인해 ISD과정의 능동적인 변신을 인식하고 있다. 이런 변화의 물결을 극복하고 경영성과(Business Impact)를 위해 인적자원을 강조하였다. 이것은 조직 성공의 척도가 되는 채산성(Profitability)에 직접적인 영향을 준다. 그리고 이러한 과정(Process)만이 조직이 생존할 것이라는데 확신을 가지게 된다. 또한 ISD 체계적인 관점은 인적자원체제로 생산, 판매, 회계 등과 같은 조직체제 내 다른 조직들과의 연계를 필요로 하고 있다. 교육훈련의 성공적인 조직을 위해서는 보조적인 기능에 머물기보다는 기본적인 공헌으로 수행상의 문제 혹은 경영상의 기회 등 경영상의 요구에 부합해야 한다. 교육훈련은 단순히 "활동"을 위해서가 아니고 조직의 "성과"창출을 위해 행해져야 한다.

조직에서는 교육훈련만으로는 직무수행의 문제들을 해결할 수 없다. 모든 조직에서 부딪치는 수행상의 문제들은 다차원적이라 할 수 있다. 또한 모든 수행상의 문제들은 다양한 원인과 장애에 기인하고 있으므로 단순히 교육훈련만으로 문제를 해결할 수도 있고 아닐 수도 있다. 이러한 시점에서 경영성과지향 ISD 모형의 포인트가 잘 드러난다. 성과지향 ISD 모형의 가장 큰 특색은 각 단계에 연결되어 있는 변화관리와 평가에 대한 관심이라 할 수 있다. 그리고 이 모형은 하나의 공통된 요구분석을 통해 나온다. 성과지향 ISD 모형의 공통된 실행과정에서 교차되는 훈련과 훈련 외적인 해결책들이 어떻게 관련되어 있는가를 잘 보여주고 있다.

4. ADDIE 모형

교수체제개발(ISD)의 기본 모형으로 A-D-D-I-E 모형이라고 불린다. 프로그램을 개발할 때 기본적인 절차는 이른바 'ADDIE'이다. 먼저 분석과정(A)이 이루어지고, 이어서 설계(D)와 개발(D)과정이 이루어진다. 마지막으로 아울러 실행과정(I)과 결과평가(E)가 이루어진다.

ADDIE 모형에 대해서는 개발과정에서 이론과 같이 설명하는 것이 학습자에게 더 효과적일 것 같아 관련 내용은 '제4장 평생교육프로그램기획'의 '제4절 개발의 절차 및 일정수립'에서 자세히 기술하였다.

5. ASSURE 모형

ASSURE 모형은 교수매체를 활용하여 수업 지도안을 설계하는데 도움을 주기 위해 고안된 모형으로 교수체제 개발모형으로도 활용될 수 있다. 어떻게 가르칠 것인가(How to do)에 초점을 두고 있으며, 체제적 교수설계 모형으로서 6단계로 이루어져 있다.

ASSURE 모형에 대해서는 개발과정에서 이론과 같이 설명하는 것이 학습자에게 더 효과적일 것 같아, 관련 내용을 '제8장 교수매체 및 교수·학습자료 개발'의 '제2절 학습자용 교재'에서 자세히 기술하였다.

6. 딕과 캐리(Dick & Carey) 모형

딕과 캐리(Dick & Carey) 모형은 교수과정을 하나의 체제로 보고 분석, 설계, 개발, 평가라는 교수설계의 기본 모형으로 후속되는 계획 및 실행 단계를 효과적으로 이끌 수 있으며, 목표에 따른 적합성이 있고, 초기 설계과정에서의 오류를 지속적으로 수정·보완이 가능하다.

그러나 수업을 진행하고 유지하는 절차가 포함되지 않았고 전반적인 직무수행을 다루고 있지 않으며, 프로그램 실천가들은 몇 개의 단계를 무시하기도 하고 제시되어 있는 모든 단계들을 순서대로 행하지 않는 등 한계가 있어 불안전한 모형이라고도 한다.

딕과 캐리(Dick & Carey) 모형에 대해서는 개발과정에서 이론과 같이 설명하는 것이 학습자에게 더 효과적일 것 같아 관련 내용을 '제4장 평생교육프로그램기획'의 '제4절 개발의 절차 및 일정수립'에서 자세히 기술하였다.

7. 기타 수업설계 모형

1) 캠프(Kemp) 모형

이 모형은 계획에 정해진 순서에 따라 수행되는 것이 아니고 교수자나 교수설계자가 실제 수업상황에 맞추어 융통성 있게 사용이 가능한 것이 특징이다. 이러한 캠프의 모형은 학습자에 대한 관점을 강조하고 있다. 그리고 체제적 모형으로 발전시킨 평가를 받고 있다.

2) 윌리스(Willis)의 R2D2 모형

이 모형은 구성주의적 관점의 R2D2(Recursive, Reflective, Design and Development)를 제안하였다. 정의(Definition), 설계와 개발(Design & Development), 확산(Dissemination)에 초점을 두고 있다. 그리고 이들 간의 상호작용을 중요시하였다. 그러나 분명한 시작과 끝의 단계가 없는 것이 특징이다.

3) 스미스와 래간(Smith & Ragan)의 모형

이 모형에서는 분석단계, 전략단계, 평가단계의 세단계로 구분하였다. 그리고 각 단계의 모형은 일반적인 절차를 의미하기 때문에 수업설계자의 상황에 따라서 각 절차를 보완하거나 수정하여 융통성있게 활용할 수 있는 특징이 있다. 또한 각 단계에 포함되어 있는 하위 단계들은 순서적으로 일어나는 것이 아니라 동시적으로 수행되는 복합한 상호작용 관계에 있다.

4) 글레이저(Glaser)의 모형

이 모형은 ADDIE 모형에서 태동하여 다양한 수업설계모형의 기초가 되고 있다. 이 모형은 체제접근을 위한 기본 요소를 갖추고 있다. 먼저 투입요소로는 출발점 행동, 산출요소로 수업목표, 내적 과정의 요소로 학습지도 절차, 마지막 요소로 체제평가의 학습성과평가 등 네 가지이다.

5) 가네와 브릭스(Gagné & Briggs)의 모형

이 모형은 학습자들의 내적인 조건(선수학습내용 및 인지적 과정)들을 활성화에 필요한 외적인 조건들을 제공하는 일련의 과정으로 간주하고 이를 '교수사태'라 하였다. 그리고 학습영역을 정의적, 인지적, 심리적 영역으로 분류하여 영역별 교수학습를 위한 구체적 처방을 제시하고 있다. 브릭스(Briggs)는 가네(Gagné)의 이러한 교수설계 이론을 토대로 교수설계과정을 14단계로 제시하였다.

6) 게를라흐와 엘리(Gerlach & Ely)의 모형

이 모형은 다른 수업설계모형에 비해 수업 단계를 계획하는 데 보다 자세한 요소들을 포함하고 있다. 교수과정을 크게 다섯 단계로 나누고, 수업설계자가 고려해야 할 사항을 하위활동별로 자세하게 제시하고 있는 것이 그 특징이라고 할 수 있다.

7) 나이크와 구스타프슨(Knirk & Gustafson)의 모형

이 모형은 교실수업, 자료제작, 체제로 분류하였다. 교실수업(Classroom)은 새로운 교수자료의 개발보다는 기존의 자료를 활용하고, 자료제작(Product)은 고객이나 시장상품화를 위해 특정 교수자료를 제작하고, 체제(System)는 여러 개의 교수자료가 동시에 통합된 교수체제를 개발하는 것이다.

제2절 평생교육프로그램개발의 접근방법

프로그램개발을 위한 접근방법이란 프로그램개발 추진과정에서 프로그램개발자가 일반적으로 따라야 할 지침이나 실제 적용할 수 있는 다양한 형식과 전략을 말하며, 평생교육프로그램개발자가 프로그램개발을 어떠한 절차에 의해 작업하는가를 설명해주는 것이다.

카페렐라(Caffarella, 2001)는 첫째 보유하고 있는 자원을 보다 효율적으로 활용하기 위해, 둘째 매일 매일의 작업을 보다 쉽고 편리하게 하기 위해, 셋째, 팀

워크 강화와 증진을 위하여, 넷째, 관리를 위한 기초 자료를 수집·활용할 수 있도록, 다섯째, 보다 나은 프로그램개발을 위하여 개발모델에 의해 프로그램이 개발되어야 한다고 주장하였다.

코왈스키(Kowalski, 1988)는 평생교육기관 조직의 특성에 초점을 두면서 프로그램 계획의 전략을 선형적 접근법, 비선형적 접근법, 비통합적 접근법, 통합적 접근법, 체제분석적 접근법으로 크게 분류하였다. 다양한 프로그램개발 접근방법이 있지만 중요한 것은 조건, 상황, 환경 등에 맞게 선택하여 사용할 수 있다는 것이다. 그리고 먼저 프로그램개발자들은 평생교육프로그램개발을 위한 기본 지식과 실체 그리고 개발경험을 축적하여 각 기관이나 조직의 상황에 맞는 유연성 있는 접근방법을 추진해야 한다.

1. 체제 분석적 접근법(System analysis approach)

교육프로그램을 개발하기 위해 체제(System) 분석과정에 사용되는 변인은 투입, 산출, 환경이다. 이 접근법은 전체를 부분으로 나누고 부분들의 다양한 상호관계를 연구하는 것이다. 체제분석 접근법은 정확한 정보를 사용하기 때문에 프로그램개발에 위험부담을 적게 하는 특징이 있다. 따라서 프로그램 계획과정에는 개인, 조직, 환경의 가치 및 요소를 동시에 고려하여야 한다. 또한 이 접근법은 개발자들의 과학적 분석을 기초로 하고 있어 기존 프로그램의 수정이나 새로운 것을 개발할 때도 유효하게 사용될 수 있는 장점이 있다.

홀(Houle, 1972)은 교육프로그램을 기관체제와 고객체제라는 두 체제들 간의 상호작용적인 관계를 통해 프로그램을 개발하는 원리를 제시하였다. 프로그램 개발의 계획 단계에 초점을 두는 데 그 특징이 있다. 학습자의 시각에 입각한 프로그램개발과정을 중시하고 개인중심, 집단중심, 기관중심, 일반대중중심으로 구분하여 '삶의 유형에 알맞은 형식'을 제시하였다.

학습은 특정 조건하에서 일어나며 그 조건에 지대한 영향을 받는다. 교육활동의 분석이나 계획은 학습자의 제반 경험수준에 근거를 두고 그들의 지속적인 변화를 염두에 두고 있으며, 교육을 상호 협력을 바탕으로 하는 하나의 기술로 보았다. 실제적인 기술 교육계획이나 분석 그리고 교육현상을 일정한 기간 동안 특정한 방법을 통해 구체적으로 이해하는 것이 필요하다. 교육프로그램의 교육계획 수립 및 분석은 학습자, 교육자, 전문가들이 공동으로 노력하여 행해질 수 있다.

홀(Houle, 1972)의 체제 분석적 접근법을 평생교육프로그램개발에 원용한 것으로써 평생교육기관을 하나의 사회체제로 간주하고 학습자, 평생교육기관 및 조직체, 환경 등과의 상호작용을 통한 프로그램개발을 중시한다. 환경, 조직, 개인적 가치와 욕구를 동시에 고려하여야 하며 프로그램개발과정상에 나타나는 제반 상황을 체계적으로 반영한다. 프로그램개발 과정에서 투입–개발과정–산출이라는 구조로 이루어져 있다. 개발과정은 하나의 교육목표를 설정하고, 교육내용이나 방법을 선정하고 조직하는 데만 있는 것이 아니라 프로그램이 개발되는 교육기관 전체의 전반적인 차원에서 개발하는 것을 강조한다.

체계적 접근은 교육적 상황, 교육과정에 관련되는 상황들이 아무리 복잡하더라도 그것을 체계적으로 분류, 조직할 수 있다는 전제에서 출발한다. 이런 의미에서 교육과정 개발은 학습효과를 최대화하기 위해 교육환경을 어떤 질서 속에 구조화하는 계획이라 볼 수 있다. 체계적 접근방법은 개발 작업의 과업을 분명히 하고, 개발의 수행을 위해 합리적이고, 체계적인 방법을 필요로 하므로 수단–목표의 패러다임으로 보기도 한다. 체계적 접근방법이 교육현장에서의 교육과정 개발에 중심을 이루고 있는데, 이는 학교교육의 공적인 특성이 가져오는 학교체제의 관료적 특성 때문이다.

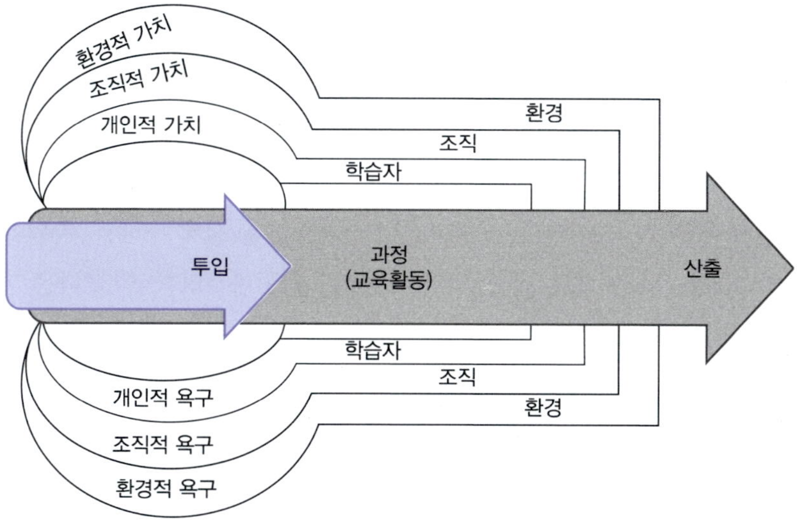

그림 3-2 **체제 분석적 접근법 모형**

출처: https://slidesplayer.org/slide/16783842/(2020.12.31.).

체제 분석적 접근법은 교육프로그램개발 과정에서 교육환경과 조직 그리고 학습자의 개인적 가치와 욕구를 동시에 고려하고 있다. 그러므로 프로그램개발 과정상에 나타나는 다양한 상황을 체계적으로 반영할 수 있어 평생교육프로그램개발의 초기과정에서부터 많이 활용되어 왔다.

2. 선형적 접근법(Linear approach)

선형적 접근법은 평생교육프로그램개발을 위한 접근방법 중 가장 일반적으로 활용되는데, 이것은 평생교육현장에서 주로 사용되어 온 전통적인 방법이다. 이 모형에서는 교육프로그램 개발과정을 단선적으로 일어나는 현상으로 전제한다. 각 과정을 학습 단계별로 세분화하여 프로그램을 개발한다. 이러한 일련의 순차적인 경로를 통하여 프로그램이 개발되므로 한 단계가 마무리된 후에야만 비로소 다음 단계에서 진행될 절차가 순차적으로 수행된다. 평생교육현장에서 이러한 모형이 가장 많이 활용되는 이유는 단계마다의 과업이 명확하고 단순하여 안정감을 가지기 때문이다.

프로그램개발자는 프로그램을 개발하기 위해서는 먼저 잠재적 학습자들의 욕구를 확인하여야 하고 우선순위에 의해 최종 욕구를 확정한다. 이러한 학습자의 욕구를 학습목표 및 목적으로 전환시키고 목표 및 목적을 달성하는 데 필요한 구체적인 내용들을 선정하여 프로그램을 설계한다. 그리고 각 프로그램들을 전개하기 위한 필요한 인적·물적 자원과 시설을 확보한다. 마지막으로 지역사회에 프로그램에 대한 마케팅을 실시하고 학습대상자를 확보한 후 그 프로그램을 실행한다.

선형적 접근법은 요구분석→목표설정→프로그램 설계→예산·자원확보→프로그램 마케팅→프로그램 실행으로 한 단계를 마무리한 후에 다음 단계에서 수행할 절차를 연속적으로 진행시켜 나가는 것이다. 각 단계마다 과업이 명확하고 단순하여 안정감을 준다.

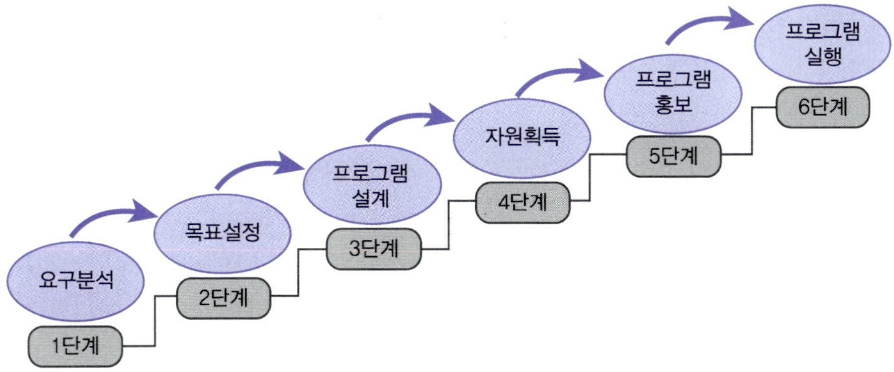

그림 3-3 선형적 접근법 모형

출처: https://slidesplayer.org/slide/16783842/(2020.12.31.).

선형적 접근법은 프로그램개발의 첫단계인 요구분석을 통해 학습자, 교육기관 그리고 교육요구를 먼저 분석하고, 이를 바탕으로 프로그램목표로 전환시켜, 이들 목표를 달성하기 위해 프로그램의 방법과 내용을 선정한 후 조직하는 설계과정을 거치게 된다. 다음은 교육기관에서 프로그램을 실행하는데 필요한 예산과 자원을 확보하며, 프로그램 실행에 필요한 모든 조치를 준비하는 일련의 과정을 거치게 된다.

장점으로는 프로그램개발의 논리적 경로를 제공하여 경험이 없는 초심자들에게 쉽게 접근할 수 있다. 그러나 선형적 접근법은 조직과 외부 환경을 정적인 것으로 가정하고 있다는 것이 단점이다. 현실적으로 보면 모든 기관(조직)과 외부 환경은 역동적이어서, 선형적 접근법이 전제하는 논리적 경로에 의해 개발된 프로그램은 제반 변화에 대처할 수 있는 유연성이 부족하다. 여기에서는 직선적인 프로그램개발로 인해 그 과정에 있어서나 개발 후의 환경변화에 대처하기 어렵다.

선형적 접근방법을 적용한 프로그램개발 모형은 보일(Boyle)과 놀즈(Knowles)를 포함한 많은 학자들에 의해 체계적으로 제시되었다.

3. 비선형적 접근법(Non-linear approach)

비선형적 접근법은 몇 개의 절차들이 같은 시간에 동시에 수행되어 시간상의 제약을 받지 않으면서 각 단계가 계속적으로 순환된다는 장점이 있다. 프로그램개발이 절차적이고 단계적으로 진행되는 것이 아니고, 프로그램개발자의 경험을 통해서 여러 과정이 동시에 또는 순환적으로 진행되는 것이다.

이와 같이 비선형적 접근법은 각 단계에서 하나의 절차만 수행되지 않고 몇 개의 절차가 같은 시간에 즉 동시에 수행될 수 있다는 데 그 특징이 있다. 따라서 시간상의 제약을 받지 않고 각 단계가 계속적으로 순환된다는 특징을 갖는다.

프로그램개발 전문가가 주로 사용하는 것으로 개발자의 자율성과 유연성으로 자신의 고유한 프로그램개발과정을 갖는다. 프로그램개발자의 재량으로 창의적인 프로그램을 개발해낼 수 있다. 프로그램개발 절차에 있어 일반적인 절차를 거치는 것이 아니라 상황에 따라 어떤 단계의 활동이 생략되거나 반복되어 실시된다.

앞에서 설명한 선형적 접근법과 후술할 통합적 접근법 및 비통합적 접근법은 프로그램개발자가 초보자일 경우 많이 사용된다. 반면, 비선형적 접근법은 주로 경험이 많고 숙련된 프로그램개발자들이 선호한다.

비선형적 접근법에서는 프로그램개발자가 자신의 전문성과 자율성을 최대한 발휘하여 나름의 프로그램개발과정을 밟도록 허용한다. 그렇다고 프로그램개발이 어떠한 원칙과 기준도 없이 마구잡이로 수행되는 것은 아니다. 여기에서도 다른 접근법들에서와 같이 몇 가지 원칙이 적용된다. 다만 개발자의 재량에 의해 좀 더 창조적인 프로그램을 개발한다는 점이 다르다. 프로그램개발에 경험이 많은 개발자는 자기 나름대로의 개발기법을 갖고 있기 때문에 중요한 사항에서는 종종 자신의 직관과 예지를 바탕으로 프로그램을 개발한다. 이는 비선형적 접근법이 비체계적이라는 의미가 아니라, 프로그램 전문가의 재량권을 중시하여 획일적인 절차를 피한다는 것을 의미한다. 그림 3-4에서 보는 바와 같이 프로그램평가는 이 접근의 중심핵이 되는데, 각 단계마다 적절한 평가활동이 되풀이되어 피드백된다. 이러한 이유 때문에 선형적 접근법에 비해 훨씬 더 어렵고 더 많은 자원을 필요로 하며, 프로그램개발에 상당한 능력과 전문성이 요구된다.

비선형적 접근법은 선형적 접근법에서처럼 프로그램을 획일적인 절차에 의해 개발하는 것이 아니라, 개발자의 풍부한 경험을 통해 얻은 독특한 개발기법이 적용된다. 그러므로 이 접근법은 다른 모형들에 비해 시간과 자원배분이 개발자의 재량에 의해 조정될 수 있는 장점이 있다. 따라서 이 접근법은 시간과 자원의 분배측면에서 융통성이 보다 많이 부여된다는 장점을 가지고 있다. 그러나 이 접근법은 개발자의 전문적인 능력을 특히 중시하기 때문에 다른 접근법들에 비해 프로그램 초심자는 사용하기 어렵다.

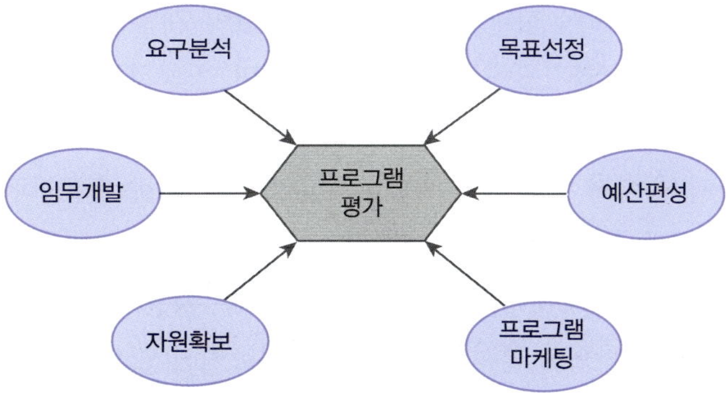

그림 3-4 비선형적 접근법 모형

출처: https://slidesplayer.org/slide/16783842/(2020.12.31.).

4. 통합적 접근법(Integrated approach)

통합적 접근법은 체제분석모형(System analysis model)이라고도 하는데, 체제분석과정을 활용하여 프로그램을 개발하는 접근방법을 말한다. 이 접근법은 모든 조직의 프로그램개발에 적용될 수 있는데, 여기에서는 투입과 산출, 외부 환경과의 상호작용 등을 주요 변인으로 설정하여 프로그램을 개발한다.

통합적 접근법은 사전에 프로그램개발에 영향을 미치는 다양한 요인들을 종합적으로 고려한다. 교육프로그램을 개발하는데 있어 학습자를 중심으로 그들과 연관된 다양한 교육 요인들을 고려함과 동시에 교육프로그램을 사용하는 교육기관의 정책과 목표 그리고 자원 등도 함께 반영한다.

이 접근법에서는 프로그램개발에 있어 우선 학습자들을 중심으로 그들과 관련된 다양한 요인, 즉 그들의 욕구 및 문제 등을 충분히 고려할 뿐만 아니라, 평생교육기관의 목표와 자원 및 방침 등도 충분히 반영한다. 즉, 여기에서는 기관의 이념과 목표의 확인, 조직의 구성요소 규명, 조직의 외부 환경적 제약요건 확인, 조직 내부의 제한점 파악, 조직 외부 환경의 욕구와 관심영역 확인, 조직 내부의 욕구와 관심영역 확인, 잠재적 학습자의 욕구분석, 프로그램의 목적 및 목표설정, 기대되는 결과에 대한 분석 등을 체계적으로 수행하여 프로그램을 개발한다.

통합적 접근법에서는 프로그램을 개발하기 위한 투입변인들인 기관과 외부 환경 및 잠재적 학습자들의 욕구와 특성 등은 상호작용의 과정을 거쳐서 결과적으로 산출변인으로서 하나의 양질의 프로그램이 개발된다. 이러한 접근법은 여러 형태의 평생교육기관에서 활용이 가능하며, 프로그램개발자가 새로운 프로그램을 개발하거나 기존의 프로그램을 개선하는 데 보다 적절하게 사용될 수 있다. 따라서 통합적 접근법은 과학적인 분석을 근거로 프로그램을 개발하기 때문에 비통합적 접근법에 의해 개발된 프로그램보다 그 타당성이 보다 높다. 그러나 프로그램개발자에게는 그만큼 기관과 외부 환경 및 잠재적 학습자의 욕구와 특성을 종합적으로 분석할 수 있는 기본능력이 필요하게 된다.

이 방법은 총체적, 분석적이기 때문에 개발과정이 복잡하고 개발자의 전문적인 능력이 필요한 접근 방법이다. 통합적 접근법에서의 프로그램개발방법은 총체적(Holistic)이고 분석적이기 때문에 개발과정이 복잡하고 개발자들의 전문적인 능력을 필요로 하지만, 다른 모형에 비해 개발오류(Development error)를 최소화함으로써 개발과정에서의 실수를 줄일 수 있다는 장점이 있다.

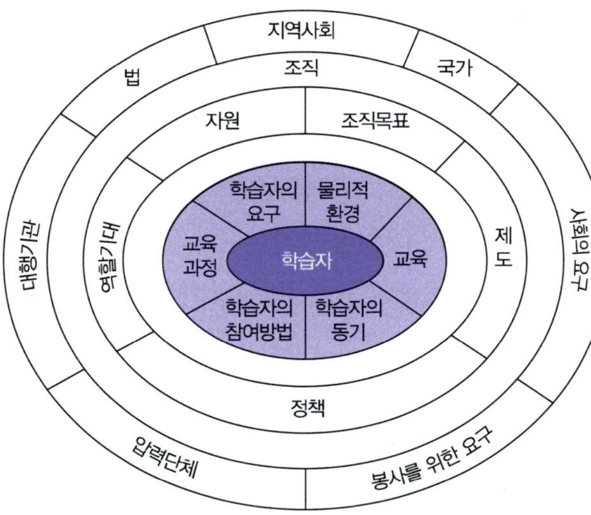

그림 3-5 통합적 접근법 모형

출처: https://slidesplayer.org/slide/16783842/(2020.12.31.).

5. 비통합적 접근법(Non-integrated approach)

이 접근방법은 프로그램을 새롭게 개발하기보다는 다른 평생교육기관들이 이미 개발하여 사용하고 있거나 새롭게 개발한 프로그램을 그대로 원용하여 활용한다는 점에서 모방 중심적인 접근방법이라고 볼 수 있다. 교육기관에 의해 일방적으로 프로그램의 내용이나 방법이 취사선택된다는 점에서 그 특색이 있고, 다른 접근에 비해 프로그램의 각 요소들이 비교적 고립되어 있다는 특징을 갖는다.

비통합적 접근법은 가장 단순하며 프로그램개발보다는 다른 유사 조직이나 기관에서 이미 개발되어 사용하고 있는 성공적인 프로그램을 조사 및 수집하여 사용하는 것으로 프로그램개발자의 특별한 지식이나 능력이 없어도 가능하다.

현재 우리나라 대부분의 평생교육기관들이 주로 사용하고 있는 방법이기도 하다.

비통합적 접근법은 가장 손쉽게 사용되는 방법인데, 여기에서는 프로그램이 새로 개발된다기보다는 다른 평생교육기관의 프로그램을 거의 그대로 모방하는 방법을 취한다. 이 과정에서 프로그램개발자는 특별한 기술이나 능력이 없어도 프로그램을 개발할 수 있다. 이 경우 프로그램은 개발된다기보다는 발견하여 활용된다고 할 수 있다.

이 접근법에서는 대체로 프로그램 기획과정에서 잠재적 학습자들을 참여시키지 않는다. 즉, 학습자들의 욕구나 의견을 따로 수렴하지 않고, 평생교육기관에 의해 일방적으로 프로그램이 개발되고 제시된다. 규범적 측면에서 보면 프로그램개발과정에 잠재적 학습대상자들의 참여가 바람직한 것으로 보여지고 있다. 그러나 여기에서는 학습대상자들의 참여 없이 프로그램을 개발하기 때문에 사실상 그들의 가치나 욕구를 수용하는 기회를 원천적으로 차단하는 것이다. 따라서 이 접근법의 특징은 고립성(Isolation)이라 하겠다. 이는 잠재적 학습대상자의 참여(Participation)와 집중(Focus)을 제한된 상태에서 프로그램개발이 진행된다는 것이다. 또한 프로그램개발의 기획목표, 절차 그리고 기타 관련 구성요소 들이 평생교육기관의 기능과 무관하게 결정될 수 있다. 또한 학습대상자들의 가치와 욕구를 기관과 환경의 가치 및 요구와 결합하고자 하는 의식적인 노력이 기울여지지 않는다. 따라서 프로그램개발자와 교육기관에서는 프로그램 개발과정에서 기존에 개발된 프로그램을 차용하거나 모방하여 활용하려는 행동을 할 경향이 강하게 나타날 수 있다.

이 프로그램의 장점은 프로그램개발에 관한 전문지식이 없는 사람도 쉽게 설계할 수 있고, 비용과 시간을 줄일 수 있고, 조건이 유사한 경우 프로그램 결과를 예상할 수 있다. 그러나 이 접근법은 학습자의 요구나 흥미 등을 고려하지 않고 교육기관에 의해 일방적으로 프로그램이 개발된다. 학습자의 의견이나 요구가 잘 반영되지 않는다는 특색이 있다. 뿐만 아니라 학습자들이 의사결정과정에도 참여할 수 없게 되어 프로그램의 효과성, 효율성 그리고 매력을 보장할 수 없고 결과적으로 프로그램의 지속가능한 성장을 보장받을 수 없는 한계가 있다.

연구문제

1. 교육프로그램개발 모형에서 전통적인 교수체제 설계 모형은?

   ① CBCD(역량중심 프로그램개발 모형)
   ② DACUM(직무분석에 바탕을 둔 프로그램개발 모형)
   ③ IMPACT(Identify, Map, Product, Apply, Calculate, Tract) 모형
   ④ ADDIE(Analysis, Design, Development, Implementation, Evaluation) 모형

2. 역량중심 교육프로그램개발의 설명으로 틀린 것은?

   ① 1970년대에 심리학에 이론적 기반을 두고, 저성과자의 역량을 발굴하는 방법론 개발에 초점을 두었다.
   ② 역량모델링은 직무분석과는 달리 행동을 기술하기보다는 행동에 긍정적인 영향을 미칠 수 있도록 만드는 것에 목적이 있다.
   ③ 이런 맥락에서 역량모델링은 직무분석의 한계를 극복하고 미래에 최대한의 성과를 내기 위한 방법으로 평가된다.
   ④ 역량모델링은 계속 변화하는 세계 상황에 능동적으로 대처하고 포괄적인 학습을 가능하게 한다는 점에서 교육프로그램을 개발하는데 활용가능성이 크다.

3. 프로그램개발 모형에 대한 설명으로 틀린 것은?

   ① 캠프(Kemp) 모형은 정해진 순서에 따라 진행되는 것이 아니라 실제 수업상황에 맞추어 교수자나 교수설계자가 융통성 있게 변화 사용이 가능한 것이 특징이다.
   ② R2D2 모형은 정의(Definition), 설계와 개발(Design & Development), 확산(Dissemination)을 초점으로 삼고, 이들 간의 상호작용을 중요시하므로 분명한 시작과 끝의 단계가 없는 것이 특징이다.
   ③ 스미스와 래건(Smith & Ragan)의 모형은 크게 분석 단계, 전략 단계, 평가 단계의 세 단계로 구분된다.
   ④ 가네와 브릭스(Gagné & Briggs)의 모형은 ADDIE 모형의 모체로서 다양한 수업설계모형의 기초가 되었다.

4. 프로그램개발과정을 단선적으로 일어나는 현상으로 전제하고, 그 과정을 단계별로 세분화하여 프로그램을 개발하는 접근방법은?

   ① 선형적 접근방법　　② 비선형적 접근방법
   ③ 통합적 접근방법　　④ 비통합적 접근방법

5. 프로그램을 개발하는 데 있어 학습자를 중심으로 하여 그들과 관련된 다양한 요인들을 고려함과 동시에 프로그램을 사용하는 기관의 조직목표와 자원, 정책 등도 함께 반영하여 프로그램을 개발하는 접근방법은?

① 선형적 접근방법　　② 비선형적 접근방법
③ 통합적 접근방법　　④ 체제분석적 접근방법

정답 1 ④, 2 ①, 3 ④, 4 ①, 5 ③

CHAPTER 04

평생교육프로그램 기획

제1절 프로그램 기획이란

1. 개념

1) 프로그램 기획의 개념

프로그램 기획이란 프로그램과 기획을 합한 단어이다. 김진화(2001)는 기획은 "창조성, 현실성, 논리성 모두를 겸비하고 있는 상태를 말한다. 즉, 새롭고 혁신적인 사상을 현실적 여건을 고려하여 체계적으로 만들어 나가는 행위를 의미한다."고 하였다.

김용현(2017)은 기획 개념을 다음과 같이 규정하였다.

프로그램 기획이란 프로그램개발과정에서 첫 번째 과정으로, 미래의 교육활동, 즉 프로그램의 목표를 달성하기 위한 전반적인 준비활동으로 프로그램개발의 기본방향을 설정하는 체계화된 계획과정으로 볼 수 있다

또한, 기획이 없다면 원활한 프로그램을 진행할 수 없을 것이다. 특히 평생교육프로그램 기획은 빠른 속도로 변화하는 환경 변화에 적극적으로 대응해야 하는 관계로 더욱 중요성을 갖는다. 그리고 프로그램의 효과성과 책임성 등으로 표현되는 사회적인 요구들에 대응해서, 프로그램 수행의 정당성을 제시하기 위해서라도 합리성을 띤 프로그램 기획이 더욱 필요하다.

따라서 프로그램 기획에서는 프로그램개발의 필요성과 개발을 통해 내놓을 구체적 결과물이 무엇인지를 결정해야 한다.

2) 포함되어야 할 내용

프로그램 기획이란 프로그램 전체에 대하여 상세하게 계획을 수립하는 단계이다. 원래 기획(Planning)이란 단어의 뜻은 국어사전을 보면 '일을 꾀하여 계획함', '기발한 계획'의 뜻을 지닌다. 프로그램 기획은 프로그램개발 단계의 첫 번째로 개발의 기본 방향 설정 단계에 해당된다.

기획이란? 무엇을 하고, 어떻게 하며, 무엇을 만들지에 대한 답을 찾아가는 과정이다. 즉, 프로그램의 개발에 있어서 수행해야 할 과제를 결정하고, 과제를

실제로 어떻게 수행할 것인지 계획을 수립하며, 프로그램개발을 통해서 산출될 프로그램의 최종안을 예상하는 과정을 담고 있다.

따라서 다음의 내용들이 포함된다.

먼저 타당성 분석을 위한 프로그램개발 여부와 실제적인 프로그램개발을 위한 인적자원 확보를 위한 프로그램개발팀 구성 및 자문위원회 구성이 내용에 포함된다. 그리고 구체적인 전략 및 일정 수립도 포함되어야 한다.

2. 프로그램 기획의 목적

프로그램 기획이 필요한 이유는 먼저 불확실성을 감소시킨다. 프로그램개발 과정에서 발생할 수 있는 여러 가지 문제적 상황을 사전에 예측하고 대비할 수 있다. 또한 책무성을 향상시킨다. 프로그램개발의 궁극적 목적 달성을 위한 체계적인 활동을 수행할 수 있다. 책무성에는 책임성과 함께 효과성이 포함되기 때문이다. 마지막으로 참여 가능성을 확대시킨다. 프로그램개발을 위한 일련의 의사결정에 있어서 참여해야 할 관련자들을 포함시킬 수 있다.

결국 프로그램을 개발하는 이유는 무엇인지, 프로그램개발을 통해서 최종적으로 만들고자 하는 것이 무엇인지에 대한 프로그램의 구체적인 형태를 결정하는 것이 기획에서는 필요한 것이다.

프로그램 기획의 구체적인 목적은 다음과 같다.

- 효과적이고 효율적인 프로그램개발을 위하여
- 프로그램의 기초 자료를 수집하고 활용하기 위하여
- 보유하고 있는 자원을 적재적소에 배치하고 활용하기 위하여
- 작업을 위한 일련의 과정을 쉽고 편리하게 하기 위해 체크리스트나 타임테이블 등을 활용한 구체적인 실행 계획을 세우기 위하여

제2절 프로그램 필요성 및 추진여부 결정

1. 필요성 검토

평생교육 분야에서 프로그램개발은 매우 중요한 일 중의 하나이다. 프로그램개발자는 프로그램을 개발하기 위해서는 프로그램을 개발할 필요가 있는가에 대한 분명한 확신이 있어야 한다. 이를 위해 프로그램의 필요성에 대한 확인과정이 반드시 필요하다.

먼저 개발하려고 하는 프로그램의 목적을 명확히 하는 과정이 필요하다. 또한 이와 유사한 프로그램이 다른 기관에서는 현재 어떠한 내용과 형태로 운영되고 있는지 그 특성을 분석해 보아야 한다. 그리고 기존에 기관에서 운영하고 있는 프로그램과 기관의 현 상황 등을 고려해야 한다. 이러한 과정을 통해 유사한 프로그램의 차별성을 확인하고 분석하여 프로그램개발의 필요성에 대한 타당성을 확인할 수 있다.

프로그램개발의 필요성 검토를 위한 확인 사항들을 살펴보면 다음과 같다.

***프로그램을 왜 개발해야 하는가?**

- 프로그램개발에 대한 사회적인 요구와 기관과 개발자의 요구를 파악할 수 있어야 한다.

***프로그램의 주제는 시대적 상황에 적절한 주제인가?**

- 프로그램 주제에 대한 시대적 타당성을 검토해 보아야 한다.

***유사 프로그램의 존재 여부와 차이점은 무엇인가?**

- 프로그램을 개발할 때 개발하고자 하는 프로그램의 내용과 방법이 기존의 것과 비교해 볼 때 독창적이어야 한다. 즉, 기존에 존재하는 프로그램과 확실한 차별성이 있어야 한다.

***프로그램을 요구하는 사람들의 어떠한 특성을 가지고 있는가?**

- 프로그램을 필요로 하는 사람들은 누구인지, 어떤 생활스타일을 가지고 있는지에 관한 이해가 필요하다.

***프로그램을 통해 얻고자 하는 궁극적인 목적은 무엇인가?**

- 프로그램을 개발하는 목적이 프로그램개발 자체에 있지 않다. 프로그램개발을 통하

여 그 프로그램에 참여하는 참여자가 목적하는 바를 달성하는 것이 더욱 중요하다.

***프로그램개발과정에 투입할 수 있는 자원의 유형과 범위는 무엇인가?**

- 프로그램을 개발하는 과정에서 투입되는 사람, 물건, 재원은 무엇이며, 이들 자원을 사용할 수 있는 정도는 어떠한가에 대한 점검이 필요하다.

***프로그램 예상 효과는 무엇이며 실행가능성은 있는가?**

- 개발하려는 프로그램은 실현 가능성이 있는 프로그램을 개발해야 한다. 최선을 다해 개발한 프로그램이라 할지라도 실제로 운영해야 할 기관에서 적용되고 실행하지 않는다면 개발할 가치가 없다. 따라서 실제 예상 효과와 실행 가능성을 확인해야 한다.

***프로그램 이해관계자들이 가지고 있는 기대와 신념은 무엇인가?**

- 프로그램 이해관계자들이 가지고 있는 기대는 무엇이며, 고려해야 할 사항은 무엇인지에 대한 사전 이해가 요구된다.

***프로그램 효과 및 장애요인은?**

- 프로그램의 실제적인 효과와 프로그램개발 시 장애가 되는 요인들도 검토해 보아야 한다.

동화구연가를 만드는 프로그램을 개발할 시 필요성 검토에 관한 예를 들어보면 표 4-1과 같다.

표 4-1 동화구연가 양성 프로그램 필요성 검토사항

(1) 프로그램을 개발하려는 까닭은 무엇인가?

사회적 요구	- 노령화사회 진입으로 인해 노인 인구에 대한 사회적 관심이 쏠림 - 인구 구조 변화를 통해 나타나는 노인 인구 소외 및 노인 일자리 창출 등의 사회 문제 발생 - 노인 인구의 평생교육에 대한 참여도 상승
기관(조직)의 요구	- 성인문해학교 학습자들의 수료 이후 연계 프로그램의 부족
개발자의 요구	- 성인문해학교 수료 이후 연계 프로그램이 부족한 상황 - 성인문해학교 학습자들의 지속적인 교육 욕구를 충족시키기 위한 신규 프로그램개발

(2) 프로그램을 통해 얻고자 하는 목적은 무엇인가?

궁극적인 목적	- 성인문해학교 수료자들이 문해교육 후 얻게 된 지식과 자신이 겪은 여러 경험을 통해 얻은 지혜를 조화시켜 사회에 재능을 환원하는 기회 마련 - 노령층의 지적 능력 및 경험이 사회적 자산이라는 의식 전환을 통해 노령층 인구의 사회 참여 기반 마련

(3) 기존 유사 프로그램의 존재 여부와 차이점은 무엇인가?

유사 프로그램 존재 여부	일반 성인을 대상으로 자격증을 취득할 수 있는 강좌뿐만 아니라 노령층을 대상으로 한 동화구연 프로그램이 시행되고 있음 [예시] - 강동여성인력센터: 동화구연지도사 3급 자격증 과정 - 강동구립 해공노인복지관: 배운강좌_동화구연 - 강동노인종합복지관: 취미여가_동화구연
유사 프로그램과의 차이점	일반적인 노령층 학습자 대상이 아니라 성인문해학교교육을 경험한 학습자를 대상으로 문해학교교육을 통해 얻은 지식과 삶의 지혜를 조화시켜 사회에 환원하는 프로그램
유사 프로그램에 대한 수정 및 보완	- 학습자의 경험을 살릴 수 있도록 동화구연과 함께 짧은 독서지도가 접목될 수 있는 프로그램으로 구성 - 학습 수료 후 동아리 등을 구성하여 지역사회 봉사활동에 참여할 수 있도록 연계 프로그램 마련

(4) 프로그램 예상효과 및 장애 요인은 무엇인가?

프로그램의 예상 효과	- 학습자 차원에서는 문해교육을 통해 얻은 문해력을 바탕으로 사회에 도움이 되는 문화 프로그램에 참여할 수 있는 능력을 키울 수 있음 - 기관 차원에서는 노인들을 위한 단순한 노동 취업 기회를 제공하는 데 그치는 것이 아니라 지역사회와 어우러질 수 있는 문화사업에 동참시킬 수 있음
예상되는 장애 요인	- 성인문해교육은 수업료나 교재비가 무료로 제공되는 프로그램이기 때문에 학습비가 발생하는 프로그램에 대한 부담감 해소 방안 마련 - 프로그램 이수 후 활동할 수 있는 기관이나 시설과의 연계 필요

2. 추진 여부 결정

프로그램개발의 필요성을 충분히 검토한 후에 지금까지의 검토 결과를 토대로 최종적으로 추진 여부를 결정해야 한다. 만약 추진하게 된다면 다음과 같은 방식 중에 하나를 선택할 수 있다.

- 기존 유사 프로그램에 대한 수정 보완
- 기존 프로그램의 전면 개편
- 새 프로그램개발

새 프로그램을 개발 시에는 직접 프로그램개발팀을 구성하고 개발할지, 아니면 외부에 위탁을 줄지를 결정해야 한다.

동화구연가를 만드는 프로그램을 개발할 시 추진 여부 결정에 관한 예를 들어보면 표 4-2와 같다.

표 4-2 동화구연가 양성 프로그램 추진 여부 결정

추진방법	[ ] 기존 유사 프로그램에 대한 수정 [ ] 기존 프로그램의 전면 개편 [ ] 새 프로그램개발(위탁 / 직접 개발)
결정과정	- 타 복지관이나 평생교육기관에서 시행되고 있는 동화구연 프로그램 분석 - 해당 기관만의 특색을 살릴 수 있도록 유사 프로그램 수정 및 보완 작업 - 수정 및 보완 작업 시 관련 분야 전문가의 감수(동화구연가 등) - 해당 프로그램이 수강만으로 그치지 않고 활용할 수 있는 기회 마련을 위해 지역의 자치단체장, 학교 교장, 지역사회 유지 등으로 이루어진 자문위원회를 구성하여 프로그램의 취지 설명 및 지속적인 관심 및 지지 유도
추진 여부 결정	① 성인문해교육 수료자들의 학습 만족도가 높다. ② 중등 과정 수료자들의 이후 연계 학습에 대한 필요성이 높다. ③ 노령층 학습자의 사회 참여에 대한 요구가 높다. ④ 세대 간 갈등이 심화되고 있는 사회 변화를 고려하여 노령층 인구의 삶의 지혜를 바탕으로 갈등을 해결할 필요성이 있다. → 위의 필요성을 충족시키기 위하여 프로그램 추진을 긍정적으로 검토해 볼 필요성이 있음

제3절 프로그램개발팀 구성

1. 프로그램개발팀을 구성할 때의 주의사항

윤옥한(2017)은 프로그램 개발이 확정되고 개발팀을 구성할 시 다음과 같은 주의사항을 진술하였다.

1) 관련 분야 전문가를 구성하는 것이 기본 원칙임

관련 분야의 전문가는 과정전문가, 현장전문가, 내용전문가, 협상전문가 등을 들 수 있다. 전문가를 구성할 때 내부 전문가뿐만 아니라 외부 전문가도 고려해야 한다. 아울러 프로그램개발을 요청한 기관의 전문가도 포함시키는 것이 필요하다.

2) 관련 전문가를 선정할 때 협조성·관계성을 먼저 고려해야 함

전문가들을 선정할 때, 전문가 집단의 경우는 협조성과 관계성이 떨어지면 많은 경우에 회의 과정에서 소통의 문제가 발생할 여지가 있다.

3) 전문가 인원은 전체 프로그램개발의 기간에 따라 다소 차이가 있지만, 4~5명이 가장 이상적임

프로그램개발 시 전문가 인원은 전체 프로그램의 성격과 기간에 따라 다소 차이가 있을 수 있다. 그렇지만 가급적이면 그 인원은 4~5명이 적당하다고 볼 수 있다.

4) 팀이 구성되면 팀 구성원 각각의 역할분담을 명확히 해야 함

팀이 구성되면 각각의 팀 구성원의 역할분담을 명확히 해야 한다. 그리고 역할분담 내용은 구체적으로 명시화 하는 것이 좋다.

노인층을 대상으로 숲교육을 실시하고 전문적인 소양을 갖출 수 있도록 돕고, 배움의 환원을 통한 일자리 제공을 위한 프로그램을 개발하기 위한 팀 구성을 위한 사례를 들면 다음과 같다.

숲교육프로그램개발팀 구성

- 숲교육과정전문가 1인
- 대외협력전문가 1인
- 숲현장 전문가 1인
- 지역사회 자치단체장과 각 학교의 교장, 지역내 커뮤니티장 2인

2. 자문위원회 구성

프로그램개발은 협동적인 의견 수렴과 의사결정과정으로, 효과적인 프로그램개발을 위해서는 다양한 영역의 전문가들과 실제 개발과정에서 도움을 줄 위원회를 구성하여 자문을 구하는 것이 요구된다. 프로그램개발팀이 접하지 못한 다양한 분야의 영역이 존재하기 때문이다.

무엇보다 자문위원회의 위원은 열정적이고 상징적 의미를 가진 분들로 구성하는 것이 바람직하다. 자칫 형식적인 자문위원회가 되지 않도록 정례적인 모임을 갖는 것이 필요하다.

자문위원은 지역의 자치단체장, 지역 초·중·고등학교의 교장, 지역사회의 유지 등 다양한 배경을 가진 사람들로 구성하는 것이 바람직하다.

특히 개발하고 있는 프로그램의 잠재적 학습자를 자문위원으로 참여시키는 것이 필요하다. 예를 들면, 경력단절여성을 위한 프로그램개발이라면 경력단절여성을 자문위원으로, 청소년 관련 프로그램개발이라면 청소년을 자문위원으로, 명예퇴직자들을 위한 프로그램개발이라면 명예퇴직자를 자문위원으로 참여시켜 그들과 소통하며 프로그램을 개발하는 것이 필요하다.

3. 자문위원회의 이점

자문위원회를 통해서 얻을 수 있는 이점은 다양하다.

첫째, 자문위원회는 지역사회의 다양한 집단의 이익과 의견을 대표하며, 지

역사회의 요구와 문제를 확인해 줌으로써 프로그램의 효과성을 높일 수 있다. 아울러 프로그램 안에 잠재된 다양한 문제점들을 사전에 확인할 수 있는 기회를 얻을 수 있다.

둘째, 주민들은 자문위원회를 통해 자신들의 의사가 프로그램에 반영되었다는 생각을 갖게 되어 프로그램에 대한 믿음과 신뢰성을 갖게 되고 프로그램의 참여도도 함께 높일 수 있다.

셋째, 프로그램에 필요한 편의시설 정보 및 인적 자원의 목록도 제공한다.

넷째, 프로그램 계획에 참신하고 창의적인 아이디어를 제공한다.

다섯째, 지역사회에서 프로그램을 홍보하는 중요한 역할도 감당한다(김용원 외, 2017을 수정하여 재구성).

제4절 개발의 절차 및 일정 수립

1. 프로그램개발의 절차

프로그램개발을 위한 절차는 하나로 정해진 것이 아니라 환경과 여건에 따라 다양하게 접근되고 선택할 수 있다. 프로그램을 개발하는 개발자나 프로그램개발을 요청한 기관의 요구에 따라 다양한 방식으로 채택되고 수정되기도 한다.

특히 ADDIE 모형은 교수체계설계 과정의 기본적인 형태를 가지고 있으며, 가장 많이 교육현장에서 사용되고 있는 모형이다. 현재 사용되고 있는 다른 교수 설계 모형들도 대부분 ADDIE 모형을 기본으로 약간의 변형을 시도한 모형이다. 여기서 다른 모형은 ADDIE 모형을 세분화한 딕과 캐리(Dick & Carey, 1976)나 캠프(Kemp)의 교수설계 모형을 의미한다.

1) ADDIE 모형

ADDIE 모형은 그림 4-1과 같이 분석(Analysis), 설계(Design), 개발(Development), 실행(Implementation), 평가(Evaluation)의 5단계로 구성되며, 각 단계를 나타내는 영어단어의 첫 글자를 따서 ADDIE라고 부르게 되었다. 이 5개의 단계는 순서대로 일렬로 진행되기도 하고 반복되거나 되풀이 되면서 이루어지기도 한다. 한번의 주기를 돌아 나온 평가 결과를 기반으로 다음 주기의 분석에 넣어 개선을 하면서 계속해서 돌아가면서 발전시켜 나갈 수도 있다. 각 단계는 피드백과 수정의 과정들이 복잡하게 얽혀 있다.

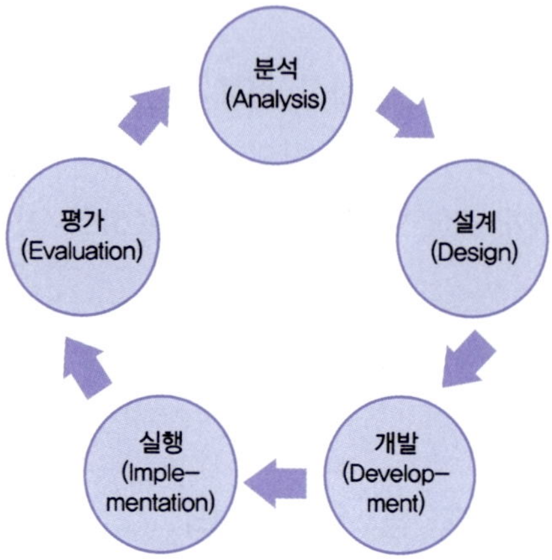

그림 4-1 ADDIE 모형

(1) 분석 단계

분석(Analysis) 단계는 학습과 관련된 요인들을 분석하는 것으로, 학습에 들어가기 전에 반드시 선행되어야 한다.

학습자의 특성, 교육 요구사항을 분석하는 과정이다. 요구분석은 학습목표를 수립하기 위한 전 단계로서 학습자의 현재상태와 교수자가 기대하는 학습자의 학습 후 상태(기대상태) 사이의 간격을 분석하는 단계이다. 확인된 간격은 수업목표가 된다. 학습자 특성 분석은 분석한 학습과제의 학습을 위해 학습자의 특성을 파악하는 일이다. 학습자의 특징이나 지식, 학습에 임하는 태도, 선수학습정도, 출발점 행동 등이 포함된다. 학습환경 분석은 학습과제의 학습을 위한 교수매체, 시설, 기자재, 학습공간들을 분석한다. 과제분석은 학습목표를 이루기 위해 필요한 지식-기능-태도가 무엇인지 이해하고 이들의 관계 및 계열을 밝히는 일이다.

학습과제특성과 학습과제를 구성하고 있는 하위 구성요소들 간의 관계를 분석하는 일이다.

(2) 설계 단계

설계(Design)는 분석과정에서 나온 결과를 토대로 교육 제반 사항에 대해 설계하는 것이다. 즉, 학습목표를 설정하고 교수전략 및 매체를 선정하는 단계이다. 먼저 행동목표진술이다. 학습자가 학습을 마친 이후에 자기 것으로 얻게 될 성과를 행동적 용어로 진술하여야 한다. 평가도구 개발은 행동적 용어로 진술된 목표의 달성여부를 평가하기 위한 도구를 개발하는 것이다. 평가도구에는 사전검사, 사후검사, 학습증진도 검사 등이 있다. 교수전략결정은 수업목표를 성취하기 위한 구체적인 교수-학습 운영방법을 결정한다. 교수전략으로는 수업전 활동, 정보제공 활동, 학습자 참여활동, 각종 검사활동, 교정 및 심화보충 활동이 있다. 교수매체 선정에서 교수매체는 학습내용을 학습자에게 제시하고 학습을 효과적으로 촉진하기 위한 도구를 말한다. 교수매체는 학습내용을 효과적으로 나타내 보일 수 있고 학생들의 사고를 촉진시킬 수 있도록 설계·개발 활용되어야 한다.

(3) 개발 단계

개발(Development)은 교수-학습과 관련된 교안 및 교수자료를 개발하는 과정이다. 먼저 교수자료개발은 수업에서 효과적으로 사용될 수 있는 여러 가지 형식의 교수자료를 개발해야 한다.

개발과정에는 먼저 교수자료의 초안 또는 시제품을 개발하고 형성평가를 실시한다. 교수-학습과 관련된 자료를 선택, 수정, 제작하는 과정이다.

(4) 실행 단계

실행(Implementation)은 도입, 전개, 정리의 단계마다 교수-학습상황에서의 자료와 전략을 실제로 활용하는 것이다. 설계되고 개발된 교육훈련 프로그램을 실제 교육의 현장에서 사용하고 이를 교육과정에 적용하며 계속적으로 유지하고 관리하는 활동이 포함된다. 새롭게 개발된 프로그램을 적용하기 위해서 교사의 연수를 실시하고, 새로운 프로그램을 효과적으로 적용하기 위해서 계속적인 프로그램 질 관리를 해야 한다.

(5) 평가 단계

평가(Evaluation)는 실행과정에서의 모든 결과를 통해 교육의 성과를 평가하고 피드백하는 단계이다. 즉, 교수–학습과정의 적절성에 대한 가치판단을 하는 과정이다. 설계, 개발된 교수자료와 프로그램, 교수매체의 적합성과 효율성, 그 과정을 계속 이어나가도 될지에 대한 지속성 여부, 문제점이 발생했다면 어떻게 수정해서 재적용할 것인지에 대한 수정사항들을 평가한다. 평가의 다른 축인 형성평가 또는 파일럿 테스트는 이미 프로그램의 개발과정에서 실시되었다.

ADDIE 모형에 따른 교수흐름도는 그림 4-2와 같다.

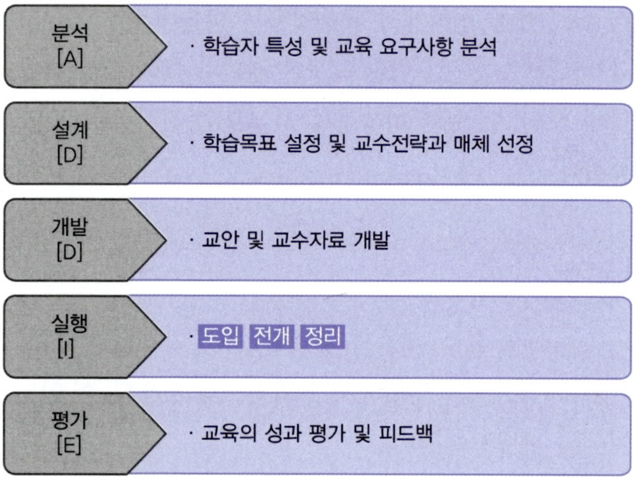

그림 4-2 ADDIE 모형에 따른 교수흐름도

개별 프로그램의 강의계획서를 작성할 때에도 ADDIE 모형은 효과적으로 사용된다. 분석–설계–개발–실행–평가의 각 단계별로 강의를 설계하면 체계적인 수업을 진행할 수 있다. ADDIE 모형을 적용한 강의계획서의 양식을 예로 들면 표 4-3과 같다.

표 4-3 ADDIE 모형을 적용한 강의계획서

단계	항목				
A 분석	1. 교육주제				
	2. 대상별 특성	예시) 연령, 교육수준, 성별, 관심사항, 흥미, 선행지식, 교육참가경험 등			
	3. 요구분석 3.1 학습자상황 3.2 기대상황 3.3 요구 (교육내용)				
D 설계	1. 목표설정 1.1 행 동 3.2 조 건 3.3 준 거				
	2. 매체선정				
	3. 교수방법	예시) 강의, 토의, 토론, 개별화 등			
D 개발 I 실행	1. 차시구성				
	2. 교육장소				
	3. 필요기자재				
	4 개발 및 실행	진행순서	교수매체	교수방법	시간배분
	① 도입 • 주의집중 • 동기부여 • 학습목표 • 선수지식 등				분
	② 전개 • 주요내용				분
	③ 심화(발전) • 실습 & 피드백				분
	④ 정리 • 학습자질문 • 강사응답 • 마무리 & 연결				분
E 평가	1. 평가방법				
	2. 평가내용	예시) 교육목표와 연결			

2) 딕과 캐리(Dick & Carey) 모형

딕과 캐리(Dick & Carey) 모형은 1986년 플로리다 주립대에서 최초로 강의를 시작한 체제적 수업 설계모형으로 딕(Dick)과 캐리(Carey)가 일반화하였다. 세계적으로 잘 알려져 있는 모형 중 하나이며 교수설계를 처음 시작하는 설계자들을 위한 기본 모형이다.

이 모형은 그림 4-3과 같이 교수설계의 각 구성요소들 간의 상호작용을 통해서 학습자가 의도한 목표를 최대한 성취할 수 있도록 수업의 과정을 투입-과정-산출로 이어지는 일련의 순환적 과정으로 구성하는 체제접근방법이며, 총 10단계로 구성되어 있다. 체계적 접근방식을 설명하면서 구체적인 교수 설계활동을 처방하고 있다. 딕과 캐리의 교수설계를 위한 체계적 접근모형은 다른 교수설계모형들의 기본적인 요소들을 포함하고 있으므로 '교수설계의 체계적 접근'을 시도해 왔던 1970년대 이후의 기본적 형태의 설계 모형이라고 할 수 있다.

(1) 요구사정

수업을 모두 끝마쳤을 때 학습자가 할 수 있기를 바라는 것이 무엇인지, 즉 최종 목표를 설정하는 단계이다. 최종 목표는 학습자의 요구분석이나 교육과정 분석을 통하여 확실히 이해되고 설계된다.

(2) 교수분석

학습자의 선수학습정도를 진단하며, 학습과제를 분석하고, 하위학습과제를 분석하는 단계이다. 이를 통해 학습의 유형을 결정하고, 학습절차를 찾아 결정하는 단계이다. 목표의 유형분류는 가네(Robert Gagnes, 1985)가 제시한 학습영역 분류학에 따라서 지적기능, 언어적 정보, 운동기능, 태도 등의 네 가지로 분류한다.

(3) 학습자 및 상황분석

교수전략에 영향을 주는 학습자 특성을 파악하는 단계이다. 수업이 시작될 때 특정 학습을 하기 위해 학습자가 반드시 갖추고 있어야 할 선수지식, 즉 출발점 행동과 교수활동을 설계하는 데 중요하게 고려되어야 할 학습자의 특성을 고려한다.

(4) 수업목표 진술

개별단위의 교수 프로그램을 마쳤을 때 학습자가 할 수 있는 것으로 기대되는 성취 결과를 구체적으로 기술하는 것이다.

(5) 평가도구개발

성취목표가 이루어졌는지를 확인하기 위한 검사문항을 개발하는 단계이다.

(6) 교수전략개발

수업을 전개할 방법과 순서를 개발하고, 교수매체의 효과적인 활용에 대한 계획을 수립하는 단계이다. 전 단계까지 수집된 다양한 자료를 중심으로 최종 학습목표를 성취하기 위한 수업 운영방법을 결정하는 단계이다.

(7) 수업자료개발 및 선정

이미 개발된 교수전략에 따라서 교수 프로그램을 실제로 만드는 단계이다.

(8) 형성평가

형성평가는 개발된 교수 프로그램의 수정과 보완을 목적으로 한다. 형성평가에는 보통 3가지의 평가로 이루어지는데 일대일로 진행되는 평가, 소집단을 구성하여 진행하는 평가, 직접 현장에서 진행되는 평가 등이 있다.

(9) 수업 프로그램의 수정

형성평가의 결과에 따라 학습목표를 이루는데 예상되는 여러 문제점을 파악하여 수업과정에 잘못된 부분을 수정하고 보완한다.

(10) 총괄평가

개발된 프로그램의 효과를 검증하는 것을 목적으로 수업을 실행하고 결과에 대하여 평가를 실시하는 단계이다. 수업이 다 끝마친 다음에 실시한다.

딕과 캐리(Dick & Carey) 모형의 요구사정, 교수분석, 학습자 및 상황분석은 ADDIE 모형의 분석 단계에 해당하며, 수행목표 진술, 평가도구개발, 교수전략 개발은 설계 단계에 해당된다. 그리고 수업자료의 개발 및 선정, 형성평가, 수업 프로그램 수정은 개발 단계에 해당된다. 마지막 총괄평가는 평가 단계에 해당된다. 따라서 딕과 캐리 모형에는 ADDIE 모형의 실행 단계가 생략되었다고 할 수 있다.

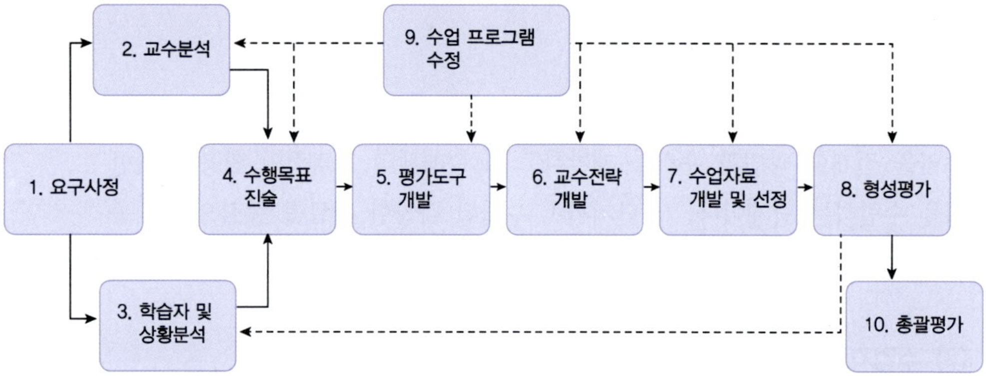

그림 4-3 딕과 캐리 모형

2. 전체 일정 수립

프로그램개발자는 전체 일정을 계획할 때, 어떤 전략을 가지고 개발할 것인지에 관한 명확한 의도를 가지고 일정을 수립하여야 한다. 그 의도는 개발로 완성된 프로그램 결과물이 될 수도 있고 개발기간이 될 수도 있다. 혹은 프로그램을 의뢰한 기관의 의도를 충분히 반영하는 것이거나 타 기관의 프로그램을 벤치마킹하여 개발하는 등 개발자의 전략이 있어야 한다.

이러한 의도를 통해 전체 일정 계획을 수립하여 시행해 나가야 한다. 일정 계획을 수립할 때는 표 4-4의 양식으로 수립해 나가는 것이 좋다.

표 4-4 **추진일정 계획수립표**

구 분	1/4			2/4			3/4			4/4		
	1	2	3	4	5	6	7	8	9	10	11	12
미시·거시적 환경분석												
협력네트워크 구축												
진단분석 및 시사점 도출												
지역주민(학습자) 요구 진단												
외부전문가 풀구성												
국·내외 Best Practice 분석												
중간보고회 개최												
평생학습 비전 및 계획 수립												
지역특화 프로그램개발 및 제언												
강사진 섭외												
운영인력 선발												
참가자 모집 및 선발												
전체 사전교육												
홍보물 제작 및 홍보 실시												
사업실시												
평가회 개최												
최종보고서 수정·보완												

일정계획 수립과 관련한 사례로 '지방자치단체의 평생교육프로그램개발을 위한 추진일정 계획수립표'를 예를 들면 표 4-5와 같다.

표 4-5 지방자치단체 평생교육프로그램개발 추진일정 계획수립표

세부내용 \ 기 간	1개월	2개월	3개월	4개월	5개월
가. 미시·거시적 환경분석 - 평생학습환경변화 분석 - 국내·외 평생학습 모범사례분석					
나. 진단 분석 및 시사점 도출 - 내·외부 변화 시사점 도출 - 지역현황 및 통계분석 - 지역의 평생교육 관련 주요 이슈분석					
다. 지역주민(학습자) 요구 진단·분석 - 요구조사 수준 및 범위 결정 - 자료수집방법 및 세부절차 정리 - 설문도구개발 및 수정검수 - 설문조사 실시 및 자료수집 - 설문조사결과 분석정리 - 시사점 및 요구분석결과 도출					
라. 국·내외 Best Practice 분석 - 관련 사례수집 및 분석 - 벤치마킹 사례 분석					
마. 중간보고회 개최					
바. 평생학습 비전 및 계획 수립 - 지역환경 및 지역발전목표 확인 - 지역평생교육 현황분석 및 시사점 - 지역요구분석 결과 도출					
사. 지역특화 프로그램개발 및 제언 - 지역특성에 맞는 프로그램개발 등 - 지역 평생교육 현황분석 및 시사점					
아. 최종보고서 수정·보완 - 추가사례 분석 및 수정보완 - 최종검수					

추가로 다문화가정 청소년들을 위한 글로벌 리더십 프로그램개발을 위한 추진 일정계획 수립표의 예를 들면 표 4-6과 같다.

표 4-6 다문화 청소년 리더십 프로그램 추진일정 계획수립표

세부내용 \ 기 간	1개월	2개월	3개월	3개월	4개월	5개월	6개월
가. 협력네트워크 구축 - 교육지원청 장학사 업무협의 - 연수시설 지원 관련 업무협의	▨	▨					
나. 외부전문가 풀구성 - 총 10명(장학사, 다문화교사 등) - 간담회 개최(총 2회)		▨	▨				
다. 사업준비 - 프로그램 설명회 개최 - 사업계획서 수립 - 관련기관 업무협약 - 언론사 협의		▨	▨	▨			
라. 강사 섭외 - 프로그램별 강사 섭외			▨	▨	▨		
마. 운영인력 선발				▨	▨		
바. 참가자 모집 및 선발 - 온·오프라인 홍보(보도자료 등) - 모집공고 - 선발				▨	▨		
사. 전체 사전교육 - 일정, 주요 프로그램, 운영방법 등					▨	▨	
아. 홍보물 제작 - 단체복 - 현수막, 기념품 등					▨	▨	
자. 사업실시						▨	
차. 평가회 개최 - 평가회 및 의견교환 - 만족도 조사							▨

연구문제

1. 평생교육프로그램 기획 시 포함되어야 할 내용이 아닌 것은?

① 타당성 분석을 위한 프로그램개발 여부
② 프로그램개발팀 구성
③ 프로그램 실행 예산
④ 구체적인 전략 및 일정수립

2. 평생교육프로그램개발 시 고려사항을 모두 고르시오.

① 시의적절한 주제인가
② 주제의 타당성
③ 프로그램을 요구하는 사람들의 특성은 무엇인가
④ 프로그램개발과정에 투입할 수 있는 자원의 유형과 범위

3. 프로그램개발 이론에 대하여 기영화(2011)는 3가지로 분류하였다. 아래의 보기 중에서 3가지를 선택하시오.

① 고전적 이론
② 상호작용
③ 정치적 이론
④ 경제적 이론

4. 프로그램개발의 접근방법 중 체제적 접근방법의 개발과정을 아래에서 순서대로 나열하시오.

① 투입
② 산출
③ 과정

5. 프로그램개발의 절차 중에 'ADDIE' 모형에 대해 아래에 주어진 단계를 순서대로 나열하시오.

① 분석(학습과 관련된 요인 분석)
② 설계(교육 제반 사항에 대해 설계)
③ 개발(교수자료를 실제로 개발하고 제작)
④ 실행(개발된 교육훈련 프로그램을 현장에서 사용)
⑤ 평가(실행과정에서의 모든 결과를 평가)

정답 1 ③, 2 ① ② ③ ④, 3 ① ② ③, 4 ① ③ ②, 5 ① ② ③ ④ ⑤

CHAPTER 05

요구 분석 및 요구 우선순위 결정

제1절 요구 분석의 이해

1. 요구의 개념

평생교육프로그램은 가장 기본적으로 학습자의 교육 요구를 기초로 개발된다. 요구 혹은 욕구라고 불리는 니즈(needs)의 의미는 학문 영역에 따라 조금씩 다르게 정의되며 사회과학 분야에서 가장 많은 연구가 이루어졌다.

요구 분석(Needs Analysis)은 교육과정 개발의 초석이 되는 개념으로 현재수준과 기대수준 사이의 격차(gap)를 결정하고, 그 본질과 원인을 점검하고, 미래의 행동을 위한 우선순위를 찾는 행위이다. 여기에서 교육적 요구는 그림 5-1에 제시된 바와 같이 현재 상태와 바람직한 상태 사이에 존재하는 격차를 지칭한다.

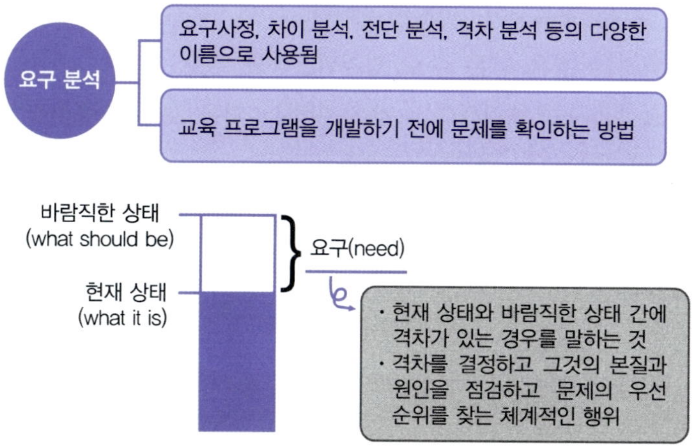

그림 5-1 요구 분석의 개념

놀즈(Knowles, 1970)는 교육 요구를 교육받음으로써 부족함을 충족시키려는 것을 요구라 하였다. 즉, 교육 요구는 능력·지식·기술·학력 등 학습자가 처해 있는 현재의 교육 수준과 도달하기를 희망하는 바람직한 교육 수준 사이에 존재하는 차이 또는 격차라 할 수 있다. 또한 교육 요구는 학습자가 인식한 현재의 능력 수준이나 교육적 수준의 미흡함을 교육적 행위를 통해 향상시키려 할 때 유발된다고 하였다.

평생교육프로그램개발에서 요구는 프로그램 전체의 방향과 내용을 결정짓는 데 있어서 가장 중요한 기초를 제공한다. 확인된 학습자들의 요구에 기반하여 교육프로그램이 계획될 뿐 아니라 모든 후속 절차가 진행되기 때문이다. 평생교육의 대부분의 학습자들은 자기주도적으로 교육프로그램에 참여하는 특성을 갖는다. 그러므로 학습자의 요구를 파악하여 이에 맞는 프로그램을 개발하는 것은 이들의 교육적 흥미와 동기부여를 지속적으로 유지시키는 데 큰 영향을 미친다. 또한 요구 분석을 통해 잠재적 학습자의 요구를 정확히 파악함으로써 더 많은 학습자들의 참여를 유도할 수 있으며 또한 평생교육프로그램의 질적 향상을 가져올 수 있다.

요구의 사례를 들면 다음과 같다. 지적장애인을 대상으로 피아노를 가르치는 수업인 경우에 학습자의 현재수준이 건반을 전혀 칠 수 없는 수준이라고 하자. 그리고 기대수준을 계명 양손으로 칠 수 있는 수준이라고 정하면 이때 요구(차이)를 양손으로 계명 치기라고 할 수 있다.

요구(needs)와 원하는 것(wants)은 구별되어야 한다. 요구는 교육의 필요점이고, 원하는 것은 교육생이 원하는 것이다.

요구와 원하는 것은 같은 수도 있지만, 다를 수도 있다.

따라서 요구(needs) 분석한다는 것은 원하는 것을 모두 교육프로그램에 반영하는 것이 아니라 교육 요구를 찾아내서 교육프로그램에 반영하는 것이다.

2. 요구의 유형

요구의 유형에 관해서는 많은 학자들의 연구가 있었다. 그중에서 매슬로우(Maslow, 1970)와 놀즈(Knowles, 1970)의 이론을 중심으로 살펴보겠다.

1) 매슬로우의 요구 유형

매슬로우는 기본적 요구를 말하였다. 이것은 인간이 생존을 위해 반드시 필요로 하는 요구이다. 인간에게는 누구나 배고픔과 목마름, 성적인 요구 등의 충족을 추구하는 가장 기본적 요구가 있다. 이는 생리학적 요구에 해당되며, 인간의 생존에 반드시 필요한 것으로 삶을 유지하기 위해 꼭 있어야 하는 것이다.

이러한 기본적인 인간의 요구는 결핍된 부분을 채우려는 충동적인 부분이며 타고나는 것으로 인식된다. 인본주의 심리학자인 매슬로우는 자신의 요구 위계 이론에서 그림 5-2와 같이 생리적 요구가 채워진 이후에는 인간은 누구나 안전 및 보호를 추구하고, 소속감 및 사랑을 얻고자 하며, 주변에서 존경 및 인정받기를 원하고, 궁극적으로는 자아실현을 추구하는 것으로 이어지면서 심리학적 성장 요구를 표출하는 것으로 설명한다. 대개 학습동기가 유발되는 것은 이러한 심리학적 요구에 의한 것이라고 파악된다.

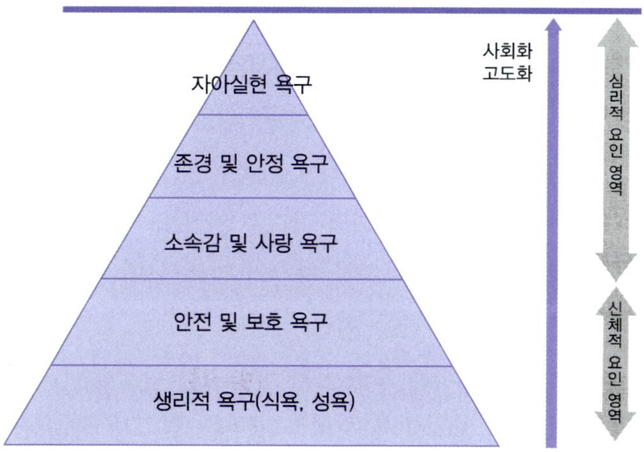

그림 5-2 **매슬로우의 욕구 5단계**

2) 놀즈의 요구 유형

놀즈(Knowles, 1970)는 평생교육프로그램개발에 있어서 고려해야 할 학습자의 요구를 기본적 요구와 교육적 요구의 두 가지로 분류하였다. 인간의 기본적인 요구는 인간의 가장 보편적인 생물학적, 심리학적 요구로 구성되어 있다.

(1) 기본적 요구

놀즈가 첫 번째로 제시한 기본적인 요구에는 신체적 요구, 성장 요구, 안전에 대한 요구, 새로운 경험에 대한 요구, 애정에 대한 요구, 인정을 받고자 하는 요구 등 여섯 가지가 포함된다.

첫째, 신체적 요구는 가장 쉽게 관찰되고 경험되는 요구이다. 학습자 또는 참여자들은 기본적으로 보는 것, 듣는 것, 편안함, 휴식에 대한 요구를 갖고 있다. 예를 들면, 교재의 글씨크기, 교수자의 목소리, 딱딱한 의자, 휴식시간, 점심식사 직후 강의 등은 참여자들의 기초요구를 충족하게 하는 요소이다. 충족되지 못할 경우 학습에 집중하지 못하게 된다.

둘째, 성장과 발전하고자 하는 요구는 강한 학습 동기를 제공한다. 인간의 궁극적인 추진력은 자아실현에 대한 의지에서 나온다.

셋째, 안전의 요구는 신체적 안전뿐 아니라 자아존중에 대한 심리적인 안전의 요구까지 포함한다. 이런 요구로 인해 사람들은 정돈되고 편안한 작업 환경을 원한다.

넷째, 새로운 경험에 대한 요구는 인간은 안전을 추구하면서 모험, 위험과 같은 성향도 동시에 지니고 있다. 따라서 반복되는 일상과 안정적 삶에 대한 싫증을 느끼고 새로운 만남, 새로운 관심거리, 새로운 아이디어를 추구하는 동기를 가진다.

다섯째, 애정에 대한 요구는 사회적 성격을 띤 요구이다. 타인을 기쁘게 해주기 위해 행동하는 원인이 된다. 또한 자신의 기쁨, 슬픔, 즐거움 등을 함께 나누고 싶은 누군가를 찾도록 하는 원인이 된다.

여섯째, 인정을 받고자 하는 요구는 타인에 의해 존경받는 가치 있는 사람이라고 느끼고 싶어 하는 요구이자 사회적 지위를 얻고자 하는 동기이다.

(2) 교육적 요구

놀즈가 두 번째로 제시한 교육적 요구는 매슬로우의 요구 위계론의 영향을 받은 것이다. 즉, 낮은 단계의 요구 위계에 속한 학습자는 더욱 높은 수준으로 상승하려는 요구를 갖게 되며, 이러한 요구를 충족시키는 역할을 하는 것이 교육이라고 설명한다. 따라서 사람들은 누구나 자신뿐 아니라, 자신이 속한 집단이나 사회 전체의 이익을 위해서 학습하게 된다는 사실을 보여준다.

제2절 요구 진단의 분류

요구 진단은 프로그램에 참여하는 고객의 요구를 파악하는 수단이다. 즉, 부족한 것을 채우는 도구이다. 따라서 요구 진단은 프로그램개발자에게 꼭 필요한 기술이다. 아울러 요구 진단은 기업에서 발생하는 문제를 해결하는 기능까지 한다.

그러나 요구 진단은 매우 힘든 작업이다. 그 이유는 요구가 개인과 집단, 지역사회에서 특정하여 명료화하기 어렵기 때문이다. 요구는 상대적인 개념이다. 요구는 개인의 삶의 경험과 밀접하며, 준거집단과 비교하여 부족분이 되기도 하고, 상황에 따라 바뀌기도 해서 절대적 수준에서 결정될 수 없는 속성을 지니고 있다. 따라서 요구 진단자는 시시각각 바뀌는 요구의 변화에 관심을 두고 민감하게 반응하고 감지할 수 있어야 한다.

따라서 요구 진단은 프로그램개발의 핵심적인 과정이다. 프로그램개발자들은 학습자의 요구가 중요하다는 것을 인식하지만 요구를 어떻게 구체적으로 찾고 측정할 것인지에 대한 합의는 이루어지지 않고 있다. 요구 진단의 결과는 필요로 하는 것이 무엇인지 알려줄 뿐만 아니라 해결방법을 찾고 대안을 찾아가는데 도움을 준다. 이를 통해 학습자에 대한 정확한 요구 진단은 실제 프로그램에서 이루어질 학습을 효과적으로 만들어 줄 것이다.

기영화(2001)는 '요구조사는 프로그램을 통해 무엇이 행해져야 할 것인가에 대한 물음으로, 단순한 과학적 정보수집 이상의 가치판단의 문제까지를 포함하고 요구진단방법은 프로그램을 개발하기 위한 요구가 누구에 의해 결정되는가에 따라 구분된다'고 하였다.

모커와 스피어(Mocker & Spear, 1979)는 요구 진단자에 따라 기술적 요구 진단과 규범적 요구 진단의 두 가지 형태로 구분한다. 기술적 요구 진단은 개인이나 집단의 요구, 즉 무엇을 학습할 것인가를 학습자 자신에 의해 진단하는 학습자중심의 내부지향적 의사결정과정이다. 반면 규범적 요구 진단은 외부에 의해 전문가에 의해 학습요구가 결정되는 외부지향적 과정이다.

또한 요구 진단은 진단자에 의해서만이 아니라 요구를 결정하기 위한 기초자료에 따라 다시 주관적 요구 진단과 객관적 요구 진단으로 나누어진다. 요구 진단은 요구를 결정할 때 주로 개인이나 집단의 주관적 진술이나 판단 등이 자료가 될 경우와 보편적이고 객관적인 자료가 사용되는 경우로 나누어지는 것이다. 따라서 요구 진단은 요구의 결정자와 요구결정의 기초 자료에 따라 다음과 같이 총 4가지 경우로 나눌 수 있다.

1. 기술적-주관적 요구진단

기술적-주관적 요구진단은 학습자 자신에 의해 요구가 분석된다. 그리고 주관적 진술이나 판단 등이 그 자료로 활용된다.

요구 진단과정은 짧은 시간 내에 진행되며, 개인의 직관이나 느낌에 바탕을 둔 결정이기에 비합리적이라고 여겨질 수도 있다. 하지만 학습자 자신의 요구에 바탕을 두고 있어 학습촉진 동기가 될 수 있다.

2. 기술적-객관적 요구 진단

기술적-객관적 요구 진단은 학습자에 의해 요구가 결정되며, 학습자는 요구 진단과정에 객관적 자료를 사용한다. 객관적 자료에 의한 요구결정은 학습자만이 아니라 성인교육자도 책임을 갖는 협동과정이다. 따라서 객관적 자료에 요구결정은 학습자와 성인교육자 간의 책임을 갖는 협동과정으로 상호신뢰 분위기가 우선 마련되어야 한다.

예를 들어, 'A' 자치구에서 컴퓨터교육을 원하는 자기주도학습자의 경우에 기술적-객관적 요구 진단은 학습자와 성인교육자 양자에 의해 진행한다. 먼저 프로그램개발자는 학습자가 신뢰할 수 있는 분위기를 갖추어서 학습자의 요구를 진단하고, 학습자의 요구가 명확하지 않을 때는 요구 진단표 등을 활용한다. 최초의 요구 진단표는 인터뷰 방법이 주로 사용된다. 프로그램개발자는 인터뷰 과정에서 학습자의 요구를 파악하고 그 결과를 기초로 요구 진단표를 작성한다. 반면에 학습자가 자신의 요구를 파악하고 있는 경우에는 새로운 요구 진단표를 작성하기보다는 기존의 요구 진단표가 쉽게 활용될 수 있다. 예컨대, 학습자가 컴퓨터교육에 대한 자신의 요구, 즉 컴퓨터의 전원을 켜고 운영체계를 시동할 수는 있으나, 구체적인 설정방법을 모르는 경우, 전문가는 요구 진단표를 사용해 학습자의 현재 컴퓨터활용능력 정도를 진단한다. 그리고 학습자의 컴퓨터교육에 대한 요구를 결정하게 된다.

기술적-객관적 요구 진단은 학습자 개인뿐만 아니라 전문가와 책임감을 공유한다는 장점이 있다. 그러나 기존의 요구 진단표를 사용하는 경우, 그 결과가 과장되거나 수정될 가능성을 가지고 있으므로 유의해야 한다.

3. 규범적-주관적 요구 진단

규범적-주관적 요구 진단은 전문가에 의해 요구가 판단되며, 자료의 출처는 주관적이며, 기업교육프로그램에서 사용되고 있다. 프로그램개발자는 스스로에게 "나는 프로그램에 참여하는 학습자에게 어떤 프로그램을 제공해야 할 것인가?"라고 자문한다.

그 과정을 구체적으로 살펴보면 다음과 같다.

첫째, 프로그램개발자는 가능한 모든 학습활동을 나열하고, 둘째, 최종적인 교육활동목록을 작성하며, 셋째, 자료를 분석하고 제공될 학습활동을 결정한다.

컴퓨터활용 프로그램을 사례로 규범적-주관적 요구 진단과정을 살펴보면 다음과 같다.

프로그램개발자는 규범적-주관적 요구 진단을 위해 먼저 컴퓨터활용교육 교사들의 능력과 요구에 대한 진단으로부터 시작된다. 교사의 현재 능력과 기대하는 컴퓨터활용능력 사이의 차이를 분석하는 과정을 거친다. 프로그램개발자는 컴퓨터활용교육 담당자와 강사들에게 학습자들에 대한 인식과 태도를 조사하기 위해 표 5-1과 같은 질문지를 보낸다.

프로그램개발자는 위의 질문지를 사용하여 컴퓨터활용교육 담당자들이 그들 스스로 무엇이 부족하다고 느끼고 있는지를 파악한다.

그 후에 교사들이 어떤 능력을 가지고 있고, 어느 부분이 부족한지를 파악하기 위해 그들의 현재상태와 기대상태를 진단한다. 요구 진단은 표 5-2와 표 5-3에 제시된 현재 컴퓨터활용 상황과 기대하는 컴퓨터활용 상태를 조사한다.

표 5-1 **컴퓨터활용교육 인식조사지**

이 질문지는 컴퓨터활용교육을 제공할 목적으로 여러분의 의견을 수렴하고자 합니다. 관심 주제에 대한 여러분의 의견을 체크해 주십시오.

주제: 여러분의 의견을 제 1, 2, 3의 순으로 선택해 주십시오(1, 2, 3).

PC운영체제	________	시스템설정 변경	________
입력	________	편집	________
수식활용	________	차트작성	________
데이터 분석	________	매크로 작성	________
컴퓨터 하드웨어	________	컴퓨터 소프트웨어	________
컴퓨터 보완	________	멀티미디어	________

이 질문지는 컴퓨터활용교육센터로 보내주십시오.

표 5-2 **컴퓨터활용교육의 현재상황 진단**

현재상태 진단지

당신은 언제 어느 정도 할 수 있습니까? 하나만 ○표 하시오.
(1. 전혀 못 한다 2. 못 한다 3. 보통이다 4. 하고 있다 5. 완벽히 하고 있다.)

1. 컴퓨터를 구동시킬 프로그램을 스스로 불러내어 작동하도록 설명한다.

   1 2 3 4 5

2. 컴퓨터에 설치된 OS를 기반으로 실행할 수 있는 오피스 제품(워드프로세서, 스프레드시트, 프리젠테이션 등)을 실행할 수 있도록 지도한다.

   1 2 3 4 5

3. 웹 브라우저를 실행하여 필요한 정보와 자료를 검색할 수 있도록 가르친다.

   1 2 3 4 5

4. 그래픽 프로그램을 실행하여 활용하도록 실습한다.

   1 2 3 4 5

5. 음악 재생 프로그램, 동영상 재생 프로그램, 이미지 뷰어 등을 실행하여 매체를 활용하도록 실습한다.

   1 2 3 4 5

6. 악성 프로그램에 감염된 경우 이를 치료할 수 있는 백신 프로그램 등을 통해 해결하도록 설명한다.

   1 2 3 4 5

표 5-3 컴퓨터활용교육의 목표상황

바람직한 상태 진단지
컴퓨터활용교육 교사로서 당신이 어떻게 해야 한다고 생각합니까? 하나만 ○표 하시오. (1. 전혀 못 한다 2. 못 한다 3. 보통이다 4. 하고 있다 5. 완벽히 하고 있다.)
1. 컴퓨터를 구동시킬 프로그램을 스스로 불러내어 작동하도록 설명한다. 1 2 3 4 5
2. 컴퓨터에 설치된 OS를 기반으로 실행할 수 있는 오피스 제품(워드프로세서, 스프레드시트, 프리젠테이션 등)을 실행할 수 있도록 지도한다. 1 2 3 4 5
3. 웹 브라우저를 실행하여 필요한 정보와 자료를 검색할 수 있도록 가르친다. 1 2 3 4 5
4. 그래픽 프로그램을 실행하여 활용하도록 실습한다. 1 2 3 4 5
5. 음악 재생 프로그램, 동영상 재생 프로그램, 이미지 뷰어 등을 실행하여 매체를 활용하도록 실습한다. 1 2 3 4 5
6. 악성 프로그램에 감염된 경우 이를 치료할 수 있는 백신 프로그램 등을 통해 해결하도록 설명한다. 1 2 3 4 5

프로그램개발자는 객관적인 자료를 얻기 위해 다시 컴퓨터활용교육 교사의 현재능력과 바람직한 능력을 요구 진단표에 의해 평가한다. 평가결과를 비교하여 그 차이를 요구로 명시한다. 그 후 프로그램개발자는 요구를 충족시키는 프로그램을 작성한다. 이런 과정은 전문가에 의해 수행되므로 규범적-주관적 요구 진단이다.

4. 규범적-객관적 요구 진단

규범적-객관적 요구 진단은 공식적이고 체계적인 훈련을 목적으로 개발되는 프로그램에 따르는 절차이다. 이 방법은 자격증이나 수료증이 주어지는 프로그램을 제공하자고 할 때 사용된다. 직무를 분석하고, 표준화된 도구를 개발하여 학습자를 테스트하고, 테스트 결과분석 및 학습자의 수행능력을 측정한다. 이 방법은 객관적이고 표준화된 도구를 사용함으로써 정확한 예측이 가능한 반면, 진단결과가 과장될 약점을 지니고 있으므로 유의해야 한다.

이러한 살펴본 요구 진단방법은 각각의 장단점을 지니고 있으며, 프로그램개발자가 어떤 요구 진단방법을 사용하는가는 요구 진단의 목적과 프로그램 내용에 따라 달라진다.

제3절 요구 진단도구

기영화(2001)는 요구를 진단하기 위한 정보는 다양한 방법들을 통해 얻을 수 있는데 목표집단의 지도자와의 계속적인 교류, 의견청취, 조사, 지역사회 연구, 체크리스트, 질문지, 조사기록, 그 밖의 자료 편집 당의 방법이 있음을 말하고 요구자료 수집도구는 프로그램 대상이나 조직의 특성과 상황에 따라 다른 방법이 사용된다고 하였다. 이러한 요구 진단방법은 각각의 장단점을 지니고 있으며, 프로그램개발자가 어떤 요구 진단방법을 사용하는가는 요구 진단의 목적과 프로그램 내용에 따라 달라진다.

1. 질문지법

질문지법은 고객의 요구를 수집하는 가장 보편적인 방법으로 질문자와 직접 혹은 간접으로 요구를 수집할 수 있으며, 우편으로도 가능하다. 질문지가 효과적으로 활용되기 위해서는 자료가 간단하고, 많은 응답자가 필요하고, 응답자가 적극적으로 협조할 수 있어야 하고, 아울러 교육을 받은 사람들이 참여할 경우일 때 적합한 방법이다. 질문지의 질문은 대답하기 쉽고, 간단해야 하며, 논리적인 방법으로 구성되어야 하고, 아주 적게 써야 하는 질문으로 구성되어야 한다.

질문지법의 장점은 첫째, 간편성을 들 수 있다. 다른 방법에 비해 적은 인적 자원으로 많은 자료를 단시간에 얻을 수 있다는 것이 가장 큰 장점이다. 둘째,

익명성이다. 질문지는 질문자와 응답자가 대면하는 일이 없이 질문지를 통해 관계를 맺기 때문에 익명성을 만족시켜 주어 응답자의 반응에 신뢰를 기대할 수 있다. 셋째, 심층심리의 파악에 용이하다는 것이다. 질문지가 대개 익명으로 대답을 요구하기 때문에 반응자의 의견, 태도, 감정, 가치관 등과 같은 자아의 심층심리 파악에 용이하다. 넷째, 생활 및 심리적 경험의 파악이 가능하다. 관찰이나 면접방법은 직접적인 대면을 통해 이루어지기 때문에 과거의 경험이나 심리적 경험을 파악하기 어렵다. 그러나 질문지는 누구인지 드러나지 않는 특성이 보장된 자유 반응식 방법을 통해 그러한 경험들을 쉽게 수집할 수 있다. 하지만 질문지법에는 단점도 존재한다. 언어능력, 표현능력에 의존하는 바가 크기 때문에 독해력과 문장력이 없을 경우 질문지를 사용하기 어렵다. 질문지에 나타난 의견이 거짓인지, 사실에 관한 질문에 기억의 오류가 있는지를 확인할 수 없다. 그리고 질문지법은 반응자와의 대면 없이 자료를 수집하기 때문에 반응자의 정서적 상태를 자료의 해석이나 진단에 고려할 수 없다. 마지막으로 질문지는 회수율이 낮을 가능성이 많다. 회수율은 일반적으로 70% 이하이고 노력해야 80% 정도이기 때문이다.

표 5-4 질문지법의 특징

요구 조사방법	특징	장점	단점
질문지법	• 다양한 설문 형태를 통해 얻고자 하는 자료를 대다수에게 배부하여 얻고자 하는 정보를 얻어낼 수 있는 방법	• 짧은 시간에 많은 자료수집이 가능함 • 수집된 자료의 분류와 해석이 용이함 • 표준화된 자료를 수집할 수 있음	• 일방적 의사소통 • 낮은 회수율

질문지법의 구체적인 사례를 살펴보면 **표 5-5** 경력단절여성을 위한 평생교육프로그램개발을 위한 기초 요구조사를 위한 설문지를 예를 들고자 한다.

표 5-5 경력단절여성 평생교육프로그램개발 요구조사 설문지

경력단절여성 평생교육프로그램개발을 위한 '요구조사' 설문지

안녕하십니까? 저희 자치구는 여성친화도시로서의 기반을 마련하기 위해 여성친화사업을 추진하고 있습니다. 최근 경력단절여성에 대한 정부의 지원이 확대되면서 경력단절여성을 평생교육적 차원에서 지원하기 위해 다각적 노력을 기울이고 있습니다. 특별히 여성들의 결혼과 육아로 인한 경력단절과 노동시장에서 겪는 차별을 해결하기 위해 이와 관련된 평생교육프로그램을 계획하고 있습니다.

여러분의 다양하고 소중한 의견을 기다리고 있습니다. 다음의 질문에 성의껏 답변해 주시면 감사하겠습니다.

1. 귀하는 이천시 평생교육원 프로그램에 관심을 갖고 있습니까?
   1) 예　　2) 아니오

2. 귀하의 경력단절 기간은 어느 정도입니까?
   1) 1년 미만　　2) 1년 ~ 3년　　3) 3년 ~ 5년
   4) 5년 ~ 10년　　5) 10년 이상

3. 다음 항목 중 경력단절 기간 동안 겪게 되는 가장 큰 문제는 무엇이라고 생각하십니까?
   1) 업무능력 저하　　2) 자존감 하락　　3) 경제적인 어려움
   4) 사회의 무관심 및 차별　　5) 건강의 악화
   6) 아무런 문제가 없다　　7) 기타

4. 귀하께서는 재취업을 할 의향이 있습니까? 1) 예 2) 아니오

5. 재취업 시 겪게 되는 어려움은 어느 정도입니까? (4, 5번에 해당 시 7번으로)
   1) 매우 어렵다　　2) 조금 어렵다　　3) 보통이다
   4) 어렵지 않다　　5) 잘 모르겠다

6. 재취업 시 겪게 되는 어려움에는 어떤 것들이 있습니까?
   1) 고용시장에서의 차별　　2) 근무시간 문제
   3) 비정규직 일자리　　4) 노동시장에 대한 정보 부족
   5) 적성 및 전문성 부족　　6) 기타(　　　　)

7. 귀하께서는 경력단절여성 재취업 지원 프로그램에 관심이 있습니까?
   1) 예　　2) 아니오

8. 경력단절여성 지원 프로그램에 참여하고 있거나 해보신 적이 있습니까?
   1) 예　　2) 아니오

9. 참여를 해보신 경우, 참여하신 결과에 대하여 어느 정도 만족하셨습니까?

1) 매우 만족스러웠다 2) 대체로 만족스러웠다 3) 보통이다
4) 별로 만족스럽지 못했다
5) 전혀 만족스럽지 못했다

10. 여성회관 평생교육원에서 경력단절여성을 위한 재취업 지원 프로그램을 개설하려고 합니다. 귀하는 참여하실 의향이 있으십니까?

1) 예 2) 아니오

11. 참여하지 않겠다고 하신 경우, 그 이유는 무엇입니까?

1) 필요 없다고 생각해서 2) 마땅한 기회가 없어서
3) 시간이 없어서 4) 경제적인 어려움 때문에
5) 기타( )

12. 경력단절 문제를 해결하기 위해 무엇이 가장 필요하다고 생각하십니까?

1) 보조금 지원 2) 취업 상담
3) 사회적 인식 개선 4) 전문기술 교육[자격증, 창업 등]
5) 여성전용 일자리 확충 6) 기타( )

13. 학습기간은 어느 정도가 적절하다고 생각하십니까?

1) 주 1회 1개월 2) 주 1회 2개월
3) 주 1회 3개월 4) 기타

14. 귀하에게 가장 편리한 시간은 언제입니까?

1) 평일 오전 10~12시 2) 평일 오후 2~4시
3) 평일 오후 5~7시 4) 평일 오후 7~9시
5) 주말 오전 10~12시 6) 주말 오후 2~4시
7) 주말 오후 5~7시 8) 기타

15. 귀하의 연령은 어떻게 되십니까?

1) 10대 2) 20대 3) 30대 4) 40대 5) 50대 이상

16. 경력단절여성을 위한 평생교육프로그램의 활성화 방안 및 기타 의견을 작성해 주세요.

설문에 응해주셔서 감사합니다.

2. 면담

면담은 응답자와의 직접 대면이나 전화를 통해 요구를 수집하는 방법이다. 인터뷰는 자세한 설명을 원할 때, 복잡한 과정에 대한 설명이 필요할 때, 응답자가 주어진 설문에 직접 글을 작성할 수 없을 때, 높은 응답률이 필요할 때 효과적인 방법이다.

면담은 조직에서 요구조사를 실시할 때 효과적으로 활용될 수 있다. 문제의 원인, 태도, 느낌에 관한 자료를 수집하기 위해서 필요하다. 면담자가 숙달되어 있을수록 더 유용한 자료들을 얻을 수 있다. 면담자는 미리 질문을 준비하고 응답자가 질문에 대해 분명히 이해할 수 있도록 서두르지 않고 충분히 이야기할 시간을 주어야 하며, 응답자의 말에 집중해야 한다. 면담자는 응답자의 반응을 판단해서는 안 되며, 그들의 답변을 듣고 면담자가 의도하는 대답이 나오도록 설득하려 해서는 안 된다.

표 5-6 면담의 특징

요구 조사방법	특징	장점	단점
면담	• 면담자가 숙달되어 있을수록 더 유용한 자료들을 얻을 수 있음	• 문제의 원인, 태도, 느낌에 대한 자료 수집에 효과적 • 자세한 설명을 원할 때 혹은 복잡한 과정에 대한 설명이 필요할 때 효과적 • 높은 응답력을 얻음	• 많은 시간과 비용이 소요됨 • 면담자의 면담기법이 부족할 경우, 자료수집에 문제가 생김

3. 참여관찰법

참여관찰법은 관찰자가 피관찰자와 같은 행동상황 속에 들어가서 피관찰자의 행동을 관찰하려는 방법이다. 예를 들어, 토의법에서 교사가 토의에 직접 참여해서 학생들의 대화와 행동을 주의깊게 살펴보는 것과 같은 방법이다. 회의는 프로그램 개발과 관련된 여러 사람들이 한 장소에 모여 의견을 교환하고 자료를 수집할 수 있는 좋은 방법이다. 주로 문제 정의, 해결 전략 수립 등을 목적으로 한다. 회의는 여러 부서의 다양한 사람이 참여하는 만큼 불필요하고 시간 낭비적인 논쟁만 하고 성과없이 끝날 가능성이 많으므로, 회의 주최자는 회의 목적을 분명히 하고 시간 내에 원하는 결과를 얻기 위해 참여자들이 회의에 집중할 수 있도록 유도할 수 있어야 한다. 회의주최자는 회의 전에 회의가 개최되는 목적, 참석자, 주요 안건, 시간 및 회의 개최 장소 등을 참석자들에게 알려야 하고, 회의 후에는 회의록을 작성하여 회의 내용에 대해 참석자들의 확인을 받아 향후 생길 수 있는 오해나 갈등을 사전에 방지해야 한다. 회의가 다대다(多對多)의 의사소통 방법이라면 인터뷰는 주로 1대1 또는 1대다(多)의 요구사항 분석방법으로 상세한 요구사항을 도출할 때 주로 사용된다. 효율적인 인터뷰를 위해서 사전에 인터뷰 안내서를 작성하고 인터뷰 후에는 인터뷰 노트를 작성하여 참여자의 확인 서명을 받도록 한다.

표 5-7 참여관찰법의 특징

요구 조사방법	특징	장점	단점
참여관찰법	• 피관찰자와 같은 상황 속에서 피관찰자를 관찰하는 방법 • 현장성 있는 생생한 자료수집이 가능한 방법	• 현장성 있는 자료수집이 가능함 • 집단역학, 조직문화, 분위기 파악이 유리함 • 다른 조사방법(면접, 설문지)을 통해 얻어진 정보를 확인할 수 있음	• 한 사람이 많은 수의 관찰을 할 수 없음 • 관찰자의 편견이 개입되어 관찰자에 따라 동일한 문제를 달리 볼 수 있음 • 시간이 많이 소모됨

4. 결정적 사건분석

결정적 사건분석은 업무를 수행하는 과정에 중요한 사건을 분석하여 요구를 판별하는 방법이다. 일정한 환경이나 조직에 속한 자들의 요구조사를 위해 사용된다. 사건의 조건은 좋은 영향이나 나쁜 영향을 끼친 사건, 사건의 원인과 결과가 분명한 사건, 자주 일어나지 않지만 중대한 영향을 미칠 것이라고 생각되는 사건 등을 들 수 있다.

수행능력 증진을 위해 요구되는 행동을 추출하기 위해 근로자들의 업무 성패를 구별해주는 관찰결과의 기록이다. 먼저 감독자는 근로자의 행동을 관찰하여 기록한다. 그리고 전문가들로 구성된 심사위원단은 감독자의 관찰과 평가보고서를 기초로 검토한다. 그들은 전체 인력자원을 평가하며, 조직에서 승진할 가능성을 갖고 있는 사람들을 확인한다.

심사위원단의 검토와 제안을 통해 감독자는 그들의 장점과 약점에 대해 개별적으로 상담하고 능력 개발계획을 수립하기 위한 토론과정을 거친다. 프로그램 개발자는 이렇게 하여 수집된 요구분석자료를 최종적으로 검토, 분류, 해석, 평가하여 요구를 결정한다. 요구 진단을 할 때는 비용과 실용성, 수용성, 실행 가능성 등을 포함한 모든 요소들을 고려해야 한다. 아울러 참가대상자들을 훈련시키고자 할 때는 변화될 수 있는 지식과 기술, 태도에 대해 정확하게 판단을 내려야 한다. 훈련을 효과적으로 하기 위해서는 참가대상자들의 지식이 부족한지, 기술적인 부분에서는 어디에 보완이 필요한지 등 이들의 문제가 무엇인지 정확히 알아야 한다. 참가대상자가 무엇이 부족한지를 모르는 것이 문제라면 그들에게는 정보를 제공하고, 필요한 지식과 기술을 습득시켜야 한다.

결정적 사건분석에 사용되는 자료는 관찰자의 개인 혹은 집단 인터뷰와 질문지를 통해 얻어진다. 이 방법은 단순한 의견보다는 구체적인 자료를 제공해야 한다.

하지만 결정적 사건분석에도 몇 가지 한계점을 가지고 있다. 첫째, 모든 행동들이 분석되고 파악될 수는 없다. 따라서 프로그램개발자는 요구조사에 결정적 사건 방법을 사용할 경우, 객관적인 경우를 선택하여 분석의 타당성을 유지하도록 한다. 둘째, 결정적인 사건을 선발하는 관찰자 집단이 사건을 선정하는 과정이 주관적이기 때문에 우연과 사건 간의 판단이 달라질 수도 있다.

표 5-8 결정적 사건분석의 특징

요구 조사방법	특징	장점	단점
결정적 사건분석	• 요구 조사에 필요한 결정적인 영향을 미친 사건들과 그 원인을 확인·분석하는 방법	• 효과적 교육이 가능하도록 정보제공 • 참가자들의 지식과 기술부분의 문제점 파악 용이	• 모든 행동들이 분석되고 파악될 수 없음 • 주관적 판단의 개입이 가능

5. 문헌조사

문헌조사는 얻고자 하는 정보를 각종 문헌을 통해 얻어내는 방법이다. 요구분석에 고려할 만한 타당한 자료를 제시하는 중요한 수단이 된다.

인구통계, 경영자료, 개인의 인적사항서류, 비용과 상품기록 등 기록과 문서들은 요구를 분석하는 데 여러 가지 단서와 실마리를 제공한다. 기록자료는 물리적인 측면을 분석하거나 옛 기록을 분석하기, 관찰로 구분된다.

첫째, 물리적인 측면에서의 분석은 과거의 행동을 조사하기 위한 물리적인 흔적들을 사용하는 방법이다. 예를 들어, 도서관에서 어느 책이 자주 대출된다면 그 주제에 대한 사람들의 관심이 높다는 증거가 된다.

둘째, 옛 기록 분석은 과거의 기록들을 분석하여 요구를 수집하는 방법이다. 예를 들어, 학교의 교실 확장을 예정하고 있다면, 과거 5년간의 지역의 출생률을 분석하는 것을 통해 정확한 학교 교실 확장에 대한 요구를 찾을 수 있다.

셋째, 관찰은 기록을 활용한 요구수집방법이다. 직장 밖에서 근로자들이 스포츠나 취미활동이 많다는 것은 조직 안에서의 모임 요구를 드러내준다.

예산과 결산, 경영 등 각종 기록문서는 조직의 교육훈련 요구를 수집하는 단서가 된다. 그러나 문헌 자료에만 일방적으로 의존하게 되면, 실제 현장의 소리를 듣지 못하는 문제가 발생할 수도 있다.

표 5-9 문헌조사의 특징

요구 조사방법	특징	장점	단점
문헌조사	• 얻고자 하는 정보를 각종 문헌을 통해 얻어내는 방법	• 자료의 재구성 없이 즉시 사용할 수 있음 • 적은 비용으로 정확한 자료수집이 가능함	• 문헌 자료에만 치우치면 현장성이 결여됨

6. 전문가집단 워크숍

전문가집단 워크숍은 요구조사를 위해 모든 업무 단계 또는 모든 직급을 대표하는 전문가들(혹은 그 직무를 잘 아는 관련 이해 당사자들)이 모여서 워크숍을 통해 필요한 요건들을 확인하는 방법이다.

특별히 정부의 정책입안이나 국회의 입법을 위한 특별위원회들이 여기에 해당될 수 있다. 정책이나 입법은 국민 전체의 이해와 관련되어 있어 어느 한 사람의 의견으로 결정되어서는 안 된다. 최소한 그 내용의 전문가들이 모여서 충분한 시간을 가지고 의논하여 결정되어야 한다. 따라서 심도 있는 자료수집이 가능하고 시간 비용의 활용성이 높으며, 적은 비용으로 많은 정보 수집이 가능한 장점이 있다.

단, 시간이 많이 소요될 가능성이 높고, 관련자 전체가 모이기에는 어려움이 있다는 단점도 있다.

표 5-10 전문가집단 워크숍의 특징

요구 조사방법	특징	장점	단점
전문가집단 워크숍	• 모든 업무 단계 또는 모든 직급을 대표하는 전문가들(혹은 그 직무를 잘 아는 관련 이해 당사자들)이 모여서 니즈 조사에 필요한 요건들을 확인하는 방법	• 시간, 비용의 활용성이 높음 • 심도 있는 자료수집이 가능함 • 적은 비용으로 많은 정보수집이 가능함	• 시간이 많이 소요됨 • 주요 인물이 지나치게 영향을 미칠 수 있음 • 관련자 전체가 모이기 어려움

7. 체크리스트

체크리스트는 프로그램의 요구를 수집하기 위해 필요한 정보를 모두 점검할 수 있도록 사전에 만들어진 질문들로 구성되어 있다. 체크리스트는 전문가에 의해 일반적인 점검항목으로 구성된 것을 활용하거나, 프로그램개발자가 직접 개발하기도 한다. 요구수집자는 체크리스트를 사용할 때, 자료 분석 및 해석 시 잠재적 고객과 지도자들을 반드시 포함시켜야 한다. 이들이 참여하지 않는다면 자료의 수집은 이들의 요구가 반영되지 않는 것으로 의미가 없다.

체크리스트의 구체적인 사례를 살펴보면 한국장애인고용공단이 작성한 표 5-11 훈련 프로파일링, 표 5-12 훈련 역량진단 등을 들 수 있다.

표 5-11 훈련 프로파일링

점검 1: 훈련 프로파일링

영역	유형 항목	해당항목 체크
1. 연령대	20대 이하	
	30대	
	40대	
	50대	
	60세 이상	
2. 학력	중학교 이하	
	고등학교	
	2-3년제 대학	
	4년제 대학	
	대학원 이상	
3. 소득수준	중하 이하(월 소득 100만원 이하 또는 해당 없음)	
	중(월 소득 101~200만원)	
	중 이상(월 소득 201만원 이상)	
4. 경제활동 상태	취업경험 ×, 현재 취업 ×	
	취업경험 ×, 현재 취업 ○	
	취업경험 ○, 현재 취업 ×	
	취업경험 ○, 현재 취업 ○	
5. 주 훈련 목적	취업·이직을 하기 위해서	
	창업을 하기 위해서	
	자격증을 취득하려고	
	배워서 언젠가 활용하려고	
	회사에서 직무역량 높이려고	
	전직을 위해서	

표 5-12 훈련 역량진단

점검 2: 훈련 역량진단

아래 문항을 읽고 본인의 상황에 가장 가까운 것을 응답하여 주세요.

문항					
1. **(희망훈련분야)**의 훈련에 대해 어느 정도로 희망하십니까?	아주 조금 희망함	조금 희망함	어느 정도 희망함	많이 희망함	대단히 많이 희망함
2. **(희망훈련분야)**에서 어느 정도 일한 경험이 있습니까?	1년 미만 (입문자)	1년 이상 3년 미만 (초급 실무자)	4년 이상 6년 미만 (중급 실무자)	7년 이상 10년 미만 (초중급 관리자)	10년 이상 (관리자)
3. 최근 5년 이내**(희망훈련분야)**와 관련하여 교육훈련에 참여하셨다면 어느 정도의 수준이었습니까?	입문수준 (1년 미만 경력)	초급수준 (1년 이상 3년 미만 경력)	중급수준 (4년 이상 6년 미만 경력)	전문가 수준 (7년 이상 10년 미만 경력)	최고 전문가 수준 (10년 이상 경력)
4. **(희망훈련분야)**의 훈련에 참여할 경우 학습내용을 충분히 이해, 습득할 수 있다고 생각하십니까?	전혀 그렇지 않다	그렇지 않다	보통이다	그렇다	매우 그렇다
5. **(희망훈련분야)**의 훈련에 참여할 경우, 직업훈련을 받기 위한 본인의 건강상태는 어느 정도라고 생각하십니까?	육체적 실습 어려움 있음 (하루 1시간 이내 참여가능)	실습 시 다소 주의 필요(하루 1시간 이상~ 3시간 이내 참여가능)	무리하지 않으면 훈련 참여 가능(하루 3시간 이상~ 5시간 이내 참여가능)	훈련참여 지장 없는 건강상태 (하루 5시간 이상~ 8시간 이내 참여가능)	훈련 참여 전혀 지장없음 (하루 8시간 이상 참여가능)

제4절 요구 우선순위 결정

우선순위 결정은 요구분석을 통하여 얻게 되는 수많은 아이디어(요구)들을 실시기관의 한정된 자원(시간, 예산 등)과 여건을 고려하여 일정한 기준에 따라 그 순위를 결정하는 것이다.

실시기관의 활용 가능한 자원과 역량, 그리고 예산이 얼마나 확보되는가에 따라 수많은 아이디어 중에서 우선적으로 개발해야 할 것을 순서대로 위계화시켜 진행해 나가는 작업이 이루어지게 된다.

우선순위 결정을 위한 단계를 살펴보면 다음과 같다.

첫째 단계는 우선순위 결정에 참여할 사람을 누구로 할 것인지를 결정한다. 잠재적 고객(프로그램 참여자), 프로그램 참여자의 상급자, 프로그램 실시기관의 관리자, 경영자 등을 중심으로 결정한다.

둘째 단계는 우선순위 결정을 위한 평가준거를 개발하고 결정한다. 아래의 준거들 중에서 선택하여 결정할 수 있다.

준거 1: 중요도

- 가장 시급한 것(6개월 내에 해결되어야만 하는)
- 매우 중요한 것(1년 안에 해결되어야만 하는)
- 중단기적으로 해결되어야 하는 것(2~3년차 안에 해결되어야만 하는)
- 장기적으로 해결되어야 하는 것(우선순위의 욕구가 먼저 해결된 후 시간이나 자원의 여유가 있을 때)
- 중요하지 않은 것(다루어질 필요가 없는)

준거 2: 난이도

- 현재의 과제가 잘 수행되고 있는가? 해당 과제를 수행하는 데 어려움은 없는가?

준거 3: 빈도

- 해당 과제나 아이디어를 자주 수행하는가? 혹은 가끔 하는가?

준거 4: 교육필요도

- 교육대상자의 역할과 직무를 수행하는 데 해당 과제와 관련된 교육을 받으면 직무의 성공도가 높을 것이라고 생각되는가?

셋째 단계는 평가준거에 따라 우선순위 차트에 아이디어를 기록한다. 우선순위 차트는 우선순위 결정에 참여한 개인의 수에 의해 우선순위를 결정할 때 매우 유용하게 사용된다.

넷째 단계는 각각의 아이디어에 대한 우선순위의 점수를 합산하여 그중에서 가장 높은 점수대의 아이디어를 채택한다.

프로그램 아이디어	중요도	난이도	빈도	필요도	합계
취미 활동	4	4	3	4	15
인성 함양	4	2	3	3	12
리더십 개발	5	4	5	4	18
갈등 해결	2	1	1	2	6

실제 평생교육프로그램개발에서 우선순위 결정의 사례를 '비대면 캘리그라피 프로그램개발'과 '도시농업관리사 교육프로그램개발'의 예를 들어 설명하면 표 5-13, 표 5-14와 같다. 먼저 '비대면 캘리그라피 프로그램개발'에서 우선순위 결정의 예를 설명하면 다음과 같다.

표 5-13 비대면 캘리그라피 프로그램개발 우선순위 결정

비대면 캘리그라피 프로그램개발

1. 진행과정

☐ 학습자 및 강사, 교육 담당 운영자를 대상으로 전화인터뷰를 진행함

☐ 인터뷰 대상자: 총 8명

- 기존 캘리그라피 수강자 2명
- 기존 온라인 과정 수강자 2명
- 캘리그라피 강사 1명
- 기존 온라인 과정 강사 1명
- 과정 운영자 2명

2. 주요 요구사항 및 우선순위

대상자	주요 요구 사항	우선순위
학습자	- 강의시간이 여유있게 진행되었으면 좋겠다. - 강의 준비물을 사전에 미리 안내해주면 좋겠다. - 강사의 시연이 잘 보여야 한다. - 실습에 대한 피드백을 실시간으로 받을 수 있으면 좋겠다. - 온라인 프로그램이 사용하기 쉬웠으면 좋겠다.	
강사	- 강의 시간이 활기차게 진행될 수 있도록 운영자가 분위기를 잘 조성해 주면 좋겠다.	
운영자	- 강좌에 대한 사전 안내를 동영상 등으로 제공해주면 좋겠다. - 온라인에서 출결관리가 쉬웠으면 좋겠다. - 학습자들의 피드백을 쉽게 수집할 수 있으면 좋겠다.	

두 번째, 도시농업관리사 교육프로그램개발의 예를 들면 다음과 같다.

표 5-14 도시농업관리사 프로그램개발 우선순위 결정

도시농업관리사 교육프로그램개발
[우선순위 결정] 도시농업 관련 교육프로그램은 앞서 제시한 대로 다양한 분야로 공동과정 운영이 가능한 만큼 확장될 수 있는 사업의 방향도 다양하다. 가. 일자리 창출 교육(일자리능력 향상): 도시농업관리사, 도시농업 활동전문가, 지역개발전문가, 농업경영 마케팅, 농업회계 전문가, 유기농업기능사 나. 도시농업 창업교육 다. 수요계층 전문교육(교양) 1) 미세먼지저감 공기정화식물교육, 도시양봉교육, 가을(김장/무) 채소 공개강좌 2) 텃밭~식탁까지 교육, 어린이 정원학교, 교육기부 진로체험교육 3) 마스터가드너 양성과정, 실전강의기법 코칭교육, 도시농업 특별교육, 특수학급 원예활동 교육 라. 원예활동 전문가 활용교육: 도시재생형 마을정원교육, 학교교육형 텃밭관리과정 마. 귀농귀촌교육 바. 도시농업 전문인력 양성기관 교육: 도시농업전문가 양성과정, 도시농업인 농사요령 교육과정 학습자의 요구와 평생교육기관의 인프라를 고려했을 때, 일자리능력향상 프로그램에 우선순위를 두고 진행

연구문제

1. 놀즈의 기본적 요구에 해당되는 것은 모두 고르시오.

① 신체적 요구
② 성장, 발전하고자 하는 요구
③ 안전의 요구
④ 새로운 경험에 대한 요구
⑤ 애정에 대한 요구
⑥ 인정받고자 하는 요구

2. 모커와 스피어(Mocker & Spear, 1979)는 요구의 결정자와 요구결정의 기초 자료에 따라 진단자에 의한 구분에 2가지, 기초 자료에 의한 구분에 2가지 총 4가지로 나누었다. 다음 중 진단자에 의한 구분의 2가지 요구는 무엇인가?

① 기술적-주관적 요구
② 규범적-객관적 요구
③ 규범적-주관적 요구
④ 기술적-객관적 요구

3. 요구 진단 도구 중에서 고객의 요구를 수집하는 가장 보편적인 방법으로 질문자와 직접 혹은 간접으로 요구를 수집할 수 있으며, 우편으로도 가능한 것은?

① 질문지법
② 면담
③ 참여관찰법
④ 결정적 사건분석

4. 요구 진단 도구 중 전문가집단 워크숍의 장점이 아닌 것은?

① 시간 비용의 활용성이 높음
② 심도 있는 자료수집이 가능
③ 적은 비용으로 많은 정보 수집이 가능
④ 관련자 전체가 모이기 쉬움

5. 요구 우선순위 결정시 선택하여 결정할 준거에 해당되는 것을 아래에서 모두 선택하시오.

① 중요도
② 난이도
③ 빈도
④ 교육필요도

정답 1 ① ② ③ ④ ⑤ ⑥, 2 ① ④, 3 ①, 4 ④, 5 ① ② ③ ④

CHAPTER 06

교육목표 설정 및 진술

제1절 목표의 정의

제2절 교육목표의 분류

제3절 목표설정

제4절 목표기술방법

제1절 목표의 정의

프로그램목표의 정의는 교육프로그램을 진행한 후에 교육대상자가 알아야 할 지식, 기능, 태도, 행동 등을 뜻한다.

프로그램을 개발하는 과정에서 가장 중요한 일을 꼽으라면 목표를 규명하는 것이다. 만약 목표를 규명하고 설정하는 것이 적절하게 이루어지지 못하면 아무리 훌륭한 프로그램이 개발되었다 할지라도 그 어떤 기관이나 학습자들의 요구를 충족시켜 주지 못할 것이다. 아울러 명확한 목표가 없다면 프로그램개발자는 존재하지도 않는 요구에 대한 교육적 해결책을 계획하는 위험을 초래하게 된다. 또한 추후 프로그램을 완성해서 진행할 시 프로그램을 가르치고 진행하는 교수자 역시도 목표에 확신을 가지지 못한 채 프로그램을 진행함으로써 의도치 않았던 프로그램의 결과를 초래하게 될 수도 있다. 따라서 프로그램목표가 바로 세워지지 않으면 프로그램에 중심점이 없기 때문에 프로그램개발자와 교육대상자 모두 혼란을 가져올 수 있다.

목표의 역할은 프로그램의 전체적인 방향성과 프로그램의 종료 시 프로그램이 실제적으로 효과가 있는지 없는지에 대한 평가를 하는 기준이 된다. 구체적인 내용을 살펴보면 다음과 같다.

첫째, 프로그램개발에서 목표 다음에 나오는 여러 가지 다양한 요소들의 방향을 제시해 준다.

둘째, 프로그램이 지향하는 방향을 명확히 지향할 수 있도록 도와주기 때문에 프로그램이 초점을 가지고 진행할 수 있게 해 준다.

셋째, 프로그램 종료 후 나오게 되는 결과에 대한 의사소통과 합의를 용이하게 해준다.

넷째, 결정적으로 프로그램을 통해 의도한 결과가 성취되었는가를 결정하게 해준다.

제2절 교육목표의 분류

교육목표는 목적, 목표, 일반목적, 프로그램목표, 학습목표로 분류할 수 있다(김용현 외, 2017).

목적은 실현하려고 하는 일이나 나아가는 방향을 뜻하는 말로 국가나 사회적인 차원에서 가장 포괄적인 의미를 담고 있다. 따라서 목적은 결과에 대해 추상적으로 진술되고 일정한 시간을 제한하지 않고 광범위하게 어떤 방향이나 의도를 표현한 것이다.

예를 들어, 우리나라 교육법 제2조는 홍익인간이 갖춰야 할 기본적인 조건들을 제시하고 있는데, 이러한 것들은 목적의 범주에 넣을 수 있을 것이다.

목표는 목적의 수준을 한층 명백히 구체적으로 진술하여 현장에서 실제로 실천할 수 있도록 표현한 것이다. 어떤 목적을 이루려고 지향하는 실재적 대상으로 삼는 것으로 최종적인 행동의 결과나 이루고자 하는 상태에서 얻고자 하는 지위이다. 그러므로 목적에 비해 구체적이고 세부적이며 실제적으로 프로그램이 계획되는 실천적 방향제시의 개념으로 사용된다. 따라서 목표는 개선되고 수정되어야 하는 상황에서 제시된다. 주로 목적이나 목표는 결과를 얻기 위한 행동지침으로 사용된다.

일반목적(General Purpose)은 주로 교육이념과 철학적인 문제와 관련되어 있으며 포괄적이고 궁극적인 기본방향을 제시한다. 따라서 프로그램의 모든 과정은 일반적 목표에 제시된 방향으로 수행되며, 방향으로는 민주사회의 건설, 공공의 복지와 같은 이념을 설정하게 되지만, 그것은 한 국가의 사회구성원으로서 그러한 이념을 수행할 수 있는 이상적 인간을 형성하는 것으로 귀결된다. 평생교육 차원에서의 일반목적은 평생교육기관이 성취하고자 하는 넓은 관점에서의 사회적 목적, 기관 차원의 목적을 의미한다. 따라서 프로그램의 일반목적은 평생교육기관에서 실현하고자 하는 포괄적인 수준의 목표이다. 이러한 일반목적은 궁극적으로 장기적인 조직의 교육방향과 지침을 제공한다.

예를 들면, 숭실대학교 글로벌미래교육원(구, 평생교육원)의 설립목적(교육이념)을 기술하면 다음과 같다.

승실대학교 글로벌미래교육원은 숭실대학교 건학이념인 '진리와 봉사'에 입각하여 국민과 지역주민 등에게 열린사회교육, 평생학습기회, 수준 높은 문화 향유의 기회를 제공하여 국가발전과 지역사회발전에 기여함을 목적으로 한다.

• 수준 높은 고등교육

숭실대학교 글로벌미래교육원은 정규 고등교육 기회를 갖지 못한 국민의 자아실현을 위하여 수준 높은 고등교육을 실시한다.

• 실천적 시민교육

숭실대학교 글로벌미래교육원은 전문적 수월성과 기독교적 사랑을 기반으로 국가발전에 기여할 봉사적·실천적 시민교육을 실시한다.

• 첨단의 전문교육

숭실대학교 글로벌미래교육원은 국민의 지속적인 자아개발과 목표실현을 위하여 첨단의 전문교육을 실시한다.

• 문화창달

숭실대학교 글로벌미래교육원은 수준 높은 문화 콘텐츠를 생산, 전달하여 문화창달에 기여한다.

프로그램목표(Program Objective)는 정해진 기간 동안 전체 프로그램이 지향해 나가는 교육적 결과를 의미한다. 프로그램목표는 프로그램이 진행되는 과정 속에 즉시 시행해야 하는 구체적인 무엇을 제공해 준다. 따라서 프로그램목표는 학습자들의 어떤 행동을 개발할 것인가에 초점을 둔다. 프로그램목표는 프로그램개발을 지도하고 안내하는 전체 프로그램의 목적과 다양한 활동 간에 균형을 이루도록 한다. 이와 함께 프로그램이 실시된 후 평가기준을 제시해야 한다. 예를 들어, 제과기능사 양성 프로그램의 목표를 기술하면 다음과 같다.

베이커리 분야가 점점 전문화됨에 따라 제과원으로 종사하거나 재취업 시 관련 자격증을 원하는 업체가 늘어나고 있다. 이러한 흐름을 반영하고 자격증 실기 부분을 집중 편성하여 제과 자격증을 취득하게 함으로써 베이커리 업체 종사자에게는 직무향상의 기회가 되고 이직을 희망하는 훈련생에게는 재취업이 용이하도록 한다.

추가로, 숭실대 글로벌미래교육원(구, 평생교육원)에서 진행하고 있는 '프로강사 양성과정'의 프로그램목표를 예를 들면 다음과 같다.

> 폭력예방교육, 평생교육, 문화예술교육, 진로교육 분야에서 활동할 프로 강사를 세운다.

학습목표(Learning Objective)는 학습자 개개인의 특별한 학습활동을 위한 세부적인 행동결과를 의미한다. 학습목표는 실제 프로그램이 실행되는 현장에서 한층 구체화되어 관찰할 수 있는 모습으로 조직되어야 한다. 직접 눈으로 인정할 수 없는 학습목표는 현장의 목표로서는 부적당하다. 왜냐하면 그것은 학습에 있어서 명확한 방향제시를 할 수 없기 때문이다. 그러므로 구체적인 학습목표로 진술되기 위해서는 내용적인 것과 행동적인 것의 결합이 이루어져야 한다. 따라서 학습목표는 학습자에게 초점을 맞춘 구체적인 진술이 되어야 한다.

예를 들어, 제과기능사 양성 프로그램에서 '과자류 제품 재료혼합'과 관련한 세부 학습목표를 설명하면 표 6-1과 같다.

표 6-1 과자류 제품 재료혼합 학습목표

단원명	단원별 학습목표
반죽형 반죽하기	1-1 반죽형 반죽제조 시 제품별로 배합표에 따라 재료를 확인할 수 있다. 1-2 반죽형 반죽제조 시 재료의 특성에 따라 전처리를 할 수 있다. 1-3 반죽형 반죽제조 시 작업지시서에 따라 해당 제품의 반죽을 할 수 있다. 1-4 반죽형 반죽제조 시 작업지시서에 따라 반죽온도, 비중 등을 확인할 수 있다.
거품형 반죽하기	2-1 거품형 반죽제조 시 제품별로 배합표에 따라 재료를 확인할 수 있다. 2-2 거품형 반죽제조 시 재료의 특성에 따라 전처리를 할 수 있다. 2-3 거품형 반죽제조 시 작업지시서에 따라 해당 제품의 반죽을 할 수 있다. 2-4 거품형 반죽제조 시 작업지시서에 따라 반죽온도, 비중 등을 확인할 수 있다.
퍼프 페이스트리	3-1 퍼프 페이스트리 반죽제조 시 제품별로 배합표에 따라 재료를

단원명	단원별 학습목표
반죽하기	확인할 수 있다. 3-2 퍼프 페이스트리 반죽제조 시 작업지시서에 따라 전처리를 할 수 있다. 3-3 퍼프 페이스트리 반죽제조 시 작업지시서에 따라 반죽을 할 수 있다. 3-4 퍼프 페이스트리 반죽제조 시에 따른 반죽온도를 관리할 수 있다.
부속물 제조하기	4-1 부속물 제조 시 작업지시서에 따라 재료를 확인할 수 있다. 4-2 부속물 제조 시 재료의 특성에 따라 전처리를 할 수 있다. 4-3 부속물 제조 시 작업지시서에 따라 해당 제품의 부속물을 만들 수 있다. 4-4 부속물 제조 시 작업지시서에 따라 해당 제품의 부속물을 관리할 수 있다.

추가로, 숭실대 글로벌미래교육원(구, 평생교육원)에서 진행하고 있는 '주식전문가 과정'의 수업목표를 예를 들면 다음과 같다.

> 어렵게만 생각했던 주식에 대한 지식을 쉽게 습득할 수 있다.
> 글로벌 시대를 맞이하여 세계 경제의 흐름을 파악할 수 있다.
> 주식 트레이더라는 직업을 이해하고 체험해 볼 수 있다.
> 재테크 수단으로 알려진 주식, 해외선물에 대한 상품의 특성을 정확히 이해할 수 있다(위험성, 장점 등).
> 다양한 재테크 상품에 대하여 이해하고 활용할 수 있다.

제3절 목표설정

여러 단계를 거쳐 선별된 요구는 프로그램의 목표로 전환된다. 프로그램목표는 프로그램 결과를 가시화하고, 평가기준을 제시한다. 프로그램의 결과 기대되는 행동이 목표로 기술되면, 목표가 분명할 때 효과적인 결과를 얻을 수 있다.

목표를 설정하기 위해서는 기본적으로 5가지 원리(SMART)를 기억해야 한다.

Specific: 구체적이어야 함
Measurable: 측정 가능해야 함
Action-Oriented: 행동지향적이어야 함
Realistic: 현실적이어야 함
Timely: 달성의 시기가 분명해야 함

5가지 원리(SMART)는 다음과 같은 질문을 통해 진술될 수 있다.

첫째, 구체적인가는 '나는 무엇을 하고 싶은가?'의 질문을 통해 설정 가능여부를 확인할 수 있다. 둘째, 측정 가능한가는 '현재 목표를 달성해야만 하는 상황은 무엇인가?'라는 질문을 통해 점검할 수 있다. 셋째, 도전적인가는 '목표 달성 시 구체적인 증거는 무엇인가?'라는 질문을 통해 확인된다. 넷째, 현실적으로 실현 가능한가는 '목표를 달성했을 때 일어날 수 있는 것은?'이라는 질문을 통해 점검할 수 있다. 마지막으로 달성시한이 정해진 목표인가는 '목표를 달성하지 못했을 때 일어날 수 있는 것들은?'이라는 질문을 통해 점검할 수 있다. 5가지 원리(SMART)에 따른 5가지 큰 줄기의 물음을 통해 목표설정은 구체적이고 선명하게 진술된다.

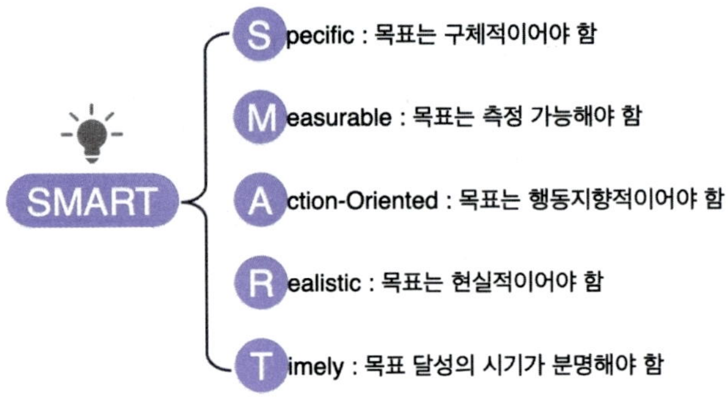

그림 6-1 목표설정 SMART 원리

제4절 목표기술방법

1. 블룸의 이원목표 분류표

블룸(Bloom)은 교육목표를 '교육에 의하여 학생들이 변화되어야 한다고 기대되는 방향, 즉 그들에게 기대되는 그들의 사고, 감정, 행동의 변화방향을 분명하고 간결하게 서술한 것'이라고 정의하면서, 교육목표를 효율적으로 그리고 계획성 있게 운영하려면 먼저 교육목표와 단원의 중요한 교육목표를 분명히 규정하는 것이 중요하다고 강조한다.

블룸은 교육목표를 구성하는 가장 핵심적인 두 요소를 '내용요소'와 '행동요소'로 보았다. 이러한 이원분류는 교육평가에서 평가대상을 '내용'과 '행동'의 차원에서 그 성격을 분명히 하고 종합화하는 기능을 한다.

먼저, 내용분류는 학생들이 학습한 내용을 적절한 기준에 의하여 분류하는 일이다. 또한 교육목표를 행동차원을 기준으로 하여 인지적 영역, 정의적 영역, 운동적 영역으로 분류하였다. 각 영역과 그 하위 영역은 다음과 같다.

1) 인지적 영역

인지적 영역은 복잡성의 원칙에 따라 단순한 행동으로부터 복잡한 행동으로의 위계 단계에 의하여 분류하였다.

하위영역은 지식, 이해, 적용, 분석, 종합, 평가로 이루어지는데, 지식과 이해는 기초정신과정에 속하고 나머지는 고등정신과정에 속한다.

표 6-2에서 보는 것처럼 이 분류에 따르면 인지적 영역에서 평가가 가장 고차적 능력이므로 학습자 스스로 평가주체가 되어 평가할 수 있는 기회를 제공할 필요가 있다.

표 6-2 인지적 영역의 분류

지식	이미 배운 내용의 정보를 기억함
이해	내용의 의미를 파악·추론·해석함
적용	학습한 정보를 학습했던 것과는 약간 다른 상황에 이용함
분석	정보를 개념요소, 관계, 원리 등으로 나눔
종합	여러 정보를 결합해서 새로운 형태의 전체적인 정보를 만듦
평가	내적 준거 또는 외적 준거에 의거하여 정보의 가치를 판정함

인지적 영역에 관한 목표를 구체적으로 예를 들면 표 6-3과 같다.

표 6-3 인지적 목표의 예

구분	내용
인지적 목표	• 산불현장에서 드론 기본설정방법을 산불드론 담당자들에게 설명할 수 있다. • 임신 중 발생될 수 있는 주요 응급상황 3가지를 이해할 수 있다.

2) 정의적 영역

정의적 영역은 내면화 정도, 정의적 영역의 학습목표가 달성된 정도를 기준으로 표 6-4에서 보는 것처럼 감수, 반응, 가치화, 조직화, 인격화 등으로 분류된다.

평가에 있어서는 일반적으로 협동성, 책임감, 준법성, 사회성, 자아개념, 태도 등이 변화되거나 취득된 정도를 평가한다. 학교생활기록부에 기록하는 행동발달평가는 정의적 영역의 평가를 가장 잘 나타내는 형태이다.

표 6-4 정의적 영역

감수	자극에 주의를 기울임
반응	자극에 자발적으로, 만족스럽게 반응을 보임
가치화	반응한 여러 자극 가운데 특정한 것에 대하여 수용과 선호를 나타냄
조직화	자신의 가치판단을 명료화하면서 체계화함
인격화	자신의 행동을 이끄는 인생 가치관을 형성함

정의적 영역에 관한 목표를 구체적으로 예를 들면 표 6-5와 같다.

표 6-5 정의적 목표의 예

구분	내용
정의적 목표	• 산불현장에 특화된 산림드론 현장 맞춤형 매뉴얼 개발에 대한 의지를 가진다. • 분만상황 발생 시 두려움을 극복하고 침착하게 대응할 수 있다.

3) 운동적 영역

운동적 영역은 표 6-6에서 보는 것처럼 반사동작, 기본동작, 지각능력, 신체기능, 숙련조작, 비언어적 의사소통 등으로 분류된다.

이 영역의 평가는 손, 발, 다리, 어깨 등과 같은 신체를 움직여서 성취할 수 있는 학습목표의 달성여부와 그 수준을 확인하는 평가를 의미한다.

예를 들어, 평생교육프로그램 중에 노래 부르기, 그림 그리기, 기계를 조작하는 능력 등은 운동적 영역의 평가에 속한다.

표 6-6 운동적 영역

반사동작	단편적 및 상호 단편적 반사행동동작
기본동작	걷기, 달리기, 도약하기, 밀기, 당기기 등
지각능력	근육 운동감각, 시각, 청각, 촉각 및 이들의 협응능력
신체기능	지구력, 힘, 유연성, 민첩성, 반응시간, 기민성
숙련조작	놀이, 운동경기, 춤, 예술 등의 종목에서의 숙련동작
비언어적 의사소통	자세, 몸짓, 얼굴표현 등의 표현동작과 그 밖의 창의적인 동작

운동적 영역에 관한 목표를 구체적으로 예를 들면 표 6-7과 같다.

표 6-7 운동적 목표의 예

구분	내용
운동적 목표	• 산불 예측을 파악하기 위해 드론을 사용하여 항공 영상을 촬영할 수 있다. • 현장에서 분만을 수행하기 위해 산모를 안정시키고 분만장비를 사용할 수 있다.

2. 가네의 과제분석 접근

가네(Gagne)는 인간학습의 결과로 얻어지는 산출물을 5가지 능력(언어정보, 지적기능, 인지전략, 운동기능, 태도)으로 분류하고, 그 각각의 능력들을 바로 교수활동을 통해 가르쳐야 하는 목표로 보고 있다. 수업형태, 방법 그리고 절차는 수업의 목표가 무엇인가에 따라 달라진다. 그러므로 5가지 다양한 수업목표에 따라 학습 조건이 달라질 수밖에 없다. 이러한 이유로 가네의 수업 이론을 목표별 수업 이론이라고 부른다.

가네의 목표별 수업 이론은 목표에 따라 학습조건이 달라지기 때문에 학습조건적 수업모형이라고도 한다. 또는 학습위계 이론, 과제분석 이론이라고도 한다.

가네는 인간학습을 다섯 가지 영역으로 구분하고 있다. 가네의 교수설계는 교수에 의하여 성취되어야 할 다양한 능력들을 파악함으로써 시작될 수 있다고 보고, 이러한 능력들에 의거하여 5가지 기준에 따라 모아 하나의 부류로 묶었다. 학습된 능력들이 실현화될 형태를 결과로 보고 이 결과들은 교수목표로서 구체화되어 제시될 수 있다. 다섯 가지의 학습과정 영역과 그에 맞는 학습과정을 제시하였다.

1) 언어정보

언어정보는 정보를 진술하는 것으로 명제적 지식 또는 선언적 지식으로서 어떤 사실 또는 일련의 사건에 대해 구두로 말하거나 글로 진술하는 것을 말한다. 학습의 초기 단계 혹은 특정 학습과제의 초기 단계에 가장 많이 필요로 하는 능력이다.

첫째, 선행조직자의 제공이 여기에 해당된다. 선행조직자는 오스벨(D. Ausubel)이 제시한 인지전략으로서 만약 기존 지식과 새로운 정보 간에 연결이 이루어지면 학습경험은 보다 의미있게 된다는 가설에 근거한다. 선행조직자는 학습자에 의해 사용되는 학습전략이 아니라 교사에 의해 사용되는 수업전략이다. 이는 간단한 문장이나 질문, 지도나 도표, 개념지도나 인지도 등 여러 형태로 제시될 수 있다. 가장 효과적인 선행조직자는 학습자에게 이미 익숙한 개념을 사용하는 것이다. 그러나 그것은 학습되어야 할 자료의 요약이나 개관과는 구분되어야 한다. 선행조직자는 앞으로 학습하게 될 새로운 정보나 자료로부터 도출될 구체적인 내용을 포함하는 것은 아니기 때문이다. 선행조직자를 제시하는 목적은 새로운 학습을 위한 개념망을 부여하고, 학습자가 가지고 있는 현재의 정보와 새로운 학습을 연결지으며, 학습자의 장기적인 저장기호화(encording)를 효과적으로 촉진하는 데 있다.

둘째, 이름과 명칭의 기호화를 의미있게 하는 것이다. 이름이나 명칭을 따로 두기보다는 문장에 포함시켜 학습함으로써 이름, 명칭, 단어가 보다 의미있는 형태로 바뀐다.

셋째, 영상화의 원리이다. 대상의 실제 물건이나 또는 그것의 시청각적 영상을 함께 제시하는 것이다. 이것은 연령이 낮을수록 효과를 볼 수 있는 원리이다.

넷째, 재생과 일반화이다. 기억의 재처리에 필요한 단서를 제공하는 것을 권장한다.

2) 지적기능

지적기능이란 학습자 주변에 있는 환경에 대하여 이를 개념화하여 반응하는 능력을 말한다. 문제해결을 위하여 개념이나 규칙을 활용한다. 방법적 지식 또는 절차적 지식으로서 구어, 읽기, 쓰기, 수의 사용 등과 같이 상징 또는 기호를 사용한다.

가네는 지적기능을 블룸이 채택한 복잡성의 차원에 따라 8가지 학습유형으로 나누었으며, 각각의 유형에는 각기 알맞은 학습조건이 있다. 이 학습유형은 상호간에 위계적 성격을 띠어 한 형태의 학습이 효과적으로 이루어지기 위해서는 다른 형태의 학습이 선행해서 이루어져야 한다.

8가지 학습유형을 구체적으로 살펴보면 다음과 같다.

- 유형1: 신호학습. 가장 단순한 형태로서, 고전적 조건형성과정을 통해 무의지적으로 행동이 획득되는 것이다.
- 유형2: 자극–반응학습. 자극과 반응의 단순한 결합으로, 이때의 반응은 의지적이고 능동적이라는 점에서 신호학습과 구별된다. 즉, 도구적 조건형성과 같은 것이다. 이와 같은 학습이 이루어지기 위해서는 강화가 주어질 때 반응을 할 수 있어야 한다. 반응과 강화간의 간격을 짧게 하고 반복하는 것

이 효과적인 원리가 된다.

예를 들어, 초등학생이 공부하는 행동을 할 때 즉각적으로 칭찬해 주거나, 학생에게 시험 후 즉각적으로 채점하여 결과를 알려줄 때 학습이 촉진되는 경우이다.

- 유형3: 연쇄학습. 운동기능의 연결을 의미한다.
  예를 들어, 영어 단어 쓰기, 컴퓨터 키보드 조작하기, 바스켓에 농구공 던져 넣기 등이 될 수 있다.
- 유형4: 언어연상학습. 언어를 사용하는 능력을 말한다. 언어를 사용하는 능력에서 연결되어 있는 것을 의미한다. 이 유형의 학습을 위해서는 연결되기 전의 단순단위의 자극–반응 결합능력을 소유하는 것이다. 이것이 학습자가 미리 갖추어야 할 조건이다.
  예를 들어, 영어의 낱말 뜻을 우리말로 외우기 등을 말한다.
- 유형5: 변별학습. 비슷한 여러 대상을 구별할 수 있는 능력을 말한다.
  예를 들어, 여러 모양의 삼각형, 사각형, 오각형을 제시했을 때, 삼각형을 다른 것과 구별할 수 있는 능력을 말한다. 이때 삼각형이라는 개념이 형성되지 않은 수준에서도 식별이 가능하다고 본다.
- 유형6: 개념학습. 사물들의 공통적인 속성에 의해 사물들을 분류하는 능력을 말한다. 개념을 학습한다는 것은 자극간의 공통성과 유사성에 대해 반응을 보이는 것이다. 즉, 어떤 주어진 자극의 내적 성질을 표현하는 방법이 개념화를 통한 방법이다. 이전에 학습한 언어적 연결이 잘 기억되면 개념학습이 촉진된다.
  예를 들어, 여러 종류의 사물을 생물과 무생물로 구별하는 것을 말한다.
- 유형7: 원리학습. 두 개 이상의 개념을 사용하여 어떤 현상에 내재된 규칙과 법칙을 설명하는 능력을 말한다. 이는 개념의 연결로 정의된다. 문제해결을 위한 조건이 된다. 따라서 이 학습을 위해서는 원리를 구성하는 개념의 이해가 요청되며 이를 먼저 가르쳐야 한다.
  예를 들어, 그림자가 생기는 현상을 통해 빛의 직진 원리를 이해하기 등이 있다.
- 유형8: 문제해결 학습. 한 가지 이상의 원리(규칙)를 적용하여 문제를 해결하는 능력을 말한다. 이를 위해서는 여러 가지 원리와 규칙이 사용된다고 하여 복합적 원리학습이라 부른다.

예를 들어, 삼각형과 사각형의 넓이를 구하는 방법을 통해 사다리꼴의 넓이 계산하기 등이 있다.

특별히 학교교육에서 다루게 되는 여러 지적 교과의 학습은 언어연상학습으로부터 문제해결학습에 이르는 유형들이 대부분이다. 가네는 개념학습, 원리학습, 문제해결학습이 학교교육 단위에서 중요한 학습유형이라고 주장한다. 그 외의 것은 단순한 형태의 학습으로서 초등 저학년 또는 학령 전 수준에서 흔히 볼 수 있는 학습형태라고 한다.

3) 인지전략

인지전략은 문제에 관한 새로운 해결방안을 모색하는 것이다. 이는 내적으로 조직된 통제과정이다. 학습방법, 사고방법, 독서방법 등과 같이 독자적으로 개발하고 있는 사고전략이다. 학습자 개인의 학습, 기억, 사고 행동을 조정하고 통제하는 능력을 말한다. 학습에 있어서 가장 큰 목표 영역이라 할 수 있다. 학습방법은 비교적 장시간에 걸친 연습을 통해 발달한다. 이런 연습에서 흔히 사용하는 방법은 될수록 많은 아이디어를 인출하도록 자극하고, 아이디어의 적정성을 평가하는 기법을 알려주고, 문제를 전혀 새로운 각도에서 보는 연습을 시키고, 적절한 질문을 던지는 연습을 통해 이루어져야 한다.

4) 운동기능

운동기능이란 어떤 일을 수행하기 위한 몸의 움직임을 말한다. 신체적 운동을 유연하고 적절한 계열에 따라 실행하는 것이다. 네모를 그리거나 자전거를 타거나 피아노를 연주하는 것과 같은 것들이다. 장기간에 걸친 반복적 연습을 통해 잘 학습된다.

5) 태도

태도란 어떤 대상이나 활동을 선택하는 학습자의 내적, 정신적 경향성을 뜻한다. 정의적 영역의 행동을 총칭해서 지칭하는 능력을 말한다. 태도를 직접적으로 가르치는 방법은 강화의 방법에 의한 것이다. 간접적으로 태도를 가르치는 방법은 대리적인 강화, 즉 관찰학습을 이용하는 것이다. 모범적인 인간에 의한 시범 보이기도 이 원리에 해당한다.

표 6-8은 가네의 학습자의 학습된 능력으로서 5가지 범주와 각 능력에 따른 수행의 범주를 제시하고 있다.

표 6-8 가네의 학습자의 학습된 능력

학습된 능력	수행의 범주
언어정보	▸정보를 진술하는 것 학교학습의 초기 단계 혹은 특정 학습과제의 초기 단계에 가장 많이 필요로 하는 능력 1. 선행조직자의 제공 2. 이름과 명칭의 기호화 3. 영상화의 원리 4. 재생과 일반화
지적 기능	▸문제해결을 위하여 개념이나 규칙을 활용 구체적인 사례를 회상하고, 학습자극에 변별적으로 반응하는 것 ▸가네는 지적 기능을 블룸이 채택한 복잡성의 차원에 따라 8개의 유형으로 위계화함 유형1: 신호학습 유형2: 자극-반응학습 유형3: 연쇄학습 유형4: 언어연상학습 유형5: 변별학습 유형6: 개념학습 유형7: 원리학습 유형8: 문제해결학습
인지전략	▸문제에 관한 새로운 해결방안을 모색하는 것 학습자 개인의 학습, 기억, 사고 행동을 조정하고 통제하는 능력
운동기능	▸어떤 일을 수행하기 위한 몸의 움직임 신체적 운동을 유연하고 적절한 계열에 따라 실행하는 것 신체운동, 지각운동, 심리·운동기능 등 모두가 포함됨 속도, 정확성, 힘, 유연성 등이 준거가 됨
태도	▸어떤 대상이나 활동을 선택하는 학습자의 내적, 정신적 경향성을 뜻함 정의적 영역의 행동을 총칭해서 지칭하는 능력

3. 메이거의 목표진술방법

1962년에 메이거(Mager)는 교수목표에 관한 책을 출판한 이래, 학습자들이 학습을 완성했을 때 무엇을 할 수 있게 되어야만 하는지에 대한 분명하고 정확한 진술의 필요성을 강조함으로써 교육계에 큰 영향을 주었다. 메이거는 학생이 무엇을 할 수 있을 것인지를 강조하기 위해 처음으로 행동목표라는 용어를 사용했다. 또한 일부에서는 '행동'이라는 용어 대신에 보다 수용할 수 있는 용어인 수행목표, 학습목표, 교수목표와 같은 용어를 많은 문헌에서 사용하고 있다. 이런 용어들은 행동목표와 동의어로 보면 된다. 학생들이 하나의 교수 프로그램으로 학습을 완료한 후, 그들이 무엇을 할 수 있어야만 한다는 행동목표 진술은 프로그램을 설계하는 데 유용하다. 학생들이 학습해야 하는 것이 무엇인가를 안다면, 오랜 시간을 허비하지 않아도 되고, 완전학습에 도달하는 학생의 비율이 높아질 것이다. 메이거의 행동목표 진술은 한 단위의 교수 프로그램 학습이 끝났을 때, 학생이 무엇을 할 수 있게 되는가를 자세하게 기술한 것이다. 여기서 교수목표를 교사의 교수 행동으로는 오해하지 말아야 한다. 최종 교수목표는 교수 프로그램으로 학습을 완료한 후, 학습자들이 할 수 있으리라 기대되는 행동을 기술한 것이라고 정의한다. 최종 교수목표 분석에서 도출된 기능들이 하위 기능이 되며, 최종 목표를 행동적 목표로 진술했을 때 이를 특별히 도달점 목표 또는 최종 목표라고도 한다.

메이거는 목표 진술에 있어서 막연성과 그 해석의 다양성을 없애고 수업과 평가에 구체적 지침이 될 수 있도록 하기 위해서 목표 개발의 기준을 제시했다. 그의 기준에 따르면 주요한 세 요소가 포함되어야 한다.

첫째 요소는 학습자가 무엇을 할 수 있는지에 관한 기술이다. 이 요소는 행동과 내용, 개념을 모두 포함한다. 프로그램 설계자는 행동을 나타내는 용어가 적합한지를 검토할 필요가 있다.

둘째 요소는 학습자가 이 과제를 수행하는 동안의 주된 조건들이다. 학습자가 어떤 조건 하에서 그 성취행동 혹은 기능을 실행할 것인가 하는 것이다. 학습자가 학습하고 나서 보여 줄 성취행동과 대상 학습자의 특성을 고려해서 적합한 조건이 설정되어야 한다. 이 조건의 역할은 대체로 세 가지로 정리할 수 있다. 학습자들이 학습한 정보를 탐색하는데 사용할 수 있는 단서 내지는 자극의 역할을 하며, 그 성취과제를 수행하기 위해서 필요한 자료를 주게 되고, 그 과제의 범위와 복잡성을 학습자의 경험과 능력에 맞도록 조정해 준다. 예를 들어, 학습자에게 컴퓨터 사용을 허락할 것인가? 이 문제를 해결하기 위해 몇 명까지 그룹으로 모여 토론해도 되는가에 대한 문제이다. 거리를 측정하는 문제라면 조건은 소수 첫째 자리까지 표시된 눈금자가 된다.

셋째 요소는 학습자 수행 정도를 평가할 준거이다. 준거는 학습자의 반응에 대해 어느 정도까지를 성취된 것으로 판단할 것이냐의 문제이다. 준거는 학습자 반응의 허용 한계치를 나타내는 것으로 허용 한계, 범위 등을 말한다. 또한 준거는 정의에 특정 사실을 포함시키거나 전문가가 수용할 수 있다고 판단되는 신체적 수행 같은 질적 판단으로 표현될 수도 있다. 준거는 양적인 표현으로 하는 것이 바람직하지만 '운동선수처럼 이런 이런 동작을 할 수 있어야 학습된 것으로 보겠다'와 같이 질적으로 표현하기도 한다. 합리적인 준거를 설정하기 위해서는 성취해야 할 과제의 특징을 살펴보아야 한다. 대부분의 지적 기능과 언어적 정보의 과제에 있어서는 하나의 올바른 성취행동만 있다.

표 6-9는 행동목표의 구성요소를 포함한 몇 가지 예이다.

표 6-9 행동목표의 구성요소

목표의 요소	요소의 설명	요소의 예
조건	기능이 수행될 때, 학습자가 이용 가능한 도구와 자원의 설명	1. 검색엔진을 사용하여 2. 암기하여 3. 강의계획서가 주어졌을 때
행동	행동, 내용, 개념을 포함하는 기능의 설명	1. 연관어를 찾을 수 있다. 2. 말할 수 있다. 3. 빈칸을 채울 수 있다.
준거	가능한 기능에 대한 설명	1. 가장 높은 검색률을 가진 2. 매뉴얼의 내용을 정확히 3. 형식에 맞추어

1) 행동의 도출

메이거의 목표 도출에서 애매한 '이해한다' 혹은 '안다'와 같은 동사에 의한 행동의 기술은 피해야 한다. 만약 이렇게 목표를 기술했다면 학생들이 학습할 기능이 무엇이 될지를 상세화해야 하고, 학생들이 이 기능을 학습했을 때 무엇을 보여줄 수 있게 될지를 목표에서 진술해야 한다. 목표는 규명된 행동의 유형을 정확히 표현해야 하기 때문이다. 분명하게 인식할 수 있는 행동을 포함하고 있으면, 목표를 작성하는 일은 간단하게 평가를 위한 준거와 그 수행행동이 수행될 조건만을 추가하기만 하면 된다.

프로그램개발자는 행동을 기술하기 위해 사용할 동사에 유의해야 한다. 대부분의 지적기능은 '식별하다', '분류하다', '시연하다', '만들어 내다'와 같은 동사로 기술할 수 있다. 앞서 이야기한 것처럼 그 동사의 의미가 너무 포괄적이어서 애매하게 해설될 수 있는 '알다', '이해하다', '감상하다' 등과 같은 동사들은 사용하지 말아야 한다. '안다'는 언어적 정보를, '이해한다'는 지적 기능을, '감상한다'는 태도를 나타내기 위해서 일반적으로 사용할 수는 있지만 목표에서는 이런 동사는 잘못된 표현이다. 이런 애매한 표현은 보다 구체적인 성취행동동사로 표현이다.

행위동사 표현의 예를 살펴보면 다음과 같다.

지적 영역에서 지식에 관하여는 정의하다, 묘사하다, 확인하다, 명칭을 붙이다, 목록을 만들다, 이름을 대다, 진술하다 등의 동사를 사용한다. 예를 들면, '평등'이라는 용어를 정의하다. A와 B의 연관성을 진술하다와 같다.

이해에 관하여는 계산하다, 비교하다, 토의하다, 식별하다, 그리다, 스스로 설명하다, 예를 들다, 해석하다, 풀다 등의 동사를 사용한다. 예를 들면, A에 대한 2가지 사례를 들다. 실험결과를 그래프로 그린다와 같다.

적용, 분석, 평가, 종합에 관하여는 추론하다, 결정하다, 예측하다, 연관시키다, 보여주다, 사용하다, 분석하다, 분류하다, 창작하다, 비평하다, 설계하다, 계획하다 등의 동사를 사용한다. 예를 들면, A프로그램의 평가를 판단하고 이유를 밝힌다(평가). 프로그램 성과를 측정하는 새로운 절차를 설계한다(종합)와 같다.

정의적 영역에서는 선택하다, 조직하다, 반응하다, 참가하다, 완성하다, 감상하다와 같은 동사를 사용한다. 예를 들면, 프로그램을 진행할 때의 안전 절차를 선택한다.

심리운동적 영역에서는 조립하다, 짓다, 측정하다, 깨끗이하다, 설계하다, 분해하다, 고정시키다, 만들다, 칠하다, 감싸다 등의 동사를 사용한다. 예를 들면, 주어진 교구를 사용하여 기록하고 교구를 조립하여 완성한다와 같다.

2) 조건의 도출

지식, 기능, 태도 부분을 분명하게 찾아서 목표를 구성했다면, 이제는 목표의 조건 부분을 구체화해야 한다. 조건은 목표를 수행할 때 학습자들에게 제공될 활용 가능한 상황이나 자원들을 말한다. 조건(상황)의 도출은 학습자들이 학습한 정보를 탐색하는 데 사용할 수 있는 단서 내지 자극의 역할을 수행한다. 어떤 상황, 조건으로 정하느냐에 따라 수업활동에 필요한 도구, 프로그램의 특성, 연습시간, 평가방법이 달라진다.

예를 들면, 방에서 혼자 노래하기 vs. 100명의 관중 앞에서 노래하기 등을 들 수 있다. 또한 외국 사람을 만나서 10분간 사업소개 이야기하기 vs. 외국 친구를 만나 생활회화로 이야기하기, 시골 마을에서 운전하기 vs. 시내 중심가에서 운전하기 등으로 나뉠 수 있다.

3) 준거의 도출

목표의 마지막 부분은 기능이 제대로 적합하게 수행되었다고 판단하기 위한 준거이다. 준거의 설정은 목표의 성취를 판단할 수 있어야 한다. 논리적으로 타당한 준거를 정하기 위해서는 수행하게 될 과제의 특성을 잘 파악해야 한다. 어떤 지적기능이나 언어적 정보와 같은 과제는 옳은 응답 하나만 있다.

지적기능은 '정확하게' 등으로 표현할 수 있다.

운동기능은 체크리스트(빈도, 시간제한 등)를 통해 설정할 수 있다.

태도는 바람직한 행동과 바람직하지 않은 행동의 빈도로 설정할 수 있다.

결국은 평가자에 따라 준거를 똑같이 해석할 수 있도록 해야 한다.

메이거의 목표 작성의 예를 몇 가지 살펴보면 다음과 같다. 성폭력의 정의에 관한 수업을 진행했을 경우에 행동은 '성폭력의 정의를 말할 수 있다'이고, 조건은 '성폭력의 정의를 질문했을 때'이고, 준거는 '성폭력의 정의(상대방의 의사에 반하여 상대방의 성적 자기결정권을 침해하는 모든 성적 행위)'라고 할 수 있다. 이를 정리한 성취목표는 '성폭력 정의를 질문했을 때, 성폭력의 정의(상대방의 의사에 반하여 상대방의 성적 자기결정권을 침해하는 모든 성적 행위)를 정확히 말할 수 있다'이다. 예를 한 가지 더 살펴보면 다음과 같다. 지적장애인 대상 문화예술 강사를 위한 강의안 작성 수업을 진행할 경우에 행동은 '강의계획안을 작성할 수 있다'이고, 조건은 '지적장애인 대상 문화예술 수업계획안'이며, 준거는 '교수설계에 따라 체제적으로'이다. 이를 정리한 성취목표는 '지적장애인 대상 문화예술 수업계획안을 작성시, 교수설계에 따라 체계적으로 강의계획안을 작성할 수 있다'이다.

교육주제	성폭력의 정의
목표	행동: 말할 수 있다. 조건: 성폭력의 정의를 질문했을 때 준거: 정의(상대방의 의사에 반하여 상대방의 성적 자기결정권을 침해하는 모든 행위)를 정확히 목표: 성폭력의 정의를 질문했을 때, 정의를 정확히 말할 수 있다.

교육주제	지적장애인 대상 문화예술 강사를 위한 강의안 작성법
목표	행동: 강의계획안을 작성할 수 있다. 조건: 지적장애인 대상 문화예술 수업계획안 작성시 준거: 교수설계에 따라 체제적으로 목표: 지적장애인 대상 문화예술 수업계획안을 작성시, 교수설계에 따라 체제적으로 강의계획안을 작성할 수 있다.

연구문제

1. 정해진 기간 동안 전체 프로그램이 지향해 나가는 교육적 결과를 의미하는 단어는 무엇인가?

① 목적 ② 일반목적
③ 프로그램목표 ④ 학습목표

2. 목표 설정을 위한 5가지 원리(SMART)에 해당되는 것을 아래에서 모두 고르시오.

① 구체적 ② 측정가능
③ 행동지향적 ④ 현실적
⑤ 달성시기가 분명

3. 블룸의 이원목표 분류에서 행동차원에 포함된 인지적 영역의 하위영역에 해당되는 것을 모두 고르시오.

① 지식 ② 이해 ③ 적용
④ 분석 ⑤ 종합 ⑥ 평가

4. 가네는 인간학습의 결과로 얻어지는 산출물을 5가지 능력으로 분류하였다. 여기에 해당되는 것을 아래에서 모두 고르시오.

① 언어정보 ② 지적기능
③ 인지전략 ④ 운동기능 ⑤ 태도

5. 메이거가 목표진술에서 그 해석의 애매함을 없애기 위해서 목표에 포함되어야 할 3가지 요소를 말했다. 거기에 해당되지 않는 것은?

① 행동 ② 조건
③ 준거 ④ 빈도

정답 1 ③, 2 ①②③④⑤, 3 ①②③④⑤⑥, 4 ①②③④⑤, 5 ④

CHAPTER 07

학습내용 및 교수·학습방법 선정

제1절 평생교육프로그램의 학습내용

평생교육프로그램개발을 위한 요구분석과 교육목표의 설정이 완료되었다면 평생교육프로그램의 학습내용을 선정하여야 한다. 학습내용은 학습활동에서 학습할 내용을 선택하는 단계로 프로그램의 시공간적 제약, 교수법과 자료에 따른 제약, 참가자의 배경적 차이 등이 존재하기 때문에 학습내용을 선정하는 작업은 매우 어려운 과정이다. 그럼에도 학습내용을 통하여 교육목표가 구체화되고, 구체화된 교육목표가 현장에서 교육프로그램으로 실현되는 것이기 때문에 교육내용 선정 시 고려해야 하는 사항을 잘 파악하여 교육목표와 학습목표를 달성할 수 있는 학습내용을 선정하도록 하여야 한다. 다음의 내용을 참고하여 학습내용을 선정할 수 있다.

- 학습내용은 교육목표와 학습목표를 기초로 하여 선정한다.
- 학습내용은 요구분석의 결과를 기초로 하여 선정한다. 요구분석의 결과를 교육내용 선정 시 반영하고 학습자집단이 필요로 하는 내용을 준비함으로써 많은 학습자가 프로그램에 참여하도록 동기 유발을 할 수 있고, 그들의 학습적 성장과 발전에 도움을 줄 수 있다. 학습자뿐만 아니라 기관과 사회의 요구분석 결과 또한 기초로 하여 학습내용을 설계한다.
- 학습내용은 프로그램 참가 대상자에 맞추어 선정한다. 교육이 효과적으로 진행되기 위해서는 참가 대상자의 지금까지의 경험 및 배경, 교육수준 등을 고려하고 그에 적합한 학습내용과 분량을 정해야 한다.

1. 학습내용 선정과 조직 원리

1) 학습내용 선정 원리

평생교육프로그램의 학습내용은 학습목표를 구체화하는 것이기 때문에 학습목표를 잘 달성할 수 있는 적절한 내용을 선정해야 한다. 다음의 학습내용 선정 원리(김진화, 2012)를 통하여 내용 선정 시 고려해야 하는 부분을 살펴보도록 한다.

- 학습목표와의 일관성: 학습내용을 선정할 때 그 시작점은 반드시 학습목표

여야 한다. 프로그램을 설계하면서 학습목표에 초점을 두지 않게 된다면 이미 설정한 목표를 이루기 어렵다. 따라서 학습목표에서 계획한 철학적 이념, 개인과 사회의 요구가 구현될 수 있도록 학습목표와 학습내용의 일관성이 필요하다.

- 적합성 및 자발성: 교육내용은 반드시 학습자의 요구와 흥미 그리고 능력을 고려하여 적합한 수준에서 선정해야 한다. 학습자에게 적합한 교육내용이 선정되어야 학습자의 자발적인 참여를 이끌 수 있게 된다.
- 실용성 및 다양성: 평생교육프로그램을 통하여 학습자는 빠르게 변화하는 사회에 적용할 수 있는 내용을 학습할 수 있다. 따라서 평생교육프로그램의 교육내용은 학습자가 바로 활용할 수 있도록 실용적이며 다양한 내용으로 구성되어야 한다.
- 능률성: 평생교육프로그램 학습내용을 통하여 동시학습이 진행될 수 있도록 하는 것을 의미한다. 하나의 경험으로 여러 목적을 충족시킬 수 있는 내용을 선정하거나, 하나의 목적으로 다양한 경험을 학습자가 할 수 있는 내용을 선정함으로써 평생교육프로그램의 능률성을 높이도록 한다.
- 교육 및 학습가능성: 아무리 좋은 내용이 선정된다 하더라도 대상자에게 교육 및 학습이 불가능하다면 적절한 내용이라고 할 수 없다. 교육내용은 반드시 교육 가능한 것이어야 한다. 해당 학습내용을 교육할 수 있는 인력이나 시설, 재정 상황 등과 같은 교육 가능성을 고려해야 하고, 학습자가 자기 주도적으로 학습할 수 있는 내용인지도 고려해서 학습내용을 선정한다.

2) 학습내용 조직의 원리

학습내용이 선정되었다면 선정된 내용을 어떻게 조직하고 편성할 것인지 학습내용의 조직에 대하여 고민해야 한다. 학습내용 조직은 앞서 선정된 교육내용을 학습자의 특성을 고려하여 조직화 및 계열화하는 것을 의미하며, 다음의 계열성의 원리, 계속성의 원리, 통합성의 원리를 고려한다(김진화, 2012).

- 계열성의 원리: 계열성의 원리는 학습이 계획에 따라 단계적으로 진행되어 학습의 차원이 점차 확장되도록 하는 것을 의미한다. 먼저 학습하면 더 도움이 되는 내용과 후에 학습하면 더 도움이 되는 내용을 조직화하는 것이 계열성의 원리에 해당된다. 또한 학습의 내용에 따라서 쉽고 단순한 내용을 먼저

학습하고 어렵고 복잡한 내용을 후에 학습하는 것, 핵심 내용의 주변 내용에서 시작하여 핵심 내용으로 조직하는 것 등이 계열성의 원리에 해당된다.

- 계속성의 원리: 학습자가 학습내용을 이해하고 학습내용을 통하여 변화하도록 동일한 학습내용이 반복적으로 학습되어야 함을 의미한다. 특히 내용적으로 중요한 부분을 다루거나 기능을 익히고 학습하는 과정, 태도나 인식의 변화를 이끌기 위한 학습내용일수록 계속성의 원리를 바탕으로 반복 학습하도록 하여 주요 내용이 학습자에게 내면화 및 습관화되도록 한다.
- 통합성의 원리: 학습자가 경험한 여러 학습경험이 연결 및 통합되어 학습자를 성장시키는 의미 있는 통합적 학습이 되도록 함을 의미한다. 이를 위해서는 학습내용의 상호연관성을 고려하여야 하며, 결과적으로는 여러 학습내용을 통하여 학습목표를 달성할 수 있도록 학습내용이 통합적으로 조직되어야 한다.

2. 주요 학습내용

1) 주제구분에 따른 학습내용

제1장에서 살펴본 것과 같이 평생교육프로그램의 학습내용은 「평생교육법」에 따라 직업능력향상, 문화예술, 인문교양, 학력보완, 성인기초·문자해득, 시민참여로 나눌 수 있다.

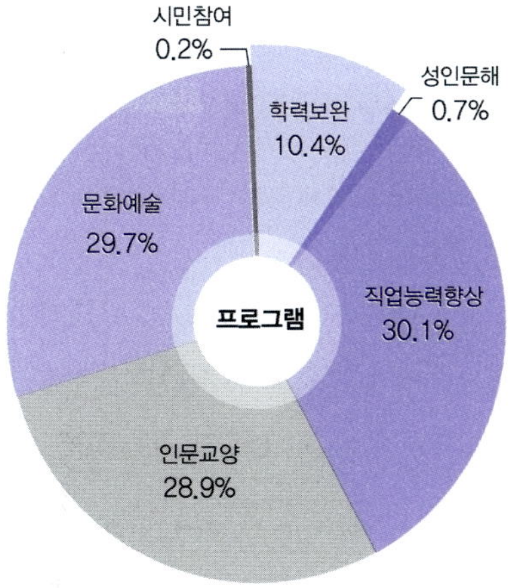

그림 7-1 **주제구분별 프로그램 현황**

출처: 교육부(2024).

시대 변화와 함께 성장하고자 하는 학습자의 요구를 충족시킬 목적으로 직업능력향상 학습내용이 다양하게 진행되고 있고 바쁜 일상 속에서 마음의 피로를 해소하고 삶의 안정감을 찾고자 하는 학습자를 위한 문화예술 학습내용이 진행되고 있다. 또한 아름답고 의미있는 학습자의 삶을 지원하기 위한 인문교양 과정과 학습자의 학업에 대한 열정을 충족시킬 수 있는 학력보완 학습내용이 진행되고 있다. 주제구분별 주요 학습내용 예시는 표 7-1과 같다.

표 7-1 주제구분별 주요 학습내용(예)

구분	프로그램명	학습내용
직업 능력 향상	1인 유튜버 미디어 과정 (숭실대 글로벌 미래교육원)	• 1인 방송 산업동향 및 사례분석 • 1인 크리에이터 배출을 위한 기본이론 교육 • 제작(기획, 구성, 연출, 편집, 녹음) 프로세스 습득 • 조별 작품 제작 • 조별 작품 품평 및 시사회 • 1인 미디어의 미래
문화 예술	프리저브드 플라워 과정 (동두천시 평생교육원)	• 토피어리 장식–구형으로 어렌지하여 심플한 토피어리를 만들기 • 석고 방향제 프리저브드 장식–프리저브드를 이용하여 다양한 모양의 석고방향제 만들기 • 돔장식–플라워를 외부공기와 차단시켜 일반적인 보존기간보다 더 오랫동안 아름다움을 간직할 수 있게 어렌지 • 프리저브드 액자 장식–바라보는 각도에서 꽃이 가장 아름답게 보이도록 배치
인문 교양	부모되기 수업 (한국방송 통신대 프라임칼리지)	• 가족의 의미, 여성의 건강과 생명, 부모–자녀 관계와 뇌 발달, 건강한 임신과 피임 • 가족관계의 역동, 자연스러운 탄생, 정신건강의 원리 • 가족의 정신건강, 산전관리와 태교, 건강한 출산을 위한 영양과 신체활동 • 가족 소통기술, 남편과 함께 출산, 부모와 자녀 사이
학력 보완	어머니, 함께 책을 읽어요	• 독서의 중요성, 독서습관을 위한 환경 꾸미기, 명사들의 독서교육법 • 아이 특성에 맞는 독서교육, 문제점 진단 및 독서를 통한 해결법 • 독서교육을 통한 성적향상법, 논술지도법

2) 수요대상에 따른 학습내용

평생교육학습 수요대상별 프로그램은 성인(71.2%)을 대상으로 가장 많은 교육과정이 개설되었으며, 어린이(8.2%), 통합(12.6%), 청소년(6.4%), 노인(1.6%) 순으로 확인되었다.

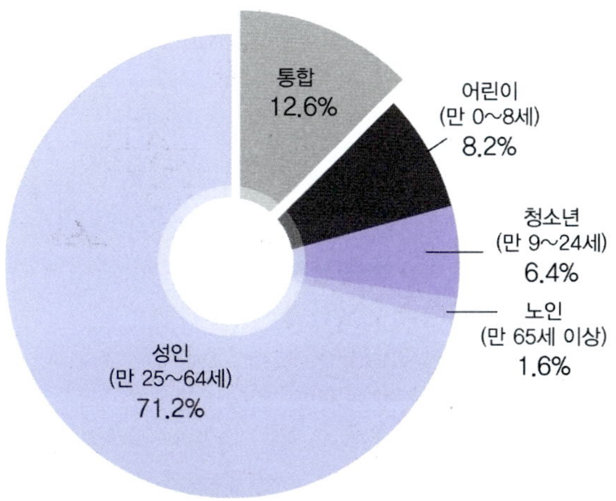

그림 7-2 **수요대상별 프로그램 현황**

출처: 교육부(2024).

프로그램의 학습내용은 대상에 따른 상황과 입장을 반영하고, 대상별 다양한 교육적 요구사항을 반영하여 그 내용을 선정할 수 있다. 수요대상별 주요 학습내용 예시는 표 7-2와 같다.

표 7-2 수요대상별 주요 학습내용(예)

구분	프로그램명	학습내용
성인	취업준비 교실 (서초여성 인력개발 센터)	• 자기탐색(프로그램 소개, 취업동기 확인, 나의 가치관, 나의 일 탐색) • 자기이해(MBTI성격유형검사, 해석 및 성격유형별 특성 이해, 경력단절여성의 재취업 상황과 사례) • 직업선호도 검사와 수행역량 체크(검사결과 해석, 직업수행 역량, 이력서, 자기소개서, 면접 준비) • 멘토의 취업성공 사례(걸림돌 극복, 구직활동 성공, 구직활동 준비, 취업후 또다른 미래) • 진로설계 및 실천계획(경력단절여성의 재취업 성공요인, 경력사다리 그리기를 통한 실천계획 세우기)
청소년	미리 들어보는 대학강의 (서울대 평생교육원)	• 청소년을 위한 의학 • 음악속에 담긴 철학이야기 • 양자역학의 정체는 무엇인가? • 법의학자는 어떤 일을 하는가? • 인간과 동물을 잇는 수의학 이야기 • 미래 간호사를 위한 간호학 소개 • 중·고등학교에서 배우지 못하는 정치학 • 쉽고 재미있는 경영학 이야기 • 미래 사회를 위한 교육학 등
노인	어학·취미 여가·건강 (연희노인 문화센터)	• 영어초급, 국어기초, 중국어 입문 등 • 하모니카 초급, 댄스스포츠 초급 등 • 맷돌체조, 실버요가, 웃음요가 등 • 인터넷 활용, 사진편집 등 • 바둑교실, 체력단련실, 탁구교실 등 • 사교댄스, 힐링댄스, 생활도예 등

제2절 평생교육프로그램의 교수·학습방법

1. 교수·학습방법의 분류

교수·학습방법이란 교육목표를 달성하기 위해서 교육내용을 실천하는 구체적인 방안으로 목표를 달성하기 위해서는 다양한 교수·학습방법 중에서 가장 적합한 방법을 선택해야 한다. 이를 위해서 다양한 교수·학습방법의 특징과 장단점 등을 파악할 필요가 있다. 또한 학습자집단의 규모, 교육 환경 및 시설뿐 아니라, 성별, 연령, 사회적 배경 등과 같은 학습자에 대한 이해 역시 적절한 교수·학습방법을 선택하는 데 도움이 된다.

교수·학습방법은 교수·학습에 대한 철학은 무엇인가, 교수·학습과정을 누가 통제하는가, 학습이 개별적으로 진행되는가, 그룹으로 진행되는가, 추구하는 학습의 결과가 지식습득인가 문제해결인가, 학습 세팅은 어떠한가 등의 여러 기준에 따라 다양한 유형으로 분류할 수 있다(기영화, 2011; 한정선 외, 2011; Bielawski & Metcalf, 2003; Borich, 2000; Weston & Cranton, 1986).

표 7-3 교수·학습방법의 유형

연구자	교수·학습방법의 유형
Weston & Cranton(1986)	• 교수자중심: 강의, 질문법, 시범, 토론 • 개별적: 프로그램 수업, 컴퓨터 보조 수업 • 상호작용적: 그룹토론, 동료교수, 프로젝트 • 경험적: 실습, 역할극, 게임, 연습
기영화(2011)	• 교수자중심: 강의, 시범 • 집단중심: 브레인스토밍, 버즈세션, 워크숍, 패널토의, 심포지엄, 포럼 등 • 경험중심: 역할극, 사례연구, 실습, 게임, OJT, 코칭
Borich(2000)	• 직접교수전략: 지식습득 중심 교수법 • 간접교수전략: 탐구, 문제해결 중심 교수법 • 직간접 혼합 교수전략: 질문전략법, 자기주도학습, 협동학습, 연습
한정선 외(2011)	• 강의형: 강의, 시범 • 토론형: 원탁토의, 버즈세션, 브레인스토밍 • 개인 교수형: 프로그램학습, OJT, 코칭 • 독자적 학습형: 독학, 프로젝트 • 협동학습형: 협동학습 • 발견학습형: 발견학습 • 경험학습형: 현장견학, 실습, 역할극, 게임 • 문제해결형: 문제해결 • 테크놀로지 기반형: 블렌디드러닝, 이러닝
Bielawski & Metcalf(2003)	• 오프라인 교실수업: 면대면 교사주도 • 가상교실 수업: 비실시간 가상교실 수업, 실시간 가상교실 수업 • 혼합수업: 면대면 교실강의와 비실시간 가상교실 수업, 면대면 교실강의와 실시간 가상교실 수업

본 교재에서는 평생교육프로그램에서 활발하게 사용되고 있는 강의형, 개별화, 체험형, 협동형(토론형), 테크놀로지 기반 교수·학습법에 대하여 알아본다.

2. 주요 교수 · 학습방법

1) 강의형 교수 · 학습방법

(1) 강의법

강의법(Lecture)은 교수자가 학습자를 상대로 지식이나 기술, 사실에 대한 정보를 제공하고 설명하여 학습자를 이해시키는 방법으로 교육현장에서 보편적으로 사용되고 있다. 교수자가 지닌 정보나 지식을 전달하는 방법이지만 정보나 지식이 풍부하다고 해서 강의를 잘 할 수 있는 것은 아니다. 그렇기 때문에 강의법에서는 학습자집단에 대한 이해를 바탕으로 정보와 지식을 효과적으로 전달할 수 있는 기술이 필요하며, 교수자는 이러한 강의 기술을 갖출 수 있도록 준비하여야 한다. 학습내용의 전달을 돕기 위해서 파워포인트, 동영상 또는 판서 등과 같은 시각적인 정보를 함께 사용하며 학습자의 이해와 학습을 돕기 위해서 보조 교재 또는 인쇄물을 사용하기도 한다. 학습자들은 교수자의 일방적이고 단편적인 지식과 정보의 제공보다는 흥미를 유발할 수 있는 강의를 선호한다. 따라서 교수자는 실생활에서 경험할 수 있는 사례 제시를 통해 주의를 집중시키도록 하고, 학습자로 하여금 학습 동기유발이 되도록 학습의 이유를 설명해야 한다.

표 7-4 강의법의 장단점

장점	단점
• 단시간에 새로운 정보나 많은 지식의 전달이 가능하다. • 지식의 개념을 논리적, 객관적으로 전달할 수 있다. • 개념간의 공통점, 차이점 등을 다루기 용이하다. • 다수의 학습자를 한 강사가 상대하여 경제적이다. • 학습자의 참여 부담이 적다. • 학습자의 집중도를 파악하고 학습환경 변화 등을 통해 동기유발을 유도할 수 있다.	• 학습자의 능력과 수준을 정확히 파악하기 어렵고 상호작용이 제한된다. • 교수자의 능력과 자질에 따라 학습내용과 전달에 차이가 있다. • 학습자의 경험과 기대에 따라 강의 만족도에 차이가 있다. • 학습자의 참여가 제한되어 수동적이고 소극적인 태도를 유발한다.

(2) 문답법

문답법(Question and Answer)은 질문과 답변을 통해 학습내용을 전달하는 방법으로 교수자와 학습자가 가진 지식, 정보, 경험, 사례를 공유할 수 있고 학습자의 수준이나 이해 정도를 쉽게 파악할 수 있는 교수·학습방법이다. 문답법에서는 교수자가 숙련된 질문을 하여 학습자의 참여는 물론 사고의 발전을 이끄는 것이 중요한데, 이를 위해 교수자는 기억질문과 사고질문을 사용할 수 있다. 기억질문은 단순한 사실을 확인하고자 하는 질문이고 사고질문은 학습자가 반성적 사고를 바탕으로 응답하도록 하는 질문이다. 이러한 질문을 통해 학습자가 스스로 생각하게 함으로써 학습내용을 정리하고 학습자 스스로 학습에 대한 평가를 할 수도 있으며 더 나아가 학습능력을 키울 수 있게 된다(김상무 외, 2018). 문답법 수업 진행 시 교수자는 학습자가 능동적으로 참여할 수 있는 분위기 조성과 함께 시간관리에 신경써야 하며, 수줍음이 많아 질문과 답변이 어려운 것은 아닌지 학습자의 성향을 파악하여야 한다.

표 7-5 문답법의 장단점

장점	단점
• 학습목표를 명확히 인지한 후 진행되므로 학습활동의 집중도가 향상된다. • 학습에 자극을 주어 적극적인 참여를 유도할 수 있다. • 흥미와 동기를 유발할 수 있다. • 문답과정을 통해 지식의 개념을 이해할 수 있다. • 스스로 생각할 기회를 줄 수 있다. • 교수자와 학습자의 상호작용이 활발하다.	• 학습자의 능력과 수준에 따라 교육의 질이 달라질 수 있다. • 학습 속도가 지연될 수 있다. • 교수자 중심으로 진행될 경우 사고의 영역을 한정시킨다. • 학습수준이 높은 학습자중심의 수업으로 진행될 수 있다.

2) 개별화 교수 · 학습방법

(1) 자기주도학습

자기주도학습(Self-directed Learning)은 학습자 스스로 진단한 학습욕구 아래, 학습목표, 필요자원, 학습전략을 설정, 실행하고 학습의 결과를 스스로 평가하는 방법으로 학습의 전 과정에 있어 학습자 스스로가 주도권을 가지는 것이 가장 큰 특징이다. 인간은 성장에 따라 자기주도능력이 함께 발달하게 되기 때문에 이러한 자기주도능력으로 여러 문제들을 각 개인과 상황에 맞추어 해결할 수 있다는 관점으로(Knowles, 1975) 자기주도학습의 필요성이 주목받기 시작하였다. 특히 급변하는 사회에서 우리는 다양한 문제와 상황에 직면하기 때문에 능동적, 적극적으로 문제를 탐구하고 해결하려는 자세를 갖추기 위해서 더욱 주목받고 있는 교수·학습방법이다. 자기주도학습에 있어 교수자는 촉진자, 조력자의 역할을 수행한다. 특히 자기주도학습에 대한 동기부여나 준비가 부족한 학습자의 경우 이와 같은 교수자의 역할이 더 필요하다.

(2) 코칭

성인 학습자의 경우 개개인에 따른 특성과 경험의 차이가 존재하기 때문에 일반적인 집단학습이 크게 효과적이지 않을 수 있다. 이러한 문제를 해결하고자 개별화 교수·학습방법 중 코칭이 등장하게 되었다. 코칭은 교수자와 학습자가 1:1의 형태로 진행하는 교수·학습방법으로 학습자의 개별적인 수준과 요구에 맞추어 수업과 훈련이 가능하다는 점, 교수자와 학습자 간의 상호작용이 활발하게 이루어질 수 있는 장점이 있다. 코칭은 교수자의 경험, 능력 등의 역량이 중요하며 학습자에게 직접적인 가르침을 전하는 것은 물론 안내자로의 역할을 하여 학습자가 목표에 도달할 수 있도록 이끌어 주어야 한다. 학습자의 반응에 정확하고 상세한 피드백을 제공함으로써 학습자의 성장을 도울 수 있다. 반면 다른 학습자와의 교류가 진행되지 않기 때문에 사회성 개발 기회의 부족, 동료학습 기회의 부재 등이 단점이 될 수 있다. 코칭은 목표의 설정, 수행자료의 수집, 수행분석, 수행목표에 따른 재조사와 수정, 성장 자원의 확인, 행동계획발전, 전략의 수행, 수평평가의 과정으로 진행된다(기영화, 2011).

3) 체험형 교수 · 학습방법

(1) 실습

실습(Practice)은 특정한 기술이나 지식을 학습자가 습득하기 위하여 직접 경험을 통해 숙달시키는 교수·학습방법으로 반복적인 학습활동을 통해 교육목표를 달성할 수 있다. 수업에서 배운 지식과 기술을 현장에서 실천해 봄으로써 해당 분야에 대한 이론뿐만 아니라 실무를 겸비할 수 있으며, 실습현장에서 공동의 관심사를 갖고 있는 여러 사람들과 접촉함으로써 대인관계기술을 습득하고 관련 지식이나 정보를 교환할 수 있다. 교수자는 실습현장 선정 및 지속적인 관리를 신경써야 하며 학습자는 실습에 필요한 지식, 자세, 태도 등을 미리 준비하여야 실습의 효과를 높일 수 있다.

(2) 게임법

게임법(Games)은 경쟁적이고 도전적인 게임의 속성을 이용한 교수·학습방법으로 재미있고 흥미롭게 구성해야 하며 학습목표를 달성하기 위해 일정한 규칙이 있어야 한다. 학습자집단의 협동심을 기르기 위해 팀을 구성하여 경쟁하는 식으로 학습활동을 진행할 수도 있다. 게임은 학습목표와 연결되어 현실감을 심어주도록 진행하며 교육환경이 새롭고 흥미롭기 때문에 학습속도가 빠르다는 장점을 가지고 있다. 반면 본래의 학습목표를 상실하고 과열된 경쟁심만 유발시킬 수 있기 때문에 목적, 장소, 인원수에 따라 게임 수업을 준비하고 지금 이 게임을 하고 있는 이유와 즉각적인 피드백을 학습자에게 제공하여 학습목표를 달성시킬 수 있도록 노력하여야 한다.

(3) 인게이지드러닝

인게이지드러닝(Engaged Learning)은 실생활에 연계된 문제를 학습자 스스로 인식하고 문제를 해결하기 위한 방법들을 탐색하며, 학습자 간 협력을 통해 문제해결책을 찾아 실제 현장에 활용할 수 있는 결과물을 도출하는 교수·학습방법이다. 학습자는 능동적인 수업 참여를 통해 “배우는 즐거움”을 경험하게 되고, 이러한 학습자의 성장을 지켜보며 교수자는 “가르치는 즐거움”을 경험할 수 있는 운영 방식으로 지역사회 문제, 진로 관련 분야, 일상생활 등의 여러 현장에 온라인과 오프라인의 다양한 방식으로 진행할 수 있다. 인게이지드러닝은 그림 7-3과 같이 5단계 과정으로 진행된다.

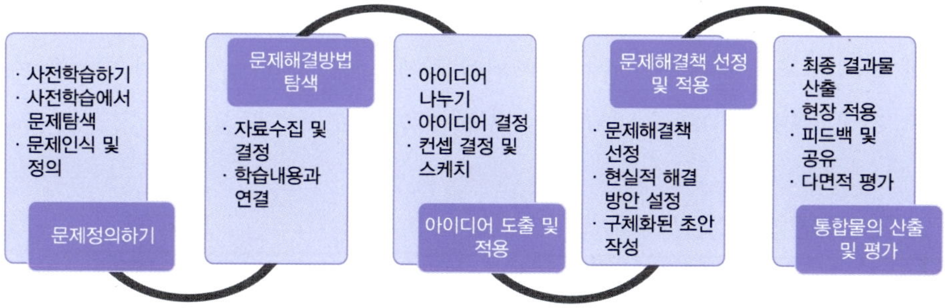

그림 7-3 인게이지드러닝의 5단계 과정

4) 협동형(토론형) 교수·학습방법

(1) 협동학습

협동학습은 학습자들이 함께 과제를 수행하는 과정에서 동료 학습자로 인해 학습을 할 수 있다는 전제를 기본으로 경쟁보다는 협력을 지향하는 현장의 요구에 부응하고자 교육현장에서 많이 사용되는 교수·학습방법이다. 교수자는 이질적인 3~4명 정도의 소집단을 구성하여 공통의 목표나 과제를 부여하게 되는데, 이 과제를 해결하는 과정에서 학습자들은 주제에 대한 학습은 물론 비판적 사고능력과 의사소통 기술을 키우게 된다. 협동학습의 성공적인 성과를 위해 교수자는 과제구조와 보상구조에 주의하여야 한다. 학습할 과제가 개인 혼자서는 해결할 수 없는 협동학습을 통해서 해결 가능한 과제여야 하며, 보상 또한 협동적으로 주어지도록 한다.

(2) 토론

토론법(Discussion)은 평생교육프로그램에서 많이 사용되는 방법으로 제안된 주제에 대해 지식과 정보를 가진 참여자들이 서로의 의견을 구두로 교환하면서 함께 문제를 해결하고 결론에 도달하는 과정이다. 토론 수업 진행 시, 모든 학습자의 참여를 높일 수 있는 자리배치와 토론 시간의 적절한 배분 그리고 논점이 흐려지지 않도록 관리가 필요하며, 내용을 요약하고 화두를 던질 때를 제외하고는 교수자가 되도록 개입하지 않고 학습자의 참여를 유도한다. 토론을 통해 정보와 견해를 넓힐 수 있음은 물론 타인에 대한 존중과 배려, 경청하는 자세를 배울 수 있다. 반면 합의가 필요한 문제에서 합의가 이루어지지 않을 경우에는 많은 시간이 소모되며 효과적인 토론이 이루어지지 않을 수도 있다. 이와 같은 토론의 문제점을 방지하기 위해 철저한 사전준비 및 규칙과 단계에 따른 진행, 개방적인 의사소통과 협조적인 분위기 조정이 필요하다.

표 7-6 토론법의 장단점

장점	단점
• 학습자의 동기를 유발시켜 적극적이고 능동적인 참여를 유도할 수 있다. • 학습자집단의 공동참여를 통해 학습목표를 달성하는 데 효과적일 수 있다. • 대화를 통해 자신의 생각을 정리하고 상대방의 의견을 경청하는 능력을 키울 수 있다. • 상호존중하고 예의를 갖추어 대화하는 방법을 습득할 수 있다.	• 시간과 노력이 많이 소요되어 정해진 학습목표를 달성하기 곤란할 수 있다. • 학습자의 능동적 참여를 유도하기가 어렵다. • 많은 양의 지식을 다루는 데 부적합하다. • 특정한 학습자만이 토론을 주도하는 경향이 있다.

① 브레인스토밍

브레인스토밍(Brainstorming)은 특정 주제 또는 문제에 대해 폭풍이 휘몰아치듯이 떠오르는 아이디어를 내놓는 것을 말한다. 연상되는 생각을 거리낌 없이 말하도록 격려하여 학습자로 하여금 새롭고 기발한 의견들을 자유롭게 제시하도록 하고 토의를 통해 학습하는 교수·학습방법이다. 주로 6~12명 정도의 학습자집단을 구성하고 많은 아이디어가 창출되도록 서로의 의견을 비판하지 아니하며, 과거의 지식, 경험, 규칙에 얽매이지 않는 자유로운 사고 적용을 통해 아이디어를 결합하고 종합함으로써 진정한 문제해결에 이를 수 있다.

② 버즈세션

버즈세션(Buzz Session)은 인원이 많은 전체 그룹을 소수 인원의 소그룹을 구성하여 진행한다. 3~6명으로 구성된 소집단별 토의를 한정된 시간을 배정하여 먼저 수행한 후에 전체 집단이 함께 모여 토의결과를 종합하여 결론을 내리는 방법으로 이끌어 간다. 평생교육현장에서는 학습자집단 내의 관계를 활성화하고 의견을 공유할 수 있는 방법으로 사용할 수 있다.

③ 원탁토의

원탁토의(Round Table Discussion)는 5~10명 정도로 소규모 집단 구성을 이룬다. 참가자 전원이 상호 대등한 관계를 유지하며 둥글게 둘러앉아 정해진 주제에 대해 자유롭게 서로의 의견을 나누는 좌담 형식이다. 참가자 모두가 발언할 수 있도록 기회를 적절히 제공하여 협조적이고 개방적인 자세를 통해 토의 결과를 도출해 나갈 수 있는 분위기를 조성할 수 있다는 특징이 있다.

5) 테크놀로지 기반 교수·학습 방법

(1) 온라인 토론

인터넷 공간에서 의사소통과 지식 및 정보를 전달하는 방법 중 하나인 온라인 토론은 시공간을 초월하여 지식과 정보를 즉각적으로 습득할 수 있으며, 상호작용을 통해 깊이 있는 학습과 의사소통 능력을 향상시킬 수 있다(권양이, 2020). 실시간 토론과 비실시간 토론으로 구분할 수 있는데 최근에는 화상회의 앱을 통한 실시간 영상·음성기반 온라인 토론이 교육현장에서 다양한 형태로 활용되고 있다.

표 7-7 온라인 토론법의 장단점

장점	단점
• 시공간을 초월하여 의사소통 참여가 가능하다. • 첨단 테크놀로지를 이용하여 상호작용을 활성화시킬 수 있다. • 의사표현에 소극적인 성향을 가진 학습자의 참여를 유도할 수 있다. • 온라인상에서 학습자의 자기표현 능력 및 상호작용 능력을 향상시킨다. • 자율성을 향상시킬 수 있다.	• 타인의 의사표현에 관심을 가지지 않게 될 수 있다. • 글로 표현된 의사표현이 해석에 따라 오해를 불러 일으킬 수 있다. • 비대면 토론 특성상 의사결정과정의 어려움이 있을 수 있다. • 제스처, 표정전달 등이 자유롭지 않아 명확한 의사전달이 어렵다.

(2) 블렌디드러닝

블렌디드러닝(Blended-learning)은 대면수업과 인터넷 기반의 온라인수업을 병행하는 혼합형 교수·학습방법을 의미한다. 하나의 교육프로그램 안에서 대면수업과 온라인수업을 함께 계획하여 시공간의 제약 극복, 교수자–학습자 간의 상호작용, 테크놀로지를 이용한 다양한 기법 활용 가능, 학습 효과성 증대 등과 같은 대면수업과 온라인수업의 각 장점을 부각시켜 학습목표의 달성을 높이고자 도입되었다. 특히 평생교육프로그램의 성인학습자의 경우, 학위취득, 진로 및 경력개발 등의 동기로 프로그램의 참여를 희망하는 반면, 학습에 필요한 시공간의 제약, 학비의 부담, 학습환경에 대한 부담과 같은 장애요인이 있는데, 블렌디드러닝이 바로 이와 같은 장애요인을 극복하고 평생학습의 참여를 높일 수 있는 적절한 방법이다. 블렌디드러닝 교수·학습방법의 장점을 프로그램에 잘 적용하기 위해서는 학습목표, 학습방법, 학습시간, 학습공간 등의 복합적인 학습요소를 함께 고려한 체계적인 수업 설계가 필요하며, 온라인수업 환경 구축 및 기술적 지원, 교육 전문가의 지원 등이 필요하다(황영아, 이선희, 2020).

(3) 플립러닝

플립러닝(Flipped Learning)은 기존의 대면수업에서 진행하였던 전달식 강의를 학습자 개별 배움의 공간으로 옮기고, 대면수업이 진행되는 전체 배움 공간은 학습자가 수업의 주체가 되어 역동적이고 서로 배움이 가능한 환경으로 바꾸는 방법이다. 이는 수업의 관심을 학습자에 두어 새롭게 접근한 방법으로, 이와 같은 변화를 통해 실제 수업시간을 최대한 활용하며 교수자와 학습자, 학습자 간의 상호작용을 높일 수 있게 되었다. 대면수업에 앞서 교실이 아닌 곳에서 개별적으로 학습이 이루어지게 하기 위해서 교수자는 사전학습 자료를 제공한다. 사전학습은 반드시 동영상 자료를 의미하는 것은 아니나 짧은 시간에 내용을 전달할 수 있는 동영상 자료가 많이 사용되며, 신문기사, 읽을거리, 퀴즈 등의 다양한 방법을 통해 대면수업에 앞서 학습자가 먼저 학습내용을 학습하도록 한다. 따라서 모든 학습자는 사전에 제공된 사전학습 자료의 학습 후 대면수업에 참여하게 되며, 대면수업에서 교수자는 학습자의 사전학습에 대한 이해 여부를 확인하고 질문 등의 활동을 통해 학습자가 확장된 학습을 할 수 있도록 도와준다.

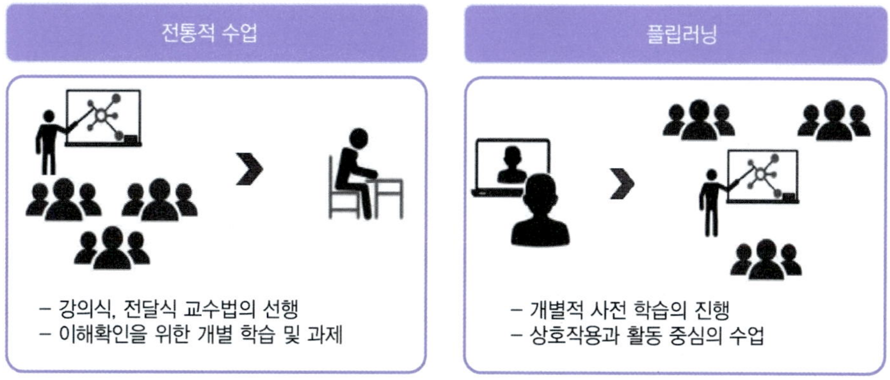

그림 7-4 **전통적 수업방식과 플립러닝의 비교**

대면수업에서 전달식 강의를 없앤다고 전부 플립러닝이라고 정의할 수는 없다. 전달식 강의가 없어진 만큼 학습자 간의 상호작용을 통한 배움, 교수자의 깊이 있는 피드백으로 질 높은 수업이 유지되도록 교수자의 노력이 필요하다. 플립러닝 수업 진행 단계별 교수자와 학습자 준비 및 실행 내용은 표 7-8과 같다.

표 7-8 **플립러닝의 진행 단계**

<table>
<tr><th colspan="2">구분</th><th>교수자</th><th>학습자</th></tr>
<tr><td colspan="2">대면수업 전</td><td>• 수업 계획하기
• 사전 학습자료 제작 및 업로드
• 대면수업활동자료 준비(퀴즈 등)</td><td>• 사전 학습자료 학습
• 질문 준비</td></tr>
<tr><td rowspan="3">대면
수업</td><td>도입</td><td>• 퀴즈제시 및 질의응답</td><td>• 퀴즈풀기, 질의응답</td></tr>
<tr><td>전개</td><td>• 모둠활동 제시 및 상호작용 촉진</td><td>• 모둠활동 문제해결 및 토론</td></tr>
<tr><td>마무리</td><td>• 피드백 및 학습내용 정리</td><td>• 발표</td></tr>
<tr><td colspan="2">대면수업 후</td><td>• 학생의견 수렴</td><td>• 수업내용 정리
• 수업에 대한 의견 제시</td></tr>
</table>

(4) 하이브리드러닝

하이브리드(Hybrid)의 사전적 의미는 특정한 목적을 달성하기 위해서 두 개 이상의 기능이나 요소를 결합한 것으로, 이를 교수·학습방법에 적용하면 두 가지 이상의 교수·학습방법 및 매체(면대면/온라인, 교수자중심/학습자중심, 동시성/비동시성)를 한 공간 안에 공존시키고 상황과 특성에 따라 교수자와 학습자가 교수·학습방법 및 매체를 선택하여 학습의 효율을 높이는 교수·학습방법이다. 하이브리드러닝(Hybrid Learning)의 세 가지 주요 특징은 다음과 같다. 첫째, 같은 학습 공간 안에서 이질적 요소가 결합한다. 둘째, 학습 상황에서 인간과 기술, 동시성과 비동시성 등의 경계가 모호하여 즉각적인 변동이 가능하다. 셋째, 학습자에 따라 학습의 결과가 다르며 창의적 성과를 낼 수 있다. 구체적인 방법을 살펴보면 강의실에서는 대면 수업을 실시하고, 실시간 화상회의 프로그램을 통해 실시간 온라인수업을 동시에 실시한다. 현장 대면 수업에 참여하지 않은 학생은 실시간 화상회의 프로그램을 통해 실시간 온라인 수업에 참여한다. 강의실의 판서, 교수자 수업화면, 교수자-학습자 상호작용이 대면/실시간 온라인으로 학습하는 모든 학습자에게 동시에 공유되고, 강의 종료 후 전체 강의의 동영상이 저장되어 추가적으로 학습할 수 있도록 한다. 이와 같은 하이브리드러닝의 특징을 잘 반영하여 성공적인 성과를 이끌기 위해서 교수자는 상황에 따른 효율성을 고려하여 매순간 교수·학습환경 및 방법 등을 설계할 수 있는 능력을 준비해야 한다.

(5) 마이크로러닝

지식·정보 마이크로 콘텐츠의 확산과 학습자들의 유연한 학습에 대한 요구로 인해 새로운 학습 형태인 마이크로러닝(Micro-Learning)이 등장하였다. 마이크로러닝은 학습 콘텐츠를 작은 단위로 나누어서 빠르게 학습할 수 있게 만든 학습 형태로 바쁜 생활 속에서도 끊임없이 학습하고 성장하고자 하는 현대인들의 욕구를 이동 중의 짧은 시간, 잠깐의 휴식 시간과 같은 나머지 시간들을 활용하여 충족할 수 있게 하였다. 특히 마이크로러닝을 활용한 학습 수요가 급증하고 있는 추세인데 이는 시간적 그리고 공간적 제약에서 벗어나 학습자 중심의 자기주도 학습이 가능하도록 하는 마이크로러닝의 큰 장점이라고 볼 수 있다. 여기에 다양한 학습 콘텐츠의 개발과 제공, 빠르고 안정적인 네트워크 환경, 스마트 기기의 확정된 화면 크기, 보편화된 고화질 영상은 마이크로러닝 학습에 대한 접근을 용이하게 하였다. 또한 콘텐츠 개발 및 수정에 다소 긴 시간이 소요되어 변화하는 학습자의 요구에 빠르게 대응하기 어려웠던 이러닝의 단점을 마이크로러닝의 모바일 환경에서의 개인 학습 지원, 콘텐츠 개발의 용이성,

학습의 효율성 강화 등으로 보완할 수 있게 되었다. 동영상 콘텐츠가 더욱 보편화되고 있고 빠르게 전송되고 있는 만큼 학습자들의 마이크로러닝 콘텐츠에 대한 선호는 계속적으로 증가할 것이기에 교수자는 마이크로러닝을 활용함에 있어 다양한 주제 및 형태의 콘텐츠를 연구하고 준비할 필요가 있다.

7장에서 살펴본 평생교육프로그램의 내용과 교수·학습방법에 대한 적용 내용을 표 7-9의 예시에서 확인할 수 있다.

표 7-9 **주부 재취업설계 프로그램 예시**

차시	단원명	세부내용	교수방법
1	나에게 재취업이란	- 여성의 경력단절 이해하기 - 내가 취업을 통해 얻고자 하는 것 구체화하기	강의법 문답법
2	도전직업 알아보기	- 내가 아는 직업, 모르는 직업 - 내게 맞는 재취업 도전 직업	브레인스토밍
3	나 바로 알기	- 직업선호도/직업가치관 검사 실시 및 해석하기	코칭
4	재취업 분야 선정하기	- 직업정보 탐색 - 자격정보 탐색 - 취업분야 선정	코칭 게임법
5	재취업 장애요인 찾기	- 나의 재취업 장애요인 찾기 - 나의 장애요인 극복하기	코칭
6	재취업 성공요인 분석하기	- 재취업과정 이해하기 - 재취업 성공사례 분석	강의법 협동학습
7	재취업 계획 세우기	- 재취업 계획 수립하기 - 나의 계획 공유하기	협동학습
8	나의 강점 찾기	- 자기 브랜드 구축하기 - 자기 브랜드 활용하기	실습
9	셀프마케팅 수행하기	- 네트워크 수립하기 - 셀프마케팅 해보기	게임법
10	나의 새로운 출발!	- 활동계획 공약하기 - 취업동아리 구성하기	강의법 협동학습

연구문제

1. 평생교육프로그램의 학습내용은 학습목표를 구체화하는 것이기 때문에 매우 중요하며 학습목표를 잘 전할 수 있는 적절한 내용이 선정되어야 한다. 다음 중 적절한 학습내용을 선정하기 위한 학습내용 선정의 원리에 포함되지 않는 것은 무엇인가?

① 개별성 및 계속성　② 학습목표의 일관성
③ 적합성 및 자발성　④ 실용성 및 다양성

2. 평생교육프로그램의 학습내용 조직은 선정된 교육내용을 학습자의 특성을 고려하여 조직 및 계열화하는 것을 의미한다. 다음의 학습내용의 조직 원리 중 어떠한 원리에 대한 설명인지 답하시오.

> 단계적으로 학습이 진행되면서 학습의 차원이 확장되도록 학습내용을 조직하는 것을 의미한다. 학습의 내용이 쉽고 단순한 내용에서 시작하여 어렵고 복잡한 내용으로 조직하거나 핵심 내용의 주변적인 내용에서 시작하여 핵심적인 내용으로 조직하는 것과 같이 먼저 학습하면 좋은 내용과 뒤에 학습하면 좋은 내용을 조직화하는 것을 의미한다.

① 적합성의 원리　② 계열성의 원리
③ 계속성의 원리　④ 통합성의 원리

3. 다음은 협동형(토론형) 교수·학습방법 종류 중 어떠한 방법에 대한 설명인지 답하시오.

> 전체 인원이 많은 그룹을 소수 인원의 소그룹을 구성하여 진행하는 토의법이다. 3~6명으로 구성된 소집단별 토의를 한정된 시간을 배정하여 먼저 수행한 후에 전체 집단이 함께 모여 토의결과를 종합하여 결론을 내리는 방법으로 이끌어 간다. 평생교육현장에서는 학습자집단 내의 교우관계를 활성화하고 의견을 공유할 수 있는 방법으로 사용할 수 있다.

① 원탁토의　② 포럼
③ 버즈세션　④ 브레인스토밍

4. 다양한 교수·학습방법 중 특히 비대면 교수·학습방법에 대한 사회적 수요가 늘고 있다. 이 장에서 학습했던 내용 중 온라인 토론법 진행 시, 교수자 또는 관리자가 주의해야 할 점에 해당되지 않는 것을 고르시오.

① 소외되는 학습자가 없도록 관리한다.
② 정보나 의견의 전달이 명확히되는지 확인한다.
③ 균등한 발언의 기회와 발언 시간이 주어지도록 관리한다.
④ 자발적 참여를 확대하기 위해서 교수자의 개입이 없도록 한다.

5. 다음은 테크놀로지 기반 교수·학습방법에 대한 설명으로 올바르지 않은 설명을 고르시오.

① 블렌디드러닝은 대면수업과 인터넷 기반의 온라인수업을 병행하는 혼합형 교수·학습방법을 의미한다.
② 하이브리드러닝은 두 가지 이상의 교수·학습방법 및 매체를 공존시키고 상황과 특성에 따라 교수·학습방법 및 매체를 선택하는 방법이다.
③ 플립러닝은 대면수업에서 학습한 내용을 개인적인 공간에서 심화학습할 수 있도록 진행하는 방법이다.
④ 마이크로러닝은 학습 콘텐츠를 작은 단위로 나누어서 빠르게 학습할 수 있게 만든 방법이다.

정답 1 ①, 2 ②, 3 ③, 4 ④, 5 ③

CHAPTER 08

교수매체 및 교수 · 학습자료 개발

제1절 평생교육프로그램의 교수매체

제2절 학습자용 교재

제3절 학습지도안

제1절 평생교육프로그램의 교수매체

매체는 어떠한 소식이나 정보, 사실 등을 어느 한쪽에서 다른 한쪽으로 전달하는 물체나 수단을 의미하는데, 이를 교육현장에 적용할 때 교수매체(Instructional Media)란 교수·학습과정에서 교수자가 학습자에게 전달하고자 하는 지식, 정보 등의 학습내용을 전달하는 매개체로 정의할 수 있다. 평생교육현장의 각기 다른 목적과 내용을 학습자에게 잘 전달하기 위해서는 적절한 교수매체를 사용함으로써 수업 시간을 효과적으로 사용할 수 있고 수업의 기능을 강화시킬 수 있으며 학습의 질을 높일 수 있다. 또한 교수·학습과정을 더욱 풍부하게 하여 학습자가 교육과정에 더욱 흥미를 느끼고 자발적으로 참여할 수 있도록 이끌 수 있다. 반대로 학습목표를 달성하기에 부적합한 교수매체를 사용하거나 학습자의 요구나 수준에 맞지 않는 매체가 사용될 경우에는 학습내용이 잘 전달되지 못하여 목표를 달성할 수 없고, 학습자의 입장에서는 학습 프로그램에 흥미를 잃게 되어 향후 평생교육프로그램에 대한 자발적이고 지속적인 참여 태도나 학습의지를 잃게 할 수 있다. 평생교육프로그램의 요구와 보급이 계속적으로 확대되고 있는 지금의 상황에서도 교수매체의 중요성을 찾아볼 수 있다. 평생교육의 장이 점차 확대됨에 따라 더 많은 교수자가 평생교육프로그램의 중요한 역할을 맡게 된다. 그러나 교수자에 따라 경험이나 지식, 강의 기법에 대한 차이가 있을 수 있기 때문에 표준화된 교수매체를 사용하게 된다면 교수자에 따른 수업의 차이를 줄일 수 있게 된다.

1. 평생교육프로그램 교수매체의 선정 기준

라이서와 가네(Reiser와 & Gagne)는 교수매체 선정 시 고려해야 할 요소로 교육적 요소, 물리적 요소, 실용적 요소 등을 소개하였다(김진화 외, 2012, 재인용).

1) 교육적 요소

- 학습자에 대한 요소: 교수매체는 학습자의 경험 및 특성에 따라 효과에 차이가 있기 때문에 교수매체를 선정함에 있어 학습자에 대한 특성을 고려해

야 한다. 학습자의 경험, 선호 및 사전 지식 등의 학습자 특성과 수준 등을 고려하도록 한다.

- 학습목표에 대한 요소: 평생교육프로그램은 특별한 학습목표를 가지고 있기 때문에 그 학습목표를 가장 잘 전달할 수 있는 매체를 선택하는 것이 중요하다. 운동 기능, 지적 기능, 태도 등의 학습 및 변화와 같은 다양한 학습목표와 학습자의 수준을 고려하여 가장 적합한 매체를 선택하도록 한다.
- 학습환경에 대한 요소: 교육장소의 시설 및 물인적 자원, 학습자집단의 규모, 교육시간, 교수자의 전문 지식 및 매체 활용 능력 등을 고려하여 매체를 선정하도록 한다. 특히 스마트기기가 보편화된 환경으로 인하여 마이크로러닝 등과 같은 학습자 중심의 학습활동이 증가하고 있는 바, 학습자의 학습 환경도 고려하여 매체를 선정하도록 한다.

2) 물리적 요소

매체의 물리적 요소는 각 매체가 지니고 있는 물리적 속성으로 매체가 어떠한 상징 매체를 통해서 메시지를 전달하는지를 고려하여 교수매체를 선정하여야 한다. 대표적으로 시각, 청각, 시청각, 크기, 동작 등의 속성을 매체가 지니고 있기에 학습내용을 전달함에 있어 가장 도움이 되는 물리적 속성을 지닌 매체를 선택하도록 한다.

3) 실용적 요소

아무리 훌륭한 교수매체일지라도 해당 매체를 구입하고 운용하는데 소요되는 비용이 프로그램 운영에 큰 부담을 주는 경우라면 적절한 매체의 선택이라고 볼 수 없다. 교수매체 선정 기준에서 실용적인 요소는 매체의 구입이나 제작에 소요되는 비용과 그 효과성에 대하여 고려하여야 함을 강조한다. 하지만 반대로 매체를 선정하는 과정에서 이러한 실용적인 요인이 너무 크게 작용할 경우, 매체 선정에 많은 제약이 생길 수도 있기에 실용성을 고려할 때는 반드시 그 효과성도 함께 고려하도록 한다.

2. 평생교육프로그램 교수매체의 분류 및 특성

1) 인쇄매체

인쇄매체는 교재, 자료집, 워크북, 지침서, 매뉴얼 등과 같은 자료로 평생교육현장에서 가장 쉽게 활용되고 있다. 학습자에게 가장 익숙하며 환경적 제약을 받지 않는 매체로 정확하며 세부적인 정보를 제공할 수 있다. 또한 제작에 어려움이 없고 제작비용도 비교적 저렴한 장점이 있다. 다만 학습자의 독해수준과 사전지식이 있어야 인쇄매체의 사용효과를 올릴 수 있다. 또한 가장 보편적인 자료이다 보니 학습자가 크게 흥미를 느끼지 않는 경우도 있어 이러한 단점에 대한 보완방법을 고려하여야 한다.

2) 시각매체

시각매체를 사용하여 복잡한 정보를 정확하고 단순하게 전달할 수 있으며, 언어적 설명과 함께 사용하면 학습자의 이해를 더욱 도울 수 있게 된다. 또한 시각매체의 사용은 향후 학습자로 하여금 학습내용을 더 쉽고 오래 기억하도록 도와준다. 실물이나 표본, 모형을 통하여 학습자에게 직접적인 경험을 제공할 수 있고, 사진을 통하여 정보의 사실성을 높일 수 있다. 도표와 그래프를 사용하여 정보를 요약하여 전달할 수 있고, 슬라이드로 핵심내용을 정리하여 제공함으로써 학습자가 교육프로그램의 흐름을 정확히 이해하도록 돕는다. 다만 시각매체를 너무 많이 사용하게 될 경우에는 장점이 발휘되지 못하고 교육내용의 연결이 어려워지며, 교육프로그램에 대한 불만족으로 이어질 수 있기에 주의해야 한다.

3) 청각매체

청각매체는 학습자에게 청각을 통해서 정보를 전달하는 방법으로 음성, 음향, 음악 등의 정보를 라디오, 녹음기, 오디오 등을 통해서 전달한다. 청각매체는 시각매체에 비해 학습자가 내용을 더 오래 기억하고 정보를 유지하며(윤광보 외, 2011) 반복학습, 개별학습이 가능하여 어학학습에 많이 사용된다. 다른 매체에 비해 보관이 간편하고 장기간 보존이 가능하다는 점도 청각매체의 장점이다.

다만 시각적인 자료없이 청각매체만을 오래 제공하게 되면 학습자의 학습 흥미가 떨어질 수 있기 때문에 주의하도록 한다.

4) 동영상매체

동영상매체는 학습자의 주의를 집중시키고 흥미와 동기를 유발할 수 있는 매체이다. 많은 프로그램에서 도입부에 동영상매체를 사용하여 학습자의 집중과 흥미를 이끌어 낸 후 주제 설명을 진행하는 방법으로 동영상매체를 사용하고 있다. 생생한 영상과 음향을 통해 학습자에게 정보를 제공하기 때문에 다른 매체에 비해 그 효과가 더 크다. 또한 문제해결의 절차나 기술에 대한 정보를 제공함에 있어서는 순서적으로 학습자에게 정보를 제공할 수 있기에 더욱 효과적인 방법이다. 다만 프로그램의 운영 시간에 비해 재생 시간이 너무 길지 않도록 주의하고 동영상매체의 제공 후에는 학습자의 느낌이나 의견 그리고 그에 대한 피드백을 제공하여 매체의 내용이 학습의 내용과 연결이 잘 될 수 있도록 한다.

5) 상호작용매체

상호작용매체는 학습내용과 학습자 간의 상호작용을 지원하는 웹 기반 학습매체와 교수자와 학습자 간의 상호작용, 학습자 간의 상호작용을 지원하는 소셜네트워크서비스(Social Network Service, SNS) 기반 상호작용매체가 대표적으로 활용되고 있다.

웹 기반 학습매체는 미리 개발한 학습자료를 인터넷을 사용하여 학습자가 학습할 수 있도록 제공하는 방법으로 시공간의 제약 없이 편안한 시간과 장소에 학습자 스스로 학습을 할 수 있고 이는 학습자의 자기주도 학습을 이끄는 방법이 되어 교육 효과를 높일 수 있다. 또한 학습자의 학습 수준, 속도를 반영하여 상호작용 학습을 제공하고, 학습자에 따른 개별화 수업이 지원된다. 다만 웹 기반 학습매체의 사용이 익숙하지 않은 학습자를 위하여 교수자나 프로그램 운영 및 관리자의 지속적인 관심과 관리가 필요하다.

소셜네트워크서비스(Social Network Service, SNS) 기반 상호작용매체는 사용자 간의 자유로운 의사소통과 정보공유를 통해 학습은 물론 사회적 관계를 생성하고 강화시켜 주는 매체로, 대표적으로 줌, 밴드, 네이버 카페, 카카오톡, 페이스북 등이 있다. 시공간을 초월하며 사용이 간편하고 신속하게 정보를 전달하거나 피드백을 제공할 수 있다. 개인적인 커뮤니케이션은 물론 다수 대 다수의 커뮤니케이션도 가능하여 상황에 따라 적합한 상호작용을 이끌 수 있다. 앞서 7장에서 살펴본 협동형(토론형) 교수·학습방법에서 소셜네트워크서비스 기반 상호작용매체가 활발히 활용되고 있다.

제2절 학습자용 교재

교재는 주어진 시간과 환경 안에서 교육목표를 달성하고 성과를 높이기 위해 사용하는 자료를 말한다. 넓은 의미에서는 교육에 사용되는 모든 자료이며, 좁은 의미에서의 교재는 교육프로그램에서 전하고자 하는 지식을 교과별로 모아 제작한 교육내용의 모음이라고 볼 수 있다. 개발된 교재를 이용하여 교육프로그램의 목표를 달성하기 위해 함께 필요한 것이 교수·학습방법이다. 오늘날의 교육은 주제와 상황에 따라 차이가 있겠으나 교수자보다는 학습자가 중심이 되는 교수·학습방법이 주목받고 있다. 따라서 학습자의 자기주도적인 학습 활동을 돕고 학습자와 교수자의 원활한 상호작용을 이끌 수 있는 교재의 개발이 필수적이다.

1. 교재 개발 및 선정 모형

1) ASSURE 모형

ASSURE 모형(Heinich, 2002)은 교육프로그램에 적합한 매체와 교재의 선정 및 활용을 돕기 위해 개발되었다. ASSURE 모형의 A는 학습자분석(Analyze Learners), S는 목표 진술(State Objectives), S는 교수방법, 매체, 교재 선택(Select Methods, Media and Materials), U는 매체와 교재 활용(Utilize Media and Materials), R은 학습자 참여 유도(Require Learners Participation), E는 평가와 수정(Evaluation and Revise)을 의미한다. ASSURE 모형은 교수자가 수업을 계획하고 수행하면서 매체를 활용할 수 있도록 개발된 실천적 모형으로, 학습자 개개인의 특성을 분석 및 이해하고 교수·학습활동 상황에 따라 사용 매체의 개발과 선정, 활용을 결정하는 데 유용하다.

2) ASSURE 모형에 기반한 교재개발과정

(1) 학습자분석

교수자는 학습자집단의 특성에 따라 교수·학습방법의 선택뿐만 아니라 적절한 교재를 개발·활용하여야 한다. ASSURE 모형의 첫 단계인 학습자분석은 일반적 특성, 학습 출발점 능력, 학습 양식 등 세 단계의 분석과정을 통해 이루어진다. 결국 학습자분석은 학습자의 수준과 흥미 그리고 배경 등을 파악하는 단계를 말한다.

표 8-1 **학습자분석의 분류**

학습자분석	
일반적 특성	학습자의 연령, 학년, 학습동기, 건강상태, 사회적 지위, 사회·경제적 요인, 학습자의 경력, 학습자와의 면담 등
학습 출발점 능력	새로운 학습 이전에 가지고 있는 학습지식, 사전지식, 수업에 임하는 태도, 선수과목 달성 여부 등
학습 양식	심리적 특성의 일환으로 학습환경과 사물에 대한 이해도, 적성, 시각·청각적 선호도, 동기 등 학습자 개인의 반응

(2) 목표의 진술

교수매체의 체계적인 활용을 위한 다음 단계는 수업의 목표를 가능한 구체적으로 진술하는 것이다. '학습자가 수업을 받은 후에 무엇을 할 수 있는가'가 진술되어야 하며, 또 학습자가 목표한 행동에 대한 조건과 목표가 달성되었다고 인정할 수 있는 기준이 제시되어야 한다.

(3) 교수매체와 교재 선택

모형의 첫 번째 단계와 두 번째 단계에서 결정된 학습자 파악과 학습목표를 바탕으로 교수매체와 교재를 선택하는 단계이다. 활용 가능한 교수매체를 고려하여 학습자의 특성과 학습목표 달성에 적합한 매체와 교재를 선정한다. 학습자의 흥미를 유발하고 질적으로 우수하며 신뢰할 수 있는 매체를 선택한다.

(4) 매체와 교재 활용

ASSURE 모형의 네 번째 단계로 앞서 선정한 교수매체와 교재를 어떻게 활용할 것인지에 대하여 결정한다. 교수자는 자료를 사전에 검토하고 자료 활용의 순서와 방법 등을 결정하는 준비를 한다. 또한 교육 장소에 따라 자료의 사용에 문제는 없는지 학습환경을 사전에 점검한다. 학습자가 기대와 학습동기를 가질 수 있도록 수업내용과 목표에 대한 소개로 학습자를 준비시키고, 마지막으로 학습자에게 학습경험을 제공한다.

(5) 학습자 참여 유도

학습자가 적극적으로 학습에 참여할 수 있도록 하는 단계이다. 교수자가 조성할 수 있는 가장 효과적인 학습환경을 통해 학습자가 적극적이고 능동적으로 참여할 수 있도록 동기 부여 요소를 제공하는 것이 필요하다. 피드백 제공, 이론과 시험의 적절한 배분, 실제 상황과 유사한 학습환경 조성 등 교수자와 학습자 간의 유기적인 관계 속에 지식을 탐구하는 분위기로 유도한다.

(6) 평가와 수정

ASSURE 모형의 여섯 번째 단계는 학습목표 달성 여부에 대해 평가와 함께 교육프로그램의 평가를 통해 수정·개선하는 과정이다. 활용된 교수·학습방법과 매체, 교재의 효과, 비용, 소요 시간까지 교수매체와 교수·학습방법에 대한 평가를 수행한다. 평가 단계를 거쳐서 교수매체와 자료를 수정과 보완하여 다음 교육 시 참고할 수 있다.

표 8-2는 ASSURE 모형 기반의 교재개발과정으로 ASSURE 모형의 6단계에 걸친 개발과정을 확인할 수 있다.

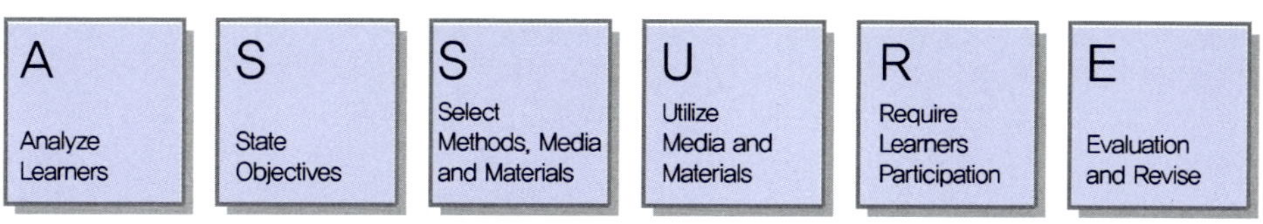

그림 8-1 ASSURE 모형의 단계

표 8-2 정보와 스마트기기 활용 교재개발과정

A	학습자분석	- 연령: 50-60대 - 선수지식: 기본 수업으로 선수지식이 크게 필요하지 않음 - 선호 학습방법: 학습내용 설명 후, 질문방법 선호
S	목표의 진술	- 정보의 의미와 스마트기기의 특징을 말할 수 있다. - 일상생활에서의 스마트기기 활용 모습을 말할 수 있다.
S	교수매체와 교재 선택	- 교수학습방법: 강의식, 문답법, 토론법 - 교수매체: 인쇄매체, 시각매체, 동영상매체 - 교재: 워크북, 평가지
U	매체와 교재 활용	- 워크북과 파워포인트를 사용하여 수업내용을 전달 - 스마트기기에 대한 동영상 자료 시청 - 스마트기기 활용에 대한 토론 후 워크북 해결
R	학습자 참여 유도	- 학습자 관심 유도(도입): 스마트기기의 발달로 달라진 사회의 모습을 보여주는 흥미로운 동영상을 제시하여 학습자의 관심을 이끈다. 학습자가 느낀 어떠한 변화가 있는지 학습자들의 경험을 물어 참여를 유도한다. - 본 학습내용 소개(전개): 워크북의 "우리 주변 스마트기기 활용 모습 찾기"과제를 해결하기 위해 토의시간을 제공하고 참여를 유도한다. - 내용 요약(정리): 워크북의 "이번 시간 학습 정리"부분을 스스로 해결하도록 유도한다. 평가지를 작성하며 수업시간을 정리하도록 한다.
E	평가와 수정	- 평가지 결과는 다음 수업의 교수매체, 교재선정에 활용한다. - 워크북 활동을 하는 동안 학습자가 어려워하는 부분이 있었는지 확인한다. - 워크북 활동 및 수업에 모든 학습자가 적극적으로 참여하였는지 확인한다. - 교수학습방법, 매체, 교재가 학습자의 참여도와 이해도를 높이는데 적절하였는지 확인한다.

3) SECTIONS 모형

정보통신테크놀로지의 발달과 교육환경의 변화로 대면 학습이 아닌 온라인 상에서의 학습이 많이 이루어지고 있으며, 이러한 온라인 수업환경을 고려한 매체와 교재의 선정이 필요하다. SECTIONS 모형(Bates, 2005)은 이러한 온라인 상에서 진행되는 교육과 학습에 필요한 교수매체와 교재를 개발, 선정하는 모형으로 다음과 같이 8단계에 걸쳐 진행된다.

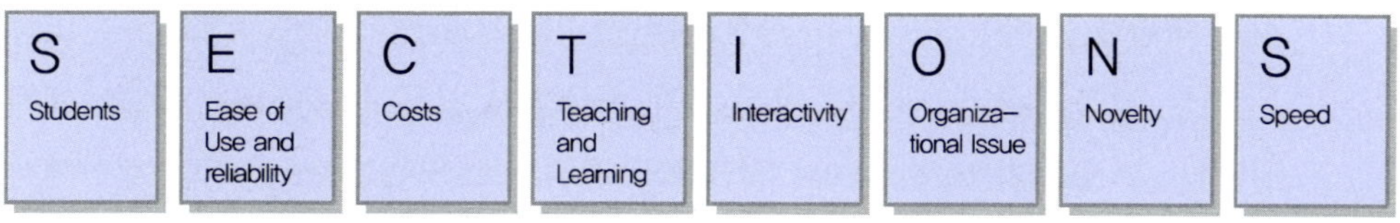

그림 8-2 SECTIONS 모형의 단계

첫 번째 단계에서는 학습자집단의 특징, 선호 등의 다양한 분석을 실시하고, 두 번째 단계에서는 매체와 교재의 용이성과 신뢰성을 판단한다. 아무리 좋은 매체와 교재일지라도 학습자의 접근이 어려워 학습에 도움이 되지 못한다면 적합한 매체와 교재라고 할 수 없다. 세 번째 단계는 매체와 교재를 선택함에 있어서 비용을 고려하는 단계로 개발과 제작, 운영 등에 필요로 하는 비용이 운용 가능한 비용의 범위 안에서 처리가 되는지를 고려하여 매체와 교재를 선택하도록 한다. 네 번째 단계에서는 교수·학습방법에 대하여 고려하고, 다섯 번째 단계에서는 상호작용성에 대하여 고려하도록 한다. 온라인으로 진행되는 수업의 경우 교수자와 학습자, 학습자 간의 상호작용이 특히 중요하기 때문에 매체와 교재를 선택함에 있어 상호작용성을 중요하게 다룰 필요가 있다. 여섯 번째 단계는 매체와 교재를 사용하여 프로그램을 잘 진행하기 위해 조직 내에서 고려해야 할 사항에 대하여 분석하는 단계이며, 일곱 번째 단계는 학습자의 흥미를 이끌 수 있는 새롭고 신선한 매체와 교재를 고려하는 단계이다. 마지막 단계에서는 매체와 교재의 제작, 수정, 보완에 소요되는 속도를 고려하여 최종 매체와 교재를 선택하도록 한다.

2. 학습자용 교재의 유형

1) 워크북(Workbook)

워크북은 교육프로그램의 원활한 진행을 위해 사용되는 교수매체로 보통 책의 형태로 제작된다. 교육프로그램의 진행 순서와 계획에 맞추어 제작되는 워크북은 학습자가 사전에 교육프로그램의 방향과 내용을 예측할 수 있도록 도움을 준다. 또한 학습자는 워크북을 통하여 교육내용에 대하여 관심을 가지고 사전에 학습을 준비할 수 있다. 가장 저렴한 비용으로 용이하게 개발할 수 있음은 물론 교육 방법과 내용의 양에 크게 구애받지 않고 교육내용을 학습자에게 전달할 수 있는(김선희 외, 2004) 워크북의 장점으로 평생교육프로그램 현장에서 가장 보편적으로 사용되는 학습자용 교재라고 볼 수 있다. 워크북의 구성은 크게 단원명이나 주제를 제시하는 제목란과 학습 용어나 개념을 정리하여 보여주고 학습내용을 정리하여 제시하는 학습내용란, 그리고 학습자가 학습내용을 기재하도록 하는 공란으로 나누어 볼 수 있다. 워크북에서 제시하는 교과목명, 교육과정표, 주제의 흐름도, 교육프로그램의 목적 및 개요, 교육프로그램 운영 일정 등을 통해서 학습자는 교육프로그램을 잘 파악하고 학습을 이어나갈 수 있다(국가직무능력표준, 2014). 최근에 들어 교수·학습활동 과정에서 상호작용의 중요성이 강조되면서 지식을 나열하여 제공하는 워크북의 형태보다는 학습자가 상호작용을 통해 직접 작성해 나아가며 학습을 하도록 돕는 형태의 워크북이 많이 개발되고 있다. 또한 특정 주제와 프로그램에 대해서는 개발된 교육프로그램의 세부 내용이 노출되는 것을 막고 더 많은 학습자들이 평생교육프로그램 현장에 참여하는 것을 유도하기 위해 워크북에 많은 정보를 담아 제공하는 것을 선호하지 않는 경우도 존재한다. 교수자와 학습자 측면에서 워크북의 기능은 표 8-3과 같다.

표 8-3 워크북의 기능

시점	구분	기능
교육 전	교수자	교육프로그램의 목적과 목표 제시, 교육프로그램의 구현
	학습자	교육프로그램의 방향성과 일정파악, 학습 동기의 유발
교육 중	교수자	지식과 정보 등의 교육내용 전달, 학습활동법 제공, 실습자료 제공
	학습자	지식과 정보 등의 학습내용 습득, 필기, 학습정리에 활용
교육 후	교수자	교수자 및 교육프로그램 평가의 근거로 활용, 내용의 일관성 유지
	학습자	교육평가 진행 시 대비 자료로 활용, 지속적인 개별 학습에 활용

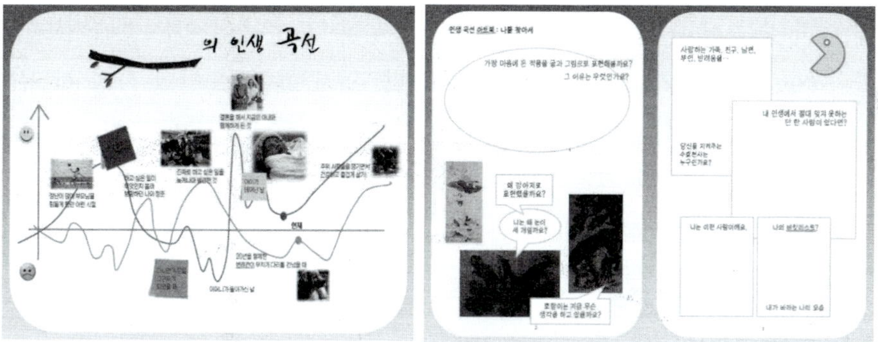

그림 8-3 미술관 교육프로그램 워크북

출처: 이예은(2020).

2) 핸드아웃(Handouts)

핸드아웃은 강의·강연·세미나 등에서 배부하는 인쇄자료로, 교수자가 사전에 준비하여 교육이 진행되는 동안에 학습자들에게 나누어주는 간단한 자료를 말한다. 주교재의 내용을 보충하고 싶을 때, 강의나 교육 내용을 요약본의 형태로 제공이 필요할 때, 최신의 정보를 제공하고자 할 때, 교육현장에서의 실습이나 활동에 필요할 때, 과제를 부여할 때 등과 같은 다양한 상황과 교수·학습활동의 목표 달성을 위해 사용할 수 있다. 핸드아웃을 통해 제공되는 정보 및 활동은 교육이 진행되는 동안 사용하거나 혹은 교육이 종료된 후에 학습자의 개별 학습에서 사용될 수 있다.

제3절 학습지도안

학습지도안이란 학습자의 학습활동을 구상한 교수자의 수업 계획안이다. 효과적인 수업을 진행하기 위해서는 수업의 목표, 교수·학습방법, 활용 교재 및 매체, 과제와 평가 방식 등에 대하여 기술한 학습지도안을 개발하여야 한다. 학습지도안의 개발과정을 통해 교수자는 더욱 계획적인 수업을 준비할 수 있다.

1. 학습지도안 작성원리

사회환경의 변화로 인해 학습자의 특성이 변화하고 있으며 학습자들의 학습에 대한 요구 또한 달라지고 있다. 이는 체계적이고 준비성 있는 학습지도안을 작성하고 발전시켜 나아가야 하는 이유이다. 먼저 학습지도안의 작성 시 유의할 사항은 표 8-4와 같다.

표 8-4 학습지도안 작성의 원리

구분	작성 시 유의사항
구체성	학습지도안은 구체적으로 작성하여야 한다. 교수할 내용 전부를 학습지도안에 기록한다.
명확성	학습지도안의 모든 내용은 명확하여야 한다. 교수활동 중 쉽게 보고 식별할 수 있도록 명확하게 작성한다.
실용성	학습지도안은 교수활동에 실질적으로 사용될 수 있도록 작성하여야 한다.
평이성	학습자의 수준을 고려하여 적합하지 않은 용어나 내용이 들어가지 않도록 주의하며 교수자의 입장에서도 교육 진행 도중 스스로 당황하지 않도록 쉽게 작성하도록 한다.
논리성	학습지도안은 이론적이고 체계적으로 작성되어야 한다. 객관적이고 타당해야 하며 체계적이어야 한다.

출처: 김종표 외(2016) 재구성.

2. ADDIE 모형 기반의 학습지도안

체제적인 수업설계를 위해 모든 수업 환경 개발 시 고려되는 ADDIE 절차를 반영하여 학습지도안을 작성할 수 있다. 제 4장에서 살펴본 ADDIE 모형의 순서에 따라 분석–설계–개발–실행–평가에 대한 내용을 학습지도안에 서술한다. 첫 번째로 학습자에 대한 분석, 환경과 요구분석, 직무 및 과제에 대한 분석 내용을 바탕으로 프로그램의 교육주제와 제목, 교육 대상과 대상의 특징, 학습자와 사회의 요구를 서술한다. 두 번째로 수행목표의 명세화, 교수·학습방법과 매체 선정 등의 설계 단계를 바탕으로 수업의 목표와 사용 할 교수·학습방법, 매체 등을 서술한다. 세 번째로 교수자료 개발과 수정, 제작 등의 개발 단계와 실행 단계를 바탕으로 수업에서 사용할 교육장소 및 필요 기자재, 순서에 따른 학습내용과 교수·학습방법, 매체, 시간배분을 서술한다. 마지막으로 교육훈련 성과평가 설계를 바탕으로 평가유형과 항목 등을 서술한다. 표 8-5는 ADDIE 모형을 기반으로 작성된 학습지도안의 예시이다.

표 8-5 전문강사 양성 프로그램 학습지도안

A 분석	1. 교육주제	전문강사의 강의계획서 작성 및 강의법 [부제: 스타강사, 당신도 될 수 있다!]
	2. 대상별 특성	1. 20세 이상 성인 / 30명 2. 학습동아리활동 참가 예정 3. 전문지식을 습득하고자 함 4. 평생학습강사로 활동하고자 함 5. 과천시민 혹은 직장인
	3. 요구분석 3.1 학습자상황 3.2 기대상황 3.3 요구(교육내용)	3.1 학습자상황: 평생학습 전문강사로 일하고 싶으나 경험이 없음 3.2 기대상황: 체계적으로 강의계획서를 작성하여 강의할 수 있음 3.3 요구: 체계적 강의계획서 작성방법(ADDIE) 이해 매체활용법 이해 다양한 교수법 이해 및 활용
D 설계	1. 목표설정 1.1 조건 1.2 준거 1.3 행동	1.1 조건: 강의시연이 주어졌을 때 1.2 준거: 교수설계 방식(ADDIE 모형)에 따라 1.3 행동: 강의안을 작성하여 강의할 수 있다

	2. 매체선정	인쇄매체(강의안, 활동지) 이미지매체(PT) 동영상매체 상호작용매체(카톡 그룹)			
	3. 교수방법	강의형, 개별화, 협동형 혼합 사용			
D 개발-실행	1. 차시구성	5차시 중 1차시(분석 단계)			
	2. 교육장소	시민회관 세미나실			
	3. 필요기자재	마이크, 노트북, 빔프로젝터, 사운드 연결라인			
	4. 개발 및 실행	진행순서	교수매체	교수방법	시간배분
	① 도입 - 주의집중 - 동기부여 - 학습목표 - 선수지식 등	1. 강사소개 및 목차제시 2. Team Building 활동 (1) 팀원들에게 역할 주기(리더, 헬퍼, 대변인, 서기) (2) 팀원들에게 종이 나누기 (3) 이름, 사는 곳, 근무지, 듣고싶은 말 기록하기 (4) 돌아가며 말하기 (5) 카톡그룹방에 기록한 내용 올리기	인쇄매체 상호작용매체	협동형	10분
	② 전개 주요내용	1. ADDIE 모형 설명하기 (1) 분석 (2) 설계 (3) 개발 (4) 활용 (5) 평가 2. 분석 단계 설명하기 (1) 대상자 특성 분석하기 - 연령, 지식, 교육참여 동기 (2) 요구분석 설명하기 - 학습자상황, 기대상황, 요구	이미지매체	강의형	20분
	③ 심화(발전)실습 & 피드백	1. 대상자 특성 기록하고 발표하기 (1) 분석한 학습자 특성 강의계획서에 기록하기 (2) 기록한 내용을 무작위로 발표하기 2. 요구분석 내용 기록하고 발표하기 (1) 학습자상황 기록하기 (2) 기대상황 기록하기	인쇄매체 이미지매체	협동형	10분

		(3) 요구 기록하기 (4) 무작위로 돌아가며 말하기			
	④ 정리 학습자 질문 강사응답 마무리 & 연결	1. 질의응답하기 (1) 포스트잇 나누기 (2) 질문 기록하기 (3) 질문 보드에 붙이기 (4) 질문에 응답하기 2. 수업을 통해 느낀 점 리뷰하기	인쇄 매체	개별화 협동형	10분
E 평가	1. 평가방법	결과물 검사			
	2. 평가내용	대상자 특성 분석은 정확했는가? 요구분석의 내용은 정확했는가?			

출처: 권진하(2020).

3. AMOS 모형 기반의 학습지도안

AMOS 모형은 현장지향 통합적 교수설계 모형으로 가네(Gagne)의 교수설계 이론, 메릴(Merrill)의 내용요소전시 이론, 켈러(Keller)의 ARCS 이론을 통합하여 다양한 교수설계 이론의 강점을 활용할 수 있도록 개발되었다. 표 8-6과 같이 주의집중, 동기부여, 학습목표 달성, 만족감 제공의 네 단계로 구성된다.

표 8-6 AMOS 모형을 기반으로 한 학습지도안의 설계

요소	목표 및 평가기준	학습지도안 구성내용
A (Attention) 주의집중	학습자는 수업과 주제에 대해 호기심을 가졌는가?	• 인사/소개 • 주의집중 • 주제소개 • 주제에 대한 지식 및 경험 검토
M (Motivation) 동기부여	학습자는 주제와 학습활동에 대한 동기를 가졌는가?	• 학습내용 안내 • 학습목표 제시 • 중요성 강조
O (Objectives) 학습목표 달성	학습자는 학습목표를 달성하였는가?	• 주의집중 • 학습목표 달성을 위한 내용 제시 (설명–예시–연습–회상 또는 구성주의적 방법) • 피드백

요소	목표 및 평가기준	학습지도안 구성내용
S (Satisfaction) 만족감 제공	학습자는 학습목표를 달성하였는가?	• 수업목표 달성 확인 • 주요 내용 요약 • 의미부여/현장 적용방법 제시 • 마무리 및 인사

출처: 홍성욱(2018).

첫째는 주의집중 단계로 학습자가 수업과 주제에 대해 호기심을 가질 수 있는 내용을 구성한다. 인사와 소개를 시작으로 학습자의 주의를 집중시킨다. 학습 주제에 대한 소개를 지식과 경험을 바탕으로 소개하여 학습자의 관심을 증가시킨다. 두 번째는 동기부여 단계로 학습자에게 학습 주제에 대해 동기가 부여되도록 학습지도안을 설계한다. 교육의 집중도와 목표를 명확하게 하기 위해 학습내용 안내와 목표를 제시한다. 학습자가 학습의 중요도를 정확히 인지하고 교육목표와 취지를 인지하도록 설계한다. 세 번째는 학습목표 달성 단계로 학습자가 목표에 달성될 수 있도록 한다. 교수·학습활동과정에서 주의가 산만해지지 않도록 집중시키며 학습목표 달성을 위한 내용을 제시한다. 학습자집단별, 개인별로 피드백을 제공하여 학습목표를 달성하도록 한다. 마지막으로 만족감 제공 단계이다. 학습자가 학습목표에 달성하였는지에 대해 확인한다. 이를 통해 학습자로 하여금 만족감을 줄 수 있도록 한다. 주요 내용을 요점 설명하여 학습성과가 지속·유지되도록 한다. 학습자에게 현장 적용방법을 제시함으로써 과제목표 달성의 의미를 부여할 수 있다. 교수자와 학습자간 상호신뢰관계가 형성·유지될 수 있도록 마무리와 인사 또한 잊지 않고 학습지도안에 포함시킨다. 표 8-7은 AMOS 모형을 기반으로 한 학습지도안의 예시이다.

표 8-7 목표학개론 학습지도안

단계(시간)	교수활동(시간)	교수내용
Attention (10분)	도입 멘트(1분)	목표달성 마법사입니다.
	주의집중(3분)	ABBA의 ‘I have a dream’ 합창
	주제소개(1분)	목표학개론
	지식 및 경험 검토 (5분)	목표에 대한 인식 조사

단계(시간)	교수활동(시간)	교수내용
Motivation (5분)	학습내용(1분)	목표의 개념 삶에서의 목표의 의미 목표가 있는 삶의 효과성 목표 설정 방법 목표에 집중하는 방법
	학습목표(1분)	자신의 삶과 일에서 꼭 필요한 목표를 올바르게 진술할 수 있다.
	중요성 강조(3분)	예일대학교 연구: 목표 설정과 경제 수준
Objectives (70분)	학습목표 1(5분)	목표와 목표가 아닌 것 구별 활동(해보기) 목표의 정의(말하기 / 보여주기) 목표 구별 활동 / 피드백(해보기) 목표에 대한 정의 기억하기(표현하기)
	학습목표 2(10분)	목표달성의 짜릿함을 느낄 수 있는 영상(보여주기) 삶의 동력, 성취감, 행복의 요소(말하기) 목표가 자신의 삶에 끼친 영향 발표(해보기) 느낀 점 나누기(표현하기)
	학습목표 3(10분)	목표의 유무와 수명(보여주기) 목표가 있는 인생과 없는 인생의 차이(말하기) 주변 사례 찾아보기(해보기) 목표에 대한 인식 재조사(표현하기)
	학습목표 4(30분)	목표 진술 원칙(말하기) 목표 진술 예시 / 인생 목표 매트릭스(보여주기) 목표 매트릭스 작성 / 피드백(해보기) 목표가 분명하고 기록한 사람이 된 소감(표현하기)
	학습목표 5(15분)	목표에 집중하는 방법(말하기) 방법별 예시(보여주기) 목표에 집중하는 방법 선택하기(해보기) 선택 이유 및 실천 계획 나누기(표현하기)
Satisfaction (15분)	학습평가(1분)	학습목표 달성 확인
	내용 요약(3분)	주요 문장 괄호 넣기
	질의응답(7분)	질문 준비 후 질의응답
	의미부여(3분)	I have a dream 합창(노래를 부를 자격 있습니다.)
	마무리 멘트(1분)	목표 달성의 마법사가 되세요.

출처: 홍성욱(2018).

4. 학습지도안 구성 방안

학습지도안은 도입, 전개, 종결단계로 구분하여 학습의 목표, 학습내용, 수업 진행 방법, 기타 필요 자료 및 장비, 평가방법 등을 작성하도록 한다. 도입단계는 학습자의 주의를 집중시키고 동기를 유발시킬 수 있는 활동, 학습자의 사전 학습 정도를 확인하고 본 수업의 내용을 제시하는 내용으로 구성하며 전체 학습시간의 5~10% 정도로 구성한다. 전개단계는 학습 진행 순서에 따른 학습내용에 대한 구체적 설명, 활동 수행 방법 등을 작성하며 전체 학습시간의 80~85% 정도로 구성한다. 마지막으로 종결단계에서는 중요사항의 요약정리, 다음 학습에 대한 안내를 작성하도록 한다(국가직무능력표준, 2014). 표 8-8은 학습지도안 구성요소 3단계에 대한 주요 내용이다.

표 8-8 학습지도안 구성요소 3단계

구분	비율	주요 내용	방법
도입	5~10%	주의집중, 동기부여, 학습내용 제시	질문
전개	80~85%	교수·학습활동(지식 전달, 동기부여, 질의·응답 등)	설명
종결	5~10%	학습내용 중요사항 요약 성과 확인	토론

출처: 김종표 외(2016) 재구성.

학습지도안에는 목표, 내용, 판서, 요약, 시간배분, 시청각 자료, 기타 교수활동 등의 항목을 포함하는 것이 바람직하다. 표 8-9는 주요 항목에 대한 작성 방안에 대해 정리한 것이다.

표 8-9 학습지도안에 포함해야 할 항목

구분	비율
목표	어떠한 내용을 이해 및 습득시킬 것인지 결정한다.
내용	도입, 전개, 종결의 3단계로 구성한다.
판서	판서할 내용을 결정한다.
요약	강조할 내용과 요약할 내용 및 방법을 결정한다.
시간배분	5분 또는 10분 단위로 표시한다.
시청각 자료	자료명과 활용방법 등을 미리 정하고 익힌다.
기타 교수활동	사례, 통계자료, 유머, 질문 등의 활용방법 및 활용시점을 표시한다.

출처: 김종표 외(2016) 재구성.

연구문제

1. 학습자용 교재의 유형 중 다음은 어떠한 유형에 대한 설명인지 답하시오.

> 강의·토론·세미나 등에서 배부하는 문서자료로 교수자가 지식의 전달을 효과적으로 하기 위해 요약본 형태로 학습자들에게 나누어 주는 자료를 의미한다. 주교재에 내용을 보충하고 싶을 때, 최신의 정보를 전달할 때, 과제를 부여할 때, 수업시간에 사용해야 할 때, 학습자들이 필기할 내용을 전달할 때 등 교수·학습활동의 목표 달성을 위해 다양한 경우에 사용할 수 있다.

① 워크북 ② 핸드아웃
③ 시청각 자료 ④ 학습지도안

2. 학습지도안의 다섯 가지 작성 원리 중에서 다음은 어떠한 작성 원리에 대한 설명인지 답하시오.

> 학습지도안은 쉽게 작성한다. 학습자의 수준을 고려하여 모호한 언어의 사용을 피해야 하며, 이해하기 어려운 용어나 내용을 기록함으로써 교수자가 학습 진행 중 당황하지 않도록 한다.

① 구체성 ② 명확성
③ 실용성 ④ 평이성

3. 교수설계 이론을 바탕으로 학습지도안을 설계할 경우 더욱 완성도 높은 학습지도안을 구성할 수 있다. 이 장에서 학습한 AMOS 모형을 기반으로 한 학습지도안 설계의 4단계가 순서대로 작성된 것을 고르시오.

① 동기부여–주의집중–학습목표 달성–만족감 제공
② 주의집중–동기부여–학습목표 달성–만족감 제공
③ 주의집중–동기부여–만족감 제공–학습목표 달성
④ 동기부여–학습목표 달성–만족감 제공–주의집중

4. 다음 중 교수학습매체에 대한 설명으로 잘못된 것을 답하시오.

① 인쇄매체는 학습자의 독해수준과 사전지식이 있어야 효과를 높일 수 있다.
② 시각매체 중 도표와 그래프를 사용하여 정보를 요약하여 전달할 수 있고 슬

라이드로 핵심내용을 정리하여 제공할 수 있다.

③ 동영상매체는 학습자의 주의를 집중시키고 흥미와 동기를 유발할 수 있어 도입부에 많이 사용된다.

④ 웹 기반 학습매체를 통해 자유로운 의사소통과 정보공유가 가능하며 개인적인 커뮤니케이션은 물론 다수 대 다수의 커뮤니케이션도 가능하다.

5. 학습지도안의 구성에 대한 설명으로 올바르지 않은 것을 고르시오.

① 도입–주의집중, 학습내용 제시
② 전개–교수·학습활동
③ 종결–동기부여, 학습내용 요약 및 성과 확인
④ 전개–전체 구성의 80~85% 비율로 구성

정답 1 ②, 2 ④, 3 ②, 4 ④, 5 ③

CHAPTER 09

자원 확보 및 배분

제1절 인적자원

1. 인적자원의 정의 및 종류

평생교육현장에서의 인적자원이란 평생교육프로그램을 기획, 개발, 운영하는데 있어 필요로 하는 모든 관계자를 의미한다. 평생교육기관의 교육목적과 프로그램의 교육목표 아래, 학습내용과 교수·학습방법 그리고 학습매체의 선정과 함께 해당 프로그램을 운영하는데 필요한 인적자원에 대한 확보가 필요하다. 아무리 훌륭한 교육프로그램도 해당 프로그램을 목적과 목표의 방향으로 잘 이끌 수 있는 인적자원이 준비되지 못한다면 성과를 올릴 수 없을 뿐 아니라 프로그램을 준비하기 위해서 투자한 비용과 시간의 낭비로 이어지게 된다. 따라서 평생교육현장에서 필요로 하는 인적자원의 확보는 매우 중요한데 주요 인적자원과 업무를 정리하면 다음과 같다.

먼저 기관의 교육목적과 교육목표를 바탕으로 프로그램을 설계하는 프로그램 설계자가 필요하다. 프로그램 설계자는 기관과 사회 그리고 교육대상자의 요구를 파악하고 프로그램의 학습목표와 내용, 필요 자원과 조달 방법 등을 설계한다. 프로그램이 설계되면 해당 프로그램의 운영을 담당하는 프로그램 운영관리자의 역할이 필요하다. 현장에 따라서 프로그램 설계자가 운영관리자의 역할을 함께 할 수도 있고 전담 운영관리자를 선정할 수도 있다. 프로그램 운영관리자는 프로그램의 전반적인 운영과 모니터, 예산의 집행, 학습자와 인적, 물적 자원의 관리와 같이 프로그램 운영의 시작부터 끝까지의 모든 과정을 책임지고 진행한다. 다음으로는 프로그램의 내용을 학습자에게 가장 적합한 교수법으로 전달할 교수자가 필요하며, 마지막으로 교육프로그램의 모든 단계의 진행과 결과를 평가하고 분석하는 평가자가 필요하다. 이처럼 평생교육현장에는 프로그램의 효율적인 실행을 위해서 여러 분야의 우수한 인적자원을 필요로 하고 있다. 기관과 프로그램의 규모에 따라서는 소수의 인원이 모든 업무를 담당할 수도 있기 때문에 현장에서 필요로 하는 능력을 갖춘 인적자원의 확보가 필수적이다. 다음으로는 평생교육현장 인적자원의 종류를 살펴보도록 한다. 평생교육프로그램 기획과 운영에 활용할 수 있는 인적자원의 종류는 다양하다. 우선 지역사회의 구성원들은 교육의 대상자가 될 수도 있고, 교육 운영주체가 될 수도 있기 때문에 인적자원이 될 수 있다(이해주 외, 2016).

표 9-1과 같이 정치·경제·사회·예술인 등 평생교육프로그램의 학습내용에 따라 다양한 지역사회구성원들을 인적자원으로 활용할 수 있다. 평생교육프로그램운영기관에서 근무하는 운영관리자 역시 평생교육현장의 주요 인적자원이다. 프로그램 운영관리자는 평생교육프로그램이 기관의 교육목적과 프로그램의 학습목표가 달성될 수 있도록 프로그램에 관련된 모든 과정을 담당하는 역할을 하기 때문에 지역사회구성원과 함께 주요 인적자원이다. 다음으로는 평생교육프로그램을 실행할 교수자 자원이다. 프로그램 담당 교수자는 교수·학습활동을 주도해 나가는 자원이기 때문에 평생교육프로그램의 교육목적과 학습목표를 이끌 수 있는 능력과 자질이 준비된 교수자의 선정은 매우 중요하다. 마지막으로 평생교육프로그램운영을 위한 자원봉사자 역시 평생교육현장의 인적자원에 해당한다.

표 9-1 평생교육프로그램 인적자원의 종류

구분		조사항목
지역사회 구성원	정치인	대통령, 국회의원, 시장, 전·현직 시·도의원 등
	경제인	CEO, 사장, 재력가, 경제전문가 등
	법조인	법관, 회계사, 법무사, 노무사 등
	행정인	공무원 및 준공무원
	예술인	연예인, 스포츠선수, 인간문화재 등
	교육인	교장, 교사, 교육청 관계자, 교수, 강사, 청소년지도사, 학습매니저, 학습동아리 등
	지도자	주민자치위원, 마을리더 및 활동가, 조직의 장 등
	종교인	기독교, 불교, 천주교 등
	의료인	병원장, 약사, 의사 등
	시설·단체장	사회단체 및 시설의 장
	생활의 달인	직업별 달인, 지역의 명사
	지역의 어른	지역에서 소개되어야 할 사람
평생교육프로그램운영기관		평생교육사, 프로그램 담당자 및 관리자
교수자		프로그램 분야별 교수자
자원봉사자		지역 자원봉사자

출처: 이해주 외(2016) 재구성.

1) 프로그램 운영관리자

(1) 프로그램 운영관리자의 중요성

프로그램 운영관리자란 평생교육기관의 프로그램 운영과 관련된 인적자원으로 기관의 교육목적을 바탕으로 개발된 평생교육프로그램이 성과를 달성하는데 중요한 역할을 한다. 평생교육프로그램개발에 많은 비용과 시간이 투입되는 만큼 교육의 목표를 최대한으로 이끌어 교육기관이나 학습자에게도 큰 도움이 되도록 해야 한다. 따라서 운영관리자는 원활한 교육진행을 위해 기본방침, 준수사항은 물론 교육과정 중에 발생할 수 있는 여러 상황에 대한 대처 능력을 지니고 평생교육프로그램의 시작부터 종료까지의 모든 과정에 대해 책임을 지고 상황 관리를 하여야 한다. 평생교육프로그램에 대한 이해를 기본으로 하는 역할이기 때문에 프로그램 설계자가 직접 교육과정을 운영하기도 하고, 교육기관에서 프로그램 운영 능력과 경험을 겸비한 자가 전담하여 운영을 맡기도 한다.

(2) 프로그램 운영관리자의 역할

운영관리자는 평생교육프로그램의 목표 달성을 위해 교육 진행에 관한 기본사항들을 점검하고, 가용 가능한 인적·물적자원을 파악하여 예상치 못한 상황에 대비하여야 한다. 평생교육프로그램운영을 위해 점검항목을 만들고 수시로 상황을 점검하여 프로그램이 원활하게 진행되도록 하여야 한다. 교육에 적합한 장소를 선정하고 필요한 장비·시설물을 구비하며 정상적인 가동 상태로 유지하는 등 효과적으로 교수·학습활동이 진행되도록 운영자로서의 책임을 다하여야 한다. 또한 교수자와 학습자가 안전한 상태로 교수·학습활동을 마무리할 수 있도록 예상치 못한 상황을 가정하여 대비 방안을 마련하여야 한다. 마지막으로 운영관리자는 교육 종료 후 프로그램 과정의 전반적인 사항을 돌아보고, 교수자와 학습자의 피드백을 통해 프로그램의 개선 발전에도 노력해야 한다(신용주, 2017). 양질의 평생교육프로그램을 실시하기 위해 운영담당자 역할의 중요성이 부각되면서 운영관리자는 관련된 교육을 이수하거나 자격증을 소지하는 등 운영관리자의 전문성을 강화하기 위해 노력해야 한다.

(3) 프로그램 운영관리자의 역량

앞서 살펴본 운영관리자의 역할을 수행하기 위하여 프로그램 운영관리자에게 요구되는 역량은 기본적 역량과 프로그램운영 핵심 역량으로 구분하여 정의할 수 있다. 김진화 외(2012)는 운영관리자가 갖추어야 할 기본 역량으로 경영관리 역량, 업무추진 역량, 대인관계 역량, 정보활용 역량을 제시하였다.

경영관리 역량은 평생교육현장에서 발생할 수 있는 어려움이나 문제점 등을 사전에 파악하고 처리하는 능력으로 교육프로그램의 모든 단계를 책임지고 관리하는 운영관리자의 필수 역량이라고 볼 수 있다. 경영관리 역량은 기본적으로 평생교육현장에 대한 이해를 필요로 하며 최신의 정보를 탐색하고 연구하는 자세가 도움이 된다.

업무추진 역량은 교육프로그램을 기획 및 운영하고 모니터링, 평가하는 프로그램 운영에 전반적으로 필요로 하는 역량을 의미한다. 프로그램 운영담당자가 이러한 업무추진 역량을 갖춤으로써 학습자에게 더욱 만족스러운 프로그램을 제공할 수 있으며 프로그램의 목표 달성을 이끌 수 있다. 다음으로 프로그램 운영관리자에게 요구되는 역량은 대인관계 역량이다. 프로그램 운영담당자는 내부적으로는 프로그램 설계자, 평가자, 내부 강사 등의 기관 관계자와 적극적인 소통과 협력을 통하여 더 나은 프로그램 운영을 이끌 수 있고, 외부적으로는 학습자, 외부 강사, 지역사회구성원과의 커뮤니케이션을 통해 더욱 발전적인 프로그램 운영을 할 수 있다. 마지막으로 정보활용 역량 역시 프로그램 운영관리자가 갖추어야 할 기본 역량인데, 이는 교육에 필요한 다양한 정보를 수집, 분석, 활용, 관리함에 필요한 역량이다. 특히 평생교육프로그램의 분야가 더욱 다양해지고 학습자의 요구 또한 다양해짐에 따라 많은 정보 중에서 가장 적합한 정보를 활용할 수 있도록 정보활용 역량에 대한 필요성이 높아지고 있다.

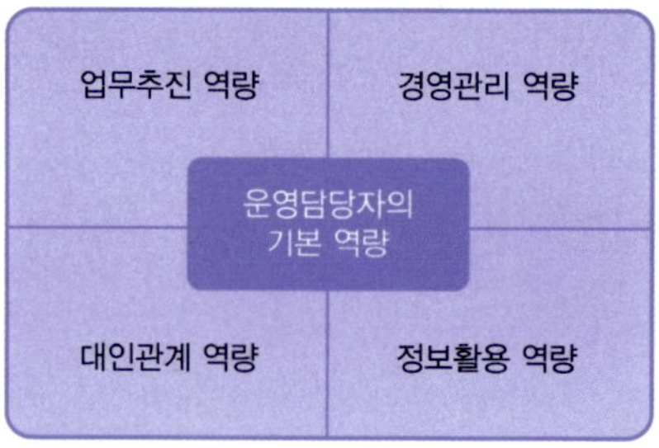

그림 9-1 운영담당자의 기본 역량

출처: 김진화 외(2012) 재구성.

또한 프로그램 운영을 위하여 운영관리자가 갖추어야 할 핵심 역량으로는 표 9-2와 같이 총 8개의 역량(김진화 외, 2008)으로 정리할 수 있다.

표 9-2 평생교육 운영담당자의 프로그램운영 핵심 역량

핵심 역량	
학습자관리 지원능력	학습자에게 정보와 편의를 제공하고 계속적인 학습이 진행되도록 관리하는 능력
강사관리 지원능력	강사에게 필요한 정보와 편의를 제공하고 협력 및 관리하는 능력
홍보마케팅 능력	기관의 교육프로그램에 많은 학습자가 참여하도록 홍보하는 능력
학습시설매체 관리능력	기관의 학습시설과 프로그램에서 필요로 하는 매체를 상시 관리하는 능력
관리운영 모니터링능력	프로그램에 대한 전반적인 운영을 주기적으로 모니터링하고 관련사항을 관리운영하는 능력
학습결과 인증관리능력	프로그램 참여자의 학습결과를 제도적, 행정적으로 인증하고 관리하는 능력
평생학습예산 관리집행능력	프로그램 운영 예산을 적절히 편성하고 집행하는 능력
홈페이지 관리운영능력	기관의 홈페이지를 효과적으로 운영하여 정보제공과 소통이 원활하도록 관리하는 능력

출처: 김진화 외(2008).

2) 교수자

(1) 교수자의 중요성

평생교육프로그램 교수자는 평생교육기관에서 평생교육과 학습자에 대한 이해를 바탕으로 학습자에게 지식, 정보 등을 전달하는 인적자원을 의미한다. 교육프로그램이 잘 설계되고 유능한 운영관리자가 선정되었다 하더라도 역량과 자질이 부족한 교수자가 교육을 담당하게 된다면 계획했던 학습내용을 학습자에게 전달할 수 없으며, 프로그램의 목표를 달성할 수 없게 된다. 이처럼 교수자는 평생교육프로그램의 성과에 큰 영향을 미치는 인적자원이다. 특히 평생교육현장에서 필요로 하는 교수자는 전통적인 교수자의 역할에서 점점 벗어나고 있기에 교수자의 중요성에 대하여 더욱 강조할 필요가 있다.

평생교육현장에서 교수자는 기관 및 프로그램, 상황에 따라 교수, 강사, 교사, 촉진자, 컨설턴트, 멘토, 코치, 튜터 등과 같이 다양하게 불리고 있는데, 이는 그만큼 평생교육프로그램에서 교수자가 다양하고 중요한 역할을 하고 있다는 의미이다. 평생교육프로그램에서의 교수자는 학습자와 상호작용하며 그들을 이끄는 촉진자이자 가이드이며 상담자의 역할을 수행해야 하기에(신용주, 2017) 이러한 역할을 수행할 유능한 교수자를 섭외하는 과정은 매우 중요하다. 또한 교육내용과 방법이 다양해짐에 따라 전문적인 지식과 함께 다양한 교수법을 활용할 수 있는 교수자의 선정도 중요하다.

(2) 교수자의 역할

크랜튼(Cranton, 1992)은 교수자와 학습자의 상호작용에 초점을 두고 교수자의 역할을 표 9-3과 같이 열두 가지의 역할로 구분하여 제시하였다.

표 9-3 평생교육프로그램 교수자의 역할

교수자-학습자 상호작용	교수자 역할
타인주도적 Other-Directed	전문가(Expert) 기획자(Planner) 강의자(Instructor)
자기주도적 Self-Directed	격려자(Facilitator) 자원인(Resource Person) 관리자(Manager)
상호주도적 Mutually Directed	멘토(Mentor) 학습동반자(Co-Learner) 개혁자(Reformer) 반추적 실천가 (Reflective Practitioner) 연구조사자(Researcher) 모델(Model)

출처: Cranton(1992).

평생교육현장에서 필요로 하는 교수자는 학습자에게 단편적으로 지식과 정보를 제공하는 것에서 그치는 것이 아니라 학습자와 상호작용하며 함께 성장하는 교수자이다. 따라서 교수자는 프로그램의 성격과 내용, 학습자의 특성 등의 요소에 따라 적절한 역할을 수행할 수 있어야 한다.

(3) 교수자의 역량

앞서 살펴본 교수자의 다양한 역할을 수행하기 위해서 교수자가 갖추어야 할 역량 또한 다양하다. 평생교육활동과 관련된 제반 요소들을 융합하여 새로운 교육적 가치를 창출하고 학습자의 학습활동을 지원 및 촉진하는 활동 능력을 평생교육프로그램 교수자의 역량으로 정의할 수 있다(정주영, 2012).

표 9-4 평생교육프로그램 교수자의 역량

역량군	의미	하위역량
교수·학습 기획역량	교수·학습목표의 수립 및 교육내용의 설계와 개발에 관한 역량	학습자원 및 정보수집분석 역량, 학습목표 및 학습활동 구체화 역량, 교수설계 역량, 프로그램개발 및 이해 역량, 교수법개발 역량, 학습내용 이해 역량, 교수·학습과정안 작성 역량, 교재개발 역량, 교수매체 개발 역량
교수·학습 실행역량	기획된 교수·학습과정을 효과적으로 실행할 수 있는 역량	학습내용의 전문성 역량, 학습내용의 통합 역량, 교수법 적용 역량, 동기 유발 역량, 교수매체 활용 역량, 프레젠테이션 역량, 커뮤니케이션 역량, 아이스브레이킹 역량, 긍정적/역동적/열정적 태도
교수·학습 관리역량	체계적인 교수·학습을 위한 제 요소를 효과적, 효율적으로 관리할 수 있는 역량	마케팅 역량, 인적·물적자원관리 역량, 학습자 변화관리 역량, 행·재정 이해 역량, 프로그램평가 역량, 강의관리 역량, 학습자 진도관리 역량, 학생평가 역량, 팀워크 구축 역량
교수·학습 지원 및 촉진 역량	학습자를 지원하고 학습활동을 촉진하는 역량	피드백 역량, 학습실천 및 활용도모 역량, 학습상담 및 컨설팅 역량, 사회관계망 구축 및 관리 역량

출처: Cranton(1992).

(4) 교수자의 자세

첫째, 평생교육프로그램에 선정된 교수자는 제일 먼저 해당 프로그램을 명확히 이해하도록 하여야 한다. 교수자는 평생교육프로그램의 개발 배경, 학습자에 대한 정보, 교육기관의 교육 방침과 이념 등에 대해 사전에 안내를 받고 이를 이해하여 최적의 교수·학습활동이 이루어질 수 있도록 해야 한다.

둘째, 교수자는 교육내용과 목표에 맞는 교육 콘텐츠를 보유하고 전문지식을 갖추도록 끊임없이 연구하고 노력하여야 한다. 또한 자신의 전문지식과 교육 콘텐츠를 학습자에게 효과적으로 전달하기 위한 교수법에 대한 연구도 게을리하지 않아야 한다. 무엇보다도 열정을 가지고 성의있게 지식과 정보를 전달해야 한다.

셋째, 윤리의식과 도덕성을 기초로 프로그램 교수·학습활동을 하여야 한다. 또한 항상 학습자와 관계자에 대한 예의를 갖추며 학습자에게 본을 보일 수 있는 자세로 교수자의 품위를 유지하도록 한다.

3) 자원봉사자

자원봉사자는 평생교육프로그램운영에 필요한 전문분야에 대해 재능을 기부하는 인적자원을 말한다. 사회봉사와 자아성취를 위한 봉사활동가로 현장체험을 통한 경력관리를 목적으로도 참여하기도 한다. 자원봉사자는 특수 분야에 대한 교수자의 역할, 주강사에 대한 보조강사 역할, 프로그램 운영관리자를 도와 업무를 보조하는 역할 등의 다양한 역할을 수행한다. 자원봉사자는 평생교육프로그램의 조력자로 책임감과 소속감을 가지고 참여하는 자세가 필요하다. 운영관리자는 평생교육프로그램에 필요한 자원봉사자 인적자원을 주로 모집광고를 통해 확보하는데 자원봉사자의 재능과 임하는 자세에 대해 점검하는 것이 필요하다.

2. 인적자원 선정과 관리

1) 인적자원 조사 및 선정

교육프로그램에 투입 가능한 인적자원을 지역사회 안에서 찾아내는 방법을 인적자원 조사방법이라 한다. 인적자원을 조사하는 방법으로는 통계자료와 설문지를 활용하는 방법, 기존의 보유 기록을 활용하는 방법, 지역사회에서 진행된 인터뷰를 활용하는 방법, 다른 기관에 협조를 구하는 방법, 현장조사를 진행하는 방법 등 표 9-5와 같이 다양한 방법이 있다. 인적자원 조사를 실시하기에 앞서 어떠한 목적과 필요로 인적자원을 활용할 것인지 정확히 설정한 후에 조사를 진행해야 하며 인적자원을 조사한 후에는 적절한 양식을 개발하여 인적자원 리스트를 지속적으로 관리할 필요가 있다. 예를 들어, 교수자, 전문가, 자원봉사자 등과 같이 인적자원의 종류나 분야를 구분하여 별도의 리스트를 관리하며 향후 교수자, 전문가, 자원봉사자 등을 선발할 경우에 관리하고 있는 인적자원 리스트를 활용할 수 있다. 표 9-6은 평생교육프로그램 인적자원 중 교수자를 선정하는 절차이다.

표 9-5 인적자원 조사방법

구분	주요 특징
기존 통계자료	• 시간과 비용 절약 • 인적자원 발굴을 위한 사전조사
설문지	• 설문지 타당성 점검 필요 • 비용 및 시간 투자 필요
인터뷰	• 전문인력, 강사, 자원봉사자 자원 발굴 시 유용
기록물	• 인적자원활동 경력자 발굴 • 산재되어 있는 기록물 정리 필요
인적 네트워크	• 현장에 가장 많이 활용되는 방법 • 인적자원에 대한 구체적인 정보 확보 가능
현장조사	• 숨어있는 인적자원 발굴 • 조사 참여자, 제보자 발굴 중요

표 9-6 교수자 선정 절차

단계	주요 내용	
1단계	평생교육프로그램의 이해	교육목표 및 이념 확인
		교수자가 갖추어야 할 역량과 자질 점검
		학습자집단의 성격 분석
2단계	인적자원 DB 검색	기관보유 인적자원 검색
		인터넷, 인적네트워크 등을 통한 인적자원 물색
		기관 내 회의를 통한 후보자 선정
3단계	수업 의뢰	전화, 이메일 등을 통해 참여의사 문의
		평생교육프로그램의 취지 및 장소·시간 등 일반사항 안내
		교수·학습활동에 대한 달성 목표 안내
4단계	수업 준비	교수자의 교안을 사전에 받아 프로그램과 부합여부 판단 필요 시 수정 보완 요청
		평생교육프로그램 장소·시간 등 일반사항 확인 및 안내

2) 인적자원 관리

구축된 인적자원이란 교육기관에서 보유하고 있는 인적자원의 정보로 교육기관의 필요에 따라 바로 투입 또는 활용의 고려가 가능한 인적자원을 의미한다. 인적자원을 데이터베이스(DB)로 구축하여 교육기관의 필요에 따라 활용할 수 있도록 관리하는 것은 프로그램 운영에 있어서 매우 중요하다. 데이터베이스는 활용가능한 정보나 자료를 통합한 후 체계적으로 구조화한 자료를 의미하는데 이러한 인적자원 데이터베이스 관리를 통하여 자료를 통합하여 관리하되 중복은 없도록 하여 평생교육프로그램에 따라 필요한 정보자원에 실시간으로 신속, 용이하게 접근할 수 있다. 인적자원 데이터베이스의 효율성을 높이기 위해서는 지속적인 업그레이드가 진행되어야 하고 자료의 일관성 유지에 주의하여야 한다. 개인정보보호법에 위반되지 않도록 개인정보의 보안에도 각별히 주의하여야 하며 문제가 생길 상황을 대비하여 문제 상황 발생 시의 백업, 복구 등의 대책을 사전에 준비해 놓도록 한다.

제2절 물적자원

1. 물적자원의 정의 및 종류

물적자원이란 평생교육프로그램에 활용되는 물리적 자원을 말한다. 넓은 범위로는 자연환경, 미술관 및 박물관 등의 문화시설도 교육목표에 따라서 물적자원이 될 수 있고 교육시설, 강의실, 운동장, 실습장, 체육관과 같은 물적자원을 교육과 직접적으로 연관된 물적자원이라 볼 수 있다. 노트북, 프로젝트, 음향시설 등의 시청각 기자재와 필기도구 등도 필수적인 물적자원이다.

여러 물적자원 중에서 프로그램에 직접적으로 영향을 미치는 물적자원은 교육장소와 프로그램에 사용되는 기자재라고 볼 수 있다. 평생교육의 주 학습자인 성인학습자의 교육프로그램에 대한 만족도는 교육장소와 환경, 사용 기자재에 많은 영향을 받기 때문에 물적자원에 대하여 더욱 신중하여야 한다.

2. 물적자원 선정과 관리

1) 교육장소 및 기자재 선정

교육프로그램이 진행되기 위해서 학습자를 편안하게 수용할 수 있는 장소의 선정은 필수적이다. 따라서 교육장소를 선정하기 전에 프로그램의 내용과 장소와의 적합성을 따져 후보 시설을 먼저 선별하는데 이때 프로그램 진행에 포함되는 활동, 학습자집단의 규모 및 학습자집단의 접근성 등을 우선적으로 고려하도록 한다. 합숙교육, 현장교육이 있을 때 역시 학습자집단의 규모와 연령, 접근성의 용이함, 장소 대여의 비용, 편의시설 등을 고려하여 선정하는 것이 중요하다. 후보 시설별 부대시설, 비용, 주변 시설 등의 정보를 비교해보고 해당 평생교육프로그램에 필요한 조건 사항들을 점검하여 후보 시설 중 최적이라고 판단되는 곳부터 사전 답사를 실시한 후 최적의 교육장소를 선택한다. 교육장소가 선정되면 강의실, 식당, 숙소 등의 위치와 동선을 확인하여 안내함으로써 교육 편의를 제공하고 문제점이 발생될 경우를 대비하여 현지 연락처를 사전에 정리해 두는 것도 필요하다.

교육장소의 선정과 함께 기자재의 준비 및 배치도 중요하다. 교수자가 더욱 효과적인 프로그램을 진행할 수 있도록 필요로 하는 기자재를 준비하고 학습자의 입장을 고려하여 학습자에게 편의를 제공할 수 있는 기자재 및 환경을 조성하도록 한다. 의자·책상 배치, 음향·조명, 화이트보드 등 교실 내 설비, 부대시설, 전기설비, 교육용 기자재 등 세부항목을 정리하여 준비하는 것이 좋다. 교수·학습활동에 가장 중요한 역할을 하는 음향시설 등은 직접 동작시켜 정상인지 확인하고, 최상의 상태가 유지될 수 있도록 사전에 설정값을 미리 파악하여 정리하는 것도 필요하다.

2) 물적자원관리

물적자원을 조사한 후 적절한 양식으로 물적자원 리스트를 정리하는 것이 필요하다. 예를 들어, 장소, 교육시설, 기자재에 대한 양식을 별도로 구축하여 관리하고 특징과 장단점을 정리한다면 다음번 해당 물적자원을 이용할 경우 조사시간을 절약할 수 있다. 또한 물적자원은 공동으로 사용하는 경우가 많으므로 평생교육프로그램운영 전 사전 예약이나 이용 가능여부를 문의하여야 한다. 인적자원과 동일하게 데이터베이스(DB)로 구축·관리하여야 하며 최신의 상태를 유지하여야 한다.

제3절 재정자원

1. 재정자원의 정의 및 종류

1) 재무관리

교육기관의 재무관리란 교육기관의 운용에 필요로 하는 자본과 자본의 조달, 자본을 관리하는 것을 의미한다. 교육기관은 재무관리를 통해 프로그램을 개발하고 운영하며, 필요한 지출과 수입의 균형을 맞출 수 있도록 필요한 자금의 흐름을 통제하여야 한다(김창엽, 2012).

교육기관의 예산을 수립하기 위해서는 재무관리에 대한 이해가 필수적이다. 자본의 조달은 자금이 얼마나 필요한지를 파악한 후 자본을 조달하는 활동을 의미한다. 자금의 운용은 교육사업에 필요한 비용을 지출하기 위해 자금을 효율적으로 활용하는 것을 의미한다.

자금조달과 자금운용은 효율적이고 체계적으로 계획, 시행, 통제되어야 한다. 자금을 조달함에 있어서는 소요되는 비용이 최소화되도록 주의하고 자금의 운용에 있어서는 확보된 자금이 효율적으로 활용되도록 해야 한다. 자금조달과 자금운용은 수입과 지출로 표현할 수 있다. 교육기관의 유형에 따라 수입원이 다를 수 있는데, 주된 수입원은 교육비로 확보된다. 또한 외부 지원금으로 구성되기도 하는데 외부지원금은 기부, 후원금으로 나눌 수 있다. 기부란 자선사업이나 공공사업 등에 힘을 보태기 위해서 돈이나 물건을 대가 없이 지원하는 것을 의미한다. 교육기관의 지출에 해당하는 비용은 직접경비, 간접경비, 고정비용, 가변비용으로 구성된다. 여기서 직접경비란 직접원가를 파악할 수 없는 경비를 의미하며, 교수자 출장비, 교재 및 교구구입비, 시설사용비가 해당된다. 간접경비는 공통적으로 사용된 비용을 의미하며, 실무자 인건비, 교육시설과 설비 사용비, 전기요금, 수도요금, 전화요금 등이 있다. 즉, 평생교육프로그램개발, 운영에 소요되는 인적·물적자원을 활용하는 경비라고 할 수 있다. 지출과 수입에 대한 예산과 결산을 통해 해당 평생교육프로그램의 전체 이윤과 손실을 파악할 수 있다.

2) 자금의 조달

자금조달의 출처는 기관의 성격, 평생교육프로그램의 내용에 따라 다르다. 수익자 부담을 원칙으로 하며, 교육기관의 비전에 맞는 평생교육프로그램운영 시 기관 자체의 일반재정에서 충당하기도 한다. 개인이나 기업체로부터 기부금을 획득할 수도 있다. 지역사회 발전을 위해 기업에서 기금을 출연할 경우 이와 관련된 평생교육프로그램을 개발하여 교육서비스를 지원하면서 지원금을 받을 수도 있다. 지역사회에 자선적 차원의 기부 등과 같이 기업의 사회공헌활동도 활발히 이루어지고 있다. 평생교육프로그램은 다양한 학습자집단을 대상으로 하기 때문에 프로그램 홍보과정에서 기업의 이미지를 함께 알릴 수 있다. 따라서 다양한 평생교육프로그램개발이 기업 후원 형태로 이루어지고 있으며,

상호 협력 관계로 발전해 나아갈 수 있다. 기업뿐만 아니라 비영리재단 재정 지원사업을 활용하는 것도 중요하다. 학술, 종교 등의 영리 목적이 아닌 사업을 목적으로 설립된 재단에서 지원하는 사업을 통해 자금을 조달할 수 있다.

또한 국가나 지방자치단체 등의 공공기관에 사업제안서를 제출하여 평생교육프로그램운영 예산을 국가로부터 지원받을 수도 있다. 여러 정부부처에서는 다양한 목적 아래에 여러 정부보조금 지원사업이 시행하고 있다.

정부보조금 지원사업이란 정부가 평생교육프로그램 등에 대해 보조금을 지원하는 사업이다. 보통 정부공모사업 형태로 진행되는데 주무부처인 교육부뿐만 아니라 행정안전부, 고용노동부, 문화체육관광부 등의 기관별 특성에 따라 다양한 사업이 시행되고 있어 어떤 사업이 발주되고 있는지와 소속 교육기관의 가치관과 이상에 부합하는지에 대한 조사를 통해 자금 조달 리스트를 확보할 수 있다. 지원사업이 교육기관에서 운영하는 것이 타당하다고 판단될 경우, 공모신청서를 작성하여 사업제안, 입찰 등의 과정을 통해 자금을 조달할 수 있도록 해야 한다.

평생교육프로그램운영기금을 모금하여 자금을 조달하는 방법도 있다. 교육기관들은 기관의 운영을 위해 외부로부터 기금을 지원받아야 하는 경우가 있다. 직접적으로 지원을 요구하거나 지원에 대한 대가를 제공할 수 있으며 기금개발 등의 방법을 통해 기금 지원을 모을 수 있다. 이와 같은 기업이나 국가의 지원사업은 일반적으로 입찰을 통해 사업자가 선정되어지는 과제이기 때문에 확보에 어려움이 있을 수도 있다.

따라서 안정적인 교육기관의 운영을 위해 운영기금을 개발하는 것은 기관의 중요한 경영과제로 인식하고 체계적인 관리를 하여야 한다. 교육기관은 조달된 자금의 모든 재정상의 거래를 정확하게 기록하여 투명한 경영을 해야 하는 책임을 지닌다.

2. 재정예산의 관리

1) 예산 수립

예산이란 평생교육프로그램이 운영되는 기간 동안에 교육목표를 달성하는데 수반되는 수입과 지출에 관한 예상 계획이다. 예산이 자금의 조달, 유동성 관리, 교육기관의 자체 경영활동의 완결구조의 성격을 가지는 데 비해, 재무관리는 투자의사와 자금조달의사결정을 통해 교육기관의 자금 흐름을 관리하는 것이다(김창엽, 2012). 교육기관의 예산은 조직이나 평생교육프로그램 운영에 관한 계획의 로드맵을 수립하는 데 활용된다. 예산은 교육목표 실행을 위한 지침이면서 교육기관의 재무 건전성을 판단하는 기준이 된다(김창엽, 2012). 효율적인 경영을 위해서 단위별 평생교육프로그램의 재무구조를 파악할 필요가 있다. 평생교육프로그램별 재정적인 효율성을 비교하여 적절한 조정과 관리가 필요한 것이다.

평생교육프로그램의 예산은 일반적으로 개발비용, 전달비용, 평가비용 등으로 구분된다. 개발비용은 요구분석, 프로그램의 설계와 개발 단계에 걸쳐 프로그램을 개발하는 데 소요되는 비용으로 자체 개발하거나 아웃소싱으로 개발 진행 시 지급되는 비용이 해당된다. 전달비용은 준비비용과 직접비용, 기타 행정비 등으로 구분할 수 있으며 직원의 월급, 시설임대료, 수업자료비와 같이 평생교육프로그램의 실시과정에서 소요되는 모든 비용이 해당된다. 평가비용은 평생교육프로그램이 종료된 후에 프로그램을 평가하는 데 소요되는 비용으로 프로그램 결과를 평가하여 향후 프로그램 개선에 활용될 수 있다.

평생교육프로그램 운영관리자는 원가의 중요성을 잘 알고 있어야 하며, 비용 대비 수익 효과성을 면밀히 점검하여야 한다. 또한 예산 승인 절차와 재정담당자의 협의를 통하여 예산을 수립하여야 한다. 교육 참가자의 입장을 고려하여 교육 참가자들의 기회비용을 고려하고 시설물에 대한 감가상각비, 수입원 등을 고려하여 수업료 부담 정도를 정한다. 예산 관리를 위해 비용 감소의 노력을 해야 하는 것이 바람직하나, 무조건 비용 축소만을 생각한다면 교육의 질을 저하시킬 수 있기 때문에 주의가 필요하다. 비용 축소를 위한 전략으로 평생교육프로그램 계획, 운영, 평가하는데 필요한 인적자원을 효율적으로 선정하고, 동일 학습효과가 나타나지만 비용 절감이 가능한 학습방법과 기술을 사용할 수 있도록 한다. 또한 교육목표의 본질에 관계없는 비용을 최대한 줄이면서 교육의 질을 높일 수 있는 곳에 예산을 반영하면 효과적이다.

2) 예산 집행

예산은 다음과 같은 기본적인 원칙에 따라 집행된다. 우선 사전의결의 원칙이다. 예산이 집행되기 전 교육기관마다 결제 또는 의결과정을 거쳐 예산계획을 면밀히 점검한다. 예산 운용 내용은 공개될 수 있으며, 출처 및 용도를 정확히 명시해야 한다. 소요예산과 사용예산을 증빙서류와 함께 빠짐없이 보관하고 기록하여야 하며, 예산 항목별로 구분하여 예산을 쉽게 이해할 수 있도록 하여야 한다. 예산 사용 후 결산과정을 거치는데 소요예산과 사용예산 그리고 잔여예산이 명확하게 일치하도록 집행한다. 또한 예산은 각 항목별 사용할 수 있는 한도가 있어야 한다. 한도가 없을 경우 예산의 낭비를 초래할 수 있다. 반면 물가 현실을 반영하지 못하여 한도가 너무 낮게 책정된다면 교육의 질이 낮아지고 운영관리자의 불만을 초래할 수 있기 때문에 주의하여야 한다. 예산 항목에 대해 사용할 수 있는 명확한 기준과 최대 사용한도를 정리한 자체 매뉴얼을 구비하는 것도 좋은 방법이다. 교육기관의 특성에 따라 예산집행 매뉴얼이 다를 수 있으나 일반적으로 예산집행에 대한 10대 원칙을 표 9-7로 정리하였다.

표 9-7 예산집행 10대 원칙

구분	예산집행 원칙
1	교육기관 정책에 반하여 부당한 영향을 미치는 재정지출은 하지 않는다.
2	재정관리 요령 등이 수록된 기관 내규를 제정한다.
3	목적 외의 용도로 전용하여 사용하지 않는다.
4	회계연도에 따라 집행한다.
5	자금을 투명하게 관리하여야 한다.
6	소요예산과 사용예산 그리고 잔여예산에 대해 명확하게 기록에 남긴다.
7	관련법령 및 규정·지침 등을 준용한다.
8	특정한 집단이나 단체에 특혜를 주는 예산집행을 하지 않는다.
9	예산집행 절차를 준수한다.
10	비용 대비 효과성을 고려하여 예산을 집행한다.

3) 예산서

예산서란 수입과 지출을 일목요연하게 파악할 수 있도록 정리한 서류나 파일의 양식을 의미한다. 모든 기관은 경영관리를 위해 예산서에 수입과 지출 내역을 기록한다. 예산 항목과 규모에 따라 개별 단위 예산서와 통합 단위 예산서로 구분될 수 있다. 개별 단위 프로그램 예산서는 세부적인 지출내역을 나타내는데 표 9-8은 개별 단위 프로그램의 예산 작성양식 예이다. 한편, 개별 단위 예산서로는 기관의 재정 건전성을 판단할 수 없기 때문에 통합 단위 예산서를 작성·관리하는 것이 필요하다. 개별 단위 프로그램뿐만 아니라 사업예산 전체에 대한 수입과 지출을 정리하여 재정자원의 안정적인 관리와 개선 방안을 도출해 낼 수 있다. 또한 예산결산 계획에 따라 수입과 지출을 정리할 수 있도록 기간을 설정하는 것도 필요하다. 예산서는 재정관리뿐만 아니라, 유사한 평생교육프로그램개발 시 필요한 소요예산을 산정하고, 필요한 경비 내역을 예측하는 데 활용할 수 있다. 이를 통해 더욱 개선된 평생교육프로그램을 개발할 수 있다.

표 9-8 개별 단위 프로그램의 예산 작성양식

프로그램명					
지출	예산	결산	수입	예산	결산
교수진 인건비			기부금		
외부 강사료					
직원 인건비					
시설비			후원금		
강의실 임대료					
시청각기재 사용료					
장비사용료					
숙박비			= 총 지원금		
교수활동지원비					
교재 인쇄비					
자료수집/제작비					
행사비					
출장비					
현장 견학비					
수업보조물 제작 및 구입비					
식대 및 간식비					
홍보					
광고					
홍모물			총 수입		
우편물					
총 직접경비					
간접경비					
행정비					
각종 공과금			전체이윤(손실)		
시설 유지비					
직무 연수비					
총 경비					

출처: 국가직무능력표준(2016).

연구문제

1. 프로그램 운영관리자에게 요구되는 기본적 역량 중에서 다음은 어떠한 역량에 대한 설명인지 답하시오.

> - 평생교육현장에 대한 이해와 최신 정보 탐색 및 적용 등의 학습 습관을 길러 현장에서 발생할 수 있는 다양한 이슈를 미리 파악하고 해결할 수 있는 능력
> - 기본적으로 평생교육기관에 대한 이해를 바탕하며 교육운영관리자로서의 역할을 수행하기 위해서 갖추어야 할 필수적인 역량

① 정보활용 역량 ② 대인관계 역량
③ 업무추진 역량 ④ 경영관리 역량

2. 다음은 평생교육프로그램 교수자의 중요성에 대한 설명으로 보기 중 틀린 것을 고르시오.

① 평생교육현장에서 강사, 촉진자, 컨설턴트, 멘토, 코치 등과 같이 다양하게 불리우는 이유는 교수자의 역할이 다양하고 중요한 역할이 다양하고 중요하다는 의미이다.
② 현대사회의 교수자는 학습자와 상호작용하며 그들을 이끄는 촉진자이자 가이드이며 상담자이다.
③ 평생교육프로그램 교수자의 역량 중 가장 중요한 것은 전통적 교수자로서의 역할을 고수하는 것이다.
④ 교육프로그램이 잘 설계되고 유능한 운영관리자가 선정되었다 하더라도 역량과 자질이 부족한 교수자가 교육을 담당하게 된다면 학습내용을 학습자에게 전달할 수 없다.

3. 다음 중 평생교육프로그램 교수자가 갖추어야 할 역량과 하위역량이 올바르게 연결되지 않은 것은 무엇인지 고르시오.

① 교수·학습기획 역량–마케팅 역량, 인적물적자원 관리 역량
② 교수·학습실행 역량–교수법 적용 역량, 동기유발 역량
③ 교수·학습관리 역량–프로그램평가 역량, 강의관리 역량
④ 교수·학습지원 및 촉진 역량–피드백, 학습상담 컨설팅 역량

4. 다음 중 인적자원 조사방법과 그 설명이 바르게 연결되지 않은 것을 고르시오.

① 인적네트워크–현장에서 가장 많이 활용되는 방법
② 인터뷰–인적자원 활동 경력자 발굴
③ 설문지–타당성 점검 필요
④ 기존 통계자료–시간과 비용 절감

5. 평생교육프로그램 재정자원의 설명으로 틀린 것을 고르시오.

① 교육기관의 재무관리란 필요로 하는 자본의 조달과 그 운용 문제를 관리하는 것을 의미
② 재무관리의 궁극적 목표는 교육기관의 경영을 효율적으로 달성하기 위해 계획, 시행, 통제과정을 관리함으로써 교육기관의 가치와 성과를 극대화하는 것임
③ 교육기관은 재무관리를 통해 프로그램을 개발하고 운영하며, 필요한 지출과 수입의 균형을 맞출 수 있도록 필요한 자금의 흐름을 통제하여야 함
④ 자금의 운용은 자금이 얼마나 필요한지를 파악한 후 자본을 조달하는 행위를 말함

정답 1 ④, 2 ③, 3 ①, 4 ②, 5 ④

CHAPTER 10

평생교육프로그램 마케팅과 홍보

제1절 평생교육프로그램과 마케팅의 의의

제2절 마케팅의 단계와 평생교육프로그램 개발의 과정

제3절 마케팅 요소에 따른 평생교육프로그램 개발과정

제1절 평생교육프로그램과 마케팅의 의의

1. 평생교육프로그램 마케팅의 개념

프로그램은 평생교육에서 흔히 사용되는 정규교육의 '커리큘럼'과 비교될 수 있는 용어이다. 정규교육의 커리큘럼이 '의도적인 학습과정의 구조화된 틀'이라는 비교적 좁은 뜻의 용어라면 프로그램이란 이보다 너른 뜻의 용어이다. 이러한 프로그램은 주어진 것이 아니고, 오히려 그때그때 주어진 상황과 대상, 주제에 따라 새롭게 만들어지는 것으로서 방법과 내용의 열림을 중요시하고 있다.

이러한 평생교육프로그램의 개념을 다음과 같이 광의의 관점과 협의의 관점으로 살펴볼 수 있다.

첫째, 광의의 관점에서 프로그램은 넓은 의미에서 인간의 모든 학습활동을 지칭한다. 학습은 단지 학교 교실이라는 정해진 장소에 한정해서 행해지는 것이 아니다. 학습주체가 존재하는 곳이면 어디서든 이루어진다. 학습주체가 존재하는 삶의 어느 영역에서나 학습이 수행되는 지침이나 청사진이 프로그램이다. 이런 의미에서 프로그램은 인간의 모든 학습활동을 포괄하며, 다양한 사고와 관념, 경험 등을 의미한다.

둘째, 협의의 관점에서 프로그램은 목적에 따라, 혹은 내용에 따라 서로 다른 의미를 갖는다. 프로그램이 서로 다른 수준에서 다른 의미로 사용되는 것은 우리의 일상생활에서 쉽게 발견된다. 예를 들면, 관광회사 팸플릿의 선전 문구에서 볼 수 있는 '노인 모시기 프로그램'과 어학원의 '영어회화 프로그램', 또는 기업의 '판매 서비스 프로그램' 등이 그것이다. 이때 프로그램은 각기 그 상황에 따라 다른 의미를 가지고 있다. 하지만 이러한 프로그램을 살펴보면 '행동과정', '교육과정', '코스' 혹은 '목적' 등의 용어를 공통적으로 사용하고 있음을 알 수 있다. 이런 측면에서 프로그램은 크게 '특정조직에서 제공하는 모든 형태의 학습활동'에서부터 작게는 '특정 내용을 학습하기 위한 각각의 개별학습과정'을 의미한다. 이러한 프로그램은 프로그램을 실시하는 기관의 목적에 부합되는 내용을 가지고 있다.

한편, 마케팅이란 물건을 파는 기술, 화려한 광고, 친절한 서비스 같은 것이라고 이해되기도 하고, '사업을 성공시키는 열쇠' 같은 것이라고 받아들여지기도 하는데 마케팅이 무엇인지 한마디로 정의하는 것은 쉽지 않다. 평생교육적 측면으로 마케팅을 정의한다면 평생교육 영역과 마케팅 영역으로 구분하여 다음과 같이 살펴볼 수 있다.

평생교육 영역에서는 마케팅의 개념을 '고객의 필요를 결정하고 이러한 필요를 충족시킬 수 있는 프로그램을 개발하고 실행하며, 또 그것의 성공 여부를 평가하는 모든 단계를 포함하는 매우 포괄적 과정'이라고 소개하고 있다. 이러한 소개와 함께 마케팅을 '프로그램을 잠재적 고객에게 알리는 광고나 홍보에 중점을 두고 있다'고 정의하고 있다(기영화, 2005).

이러한 정의는 마케팅의 개념을 명확하게 제시하지 않고 있으며, 마케팅을 '포괄적 과정'에서 광고·홍보의 영역으로 제한하는 결과를 가져올 수 있다. 따라서 마케팅의 개념을 명확히 검토하기 위하여 기업 차원의 마케팅 개념을 살펴볼 필요가 있다.

또한, 마케팅 영역에서는 두 가지 측면에서 개념을 정의하고 있다. 우선, 기업경영철학으로서의 마케팅이다. '기업을 경영하는 철학'으로서의 마케팅은 고객들이 현재 무엇을 원하고 있는지를 이해하고, 한 걸음 더 나아가서, 앞으로 무엇을 원하게 될 것인지를 예측하는 것이 기업의 성장과 발전을 달성하는 지름길이라는 믿음에 기반을 두고 있다. 이는 고객에게 더 큰 가치를 제공하는 것을 기업의 사명으로 삼고, 이익은 이러한 사명을 충실히 실천함으로써 얻어지는 결과라고 믿는 것이다. 이를 마케팅 컨셉(marketing concept)이라고 부른다.

다음 기업 활동으로서의 마케팅은 고객에게 경쟁자보다 더 큰 가치를 제공하기 위하여 상품(product), 가격(price), 촉진(promotions), 유통(place)을 계획하고, 실행하고, 통제하는 과정으로서의 마케팅 관리(marketing management)라고 지칭될 수 있다. 마케팅 관리는 기업 전체 또는 사업단위 수준에서 이미 결정해 놓은 사업목표와 전략의 영향을 받게 된다.

위에서 살펴본 바에 따르면 평생교육프로그램과 마케팅의 개념을 다음과 같이 주목할 수 있다.

첫째, 프로그램과 마케팅은 광의의 관점에서 관념적인 또는 철학적인 부분을 가지고 있다. 프로그램이 모두 인간의 모든 학습활동을 포함하며, 다양한 사고와 관념 등을 포괄하고 있으며, 마케팅도 기업 활동을 철학적으로서 접근하고 있다. 둘째, 협의의 관점에서 실질적인 활동 또는 내용에 주목하고 있다. 프로그램이 '특정 조직에서 제공하는 모든 형태의 학습활동, 특정내용을 학습하기 위한 각각의 개별 학습과정 경험' 등을 담고 있고, 마케팅은 상품, 가격, 촉진, 유통을 계획하고 실행하고, 통제하는 과정으로서의 마케팅 관리를 의미하고 있다. 마지막으로, 프로그램과 마케팅은 모기관의 철학과 목표의 범주 안에서 만들어지고 운영된다.

이와 같은 유사성은 평생교육프로그램과 기업의 마케팅이 추구하는 가치와 지향은 다르지만 과정상에서 같은 틀과 내용을 가질 수 있다는 것을 시사하고 있다. 한편, 평생교육 영역에서 마케팅을 광고홍보 부분으로 축소하여 받아들이고 있는 것은 마케팅을 활용한 평생교육프로그램의 효율성 제고를 위해 재검토되어야 할 것이다.

2. 현대적 의미의 공동체와 공동체 지향 평생교육프로그램

일상생활에서 공동체는 대개 '생활이나 운명을 같이 하는 조직체'라는 사전적 정의에 준하여 의미가 통용된다. 현대 사회의 병폐로 지적되고 있는 인간 소외와 가치관의 공동화 현상을 비롯하여 물질문명의 폐해로 인한 환경오염, 자원 고갈 등의 당면한 문제를 해결해야 할 동시대적 운명을 강조하며, 최근에는 좁은 의미의 지역사회뿐만 아니라 전 인류를 '운명 공동체'로 명명하기도 한다.

공동체주의자들은 자본주의가 발달함에 따라 자유주의가 '소유적 개인주의(possessive individualism)로' 변모해 가면서 공동선(common good)과 공동 가치(common value)의 중요성이 점차 퇴색하고 있다고 주장한다. 특히 샌들(J. Sandel)은 개인 권리의 우선성, 역사와 현실적 상황으로부터 초월하여 존재하는 자율적인 개인, 선에 대한 개인의 독립적 판단, 그리고 자신의 이익을 추구하는 개인들과 그들의 계약에 의해 구성된 사회관념 등을 전제하고 있는 롤스(J. Rawls)의 이론을 비판하면서 이러한 이론이 개인주의, 권리 중심주의, 개인 이익 우선주의와 같은 자유주의의 본질을 그대로 대변한다고 하였다. 또한 자유주의적 관점에서의 공동체는 궁극적으로 개인들이 자신의 이익을 위해 연대하고 협동하며, 이러한 연대와 협동을 증진시키기 위해 감정적으로 유대하는 도구적·감정적 공동체라는 것도 비판의 대상이었다.

이처럼 공동체의 개념은 자유주의에 대한 반동으로부터 구체적으로 개념화되었으나 개인을 공동체 속에 매몰된 무기력하고 수동적인 존재로 본 것이 아니라 공동선과 공동체적 질서에 따르면서도 그것을 새롭게 재구성해 나갈 수 있는 적극적인 존재로 규정하고 있다.

우리는 현대적 의미의 공동체 개념을 토대로 공동체적 삶의 실현을 위한 상호협력과 참여 의식을 고양하도록 하는 프로그램들은 공동체 지향 평생교육프로그램으로서 급변하는 사회의 요구에 무비판적으로 현혹되거나 순응하지 않고, 비판적 사고과정을 통해 가치 있는 사회 형성을 주도해 나가는 평생교육프로그램을 개발하고 마케팅 및 홍보의 과정을 거쳐야 할 것이다.

3. 평생교육프로그램의 유형과 공동체 지향 평생교육프로그램

평생교육프로그램은 교육 대상, 내용, 목적, 이념형 등 여러 가지 기준에 의해 유형화될 수 있다. 이 연구는 교육 대상이나 내용과는 무관하게 공동체적 삶을 목적으로 하는 프로그램의 활성화에 관심을 두고 있으므로 목적과 이념형에 따른 프로그램 유형을 살펴보고, 이를 기준으로 공동체 프로그램이 어떤 것인지 윤곽을 살펴보면 프로그램이 개인과 공동체 중 어느 쪽에 중점을 두느냐와 사회질서에 순응하느냐, 저항하느냐에 따라 아래 표와 같이 프로그램을 유형화할 수 있다.

표 10-1 성인교육과 사회적 참여와의 관련 정도에 따른 유형

구분	사회질서에 저항	사회질서에 순응
집단 지향	Ⅰ	Ⅲ
개인 지향	Ⅱ	Ⅳ

출처: Nordhaug, O.(1986) 재구성.

위의 표에서 Ⅰ유형은 사회 질서에 집단적으로 저항하는 것으로 정치교육과 급진적인 저항을 포함한 계급투쟁이 여기에 해당된다. Ⅱ유형은 개인적인 차원에서의 저항으로 종교운동(religious movement)을 통해 드러난다. Ⅲ 유형은 사회정책적인 차원에서 인종, 세대, 성, 종교 등에서 나타나는 각종 불평등을 보상해주기 위한 유형이며 궁극적으로는 문맹자, 이민자, 죄수와 같은 사회적 약자들을 기존의 사회질서에 편입시키는 데 초점을 둔다. Ⅳ 유형은 개인의 이익을 궁극적인 목적으로 하며 순전히 상업적인 기반에서 강의(course)를 제공한다.

한편, 커닝햄(P. M. Cunningham)은 폴스톤(R. G. Paulston)과 알텐바우(R. J. Altenbaugh)의 유형을 수정하여 사회 변화 지향 수준과 프로그램 통제 주체에 따라 아래와 같이 프로그램을 유형화하였다.

표 10-2 커닝햄의 프로그램 유형

		프로그램 통제 주체	
		개인들(individuals)	공식체제(formal system)
사회변화 목표수준	높음	유형 4 급진적 인본주의자 - 인간해방을 위한 투쟁	유형 5 급진적 구조주의자 - 새로운 혁명사회
	중간	유형 3 개혁적인 성인교육 협동조합, 평화운동, 여성운동 등	
	낮음	유형 2 소비자 지향적 성인교육 (consumer adult education) - 자아실현, 레저	유형 1 전통적인 성인교육 (conventional adult education)

출처 : Merriam, S. B. & Brockett, R. G(1997).

교육을 통한 사회변화는 결코 급진적으로 이루어지지 않으며 장기적인 안목에서 점진적인 변화를 추구한다. 이렇게 본다면 유형 4는 평생교육보다는 사회운동에 더 가깝다고 할 수 있으며 유형 5는 사회 구조적인 변화를 꾀하는 것이므로 교육적으로 지향해야 할 유형은 아니다. 반면 유형 1은 개인의 주체성보다는 사회 질서 및 사회적 요구에 적응하는 것을 우선으로 하기 때문에 개인의 필요보다는 사회의 필요에 의한 평생교육으로 흐를 가능성이 높다. 개인주의적 성향의 프로그램인 유형 2는 공동체 구성원으로서 개인의 변화를 목적으로 하기보다는 평생교육의 수요자 혹은 소비자로서 개인의 욕구 충족에 중점을 두고 있다. 유형 3은 공동체를 위한 개인, 개인을 위한 공동체라는 두 개의 스펙트럼이 상존하면서 점진적으로 새로운 공동체 형성을 지속해나가는 것을 목적으로 하므로, 이 유형이 공동체 프로그램에 해당한다고 볼 수 있다.

우리는 권두승(1991)이 제시한 프로그램이 지향하는 이념에 따른 프로그램 유형을 참고하여 프로그램을 개발 및 마케팅에 적극 활용해야 할 것이다.

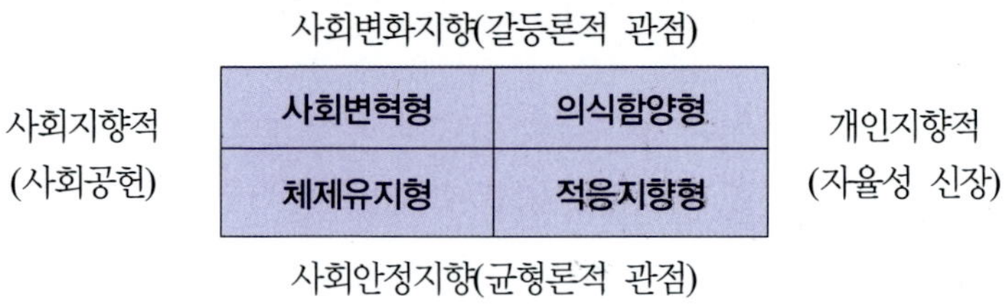

그림 10-1 이념형에 따른 프로그램 유형

위 유형은 분류 기준과 도식이 노트혹의 유형과 매우 흡사하지만 개인과 사회, 사회 변화와 사회 안정의 지향 정도를 극단적인 관점에서 보지 않고 어느 정도 접점을 공유하는 유연한 기준으로 삼은 것을 알 수 있다. 그는 각 유형에 속하는 프로그램을 다음과 같이 구체화시켰으며 이 중 공동체 프로그램이 포함되는 유형은 의식함양형이다.

- 체제유지형: 국가(사회) 건설 및 발전(농촌개발, 지역사회 개선 포함), 사회통합(안정, 질서유지, 국가관 확립), 인적자원 육성(생산성 향상), 공민적 자질 함양(민주시민 육성)
- 적응지향형: 자아실현(개인의 성숙 및 인성, 인간화 교육), 사회변화에 적응, 교양의 함양(자질의 육성, 지성의 함양), 삶의 질 향상(생활의 질 개선, 지위의 향상)
- 의식함양형: 의식함양(의식화, 비판의식의 함양), 소외의 극복, 인간해방, 권익옹호
- 사회변혁형: 사회구조의 변혁, 사회모순의 극복, 사회적 갈등 및 적대감의 해소, 종속성의 극복

유네스코는 1990년대에 들어서면서 모든 이를 위한 교육(education for all)을 강조하고 있다. 그러나 이보다 앞서 1985년에 유네스코 아시아태평양지역사무국(Principal Regional Office for Asia and Pacific, PROAP)은 아시아 태평양 지역의 모든 이를 위한 교육 프로그램(Asia-Pacific Program of Education for All)을 실시하고, 이에 대한 지침서에 평생교육프로그램을 아래의 표 10-3과 같이 유형화하였다.

표 10-3 유네스코의 평생교육프로그램 목적에 따른 유형 분류

구분	내용
1. 문해 프로그램	기본적인 문해력과 수리력, 문제해결력의 유지 및 향상, 개인이 사회 성원으로서의 역할과 기능을 수행할 수 있도록 하기 위한 기본적인 업무 수행능력 강화
2. 학력인정 프로그램	일반계 또는 직업계 형식교육에 상응하는 대안적 성격의 보충적인 평생교육프로그램, 학력인정과 연계됨
3. 소득증대 프로그램	직업기술을 획득 및 향상으로 인한 소득증대, 직업적 평생교육프로그램 및 빈곤층을 대상으로 한 직업 훈련 등
4. 삶의 질 향상 프로그램	개인으로서, 그리고 지역사회의 구성원으로서 삶의 질을 향상을 위한 지식, 태도, 가치관과 기술 습득
5. 개인적 욕구충족 프로그램	개인들이 각자 원하는 사회적·문화적·정신적 그리고 건강과 신체 및 예술 부문의 교육적 요구 충족
6. 미래지향적 프로그램	사회적·기술적 변동에 적응하고 대처하는 데 필요한 새로운 기술과 지식, 기법 제공

출처 : 한국교육개발원(2002).

이 유형은 유네스코 21세기 특별위원회가 1996년에 발간한 「배움, 그 안에 감추어진 보물(Learning: The Treasure Within)」에서 좀 더 포괄적인 형태로 유형화되었다. 21세기 교육 사업이 지향해야 할 근본(pillars)으로 제시된 것은 그림 10-2와 같다.

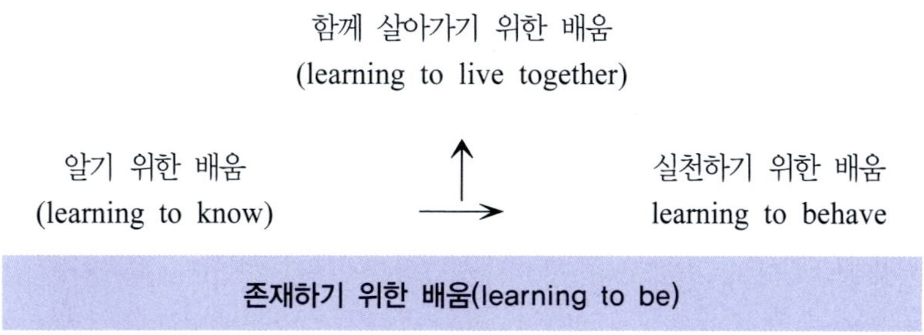

그림 10-2 유네스코 특별위원회가 제시한 교육의 근본

제2절 마케팅의 단계와 평생교육프로그램 개발의 과정

마케팅과 평생교육프로그램 개발은 구체적인 영역에서 유사성을 확인할 수 있다. 우선, 산출물이 존재한다. 마케팅은 새로운 또는 기존의 것을 보완한 무형의 서비스나 유형의 상품을 만들어 낸다. 평생교육프로그램 개발도 새로운 프로그램 또는 기존의 내용을 보완한 프로그램을 만들어낸 후 산출물을 고객에게 제공한다. 마케팅 운영기업과 평생교육기관은 모두 자신들이 만든 서비스나 상품 또는 프로그램을 미지의 고객에게 제공하게 된다. 마지막으로 서비스나 상품을 산출하기 위하여 환경 분석과 시장 선택 등 일정한 과정과 산출을 위한 영역별 관리를 거치게 된다. 이와 함께 프로그램이나 서비스, 상품은 모두 기업이나 평생교육기관의 지향성에 적합하게 만들어진다. 마케팅 개념과 단계는 평생교육과정을 다음과 같이 기반을 조성하는 단계와 개발 실무 단계로 구분하여 살펴볼 수 있다.

기반 조성단계는 환경 분석과 시장 선택, 목표 수립과 표적시장 선정으로 이루어진다. 기초 단계의 내용은 다음과 같다.

첫째, 환경 분석과 SWOT분석이 이루어져야 한다. 환경 분석은 일반적으로 외부요소와 내부요소로 구성된다(Caffarella, 2002). 이것은 기업의 목표달성을 위하여 필요한 역량에 영향을 끼칠 현재와 미래의 긍정적인 동향과 부정적인 동향을 모두 파악하기 위해서, 환경을 면밀히 조사하고 주의 깊게 관찰하는 과정이다(Simerly et al., 1989). SWOT분석은 강점(strengths), 약점(weaknesses), 기회(opportunities), 위협(threats)의 머리글자의 조합으로서 보다 범위가 넓은 환경 분석의 한 방법이다.

SWOT분석은 전략 및 강점·약점 등의 내부 역량과 기회·위협과 같은 외부의 가능성 사이의 적합성을 평가하기 위하여 사용된다(Fleisher & Bensoussan, 2006).

둘째, 산출할 상품 군 또는 프로그램 군을 선정하기 위해 시장선택이 실시되어야 한다. 시장선택은 시장의 매력도 분석, 경쟁우위 분석 및 적합성 분석을 통하여 이루어진다. 여기서 시장 매력도란 어떤 시장에 진입한 기업들이 잠재적으로 얻을 수 있는 평균적인 이익의 크기를 가리킨다. 시장 매력도 평가기준으로는 외형적 요인, 구조적 요인, 환경적 요인을 들 수 있다. 그다음으로 시장에서 경쟁우위가 있어야 한다. 시장별로 현재의 또는 잠재적인 경쟁자들이 누구인지 파악하고, 우리와 경쟁자들의 능력을 비교 분석하여야 한다. 끝으로 시장이 기업에 적합해야 한다. 각 시장의 특성이 우리 기업문화, 사명, 기존 시장, 기존 마케팅 믹스와 어울려야 한다.

셋째, 마케팅 목표가 수립되어야 한다. 마케팅 목표는 대개 개별 브랜드나 상품별 이익, 매출액, 시장 점유율 등과 같은 재무적 수치로 표시되어야 하며, 고객과 관련된 목표를 갖는 것도 필요하다. 마케팅 목표는 측정 가능해야 하고, 언제까지 달성하겠다는 시한을 명시해야 하며, 기관 전체의 목적과 일관성을 가져야 한다.

넷째, 구체적인 상품 또는 프로그램의 대상이 되는 표적시장이 선정되어야 한다. 고객들의 욕구가 다양해질수록 매스마케팅은 부적절한 전략이 된다. 그러나 대량생산을 해야 하는 기업의 입장에서는 고객 한 사람 한 사람의 욕구를 충족시키는 맞춤 생산을 할 수도 없다. 따라서 시장분할 전략에 대한 인식이 필요하다(Simerly et al., 1989). 시장세분화 작업을 통해 비슷한 욕구를 가지고 있는 고객들을 묶어서 하나의 세분시장으로 구분하고, 이 세분시장들을 여러 가지 기준으로 평가하여, 가장 바람직한 그리고 일정한 규모 이상이 되는 한 개 또는 그 이상의 세분시장을 찾아내어 표적시장으로 선정해야 한다. 시장을 세분화하여 선정된 이러한 표적시장은 시장 매력도, 경쟁우위, 적합성의 조건을 충족해야 한다.

기반조성 단계를 거쳐 표적시장이 선정된 후 표적시장의 욕구를 충족시켜 줄 수 있도록 상품(product)을 기획하고, 가격(price)을 책정하며, 촉진활동(promotion)을 전개하고 유통(place)을 시키는 마케팅 믹스(marketing mix)관리가 이루어져야 한다. 상품이나 프로그램을 개발하는 개발 실무 단계인 마케팅 믹스의 내용은 다음과 같다.

첫째, 마케팅 믹스 계획은 상품관리로부터 출발한다. 상품은 고객의 필요나 욕구를 충족시키기 위하여 제공되는 모든 것으로서 평생교육기관에서의 상품은 교육 프로그램을 의미한다. 상품 관리는 포지셔닝(positioning) 확인과 리포지셔닝(repositioninig), 상품수명주기(product life cycle)에 따른 관리, 기존의 상품을 제거 또는 개선 대상을 선정하는 상품감사(product audit)를 통해 이루어진다.

둘째, 가격은 소비자가 어떤 편익을 획득하기 위해 지불하는 모든 비용을 의미한다. 어떤 상품의 가격을 결정하는 방법은 상품의 원가에 일정 비율의 이익을 더하여 가격을 결정하는 원가기준법(cost-plus pricing), 목표로 하고 있는 투자 수익률을 달성할 수 있도록 가격을 결정하는 목표 수익률 기준법(target-return pricing), 경쟁자의 가격을 기준으로 동일한 수준이나 아니면 조금 높거나 낮도록 가격을 결정하는 경쟁기준법(going-rate pricing), 고객이 지각한 가치를 기준으로 가격을 결정하는 지각된 가치기준법(perecived-value pricing)이 있다. 평생교육에서 수강료를 정할 때 프로그램 계획을 세우고 실행하는 실제 비용, 프로그램 수요, 고객들이 꺼리지 않고 지불할 금액, 경쟁 그리고 프로그램의 수명 등을 고려한다(Caffarella, 2002).

셋째, 촉진(promotion)은 어떤 상품의 존재를 현재 또는 미래의 고객들에게 알리고 이것을 구매하도록 설득하며 구매를 유인할 수 있는 여러 가지 인센티브를 제공하는 활동을 의미한다. 촉진은 비용을 지불하고 비인적(非人的) 매체를 통하여 상품들을 널리 알리고 구매를 촉진하기 위하여 벌이는 모든 형태의 활동인 광고(advertising), 비용을 지불하지 않고, 회사의 활동이나 상품에 대한 정보를 언론의 기사나 뉴스 형태로 내보내는 홍보(publicity), 기업이 직간접으로 관련이 있는 여러 집단들과 좋은 관계를 구축하고 유지함으로써, 기업 이미지를 높이고 구매를 촉진하기 위해 벌이는 활동인 PR(public relation) 등의 하위요소를 가지고 있다.

넷째, 경로(place)는 상품을 고객이 용이하게 획득하도록 하는 모든 과정을 의미한다. 평생교육에서 경로란 평생교육기관이 제공하는 교육 프로그램이나 서비스를 고객에게 유통시키는 활동을 말한다. 유통경로는 어떤 상품을 최종 구매자가 쉽게 구입할 수 있도록 만들어 주는 과정에 참여하는 모든 조직체나 개인들을 의미한다.

위에서 살펴본 바와 같이 마케팅의 기반 조성 단계는 마케팅과 평생교육프로그램 개발에 동일하게 적용될 수 있다. 개발 실무 단계에서 마케팅 믹스부분의 내용도 마케팅과 평생교육프로그램 개발에 같이 적용될 수 있다. 다만, 마케팅 믹스에서 상품은 프로그램으로, 가격관리를 수강료 책정으로, 촉진을 광고·홍보·PR로, 경로를 수강 접수와 프로그램 정보제공, 그리고 이를 위한 직원교육, 평가와 활용으로 용어를 바꾸어 사용할 필요가 있다. 평생교육프로그램 개발 과정에 적용할 수 있는 주된 마케팅 요소의 체계와 내용은 표 10-4와 같이 나타낼 수 있다.

표 10-4 **평생교육프로그램 개발 과정에 적용 가능한 주요 마케팅 요소**

구분	내용	
환경분석	내부 환경분석, 외부 환경분석	
	SWOT 분석	
시장선택	시장 매력도 분석	
	경쟁 우위	
	적합성	
마케팅 목표	재무적 수치 목표	매출액
		프로그램별 이익
		달성 시한
	전략 목표	수확 목표
		성장 목표
시장 세분화와 표적시장	시장 세분화	
	세분 시장	
	표적 시장	
마케팅 믹스 관리	마케팅 영역	프로그램 개발 영역
	상품 관리	프로그램 기획과 설계
	가격 관리	수강료 책정
	촉진 관리	광고와 홍보
	경로 관리	등록, 정보제공, 수강생 학습관리

출처 : 김창엽·성낙돈(2009).

제3절 마케팅 요소에 따른 평생교육프로그램 개발과정

평생교육프로그램의 개발과정을 마케팅의 주요 요소적 관점에서 볼 때 크게 '기반 조성 단계'와 '개발 실무 단계'로 구분된다. 기반 조성 단계는 '환경적 분석과 SWOT분석'에서 시작하여 '시장 선택', '마케팅 목표의 수립'을 거쳐 '시장 세분화와 표적시장'에 이르기까지를 포함하고 있다. 개발 실무 단계는 이후 표적시장을 충족시키기 위한 '마케팅 믹스 관리'를 포괄하고 있으며, 이는 '상품 관리', '가격 관리', '촉진 관리', '경로 관리'의 네 요소로 구분된다.

1. 기반 조성 단계

중도를 높이기 위한 것으로, 궁극적으로는 시장 세분화와 표적시장에 도달하기 위한 준비 과정이다. 표적시장의 확인·선정이 이루어지지 않으면 프로그램 개발의 목적과 효과가 달성되기 어렵다. 따라서 프로그램의 개발 이전에 세분화된 시장의 구성은 물론 표적시장의 선정이 이루어져야만 한다. 이 같은 일련의 과정에서 가장 핵심적인 것은 프로그램에 대한 시장에서의 요구를 정확하게 조사하는 것이다.

1) 환경 분석과 SWOT분석

환경 분석은 외부 환경 분석과 내부 환경 분석으로 구성된다. 프로그램 환경 분석은 프로그램이 요구되는 주변 상황을 분석하는 작업이다. 환경에 대한 분석은 기관과 프로그램과 서비스의 성공을 위해 결정적인 현안에 대한 정보를 획득할 수 있도록 한다. 획득된 분석 정보는 SWOT분석을 통해 평생교육기관의 전략 대안 수립으로 이어지게 된다.

환경 분석과 SWOT분석은 평생교육기관이 목적 달성을 위한 사업을 전개할 수 있는 토대를 만드는 과정이다. 평생교육기관의 사업전개를 위한 토대가 형성되지 않으면 변화하는 사회와 고객 욕구에 대해 적절하고 효율적인 대응을 할 수 없게 된다. 따라서 환경 분석과 SWOT분석을 6개월 또는 1년 단위 주기로 정기적으로 실시하여 평생교육기관 사업의 성과를 높일 수 있도록 해야 할 필요가 있다.

2) 시장 선택

평생교육프로그램을 개발하기 위해서 시장의 선택과 고객에 대한 이해가 선행되어야 한다. 시장의 선택을 위해서는 시장 매력도 분석, 경쟁우위 분석, 적합성 분석이 이루어져야 한다.

마케팅에서의 시장은 살아가는 데 필요한 어떤 것이 부족한 상태에 있는 사람들의 집단을 의미한다. 마케팅은 시장에 존재하는 집단적 필요를 충족시킬 수 있는 구체적인 수단을 원하는 고객의 욕구를 대상으로 이루어진다. 이는 시장의 존재 여부가 프로그램 개발의 전제조건이 되는 것을 의미한다. 따라서 평생교육기관이 프로그램을 개발하고 시장에 진입하기 위하여 필수적으로 시장 선택 작업이 이루어져야 한다.

3) 마케팅 목표 수립

마케팅은 평생교육기관의 전체적인 임무, 목적, 목표의 성취와 직접적인 관련이 있어야 한다. 마케팅 목표는 이러한 관련을 기반으로 재무적 수치목표와 고객관련 목표로 구분될 수 있다. 매출액 목표와 프로그램별 이익 목표는 평생교육프로그램의 구성과 밀접한 관계가 있다. 대학 부설 평생교육원은 대학의 자원을 활용하여 학문적 성과와 역량을 지역사회에 제공하고 이를 통해 사회적 가치 구현과 지역사회의 삶의 질의 향상, 개인의 발전을 지원하도록 요구받는다.

그러나 실제는 평생교육원이 직간접적으로 수익성을 추구하도록 요구를 받고 있다. 따라서 매출액 목표를 설정하고, 수익성 프로그램을 배치하여 일정 수준의 수익을 확보하도록 하여 이를 기반으로 사회적 가치와 공공성을 추구하는 프로그램이 평생교육원에 대한 수익 확보 요구와 상관없이 운영되도록 프로그램을 구성할 필요가 있다. 평생교육 기관은 사회적 가치 추구와 공공성 확보 프로그램이 수익성 추구 프로그램과 조화를 이루고, 생명주기에 따른 프로그램 효과성을 제고해야 한다. 이를 위해 평생교육 기관의 목적과 연계된 구체적이고 측정 가능한 마케팅 목표를 수립하여 체계적이고 종합적인 프로그램 개발과 운영을 실시해야 할 것이다.

4) 시장 세분화와 표적시장 선정

평생교육 기관에서의 프로그램 개발은 그 대상이 누구인지를 파악하고, 대상에 맞게 개발하려는 노력이 매우 중요하므로 우선적으로 학습자를 파악하는 작업이 이루어져야 한다. 이를 위해 시장세분화와 표적시장 작업이 실시되어야 하지만, 조사 결과 이러한 작업 실시 여부가 평생교육원에서 구체적으로 확인되지 않았다. 이와 같이 표적시장 선정이 이루어지지 않은 이유는 평생교육 기관 관계자가 시장 세분화와 표적시장에 대한 이해가 부재하였기 때문이다.

조사된 대부분의 평생교육원은 프로그램 광고 및 운영계획에 수강 대상을 명시하고 있다. 그러나 이 수강 대상이 표적시장을 의미한다고 보기는 어렵다. 수강대상과 표적시장의 불일치를 두 가지 측면에서 살펴볼 수 있다. 우선, 대부분의 평생교육원은 프로그램 주제를 선정한 후, 운영계획을 세우거나 광고를 할 때 수강 대상을 정하고 있다. 이는 프로그램 개발 후에 이에 적절한 대상을 추정하는 것으로서, 표적시장을 선정하고 이를 목표로 프로그램을 개발하는 것과 차이가 있다. 다음, 마케팅 목표를 달성하기 위한 프로그램을 개발하기 위하여 평생교육 기관은 진입할 시장을 선택하고 이 시장을 세분화 하여 세분시장을 구성해야 한다.

시장에는 서로 다른 특성을 지닌 다양한 고객이 존재하고, 이 고객의 욕구가 다채롭기 때문에 불특정 대중을 대상으로 하는 프로그램은 성공하기 어렵다. 다양한 고객의 욕구를 파악하고 이를 충족시키기 위해서 매스마케팅을 지양하고 세분시장 마케팅을 지향해야 한다. 따라서 세분시장 마케팅을 실시하기 위해 시장을 선택하고, 이 시장을 세분화하여 세분시장을 결정하고 여기서 시장 매력도와 경쟁우위, 적합성을 고려한 표적시장 선정이 이루어져야 한다.

세분시장 구성은 변화하는 환경에 대응하는 프로그램 개발을 기반으로 작용할 수 있다. 이는 세분시장에서 선정된 표적시장이 프로그램의 적중도를 높이기 위한 요구조사의 대상이 되기 때문이다. 표적시장 선정이 이루어지지 않으면 프로그램 개발의 목적성과 효율성에 문제가 발생할 수 있으므로 프로그램 개발 이전에 세분시장 구성과 표적시장 선정이 이루어져야 한다.

2. 개발 실무 단계

표적시장이 선정이 이루어지면 기반 조성 단계가 끝나고, 이어 개발 실무 단계가 시작된다. 즉, 표적시장이 선정되면 마케팅 믹스 관리를 통하여 표적시장의 욕구를 충족시켜야 한다. 마케팅 믹스 관리는 '상품 관리', '가격 관리', '촉진 관리', '경로 관리' 이 네 요소로 구분할 수 있다. 다음에서는 이 네 가지 마케팅 요소의 범주에 따라 평생교육프로그램 개발 과정의 실제에 관한 조사 연구의 결과를 요약하였다.

1) 상품관리 : 프로그램의 기획과 설계

프로그램을 개발하기 위하여 아이디어가 생산되어야 한다. 아이디어 생산은 다른 조직에서 교육 프로그램을 차용하기도 하고 개인적 관찰이나 아주 체계적인 수요조사와 같은 다양한 자료를 통해서 나올 수도 있다. 평생교육프로그램 아이디어 생산 경로는 다음과 같다.

첫째, 외부 경로를 통해 프로그램 아이디어를 생산하고 있다. 우선, 프로그램 공모를 통해 외부제안을 수용하고 있다. 대부분의 평생교육원은 주로 홈페이지를 통해 외부에서 프로그램 아이디어를 제안 받으며 이러한 외부 프로그램 제안의 경우 프로그램 내용과 강사진이 함께 제시되는 경향을 보인다. 또, 타 평생교육 기관의 프로그램을 참조하여 프로그램 아이디어를 획득하고 있다. 외부에서 제안된 프로그램의 수용과 함께 평생교육원의 프로그램 아이디어 생산의 주된 경로는 다른 기관의 프로그램 중 많이 개설된 프로그램을 수용하는 것이다.

둘째, 내부 경로를 통해 프로그램 아이디어가 생산된다. 그러나 대부분 기관의 책임자의 관심주제 혹은 내부 회의 및 자체기획을 통해서 프로그램 아이디어로 제시되고 프로그램 주제로 채택되기 때문에 활성화에는 다음과 같은 개발 검증이 필요하다.

선정된 아이디어는 내용을 검토하여 프로그램 주제로 선정하게 된다. 프로그램 주제를 선정할 때 고려되는 요인은 기관의 설립목적 구현, 사회적 가치와 공공성, 담당자의 의지, 수익성, 유행 등이 있다.

2) 가격관리: 수강료 결정

가격관리는 평생교육 기관에서 운영되는 교육프로그램보다 많은 고객들이 이용할 수 있도록 고객이 지불하는 수강료를 결정하는 것을 말한다. 수강료는 가격에 관련된 고객 심리와 행동, 기관의 마케팅 목표와 원가구조, 유사 프로그램의 원가와 가격 등이 검토되고, 이에 따른 수강료 결정 기준이 작동되어야 한다.

첫째, 수강료 책정을 위한 종합적 분석이 이루어져야 한다. 고객의 가격에 관련된 심리와 행동에 대한 검토가 진행되어야 하는데 이는 평생교육기관의 마케팅 목표와 원가구조, 그리고 전체 예산을 검토하여 수강료 책정 기준으로 삼아야 함을 의미한다. 프로그램을 개발하고 운영하는 데 소요되는 원가를 고려하여 수강료를 책정하면서 원가구조를 고정비, 변동비로 구분하여 상세하게 분석해야 한다. 또, 타 기관 유사 프로그램의 원가를 조사하여 수강료 책정에 반영해야 한다.

둘째, 수강료 책정 기준 및 방법을 분명하게 수립하여 실시하여야 한다. 일반적으로 가격을 결정하는 방법의 준거를 살펴보면 다음과 같다. 먼저, 상품의 원가에 일정 비율의 이익을 더하여 가격을 결정하는 원가 기준법을 사용한다. 외부 제안된 프로그램의 경우 강사료와 예상 수강생수를 기준으로 일정 이익을 더하여 수강료를 책정하는 방법이다. 다음, 마케팅 목표를 달성할 수 있도록 투자수익률에 초점을 맞춰 가격을 결정하는 목표수익률 기준법을 적용해야 한다. 전체 예산을 기준으로 마케팅 목표가 수립되고 경쟁자의 가격을 기준으로 동일한 수준, 또는 조금 높거나 낮도록 가격을 결정하는 경쟁기준법을 적용하여야 함을 의미한다.

마지막으로, 고객이 지각한 가치를 기준으로 가격을 결정하는 가치기준법을 적용하여야 한다. 최고위 과정 또는 특정 대상을 목표로 한 프로그램은 수강료가 높게 책정됨으로써 고객이 지각한 가치를 충족시킬 수 있기 때문이다.

3) 촉진관리 : 광고와 홍보

마케팅에서 촉진관리는 광고(advertising), 홍보(publicity), PR(public relationship)의 요소로 구성된다. 평생교육기관에서 진행되는 촉진관리 내역 및 평생교육기관의 광고활동을 분석한 결과는 다음과 같이 나타날 수 있다.

첫째, 평생교육기관은 주된 표적청중(Market)을 선정해야 한다. 프로그램의 수강 대상자를 포괄적으로 범주화하여 광고 대상을 선정하는 것이 아닌 주된 표적청중을 선정해야 한다.

둘째, 목표(Mission)수립이 분명해야 한다. 평생교육기관은 광고를 통해 커뮤니케이션 목표를 가져야 한다.

셋째, 일정한 광고 예산(Money)을 수립하여 운영해야 한다. 평생교육기관은 프로그램 운영을 통해 적절한 이익을 낼 수 있는 범위에서 광고비를 지출하는 가용 자원법을 채택해야 한다.

넷째, 광고는 특별한 메시지(Massage) 결정을 통해 진행되어야 한다. 평생교육기관은 광고에서 프로그램에 대한 특별한 포지셔닝(Positioning)을 정하고 프로그램 수강료, 기간, 접수방법 등의 일반적 사항 또한 포함해야 한다.

다섯째, 매체(Media) 선정의 고려사항은 표적청중, 매체별 특성, 광고의 특성, 경쟁광고의 매체, 구독 청중의 비율 매체수단의 신뢰성과 권위, 부대서비스 등이 검토되어야 한다. 광고 예산의 크기가 매체선정의 핵심요인이 되어서는 안 된다.

여섯째, 광고는 프로그램 운영 기간만이 아닌 전 기간(장기간) 연동되어 구성되어야 한다. 대부분 평생교육기관에서는 학기단위로 프로그램을 운영하고 있기 때문에 학기 또는 연단위 광고예산을 할당하여 집행하는 매크로스케줄링(Macroscheduling)으로 구성되어 있기 때문에 장기간 연동 운영되어야 한다.

일곱째, 단위 프로그램 광고인 마이크로 스케줄링(Microscheduling)으로 진행되어야 한다.

여덟째, 효과측정(Measurement)이 전체적으로 실시되어야 한다. 프로그램을 지역사회에 제공하기 위해 광고의 역할이 중요하다. 그렇기 때문에 평생교육기관 관계자는 광고에 대한 관심과 역량을 강화시켜 체계적인 광고가 진행 되어야 한다.

아홉째, 평생교육기관은 활동이나 프로그램에 대한 정보를 언론의 기사나 뉴스형태로 내보내야 한다. 이는 홍보의 중요성에 대한 인식의 출발이고 홍보활동에 대한 구체적인 실행의 결과로 볼 수 있다.

마지막으로 평생교육기관은 가능한 범위와 수단 안에서 PR(public relationship)을 실시하여야 한다. 프로그램 운영 중 또는 종료 후 모임 또는 원우회와 같은 회의체를 구성하여 기 수강생들에게 신규프로그램 아이디어를 얻거나 프로그램 안내 정보 제공의 노력을 기울여야 한다.

촉진관리는 광고, 홍보, PR이 유기적으로 결합되어 실시되어야 성과를 기대할 수 있다. 따라서 체계성이 약한 광고와 일부 평생교육기관에서 이루어지는 학습동아리 운영 및 프로그램 정보 제공 등의 PR은 평생교육기관의 활성화를 위해 끊임없이 재평가되어야 한다. 또한, 평생교육기관은 관련된 고객을 항상 고려하고 있어야만 한다.

특히, 새로운 수강생을 확보하기 위한 광고와 아울러 기존의 수강생이 지속적으로 수강할 수 있도록 하는 '경작형 PR'이 필요하다 할 것이다. 수강생과 관계를 지식적으로 유지하려면 수강생과 오랫동안 만족스러운 관계를 형성함으로써 수강생들이 프로그램에 대하여 지속적으로 애호도(loyalty)를 갖도록 하는 관계마케팅(relationship marketing)을 실시할 필요가 있다.

4) 경로 관리: 수강 접수와 정보 제공

평생교육기관은 고객의 편익을 충족시키기 위하여 프로그램을 제공한다. 시장 환경과 전략에 따라 새롭게 매장을 확보하고, 중간 유통 업자를 결합시키는 유형의 상품 유통관리와는 달리 평생교육 기관 프로그램은 고정된 지역에서 운영되는 경우가 대부분이며 별도의 중간 유통 업자를 연계하는 것이 적절하지 않다. 따라서 평생교육기관의 유통은 담당직원의 친절도와 정보제공 등으로 성과가 결정되게 된다. 평생교육기관의 유통관리를 접수 및 정보제공, 직원교육, 과정운영, 평가 및 활용으로 구분하여 살펴보면 다음과 같다.

첫째, 직원교육은 내용 측면에서 친절교육, 접수 및 안내 기법, 과정내용 숙지, 그리고 평가 측면에서 접수 및 안내 친절도 조사로 구분하여 살펴볼 수 있다. 우선, 친절교육과 접수 및 안내 기법 교육, 과정 내용에 대한 교육은 일부에서 실시되고 있으며 이는 최근 접수 및 정보 제공이 온라인을 통하여 활발하게 진행되기 때문이라고 볼 수 있다.

둘째, 평생교육기관에서 실시되는 접수 및 정보제공의 내역은 다음과 같다. 대부분의 평생교육기관의 프로그램 접수를 온라인으로 실시하고 있으며 이 외에 우편, 창구 등이 접수방법으로 사용되고 있으나 그 비율은 낮은 편이다. 다음, 정보제공은 SMS(문자), 메일, 전화 등을 통하여 등록 처리 확인 정보를 제공하고 있으며, 등록 후 학습에 대한 정보는 홈페이지, 메일, 창구를 통해 확인할 수 있다.

셋째, 프로그램 운영 평생교육기관에서 접수, 강사관리 및 수강생 관리는 다른 프로그램 강사가 아닌 전문 부서에서 관리해야 한다. 프로그램 담당 강사가 전적으로 수강생을 관리하고 과정을 운영한다면 수강생의 재등록 의사를 감퇴시키고, 수강생의 불만사항을 적기에 파악하여 조치하는데 어려움을 야기할 수 있다.

넷째, 평생교육기관에서 실시되는 평가는 자체평가, 외부평가, 수강생평가로 구분할 수 있다. 평가내용은 내용 만족도와 운영만족도로 구분하여 구성되는데 이는 평생교육기관 자체 공유를 통해 기존 프로그램의 경우 강사 선정 및 프로그램 지속여부를 결정하는 데 사용되며 운영 개선을 위한 자료로 활용할 수 있다.

평생교육 기관의 프로그램 접수와 정보제공의 대부분이 온라인을 통하여 이루어지면서 실무자와 수강생의 직접적인 접촉이 감소하고 있다. 이는 업무의 효율성이 높아지는 측면에서 성과가 있다고 할 수 있으나 접수, 정보제공 등의 과정을 통하여 수강생과의 관계를 형성시켜 재수강으로 유도하는 측면은 상대적으로 취약해질 수 있다. 프로그램 접수, 정보제공, 운영, 평가 및 처리과정에서 수강생과의 직간접적인 접촉 면적을 확대시킬 수 있는 다양한 방식으로 진행하여 어떤 경우라도 수강생들이 스스로 자신들이 중요성을 인정받고 있고 의미를 부여받고 있다는 것을 인식하도록 준비되어야 한다.

연구문제

1. 평생교육프로그램의 마케팅과 홍보를 위한 개념화 중 광의의 개념에 포함되지 않는 것은?

① 프로그램은 넓은 의미로 인간의 모든 학습활동을 지칭한다.
② 학습주체가 존재하는 곳이면 어디서든 이루어진다.
③ 학습은 단지 학교 교실이라는 정해진 장소에 한정해서 행해진다.
④ 평생교육프로그램이란 인간의 다양한 사고와 관념 경험을 의미한다.

2. 평생교육적 측면으로 마케팅을 정의한다면 평생교육 영역이 아닌 것은?

① 고객의 필요 결정
② 고객의 필요 충족을 위한 프로그램 개발 및 실행
③ 프로그램의 성공여부 평가
④ 기업의 경영철학

3. 평생교육프로그램개발 과정에 적용 가능한 주요 마케팅 요소로 중 맞는 것을 고르시오.

① 환경분석 - 시장 매력도 분석
② 마케팅 목표 - 경쟁 우위
③ 마케팅 믹스관리 - 프로그램 기획과 설계
④ 시장세분화 - 적합성

4. 마케팅 요소에 따른 평생교육프로그램개발 과정 중 기반조성 단계에서의 설명 중 틀린 것은?

① 환경 분석과 SWOT분석은 평생교육 기관이 목적달성을 위한 사업을 전개할 수 있는 토대를 만드는 과정이다.
② 프로그램을 개발하기 위한 시장선택 시 마케팅 목표가 선행되어야 한다.
③ 마케팅 목표 수립 시 평생교육 기관의 전체적인 임무, 목적, 목표의 성취와 직접적인 관련이 있어야 한다.
④ 시장 세분화와 표적시장 선정 시 그 대상이 누구인지를 파악하고, 대상에 맞게 개발하려는 노력이 매우 중요하므로 우선적으로 학습자를 파악하는 작업이 이루어져야 한다.

5. 마케팅 요소에 따른 평생교육프로그램개발 과정 중 개발실무 단계에서의 설명 중 틀린 것은?

① 프로그램 기획과 설계 단계에서 아이디어 생산은 다른 조직의 교육프로그램을 그대로 차용한다.
② 수강료가 결정되는 가격관리 단계에서는 고객 심리와 행동, 기관의 마케팅 목표와 원가구조, 유사 프로그램의 원가와 가격 등이 검토되어야 한다.
③ 광고와 홍보의 촉진관리 단계에서는 평생교육 기관의 주된 표적 청중의 선택이 필요하다.
④ 수강 접수와 정보제공의 경로관리 단계에서는 평생교육기관의 유통은 담당 직원의 친절도와 정보제공 등으로 성과가 결정되게 된다.

정답 1 ③, 2 ④, 3 ③, 4 ②, 5 ①

CHAPTER 11

평생교육프로그램운영 및 평가

제1절 평생교육프로그램운영 및 평가

제1절 평생교육프로그램운영 및 평가

평가란 어떤 것에 대한 심판이며, 장점, 유용성, 가치 등을 결정하는 과정으로서, 일반적으로 가치를 산정, 확인, 추정, 결정, 평정, 판단하는 것을 의미한다. 유사개념으로는 감정하기, 추정하기, 사정하기, 판단하기 등이 사용되고 있다. 이처럼 평가는 한 마디로 정의하기가 어려울 뿐만 아니라 간단한 개념 정의는 평가가 내포하고 있는 여러 가지 도구적 의미 또는 기능을 약화시킬 수도 있다.

1. 프로그램 평가의 개념

프로그램 평가란 프로그램과 관련된 제반 요소 중에서 프로그램의 의도 프로그램의 내용, 프로그램 참여자, 프로그램 운영을 평가의 주 대상으로 삼아 프로그램의 가치를 판단하고, 프로그램의 성과를 감정하고, 그 프로그램의 목표, 내용, 활동, 투입 등에 관한 정보를 제공하려는 일련의 절차를 말한다. 또한 Stufflebeam(1971)은 프로그램 평가를 어떤 프로그램의 의사결정을 위하여 유용한 정보를 설명하고 획득하며 제공하는 과정이라고 하였다. 즉, 프로그램 평가란 서비스가 필요하고 사용될 것인지를 결정하고, 그 서비스가 확인된 요구를 충족시킬 만큼 충분한지를 결정하며, 계획대로 제공되는지를 결정하고 부작용 없이 알맞은 비용으로 필요한 사람에게 실제로 도움이 되는지를 결정하는데 필요한 방법과 기능의 집합체이다(Posavac & Carey, 1997). 다시 말하자면 프로그램 평가는 성취할 목표를 결정하는 일, 그 목표가 달성되는 방법을 결정하는 일, 그리고 그 목표가 실제로 달성되었는지 알아내는 일이다.

프로그램을 평가하기 위해서는 반드시 준거가 필요하다. 프로그램 평가를 위한 준거에는 효과성, 효율성, 적정성, 형평성, 대응성, 적절성 등이 있다. 이를 구체적으로 아래의 표 11-1에 제시하였다.

표 11-1 프로그램 평가의 준거와 질문

평가준거	질문	예시적 준거
효과성 effectiveness	가치로운 산출이 성취되었는가?	교육효과 평가
효율성 efficiency	교육을 위해 어느 정도의 노력이 투입되었는가?	교육비용/수익률
적정성 adequacy	교육결과에 의해 문제해결이 어느 정도 이루어졌는가?	문제해결 능력 평가
형평성 equity	비용과 효율이 개인 혹은 집단 간에 공평하게 배분되었는가?	교육기회 및 자원 배분 근거평가
대응성 responsiveness	조직의 목표, 집단의 필요 등을 프로그램을 통해 만족할 수준으로 달성했는가?	조직체의 교육목표 달성 여부
적절성 appropriateness	기대된 산출이 실제로 가치로운가?	적정성을 제외한 모든 준거 검증

출처: 김진화(2001).

2. 프로그램 평가 유형

프로그램 평가모형이 각각 다른 특성과 기본전제를 바탕으로 구축되었기 때문에 평가모형에 대한 개별적인 이해가 필요하다. 그리고 프로그램의 효과적이고 효율적인 평가를 위해서는 프로그램의 목적에 맞는 평가모형을 적절하게 활용해야만 한다. 프로그램 평가에서 비교적 많이 사용해 온 평가모형에는 목표중심 평가모형, 가치판단 모형, 의사결정 모형이 있다.

프로그램 평가에 적합한 평가 모형을 찾기 위해서는 위의 세 가지 평가 모형에 대한 이해가 필요하다.

1) 목표중심 평가모형(objective-oriented evaluation model)

목표중심 평가모형은 목표를 미리 설정한 후 그 목표가 어느 정도 달성되었는지를 판단하는 데 초점을 두는 입장으로서, 평가를 통해 얻어지는 정보를 근거로 교육목표와 교육내용 및 평가절차와 평가도구를 개선하게 된다.

목표중심 평가모형에는 Tyler의 평가모형, Metfessel과 Michael의 평가모형, Proves의 불일치평가모형, Hammond의 평가모형이 있다.

① Tyler의 목표중심 평가모형

Tyler의 교육과정 평가모형은 전통적 교육과정 개발 및 평가의 대표적 모형으로 손꼽힌다. 그의 저서 「교육과정과 수업지도의 기본원리」에서 교육과정과 수업계획을 개발하는 데 있어서 반드시 네 가지 질문에 대답해야 한다고 하였다.

첫째, 달성해야 할 교육목표가 무엇인가?

둘째, 목표를 달성하기 위하여 어떤 학습경험을 제공해야 하는가?

셋째, 학습경험을 효과적으로 조직하는 방법은 무엇인가?

넷째, 목표가 달성되었는가를 어떻게 알 수 있는가?

이러한 네 가지 질문으로 접근함으로써 교육목표 설정 → 학습경험의 선정 → 학습경험의 조직 → 평가로 이어지는 Tyler의 원리라 불리는 교육과정의 평가 모형을 정립시킨 것이다. 이는 교육목표의 설정을 시작으로 평가까지 이르고, 다시 평가의 결과가 다음 교육목표 설정으로 이어지는 순환과정을 개념화하는 것이다.

Tyler의 교육평가 모형에 의하면, 교육목표는 교육과정의 순환과정에서 가장 먼저 결정되어야 하며 그 이후의 절차를 밟아나가는 데 있어서 기준이 되어야 하므로 무엇보다도 가장 중요한 요소로서 교육목표라는 것은 교육활동의 방향성을 가리키는 것으로 거시적인 교육의 이념과 목적에서부터 교사와 학습자가 교수-학습의 과정에서 수행하고 달성해야 할 구체적인 활동에 이르기까지의 교육의 실천 방향을 나타낸다.

교육평가를 위한 교육과정 개발 모형은 합리적 모형, 목표중심 모형, 평가중심 모형 등 다양한 이름으로 불리며 때로는 '목적-수단모형'이라고도 불리는데, 그 이유는 목표가 최우선시되고 나머지 절차는 목표 달성의 수단이 된다는 특성 때문이다. 이 모형에 따르면 평가조차도 선정되고 조직된 학습경험이 바람직한 결과를 낳는 데 얼마나 효과적인가를 알아보는 기능을 한다. Tyler의 모형은 교육목표, 교육 경험의 선정과 조직, 당초 세운 교육목표가 어느 정도 달성되었는지를 알아보기 위한 질문에 대답하는 데 가장 잘 알려진 모형이다.

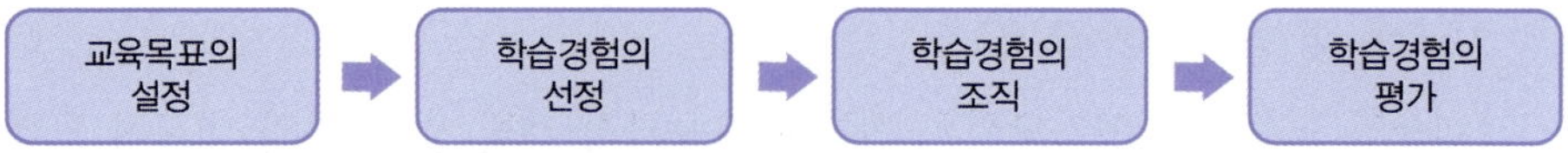

그림 11-1 Tyler의 교육과정 개발모형

Tyler의 목표중심 교육과정은 교육목표의 설정, 학습경험의 선정, 학습경험의 조직, 학습경험의 평가의 요소로 구성되어 있다.

첫째, 교육목표의 설정에서 교육목표의 원천, 즉 가르칠 내용의 세 가지 원천으로 '학습자에 관한 사실', '사회에 관한 사실', '교과 전문가의 견해'를 들고 있다. 즉, 학습자에 관해서는 학습자의 흥미나 필요, 사회생활에 관해서는 성인들의 사회에서의 활동과 생활조건, 가치관 등을 알아보고, 교과전문가들이 각각의 교과목에 대해 제시하는 의견을 살펴봄으로써 교육목표를 설정하는 것이다. 이렇게 설정한 목표에 대해서 과연 가르칠 만한 가치가 있는 것을 가르치는가 하는 가치판단의 문제는 '철학' 혹은 '교육철학'에 비추어서, 교육목표가 실제로 가르칠 수 있는 것인지를 확인하는 장치로서 '교육 심리학' 또는 '학습 심리학'을 제시하고 있다.

또한, 아래의 예와 같이 교수자는 교수자의 수업행동이나 수업 중에 할 교수자의 활동을 교육목표로 진술하는 오류를 범하기도 한다.

표 11-2 교육목표의 진술 시 오류의 예

교육목표 진술 시 오류 사례	
교수자의 수업행동이나 수업중 교수자 활동을 교육 목표로 진술하는 오류	학생들에게 현미경을 통하여 미생물을 관찰시킨다. → 관찰된 미생물의 종류를 열거할 수 있다.
학습결과가 아니라 학습과정을 목표로 진술하는 오류	신라의 삼국통일에 관하여 토론한다. → 신라가 삼국을 통일하게 된 원인을 설명할 수 있다.
교과목의 내용이나 주요 제목을 세분하여 나열하는 오류	문예부흥과 종교개혁 → 종교개혁이 발단이 된 사건을 말할 수 있다.
하나의 교육 목표에 두 가지 이상의 학습결과를 포함시키는 오류	과학적 방법을 이해하고, 이를 효과적으로 적용할 수 있다. → 과학적 방법이 적용된 실례를 들 수 있다.

출처: 김진환(2003) 재구성.

둘째, 학습경험의 선정에서는 학습 경험은 학습자와 그를 둘러싼 외부의 학습 환경 사이의 상호작용으로서 교육과정 개발자나 교사의 입장이 아닌 학습자를 중심으로 교육 경험을 선정해야 함을 주장한다. 학습자의 입장에서 학습의 경험을 선정의 원칙은 아래와 같다.

▸ 기회의 원칙

교육 목표 달성에 필요한 학습 경험을 할 수 있는 기회를 제공한다는 원칙으로 예를 들면 소설을 읽고 흥미를 느끼는 것이 목표라면 소설을 읽을 기회가 우선 제공되어야 하며, 여러 종류의 소설을 읽을 기회를 부여하여 목표 달성에 도달해야 한다는 것이다.

▸ 만족의 원칙

학습자들이 학습함에 있어 만족을 느끼는 경험을 제공해야 한다는 원칙으로 예를 들면 좋은 건강 유지가 목표라면 학습 경험을 통해 건강 유지를 위해 유쾌하고 만족을 느끼는 경험이 필요한 것으로, 학습자들이 불쾌하고 고통스러운 학습 경험을 한다면 그 학습 경험은 잘못 선정된 것으로 본다.

▸ 학습가능성의 원칙

학습 경험은 학습자들의 현재 수준에서 경험이 가능한 것으로 학습자들의 수준 이상의 것은 아무리 좋은 프로그램이라도 학습경험 선정에 적합하지 않을 수 있음을 의미한다.

▸ 일목표 다 경험의 원칙

학습자들의 목표달성을 위한 여러 가지 학습 경험이 필요함을 나타내는 원칙으로 논리적 사고를 하기 위해서는 언어 영역에서 언어를 논리적으로 조직하고 구사하는 경험을 하고, 수학과에서 문제해결을 하기 위해 순서를 밟아야 하는 것이 필요하며, 과학에서는 탐구활동을 통해 원인과 과정 및 결과를 추론해 보는 다방면이 필요함을 의미한다.

▸ 일경험 다성과 원칙

동일한 학습 경험이 상이한 교육의 결과를 나타낼 수 있음을 의미한다. 즉

건강 관련 학습을 한다면 건강에 관한 지식, 태도 및 흥미와 실천 요령이 길러지고, 당초 의도하지 않은 학습 결과를 가져올 수 있음에도 유의해야 함을 나타낸다.

위와 같이 학습자의 학습 경험이란 학습자를 둘러싼 외부 학습 환경과 어떻게 상호작용이 일어나는지에 따라 교육결과가 달라질 수 있다. 이에 Tyler는 교육목표 달성에 유용한 경험을 7가지로 압축하였다.

- 지식과 이해를 함양하기 위한 학습경험
- 사고 능력을 개발하는 데 필요한 학습경험
- 정보 습득에 도움이 되는 학습경험
- 사회성 함양에 도움이 되는 학습경험
- 흥미를 계발하는 데 필요한 학습경험
- 감상력을 함양하기 위한 학습경험
- 기능 습득을 위한 학습경험

또한 이렇게 선정된 학습경험의 타당성을 점검하는 질문으로 아래와 같이 예를 들었다.

- 선정된 학습 경험이 학습자들에게 목표가 제시한 행위를 수행할 수 있도록 이끄는가?
- 목표에서 제시한 내용을 포함하는가?
- 학습자들에게 만족을 줄 만큼 효과적인가?
- 학습자들의 수준에 맞는가?
- 한 번에 여러 목표를 달성할 만큼 확산적 경제성이 있는가?

셋째, 학습 경험의 조직 단계에서는 학습 경험이 의미 있는 성과를 위해 학습 경험들이 서로 보완해주고 강화해 주는 관계로 짜여야 함을 강조한다. 즉, 학습경험을 조직하는 이유는 학습경험의 제공을 통한 학습자의 학습이 단절되거나 파편화되지 않고 통합적이고 총체적인 형태로 이루어질 수 있도록 하기 위함이다.

이를 위해 여러 학습 경험들 상호 간의 '순서(sequence)'와 '범위(scope)'를 고려하여 시간적 관계와 공간적 관계를 접목한 수직적, 수평적 조직으로 나눌 수 있다. 수평과 수직적 관계를 통해 서로 상충되어 효과가 상쇄되어서는 안 되며, 서로 상호보완 즉 상합(相合)하여 효과가 상승 강화할 수 있어야 한다. 이는 아래와 같은 기준을 포함한다.

학습 경험은 계속성, 계열성, 통합성의 기준에 따라 효과적으로 조직할 수 있다.

▸ **계속성**(continuity)

주요한 교육과정 요소를 시간을 두고 연습하고 계발할 수 있도록 여러 차례에 걸쳐 반복적으로 기회를 주는 것이다. 중요한 것은 언제부터 시작하여 어느 간격으로 언제까지 몇 차례까지 반복하여 지속시키면 의도한 교육목표가 달성되는 것이냐를 결정하는 일이다.

▸ **계열성**(sequence)

계속성과 관련되지만 이해, 기능, 태도, 흥미 등이 조금씩 다른 수준으로 단계적으로 깊어지고, 넓어지고, 높아지도록 조직하는 것이다. 여기서는 어떤 학습 경험이 선수학습 경험에 비해 후속 학습 경험이 지나치게 수준이 높은 비약, 그 반대인 후퇴와 낙차, 제자리 걸음식 중복 등이 일어나지 않도록 조직하는 것이 중요하다.

▸ **통합성**(integration)

통합성은 교육과정의 요소를 수평적으로 연관시키는 것으로 수학에서의 계산능력을 과학과 사회의 공부에 쓰이도록 조직하는 것이다. 과학에 쓰이는 수식이 수학에서 미처 다루지 않은 것이라면 과학 공부에 진전을 가져오기 어려우며, 국어과에서 이해되지 않은 어휘들이 사회과에 제시된다면 사회과의 학습 진전이 어려울 것이다. 학습내용과 경험, 기능, 태도, 흥미들이 거미줄처럼 잘 짜여 있을 때 교육목표의 효과적 달성이 가능함을 의미한다.

넷째, 학습경험의 평가(evaluation) 단계는 교육과정의 개발에 있어 매우 중요한 절차로, 교육목표가 교육과정이나 학습 지도를 통해 어느 정도 실행되고 있는지를 확인하는 과정이다.

학습 경험의 평가는 학습자의 학업 성취도를 측정하고 평가하는 학업성취도 평가와 학업성취도 평가를 통해 교육과정과 프로그램의 장단점을 파악하는 교육과정의 평가 두 가지 차원으로 이해할 수 있으며 평가 자체가 학습 경험의 변화를 알아보는 것이므로 한 번 이상 이루어져야 한다. 학습을 시작하기 전과 학습을 끝낸 후 평가가 이루어짐으로써 변화 정도를 알 수 있다. 때로는 수업 중에 그리고 목표 달성의 지속 여부를 확인하기 위하여 추수연구(follow-up study)도 필요하다. 평과 결과는 교육 목표를 수정할 수 있도록 환류 과정(Feedback)이 이루어져야 하며 평가기법은 지필검사 이상의 매우 다양한 방법과 영역을 포함하여 이루어져야 한다.

Tyler 교육과정 개발 모형의 평가를 살펴보면 20세기 후반 교육과정 개발에 가장 지속적이고 심각한 영향을 미친 Tyler의 평가모형은 실증주의, 경험주의, 성과주의, 기술공학적 절차를 강조한 시대정신에 힘입어, 교육과정의 계획과 개발에 대한 합리적이고 선형적 접근의 유행을 통해 더욱 강화시켰다.

Tyler의 평가 모형은 첫째, 어떤 교과, 어떤 학업 수준에서도 활용, 적용할 수 있는 폭 넓은 유용성이 있고, 둘째, 논리적이고 합리적인 일련의 절차를 제시하고 있어 교육과정 개발자나 수업계획자가 이를 따라 하기가 비교적 쉬우며, 셋째, 학습자의 행동과 학습경험을 강조함으로써 평가에 매우 광범위한 지침을 제공해 주었다. 특히, 교육목표를 명시적으로 밝히는 일을 강조함으로써 교육목표를 둘러싼 교육과정 관련자들 사이의 의사소통을 원활하고 정확하게 하는 데 기여했다. 넷째, 교육과정과 수업을 구분하지 않고 통합적으로 목표 경험 선정, 경험조직 평가를 포괄하는 광범위한 종합성을 띠고 있으며 마지막으로 경험적이고 실증적으로 교육성과를 연구하는 경향을 촉발한다는 장점을 갖고 있다. 이러한 장점에도 불구하고 비판적 시각도 있는데 우리는 이러한 비판적 시각을 통해 합리적인 교육모형을 받아들일 필요가 있다.

Tyler의 평가모형에 대한 비판적 시각은 첫째, 목표의 원천은 제시하고 있으나 무엇이 교육목표이고, 그것은 왜 다른 목표를 제치고 선정이 되어야 하는지 그 이유를 분명하게 밝혀 주지는 못한다. 둘째, 목표를 분명히 미리 설정한다는 것은 수업 진행 과정 중에 새롭게 생겨나는 부수적, 확산적 목표의 중요성을 간과한 것이다. 셋째, 목표를 내용보다 우위에 두고, 내용을 목표 달성을 위한 수단으로 전락시키는 면이 있다. 넷째, 교육과정의 실질적 내용이 어떤 것인가를 가르쳐 주지 않고, 그것을 확인하는 절차만 제시하고 있다. 다섯째, 교육과정 개발 절차를 지나치게 절차적, 체계적, 합리적, 규범적으로 처방하여 제시함으로써 교육과정 개발활동 고정의 연속성과 실제 교육과정 개발과정에서 일어나는 많은 복잡한 것들에 대한 기술을 사상(捨象)했다는 것이다.

이러한 교육과정 개발 모형의 마지막 단계로 위치하고 있는 Tyler의 목표도달 평가 모형은 교육 목적을 설정하고 해당 목적을 각각의 행동 목표로 분명하고 구체적으로 명시한 후 이를 평가할 수 있는 방법과 도구를 선정 또는 개발하고, 이를 이용하여 증거를 수집하여 수집된 증거를 기준으로 목표의 도달도를 판단한다.

② Metfessel과 Michael의 평가모형

Metfessel과 Michael의 평가모형은 Tyler의 영향을 받기는 하였으나 다양한 측정도구들을 활용할 것을 제안하였다는 점에서 구분이 된다.

Metfessel과 Michael의 평가모형에서 제시하는 평가절차는 다음과 같다.

- 평가와 관련된 이해당사자들을 프로그램 평가의 촉진자로 참여시킨다.
- 광범위한 목적과 구체적 목표들을 연계시킬 수 있는 모형을 명확히 설정한다.
- 구체적 목표들을 의사소통이 가능한 형태로 번역한다.
- 프로그램의 효과를 추론할 수 있는 측정도구들을 선정하거나 개발한다.
- 내용타당도가 검증된 검사나 척도, 행동측정들을 이용하여 주기적으로 관찰한다.
- 적절한 방법을 사용하여 자료를 분석한다.
- 기대하는 수행수준에 적합한 판단기준을 사용하여 자료를 해석한다.
- 광범위한 목적과 구체적 목표들을 개선하거나 보다 잘 실천할 수 있도록 권고한다.

③ Proves의 불일치평가모형

평가를 프로그램의 운영과 프로그램 개발에 대한 의사결정을 도와주기 위해 정보를 지속적으로 관리하는 과정으로 파악하였다. 가장 큰 특징은 프로그램 개발이나 운영과 관련된 운영자의 의사결정을 도와주기 위해 불일치와 관련된 정보를 활용한다는 점이다.

Proves의 불일치 평가모형은 다음과 같은 절차를 거친다.

- 프로그램의 정의 및 설계
- 프로그램의 개설
- 프로그램의 실행과정(중간산출물)
- 프로그램의 결과
- 비용효과 분석

④ Hammond의 평가모형

교육프로그램에서 고려될 수 있는 다양한 목표의 설정과 이에 대한 목표설정과 분석을 위한 스키마를 형성하기 위해 3차원 입방체 모형을 개발하였다.

위와 같이 목표중심 평가모형은 아래와 같이 여러 가지 장점과 한계점을 갖고 있다. 장점과 한계점 수용을 통해 보다 적합하고 합리적인 프로그램 개발이 시도되어야 할 것이다.

▸ 목표중심 평가의 장점

- 논리적이고 합리적이며 명확한 절차를 제시하여 어떤 상황에도 쉽게 적용할 수 있다.
- 교육목표를 명확하게 제시하여 명확한 평가기준으로 평가를 실시할 수 있다.
- 계열성 있는 절차는 교육과정과 평가 간의 논리적 일관성을 유지할 수 있도록 해준다.
- 목표의 중요성을 강조함으로써 프로그램 개발자나 교사로 하여금 평가결과를 통해 자신의 교육활동에 대한 책무성을 가지도록 자극한다.

▸ 목표중심 평가의 한계

- 목표를 미리 설정할 것을 강조함으로써 학습을 진행함에 있어서 생겨나는

부수적인 목표들의 중요성을 간과하게 된다. 따라서, 부수적으로 생겨나는 결과에 대해서는 평가하기 어렵다.

- 겉으로 평가되는 행동만을 강조하게 되어 행동용어로 진술하기 어려운 교육목표에 대해서는 평가하기 어렵다. 예를 들어 학습자들의 잠재적 교육과정, 내면의 인지구조의 변화, 가치와 태도 등의 변화는 파악하기도 어렵고 평가하기도 어렵다.
- 경과에 대한 평가만 강조하여 교육의 효과와 학생의 성취를 직접적으로 연결시켜, 가르치고 배우는 과정 자체에 대한 평가를 간과할 수 있다.
- 기술적 합리성만을 강조함으로써 교육 실체의 복합적이고 복잡한 측면을 평가하기가 어렵다.

2) 가치판단 모형(Judgemental evaluation model)

가치판단 모형은 전문가의 지식과 기술을 바탕으로 하여 평가대상의 가치를 체계적으로 판단하는 활동으로, 평가 그 자체가 얼마나 유리한가 혹은 좋은가라는 전문가의 판단에 주된 관심을 두는데, 이 평가는 목표달성도를 확인하는 활동뿐만 아니라 그 목표의 질은 물론 프로그램 전체의 적절성 여부를 확인·판단하는 활동을 포함한다. 가치판단 모형은 Scriven의 탈목표 모형, Stake의 종합실상모형이 있다.

① Scriven의 탈목표 평가모형

목표달성 모형을 보완하고 개선하려는 모형으로 교육 프로그램의 의도적 효과뿐만 아니라 부수적 즉, 의도하지 않은 효과까지 포함하여 실제 효과에 대해 가치 판단을 하는 것으로 평가자는 목표의 질도 고려해야 한다. 여기에서 평가자의 주요 역할은 판단이 되며 판단의 준거는 내재적 준거로는 설정한 목표를 얼마나 달성하였는가이며, 외재적 준거는 부수적 목표가 된다. 평가의 기능은 형성평가와 총괄 평가로 구분하여, 비교평가와 비 비교평가를 구별할 것을 제안하였으며 평가자의 역할은 교육 실제의 장점을 판단하는 책임을 진다.

② Stake의 종합실상모형

학습의 전체적인 평가국면을 정확하게 심리하고 검토하는 평가로서 공식적 평가와 비공식적 평가로 나눈 다음 공식적 평가만을 종합실상평가의 대상으로 해야 한다고 본다. 어떤 평가라도 기술과 판단을 해야 하는 것으로 평가자는 프로그램 질에 대한 판단을 할 책임이 있다고 주장한다.

Stake의 종합실상모형의 절차는 다음과 같다.

- 관찰항목 확정: 선행요건, 실행요인, 성과요인에 대해 각각 어떤 요소 또는 항목을 중점적으로 관찰하고 분석할 것인지를 확정한다.
- 기술적 자료의 분석: 프로그램 목표에서 설정한 의도와 프로그램을 운영하여 관찰한 사항을 행렬표에 정리하고 연관성과 합치도를 분석한다.
- 표준설정: 판단의 기준으로 사용할 절대적 표준과 상대적 표준을 설정하고 표준의 구체적, 포괄성, 적합성, 중요성, 실용성 등을 다각적으로 점검한다.
- 판단적 자료의 작성: 기술적 자료를 행렬표로 작성한 것처럼 의도-실제를 표준-판단으로 대치한다.

3) 의사결정 모형(decision facilitation evaluation model)

의사결정 모형에서는 평가를 의사 결정자에게 필요한 정보를 제공함으로써 의사결정을 도와주기 위한 것으로 파악한다. 그렇기 때문에 평가자가 목표달성 여부도 결정하고 판단도 하지만, 무엇보다 가장 중요한 역할은 의사결정자의 의사결정을 돕는 데 있다.

예를 들어 방과 후 학교 프로그램 평가도구 개발의 목적은 방과 후 학교 담당자에게 필요한 정보를 제공하여 의사결정에 도움을 주어 차후에 개선을 위한 것이다.

▸ Stufflebeam의 CIPP 모형

CIPP 평가모형은 1960년대 미국의 초·중등교육법을 실행하는 과정에서 교육지원 사업을 평가하기 위해 개발된 모형으로서 교육평가를 교육과 관련된 의사결정자가 정확히 판단할 수 있도록 유용한 정보를 제공해 주는 의사결정 모형이다. CIPP 평가모형은 상황평가, 투입평가, 과정평가, 산출평가 네 가지 평가영역으로 구성되어 있으며, 각 평가는 일련의 순서로 진행된다. 상황, 투입, 과정, 산출평가는 프로그램을 계획하고 실행하는 하나의 연속적인 활동으로서 순환적으로 진행되어 산출평가가 다시 상황의 대상으로 재투입되는 것을 의미하고 있다.

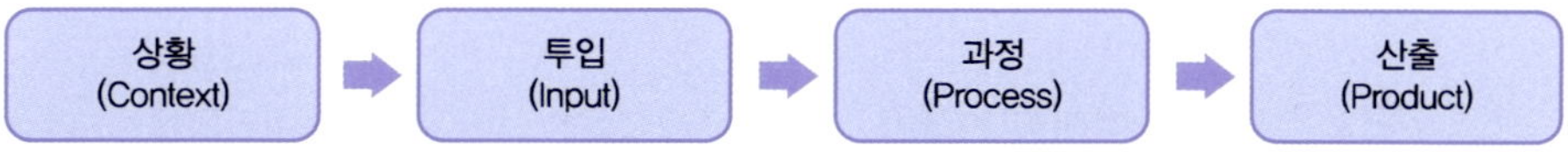

그림 11-2 **CIPP 평가모형 과정**

출처: 권조실(2020).

CIPP 평가모형의 상황평가, 투입평가, 과정평가, 산출평가 네 가지 영역별 목적 및 방법, 의사결정 방법에 대해서 자세히 살펴보면 다음의 표 11-3과 같다.

표 11-3 **CIPP 평가 모형**

영역	상황	투입	과정	산출
목적	상황을 정의하고 상황 속 필요사항을 확인하기 위함	체제 가능성, 가능한 투입 전략, 전략 실행을 위한 설계를 확인하기 위함	절차적 설계나 그 실행에 있어 문제점을 예상하고, 프로그램 실행단계에서의 정보를 제하기 위함	목표 달성을 위해 상황, 투입, 과정단계에 적합한 정보를 제공하기 위함
방법	상황에 투입, 산출을 비교하고, 그 인과관계에서 원인을 분석함	• 진행과정에서 목표 달성을 위한 활동 간의 관련성, 가능성, 경제성을 분석 • 이용 가능한 인적, 물적 자원, 해결 전략, 그리고 절차적 과정을 서술 및 분석함	문제점에 대한 실제적 정보를 제공	• 목표와 관련 있는 준거를 조작적으로 정의하고 측정함 • 상황, 투입, 과정 단계의 정보를 재해석
의사결정	제공되어야 하는 설정을 결정하고 요구 충족, 문제해결을 위해 설정한 목표를 결정 및 판단함	지원, 해결전략, 절차적 설계(예: 변화 활동을 구조화하기 위하여)의 인적, 물적 자원을 선택하기 위함	프로그램 설계 및 과정(예: 효과 있는 절차 조절을 위해)을 수정 및 보완	변화 활동을 지속, 종료 및 수정할 것인지를 결정하고, 변화 과정(예: 변화활동의 재활용)의 다른 주요 활동을 파악

출처 : Worthen & Sanders(1973) 재구성.

표 11-3의 내용을 기반으로 CIPP 평가모형의 4가지 영역을 보다 자세히 살펴보면 다음과 같다.

① **상황평가**(context evaluation: C)

상황평가는 프로그램 목표를 정할 수 있는 근거를 제공하기 위해 이루어지는 가장 기본적인 평가단계라고 할 수 있다. 이때, 요구를 분석하고, 문제점 및 장애요인 등의 평가준거를 설정하는데 이를 위해 체계분석, 조사, 면담, 문헌분석 등의 방법이 활용된다. 교육 분야의 프로그램에서의 상황평가는 프로그램 운영자에게 수요자가 요구하는 개발영역을 확인하고 운영기관은 상황평가 정보를 사용해서 효과적이지 않은 프로그램을 삭제하여 개선방향에 대해 도움을 제공할 수 있다.

② **투입평가**(input evaluation: I)

투입평가는 프로그램을 통해 달성하고자 하는 목표 달성을 위해 어떤 자료와 전략이 사용되어야 하는가에 관한 평가이다. 즉, 평가가 요구분석에 얼마나 적합한 전략을 세웠는지 검토하고, 예산 및 전략, 계획에 대한 타당성을 검증받고자 한다. 따라서 이를 위해 어떤 상황에서 어떤 교육 자료를 활용할 것인지, 프로그램의 장소 및 시간은 언제가 가장 적절한지, 교육 시 사용되는 자료나 사례 등은 충분한지 등의 내용을 다룬다. 투입평가에서는 문헌분석 등의 방법을 주로 활용하며 투입요소들에 대한 구체적인 분석 및 전략을 수립하는 데 도움이 될 수 있다.

③ **과정평가**(process evaluation: P)

과정평가는 프로그램을 운영하는 과정에서는 특정 활동을 어느 시점에 어떠한 방법으로 실천하고 자원을 어떻게 활용할 것인지를 결정하는 평가를 실행한다. 프로그램의 실행 과정에서 운영방법을 수정·보완·개선하는데 필요한 정보를 제공하기 위한 것으로써 프로그램이 본래의 계획대로 잘 진행되고 있는지, 발생되는 문제점은 없는지, 만약 문제점이 발생한다면 그 해결 방안은 무엇인지를 조사하는 단계이다.

평가의 방법은 주로 면담이나 관찰 등을 통해 프로그램의 개선절차를 파악하는 데 초점을 두고 있다. 또한 프로그램 운영자들과 지속적인 상호작용을 통해 실천과정을 효과적으로 통제하기 위한 프로그램 설계 및 절차를 개선하고자 한다. 과정평가는 수립된 계획과 실행의 결과물을 비교하여 발생할 문제점들을 기술하고 문제점들을 얼마나 잘 해결했는지 평가하는 것으로 상황평가와 투입평가를 해석하는 데 중요한 역할을 한다.

④ **산출평가**(product evaluation: P)

산출평가는 프로그램 종료 단계와 실시 도중의 산출 및 결과를 측정하고 해석하기 위한 목적으로 이루어지는 평가이다. 즉, 산출된 결과를 목표, 상황, 투입 및 과정을 통해 도출된 정보와 관련하여 프로그램의 효과성 여부를 최종적으로 판단하는 데 필요한 정보를 제공하는 단계이다. 이때, 산출된 결과를 사전에 결정된 기준이나 준거에 비교하여, 결과를 상황-투입-과정 정보와 연관성을 파악하는 방법론을 활용한다. CIPP 평가모형의 상황평가, 투입평가, 과정평가, 산출평가의 유형에 따른 의사결정 및 질문, 평가 내용을 살펴보면 다음 표 11-4와 같다.

표 11-4 CIPP 평가모형의 단계별 평가내용 및 평가질문 예시

단계	의사결정	평가내용	평가질문 예시
상황 단계	계획	목표와 이를 위한 우선순위를 정의하고, 요구, 문제, 기회를 평가함	프로그램은 어떤 목표를 가지고 수행하고 있는가?
투입 단계	구조화	프로그램을 설계하고 자원을 배분하기 위한 수단으로서 필요에 부합하는 대안적인 방안을 평가함	프로그램에 투입되는 자원은 적절한가?
과정 단계	실행	계획에 대비하여 활동들을 이끌 수 있는 실행 수준을 평가함	프로그램이 의도대로 실행되고 있는가?
산출 단계	순환	의도되거나 의도하지 않은 결과물이 무엇인지 그리고 효과적인지를 평가함	프로그램 산출 결과물은 무엇인가?

출처 : 김혜숙(2014).

CIPP 평가모형은 1970년대에 시작하여, 전 세계적으로 논의되며 활용되어 왔는데 최근 교육환경의 변화와 그에 따른 교육개혁의 요구로 CIPP 평가모형에 대한 새로운 관심 및 활용 개선방향을 요구받고 있다. 국내에서는 1990년대부터 CIPP 평가모형에 대한 연구가 시작되었는데 특히, 교육과정 운영의 평가 등의 분야에서 CIPP 평가모형을 기반한 연구가 진행되었으며 기업교육 및 성인 학습 프로그램의 다양한 목적을 위해 활용하고 있다.

연구문제

1. 프로그램 평가를 위한 준거가 아닌 것은?

① 효과성 ② 형평성 ③ 적정성 ④ 수익성

2. 프로그램 평가를 위한 준거와 질문의 짝으로 틀린 것은?

① 적절성 – 가치로운 산출이 성취되었는가?
② 형평성 – 비용과 효율이 개인 혹은 집단 간에 공평하게 배분되었는가?
③ 적정성 – 교육결과에 의해 문제해결이 어느 정도 이루어졌는가?
④ 대응성 – 조직의 목표, 집단의 필요 등을 프로그램을 통해 만족할 수준으로 달성했는가?

3. Tyler의 목표중심 평가모형에서 수업계획 개발을 위한 네 가지 질문이 아닌 것은?

① 달성해야 할 교육목표가 무엇인가?
② 목표를 달성하기 위하여 어떤 학습경험을 제공해야 하는가?
③ 학습경험을 효과적으로 조직하는 방법은 무엇인가?
④ 목표가 달성되었는가를 누구를 통해 알 수 있는가?

4. 목표중심 평가모형에서 학습경험을 효과적으로 조직할 수 있는 기준이 아닌 것은?

① 계속성 ② 계열성 ③ 통합성 ④ 주입성

5. CIPP평가 모형의 네 가지 영역에 있어 방법의 진술이 다른 것은?

① 상황평가 – 상황에 투입, 산출을 비교하고, 그 인과관계에서 원인을 분석함
② 투입평가 – 이용 가능한 인적, 물적 자원, 해결 전략, 그리고 절차적 과정을 서술 및 분석함
③ 과정평가 – 진행과정에서 목표달성을 위한 활동 간의 관련성, 가능성, 경제성을 분석
④ 산출평가 – 목표와 관련 있는 준거를 조작적으로 정의하고 측정함

정답 1 ④, 2 ①, 3 ④, 4 ④, 5 ③

CHAPTER 12

한국 평생교육프로그램개발의 실제

제1절 4차 산업혁명을 위한 글로벌 학습경제와 평생교육체제의 진화

제1절 4차 산업혁명을 위한 글로벌 학습경제와 평생교육체제의 진화

1. 굴뚝 경제에서 학습경제로

평생학습사회를 새로운 조건으로 하는 학습체제 혹은 교육체제를 예측하거나 설계하는 일은 매우 도전적인 일 가운데 하나라고 할 수 있다. 그것은 마치 글로벌 경제에서의 새로운 경제체제를 설계하는 일에 비유할 수 있다. 즉, '글로벌 경제'라고 하는 것이 가져오는 새로운 조건을 정확히 읽고, 그 조건을 전제로 하는 경제 질서를 구축하는 일에 비유할 수 있다. 우선 그 조건을 '읽는' 과정에서 일종의 메가트렌드에 대한 사회과학적 분석이 전제되어야 한다.

그리고 그 전제 위에 모종의 시스템을 설계하는 일은 일종의 사회 공학적 과제로서, 그 안에는 분명히 인간사회가 지향해 가고자 하는 가치기준과 삶의 양식이 녹 들어 있어야 한다. 이와 마찬가지로, 미래의 평생학습체제를 구안하는 일은 장차 도래할 4차 산업혁명 시대에 학습사회의 특성과 조건을 사회과학적으로 읽어내는 일과 함께, 그것을 고려한 새로운 가치의 인간학습체제를 구축해 내는 평생교육학적 시도가 함께 동반되어야 하는 것이다.

지금까지 학습사회는 매우 낭만적이면서도 유토피아적으로 제시되어 있다. 말하자면, '언제 어디서나 누구나 학습할 수 있는 에듀피아'같은 아이디어 안에 담긴 학습사회의 이미지가 그런 것이다. 그러나 학습사회는 학습이 사회구성의 핵심 요소로 등장하는 사회이기는 하지만 그리 인간적이거나 은혜로운 사회로 보기는 어렵다. 왜냐하면 '학습'은 그 자체 홀로 존재하는 요소가 아니라 적어도 자본, 노동, 고용, 복지, 문화 등과 실제적 연계를 맺으면서 시스템화 되어 갈 것이기 때문이다.

우리는 '학습사회는 우리에게 무엇을 가져다줄 수 있는가'를 묻기 전에 '지구적 자본주의 체제는 학습사회를 왜 필요로 하는가'라는 질문을 먼저 던져야 한다. 학습을 핵심 상품으로 설정하는 학습경제를 이해하는 방식에는 여러 가지가 있을 수 있다. 그중 하나는 탈산업주의의 흐름과 맞물리면서 산업구조 자체가 지식과 학습을 매개로 하는 생산방식으로 전환되어 가는 것으로 이해하는 것이다. 즉, 학습이 경제활동 전반의 혁신을 주도하는 체계로서, 최근의 글로벌 학습경제론 등을 포함한 대부분의 국제기구들이 전제하는 평생학습론의 기본

가정으로서의 학습경제의 모습은 이러한 관점을 담고 있다.

반면, 학습경제를 기존 굴뚝경제와 구분되는 차원에서의 독립적인 경제구조로 이해할 수도 있는데, 예컨대 기존의 제조업 중심 경제와 구분되는 금융경제 체제의 출현처럼 학습경제의 출현을 나름의 구분된 경제체제로 이해하는 것이다. 이것은 주로 학습-역량개발-학습시장-학습복지-교육노동자 등의 순환체계를 통해 학습경제를 좁게 규정하는 방식이다.

① 학습 기제를 공급하고 관리하는 하위 체계로서의 HRD 시스템이 비약적으로 성장한다.

② 학습시장의 규모가 급속도로 늘어나며, 고정적으로 소비되는 총 소비규모 역시 기하급수적으로 늘어난다.

③ 노동시장에서 학습전문가로 분류되는 노동자군의 규모가 이미 제조업 규모를 넘어서고 있다.

④ 고용의 그림자라고 할 수 있는 복지부분에서도 이미 학습복지라는 개념이 등장하였고, 사회복지의 핵심역할을 담당하고 있다.

이러한 '좁은 의미의 학습경제'는 탈산업사회의 변형된 고용관행 및 학습을 통한 노동시장 재진입이라는 메커니즘이 고용선발과 관련된 주도적 역할을 담당하게 되는 과정에서 나타나게 된다. 우선, 지식경제가 일반화되고 기업이 고용하는 것이 '사람'이 아니라 '그 사람 안에 있는 지식'이 되어가고 있음에 '지속가능한 학습(sustainable learning)은 외부 노동시장을 끊임없이 전전해야 하는 노동자들의 필수 생존 조건이 되었다. 교육-고용-복지의 선순환 구조에 있어서 학습은 교육의 영역을 넘어 고용 및 복지의 차원에서도 중심적인 요소가 된다.

이 과정에서 학습상품을 공급하고 소비하는 경제규모는 필연적으로 늘어날 수밖에 없다. 아직 이에 대한 경험조사는 이루어지지 않았지만, 최근 사교육 시장 열풍도 단순한 '사회악'의 차원을 넘어 이러한 맥락에서 논의될 필요가 있다.

2. 국가 학력과 자격체계의 변화

평생학습체제를 여러 가지로 이해할 수 있지만, 이 책에서는 '평생학습사회라는 조건 위에 구축되는 사회적 학습(관리)체제'라고 정의한다. 이때 사회적 학습관리체제는 어떤 사회에서 일어나는 학습을 사회적(기업, 지역, 국가 등)으로 관리하기 위해 구축되는 시스템을 말하며, 공교육체제 혹은 국가 학력체계 등은 국가를 주체로 하는 하나의 사례라고 할 수 있다. 근대학교사회에서 그러한 국가 중심의 학습관리체제가 거의 유일한 것이었다면, '학습사회'라고 하는 새로운 조건은 기업이나 지역 등 새로운 주체에 의한 학습관리체제를 요청하게 될 것이다.

1) 형식 교육의 재규정

국가의 공식 학습체계 안에서 관리되는 형식교육이 초기교육에서부터 계속교육으로 전환되면서, 이 두 가지를 통합한 형태의 평생형식교육체제가 점차 발전하게 된다. 지금까지 학교교육과 사회교육으로 나누던 방식은 더 이상 유효하지 않은데, 왜냐하면 점차 학교와 비학교의 구분이 애매해지고 있기 때문이다. 이를 위해서 교육을 초기교육과 계속교육으로 구분하는 하나의 축과 함께 그것을 형식교육과 비형식 교육으로 나누는 또 하나의 방식이 교차되는 매트릭스를 설정해 볼 필요가 있다. 초기교육과 형식교육이 만나는 형식초기교육은 학교라는 이름으로 교육 논의를 지배해 왔던 반면, 성인계속교육과 비형식교육이 만나는 성인교육 혹은 직업계속 교육 등 역시 평생교육 논의의 주류를 차지해 왔다.

그러나 이 사이의 새로운 틈새영역들이 나타나기 시작했는데, 비형식초기교육과 형식계속교육이 영역이 그것이다. 특히 비형식교육에 대한 학력인정이 제도화될 수 있게 됨에 따라 그렇게 인정된 학습을 계속 비형식 교육으로 분류하기에는 많은 난점이 따르게 된다. 학습사회에서의 형식교육은 이제 초기교육의 차원을 넘어 계속 교육의 차원으로까지 확대되어 가고 있다.

이 밖에도 형식교육을 초기교육 중심으로부터 계속교육을 포함한 개념으로 확장할 경우 그 구성 방식에는 많은 변화가 초래될 수 있다.

첫째, 유아교육(어린이 보육교육 포함)의 어느 부분까지를 형식초기교육으로 포함시킬 것인가에 대한 문제가 발생한다.

둘째, 초·중등교육에 대한 전생애 교육적 재의미 규정의 문제이다. 각 단계의 교육이 왜 필요한지에 대해 심각한 재정의가 필요하다. 현재 학교에 대응하는 대안학교, 홈스쿨링 등 다양한 형태의 대안교육들과 마찬가지로 학교 밖에 존재하는 비형식초기교육(학원, 문화센터, 청소년 프로그램 등)을 형식초기교육과 연계하는 문제가 실제화될 가능성이 크다.

셋째, 현재까지 형식계속교육에 합당하게 발달해 온 고등교육 체제양식을 성인 계속학습자를 위한 고등교육 및 고등 후(post graduate) 교육체제로 재구조화할 수 있다.

넷째, 현재까지 형식교육과 관련 없이 구축되어 온 다양한 형태의 성인계속교육을 형식교육의 연장선상에서 적극적으로 구축하고 제도화할 수 있다.

표 12-1 평생교육의 교육형식

평생교육의 구분	형식교육	비형식교육
초기교육	형식초기교육 (초중등학교, 학력인정 평생교육시설 및 대화)	비형식초기교육 (학력 비인정 평생교육시설, 각종 문화교육기관, 입시학원 등)
계속교육	형식계속교육 (성인교육중심의 정규대화 및 대학원, 개방대학, 사내대학, 원격대학 등)	비형식계속교육 (학력 비인정 평생교육시설로서, 예컨대 학교평생교육, 각종 연수원, 평생교육원, 학원, 문화센터, 여성개발센터 등)

출처 : 한숭희(2010).

2) 평생직업교육의 재 이해

'직업교육'이라는 개념은 마치 '인간자원개발'이라는 개념이 가지고 있는 이데올로기적 성격과 마찬가지로 사회경제적 이데올로기를 대변한다. 직업교육이란 원래 초등교육을 이수한 후 중등교육 이후의 학문중심 교육체계를 밟아 나가지 않고 곧바로 직업세계로 나아가야 할 사람들을 대상으로 기능 중심의 교육훈련을 시켰던 데에서 유래하였다.

평생이라는 생애주기를 놓고 볼 때 중등교육까지는 일반 교육적 성격을 가져야 하는 것이고 지식경제에서의 진정한 의미에서의 직업획득을 위한 교육은 중등후 교육단계에서의 전문성 교육을 통해 이루어지는 것이 일반적인 경향이기 때문에 교육트랙의 구분은 평생학습체제에서 폐기되어야 할 개념이다. 지금까지는 직업입문 교육만을 직업교육이라고 지칭했지만, 일터현장에서 이루어지는 직업현장교육 혹은 일터로부터 학교로 되돌아와 이루어지는 직업계속교육, 혹은 일터로부터 학교로 되돌아와 이루어지는 직업계속교육 등 역시 평생학습체제 안에서는 중요한 위치를 차지하게 된다.

3) '학력인정체제로서의 공교육' 약화

사교육시장 및 글로벌화 된 학교체제(예; 초·중등교육의 해외 유학 등)는 지속적으로 평준화된 공교육제도에 도전하게 될 것이며, 정치적 지형에 따라서 향후 공교육의 입지가 점점 좁아질 가능성이 있다. 결국 공교육은 '프로그램이나 기관'으로 남지 못하고 '자격인정 및 바우처 제도' 등으로 살아남게 될 가능성이 있다.

다시 말해서 학습자가 공적으로 학습할 수 있는 기회 및 예산 관리를 통한 학습관리체제로서의 공교육이 있을 뿐, 실제 교육프로그램과 기관 등은 아웃소싱 되거나 유연화될 가능성이 높다. 형식교육과 비형식교육의 경계가 무너지고 이 두 영역이 학점은행제 등의 학력인정체제로 묶이게 될 경우(평생학습사회 혹은 학습경제는 이것을 거의 기정사실화하고 있다). 교육기관-교과단위 중심의 형식교육은 교육프로그램-역량단위 중심의 비형식교육에 대하여 경쟁력을 상실하게 될 수 있으며, 학교는 더 이상 대표적 교육시스템으로 지위를 유지하지 못하고 단지 '학문계의 재생산구조'로 남아 존재하게 될 가능성이 있다.

이러한 경향성의 연장선상에서, 대학은 조만간 '학위 생산기관'보다는 '전문자격증 생산기관'으로서의 입지를 더욱 강화하게 될 것이다. 즉, 법학전문대학원, 의학전문대학원, 교원전문대학원, 경영대학원, 정보통신대학원 등 대학원의 전문직 지향화와 함께 학부에서도 이제 졸업장(학사학위)이 중요한 것이 아니라 자격증(의사자격증, 교사자격증, 약사자격증 등)이 중시되게 된다. 이때 주의할 점은, 전통적인 의미에서의 '대학(university)' 이외에도 전문 자격증을 지향하는 새로운 형태의 고등교육기관들이 나타날 가능성이 있다는 것이다.

4) 핵심질문 6개

평생학습사회에서의 사회적 학습관리체제가 어떠한 모양새를 가져가게 될 것인가를 탐색하기 위해서는 우선 다음의 여섯 가지 질문을 제기할 필요가 있다.

첫째, '학제'의 핵심단위가 되는 '학교'를 어떻게 정의할 것인가? 형식교육을 어떻게 규정할 것인가? 형식교육에 참여하는 학습자의 범주와 특성을 어떻게 규정할 것인가? 학제의 기본이 되는 종축과 횡축, 즉 학교계통과 학교단계를 전사회적(lifewide) 및 전생애적(lifelong)으로 확장하는 일이 우선되어야 한다.

둘째, 평생에 걸쳐 학습해야 할 핵심 역량(core competence)은 무엇이며 그것은 인생발달단계별로 어떻게 교육과정으로 구현될 것인가? 점차적으로 기존의 교과교육에 기초한 교육과정 설계를 보완하는 방식으로 역량기반 교육과정 개념이 등장하고 있다. 인생단계별 최적 학습양식은 무엇이며 그 단계별로 어떠한 종류의 학습능력 혹은 역량이 길러지도록 구조화할 것인가? 사실 학제란 그렇게 구획된 교육과정을 실어 나르는 그릇과 같은 것이며, 역량 및 교육과정 논의 없는 학제 논의는 무의미하다.

셋째, 전사회적인 중등후 교육체제(lifewide post-secondary education system)를 어떻게 포괄적으로 구획하고 연계할 것인가? 초등 및 중등교육을 마친 이후의 교육은 향후 급속도로 분화되고 재편될 것이다. 더 이상 '대학'이 유일한 고등교육기회로 대표되지 않을 가능성이 있으며 특히 이 부분은 국가의 직접적인 통제수단을 떠난 자율적 학습생태계적 특성을 발현할 가능성이 있다.

넷째, 통합적 평생학습인증을 통한 복합학력인증체제를 어떻게 구축할 것인가? 최근 세계는 종합적인 능력인증시스템(qualification system)을 반영한 국가능력인증구도(National Qualification Framework)를 전통적인 학제의 대안으로 제안하고 있다. 말하자면 능력인증구도는 학습사회의 학제를 설계하는 하나의 원리가 되고 있는 것이다.

다섯째, 유비쿼터스 학습사회의 사회적 학습관리체제를 어떻게 설계할 것인가? 최근 유비쿼터스 학습사회에 대한 논의는 이제 막 시작되어 가고 있다고 보이지만, 그 안에서 자리잡게 되는 '사회적 학습관리체제'로서의 교육체제에 대한 언급은 이제까지 거의 없었다. 국가가 관리하는 교육체제란 일종의 '국가에 의해 공인된 사회적 학습'에 대한 일종의 '공공관리제'라고 할 수 있는데 그것은 말하자면 '유비쿼터스'적 차원에서 발생하는 다양한 학습의 결과들을 인정하고 사회적으로 누적 관리하는 체제로서의 학제의 탄생을 암시하는 것이다.

여섯째, 각 하위 요소 간의 생태적 공진화를 어떻게 가능하게 할 것인가? 특목고 혹은 자사고 등의 문제가 사회적 쟁점으로 부각되는 이유는 그것들이 기존의 정규 학교체제와 마찰을 일으키는 일종의 경쟁자로서 인식되기 때문이다. 이들이 서로 경쟁관계에 있는 것은 사실이지만 그러한 경쟁은 보다 넓은 차원에서 볼 때 공진화를 위한 긍정적 요소를 가지고 있다는 점에서 일종의 공생관계라고 볼 수도 있는 측면을 가지고 있다.

우리가 설계할 학제란 '완성품'이 아니라 'DNA'이어야 할 것이다. 학제는 그 자체가 하나의 살아 있는 시스템이며, 내적 상호작용과 원리에 의해 끊임없이 진화하고 변화하게 될 것이다. 우리가 설계해야 할 학제는 그 최종적인 완성품이 아니라 스스로 진화할 수 있는 핵심DNA이며, 그것이 실제 현장에서의 생태적 조건에 따라 성장하고 완성되게 될 것이다.

3. 학습사회에서의 교육양식의 변화

학습사회가 구체적으로 어떤 모양새로 우리에게 다가오게 될 것인가에 대해서 아무도 자신 있게 대답할 수는 없다. 그러나 지금까지 파악된 몇 가지 특징들을 살펴보면 다음과 같다.

첫째, 개인의 평생의 삶이 교육과 일, 여가의 삼요소가 나선형 DNA 구조처럼 서로 꼬이면서 지속된다. 현재 초기발단단계에 몰려 있는 교육기관, 교육프로그램, 교육시장이 전생애단계로 편재될 것이며 따라서 그 모든 영역의 교육활동을 국가공교육체제가 담당할 수는 없게 된다. 민간 학습시장의 제도화 및 체계화가 가속화될 것이며 자체적으로 민간학력체계의 구도가 등장하게 된다.

둘째, 학습활동에 있어서 핵심이 지식의 내용으로부터 그것을 소재로 하는 역량으로 전환된다. 과거에는 수학, 영어, 사회 등을 공부하는 것이 목적이었다면, 향후 교육은 그러한 지식들을 학습하되, 그 안에 필요한 지식영양소들, 예컨대 소통능력, 논리적 추리력, 창의력 등이 파괴되지 않도록 교수하여 학습하라고 권한다.

셋째, 역량기반 교육과 관련하여 학교와 경쟁할 수 있는 민간교육체제가 형성된다. 역량이란 학교 안에 뿌리를 두는 것이 아니라 오히려 산업 등 민간시장에 뿌리를 두는 요소이다. 따라서 역량표준을 만족시키는 학습을 수행함에 있어서 학교가 결코 유리할 것이 없게 되며, 학습결과의 평가가 역량에 기반한 평가로 전환될 경우 산업 등 역량기준의 발상지와 가까운 교육기관들이 오히려 효과적인 학습을 제공할 능력을 가지게 될 것이다.

넷째, 학교 밖 교육과정의 관리방식이 변화한다. 지식영양소의 단위를 적당히 쪼개고 표준화하여 등급을 매기고 인증한다. 다시 말하자면, 지식 거래가 어디에서나 가능하다면 학교라고 하는 인증기관 이외에도 그러한 지식 생산이 가능한 모든 곳을 이용하려고 할 텐데, 문제는 그것에 대한 생산지 표시와 함께 지식내용, 지식 영양소 종류, 학습수준, 학습방법, 학습시간 등을 표시제로 표준화하고 그러한 표준화된 지식상품에 대해 크레딧을 매기는 방식의 유통구조를 확보하려고 한다.

다섯째, 국가가 관여했던 교육체제를 더 이상 확대하지 않는 대신, 지식과 학습의 교환을 가능하게 하는 시장체제를 강화해 가려고 한다. 보다 많은 사람들이 학습시장에 참여할 수 있도록 학습비를 지원하고 학습할 시간을 확보할 수 있는 다양한 제도를 정착시킨다.

여섯째, 학력중심체제는 향후 더욱 확대되어 갈 것이다. 학력중심사회가 능력중심사회로 변한다고 해서 학력의 가치가 감소하는 것은 아니며 오히려 더욱 증대될 것이다. 다만 학력을 생산할 수 있는 권한이 국가독점으로부터 민간시장으로 전환되고, 학력(학습화폐)의 종류도 마치 현금, 수표, 증권, 채권 등처럼 여러 가지 형태로 진화할 것이다. 그 결과, 비형식 교육영역에 엄청난 변화가 나타나게 될 것이다. 그 안에서 매우 급격한 진화과정이 나타나게 될 것이고, 과거 미미했던 기관화 혹은 제도화 과정이 매우 빠른 속도로 이루어질 것이다. 이제 국가교육체제의 규모를 월등히 능가하는 민간교육체제가 학교 영역을 위협하게 될 것이다.

(1) 초·중등 교육의 핵심역량과 기초직업능력의 호환성

'국가교육과정'을 중심으로 한 초·중등교육(의무교육단계)은 여전히 국가독점의 보호를 받게 되겠지만 그러한 학습이 아동 청소년의 학습을 전일제로 묶어두는 일은 앞으로 계속해서 줄어들게 될 것이며, 학교교육에 의존하는 비율도 줄어들 것이다. 앞으로 학교의 독특성은 그것이 '학교'이기 때문이 아니라 '국가 기초교육과정'이라는 지식재료를 통해서 '기초핵심역량'이라는 지식영양소의 핵심을 가장 효과적으로 공급해줄 능력을 가지고 있기 때문이다.

학교가 가지는 궁극적인 목적은 '교육과정을 운영'하는 데 있는 것이 아니라 '기초핵심역량'을 결과적으로 학습하도록 관리하는 것으로 이를 위하여 학교 밖 교육과정 가운데 기초핵심역량을 기르는 데 도움이 되면서도 국가기초교육과정과 배치되지 않는 부분들을 적극적으로 학교 교육과정 안에 융합해 나감으로써, '학교를 통해서' 가장 확실한 기초핵심역량이 길러질 수 있다는 신뢰를 학부모들에게 줄 수 있어야 한다.

(2) 역량개발과 비형식 학습, 그리고 인정체제

형식교육이 '기관단위 학습인증'의 형태를 특징으로 한다면, 비형식교육은 '프로그램 단위 학습인증'을 특징으로 한다. 즉, 형식교육이 '중학교' '고등학교' 등의 기관단위에 따라 학습이 조직되고, '중퇴'란 별 의미를 가지지 못하는 반면, 비형식 교육의 경우 수강한 프로그램 단위로 수료증이 부여되고 자격이 인증되는 등, 형식교육보다는 훨씬 탄력적인 학습관리를 필요로 한다. 프로그램 단위를 주임으로 하는 학습관리체제는 학점, 학기, 학년 등의 학사관리체계 및 다년간의 교육을 통한 졸업이라는 형식교육 중심의 개념화 방식과 분명히 구분될 수밖에 없다. 이 과정에서 역량-학습활동단위-교육프로그램-학습결과인정과 자격이라는 요소들이 서로 연동하게 된다.

첫째, 학습의 핵심이 역량 중심으로 재편되고 둘째, 교육중심의 체계가 학습중심의 체계로 전환되면서 학습활동(learning activity)이 핵심으로 떠오른다. 셋째, 필요한 학습활동의 내용과 수준, 그리고 기간에 맞는 교육 프로그램을 구성하며 마지막으로 학습의 결과는 비록 그것이 학력의 형태는 아닐지라도 그 결과를 평가인정하고 그것을 보다 넓은 범주에서의 국가학력/능력인정 체계 안에 포함시키는 방식은 특히 직업세계에 필요한 역량 및 그것을 위한 교육프로그램의 개발과 관련하여 핵심적인 사안으로 등장하게 된다.

(3) 평생학습체제의 학습관리: 프로그램 단위의 학습관리와 학점화

학습사회의 특징 가운데 하나는 학습이 특정 교육기관 안에서만 일어나지 않는다는 것이다. 학교를 중심으로 한 형식교육 중심체제의 학력관리 시스템은 국가 학력이 오직 학교라는 테두리 안에서 수행되는 것에 한하여 부여되었으며, 그 위임을 받은 교육기관은 비교적 '느슨한 형태'로 교육프로그램을 관리하였다. 말하자면 형태소적으로는 교과 프로그램 단위의 학적관리를 했지만 실제로 해당 과목 하나하나에 대한 관리보다는 전체적으로 교육기관이 교육력과 성실성에 기대어 학력부여를 정당화하는 방식을 택했다.

프로그램을 중심으로 학력을 관리하게 될 경우 필연적으로 학습활동을 표준화하게 되는데, 이때 고려될 수 있는 가능성은 첫째, 지식영역(field of knowledge) 혹은 과목(subject) 및 둘째, 학습방법(method)이라고 할 수 있으며, 셋째, 수준(level) 및 깊이(depth)가 있을 수 있다.

여러 개의 단위학습활동은 함께 묶일 수 있는데, 공통적 특질에 따라 묶인 단일학습활동들의 그룹과 덩어리는 학습활동 분류에서 여러 개의 부류 및 하위 부류들을 구성한다. 이는 전통적으로 두 가지 주요 그룹으로 정의되어 왔다. 그 첫 번째를 강좌(course)라고 규정했는데, 여기에서 강좌란 한 가지 지식영역 안에서 계획된 단위학습활동의 집합으로 정의된다. 한편, 과정(program)은 "사전에 결정된 목적이나 특정 교육과업 성취를 위해 교육 내용을 기반으로 조직화된 일련의 교육활동"으로서 복수의 강좌로 구성된다.

학습활동의 기본 셀(cell)은 내용과 방법이며, 기본 셀들이 수준(level)과 목적에 따라 묶인 것을 강좌(course) 혹은 과정(program)이라고 부른다. 모든 프로그램에는 프로그램 식별태그(program identificationtag)를 붙이도록 하며, 그 식별태그는 일종의 프로그램의 등록부와 같은 것이다. 여기에 과목, 교수방법, 수준, 목표역량, 평가준거 등이 포함되어야 한다. 이것은 마치 긴 주소에 우편번호를 붙이는 것과 유사하다. 이후 모든 통계는 이 프로그램 식별태그에 의해 작성되며, 반대로 모든 프로그램들은 이 태그에 의해 구분되도록 유도됨으로써 관리가 유용해진다. 최종적인 측정치는 시간(time)이 되는 것이다.

4. 평생교육체제의 형성과 성장

평생교육에는 세 가지 층위(layer)가 존재한다. 첫째 조기교육(initial education)이다. 입직 이전의 대부분의 학교교육이 여기에 해당하는데, 그 수준이 대학 혹은 대학원이라고 할지라도 본격적인 직업준비를 하기 전이라면 그것은 초기교육에 해당한다. 예컨대 대학원의 경우 박사과정이 일종의 입직교육에 해당한다면 그 이전의 석사과정까지는 그에 대한 상대적 의미의 초기교육에 해당한다.

입직 후 두 가지의 교육의 양태가 나타나는데, 하나는 분야의 전문성을 심도 있게 하기 위한 향상교육이 있으며, 다른 하나는 전직을 위한 전직교육이 있을 수 있다. 향상교육은 대개 비형식/무형식 학습을 통해 이루어진다. 반면 전직교육은 대개 형식교육과 비형식교육의 경계선에서 이루어지는 경우가 많으며 경우에 따라서는 다시 어느 정도의 초기교육을 요구하기도 한다.

(1) 평생직업능력개발과 자격인증의 미래

평생직업능력개발과 자격인증에 대한 강조는 이미 이념과 영역을 넘어 지구 보편적 현상이 되어가고 있다. 그 특징을 몇 가지로 요약하면 다음과 같다.

- '차이를 생산하는 능력'을 다른 말로 '창의성'이라고 하며, 탈산업사회의 가치가 창의적 학습 능력을 갖춘 노동자에 의해 생산된다는 점은 재론의 여지가 없다.
- 학습사회의 핵심은 다양한 종류의 창조적 학습이 이루어지는 사회이며, 그러한 학습의 결과가 다양한 방식의 능력인증시스템(qualification system) 혹은 그것을 구체화하는 능력인증구조(qualification framework)에 의해 공인되는 사회를 말한다.
- 더 이상 학교가 학습결과 인증을 독점하는 사회가 아니기 때문에 노동자들의 현장학습과 경험학습이 그들만의 '차이'를 생산하고 인정받을 수 있는 시스템을 구비하게 되는 것이다. 이런 점에서 차세대 비전은 학습사회 구축에 있게 되며, 그 안에서의 인적자원개발을 통한 학습재생산 시스템이 궁극적인 사회 재생산 시스템으로 자리 잡게 된다.
- 그런데 차이를 만드는 능력은 과거처럼 경험을 통해 비체계적으로 습득되거나 직업기술훈련 등의 기계적 반복에 의해 획득될 수 있는 기술이나 기능이 아니다. 그것은 사태를 다른 각도에서 이해하고 세계를 다른 관점에서 파악하는 능력으로서 과거 교양학습능력이라고 불렀던 것들과 유사한 것이다.
- 최근 OECD 등의 국제경제기구들이 핵심역량(key competencies)에 관심을 두는 것도 이 때문이다. 결국, 미래사회에서의 노동력을 형성하는 핵심과제는 특화된 노동훈련의 효과성의 문제로부터 일반교육체제 전반의 핵심역량 함양의 문제로 전화되며 노동력 재상품화 시스템의 핵심장치를 단기 고용훈련 중심으로부터 평생학습 시스템 혹은 핵심능력 개발로 전환하는 것이 필요하게 되었다.

지속적으로 요구되는 학습노동의 상당 부분은 특정기술의 업그레이드가 아니라 일반 능력의 신장을 원천적으로 요구하게 되며 그것은 노동시장훈련만으로는 만족될 수 없는 부분이다. 단기 기술훈련만으로 그러한 업그레이드가 가능하지 않으며, 본격적인 장기교육시스템의 개입이 성인노동자에게 요구되는 상황이 발생한다. 특히 계속교육 시스템의 본격적인 도움 없이는 탈산업사회 자본주의 노동력 재생산은 불가능하게 된다. 교육은 더 이상 초기교육(initial education)을 통해 신세대를 노동시장으로 넘겨주는 데에서 임무를 완수할 수 없게 되었으며, 그가 노동시장에 남아 있는 한, 혹은 그로부터 탈락하는 경우도 필수적으로 함께 해야 하는 삶의 일부로 요구되기 시작하였다.

연구문제

1. 학습경제의 이해에서 학습–역량개발–학습시장–학습복지–교육노동자 등의 순환체계를 통해 학습경제를 좁게 규정하는 방식으로 틀린 것은?

① 학습기제를 공급하고 관리하는 하위 체계로서의 HRD 시스템이 성장하기 어렵다.

② 학습시장의 규모가 급속도로 늘어나며, 고정적으로 소비되는 총 소비규모 역시 기하급수적으로 늘어난다.

③ 노동시장에서 학습전문가로 분류되는 노동자군의 규모가 이미 제조업 규모를 넘어서고 있다.

④ 고용의 그림자라고 할 수 있는 복지부분에서도 이미 학습복지라는 개념이 등장하였고, 사회복지의 핵심역할을 담당하고 있다.

2. 평생교육의 교육형식의 구분으로 틀린 것을 고르시오.

① 형식교육 - 초기교육 : 초중등학교, 학력인정 평생교육 시설 및 대학

② 형식교육 - 계속교육 : 성인교육중심의 정규대화 및 대학원, 개방대학

③ 비형식교육 - 초기교육 : 학력비인정 평생교육 시설 중 여성개발센터

④ 비형식교육 - 계속교육 : 학력비인정 평생교육 시설 중 각종 문화교육기관

3. 평생학습사회에서의 사회적 학습관리체제가 어떠한 모양새를 가져가게 될 것인가를 탐색하기 위해서는 여섯 가지 질문에 해당하지 않는 것은?

① '학제'의 핵심단위가 되는 '학교'를 어떻게 정의할 것인가?

② 평생에 걸쳐 학습해야 할 핵심역량은 무엇이며 그것은 인생단계별로 어떻게 교육과정으로 구현될 것인가?

③ 전사회적인 유아교육체제를 어떻게 포괄적으로 구획하고 연계할 것인가?

④ 유비쿼터스 학습사회의 사회적 학습관리체제를 어떻게 설계할 것인가?

4. 역량개발과 비형식학습, 그리고 인정체제에서 과정에서 역량-학습활동단위-교육프로그램-학습결과인정과 자격의 요소들이 연동하는 것이 아닌 것은?

① 학습의 핵심이 역량 중심으로 재편된다.
② 학습중심의 체계가 교육중심의 체계로 전환되면서 학습활동이 핵심으로 떠오른다.
③ 필요한 학습활동의 내용과 수준, 그리고 기간에 맞는 교육 프로그램을 구성한다.
④ 학습의 결과는 학력의 형태는 아닐지라도 그 결과를 평가·인정한다.

5. 평생직업능력개발과 자격인증의 미래의 내용으로 다른 것은?

① '차이를 생산하는 능력'을 다른 말로 '창의성'이라고 하며, 탈산업사회의 가치가 창의적 학습 능력을 갖춘 교수자에 의해 생산된다는 점은 재론의 여지가 없다.
② 학습사회의 핵심은 다양한 종류의 창조적 학습이 이루어지는 사회이며, 그러한 학습의 결과가 다양한 방식의 능력인증시스템 혹은 그것을 구체화하는 능력인증구조에 의해 공인되는 사회를 말한다.
③ 차세대 비전은 학습사회 구축에 있게 되며, 그 안에서의 인적자원개발을 통한 학습재생산 시스템이 궁극적인 사회 재생산 시스템으로 자리 잡게 된다.
④ 최근 OECD 등의 국제경제기구들이 핵심역량(key competencies)에 관심을 두는 것은 미래사회에서의 노동력을 형성하는 핵심과제는 특화된 노동훈련의 효과성의 문제로부터 일반교육체제 전반의 핵심역량 함양의 문제로 전환되며 노동력 재상품화 시스템의 핵심장치를 단기 고용훈련 중심으로부터 평생학습 시스템 혹은 핵심능력 개발로 전환하는 것이 필요하게 되었기 때문이다.

정답 1 ①, 2 ③, 3 ③, 4 ②, 5 ①

CHAPTER 13

평생교육프로그램개발의 과제

제1절 평생교육프로그램개발의 현황

한국의 평생교육은 점차 일반화되면서 교육기회가 확대되고 성인들의 참여가 증대되고 있지만, 그에 상응한 학문적인 성장은 아직까지 그 정도가 일천하다. 특별히 평생교육의 프로그램개발 분야는 평생교육의 전문성을 생각할 때 매우 중요한 영역임에도 불구하고, 외국에 비해 이론적 체계화가 상대적으로 더딘 상황이었다. 따라서 프로그램개발에 대한 연구와 체계적인 이론 정립이 평생교육기관과 평생교육사가 프로그램개발자로서 담당해야 할 가장 근본적인 활동인 만큼 프로그램에 대한 구체적인 내용과 절차 및 방법들이 정리되고 제시되어야 할 것이다(김진화, 2012).

「평생교육법」은 2007년에 전면 개정되었는데, 1982년 12월 「사회교육법」(법률 제3648호)과 1999년의 평생교육법과 비교하여 여러 특징을 지니고 있다. 1999년의 「평생교육법」은 평생교육 진흥의무를 유지하면서 총체적인 평생학습 지원체제를 구축하였으며, 새로운 형태의 평생교육시설을 세분하여 제시하였다. 또한 평생교육사 자격을 도입하였으며, 학습휴가 및 학습비 지원 규정도 신설하였다. 이후 2007년의 「평생교육법」은 평생교육의 기회를 보장하기 위한 추진체제를 정비하였다. 평생교육의 활성화를 위하여 국가 수준의 평생교육 총괄 기구로 국가평생교육진흥원, 광역·기초 자치단체 수준의 시·도평생교육진흥원을 설치·지정하는 근거를 마련하였으며, 성인 기초·문자해득 교육 등을 포함하는 평생교육 개념을 명확화하였다.

1999년 제정된 「평생교육법」에서 평생교육 전문인력인 평생교육사가 지역주민들의 학습 수요를 분석하여 학습 대상을 체계화할 뿐만 아니라, 평생교육프로그램 관련 연구 동향을 살펴보기 위해서 평생교육사 양성관련 교과목에 필수과목으로 '평생교육프로그램개발론' 또는 '산업교육프로그램개발' 중 한 과목을 선택할 수 있도록 하였다. 결과적으로 '평생교육프로그램개발'의 교과목이 독립적으로 인정되었으며, 이후 2007년 개정된 「평생교육법」에서는 '평생교육프로그램개발론'이 평생교육사 양성의 필수과목으로 더욱 강화되었다.

평생교육프로그램개발 영역은 평생교육의 전문성 제고를 생각할 때 매우 중요한 영역임에도 불구하고, 이에 대한 연구와 체계적인 이론 정립은 아직까지 이루어지지 않은 것이 현실이다. 즉, 평생교육프로그램개발과 관련된 연구는 평생교육 분야에서 가장 활발하게 연구된 부문이라고 볼 수 있을 정도로 평생교육 영역의 지식 가운데 광범위한 부문을 차지하고 있다. 그러나 기존의 연구는 대체적으로 프로그램의 기획과 운영, 교수방법 등 특정 부분에 연구가 집중됨으로써 대부분의 연구물이 새로운 정보와 아이디어 공유에 치우쳐 이론적인 학문적 기반을 마련하는데 한계가 있다는 비판을 받아 왔다.

1980년대에는 분(Boone, 1985), 랑겐바흐(Langenbach, 1987), 짐머리(Simerly & Associates, 1987), 카파렐라(Caffarella, 1988) 등을 통해 산만하게 이루어졌던 종전의 프로그램개발에 대한 연구가 종합적인 과정으로 파악되면서 하나의 일반화된 이론으로 발전되어 왔다. 이후 1990년대에는 프로그램개발과정에서 프로그램개발자가 취하는 실제적 행위에 초점을 둠으로써, 새로운 이론 정립의 가능성을 열었다는 데 큰 의의가 있다.

이에 한국의 평생교육프로그램개발과 관련된 연구동향은 주로 교육인적자원부 학술정책 용역연구의 성격으로 진행되어 왔다. 주로 한국교육개발원과 한국직업능력개발원, 여성개발원 등 국책연구기관에서 이루어져 왔으며, 실제 현장적용을 위한 프로그램개발연구가 대부분으로 노인, 여성, 장애 성인학습자들과 같은 상대적 교육 소외계층을 위한 프로그램개발연구들이 주류를 이루고 있다는 분석이다.

한국 평생교육프로그램개발의 연구동향을 개략적으로 정리하면 다음과 같다. ① 프로그램개발연구가 주류 현장에서 즉각적으로 활용할 수 있는 자료 및 핸드북 형태로 이루고 있다는 점, ② 평생교육기관 유형별로 평가 모형과 평가준거를 설정하고 구체적으로 기관별 프로그램평가기준을 제시하는 연구들이 주류를 이루고 있는 점, ③ 프로그램개발과정의 실체를 심층적으로 밝혀 보기 위한 분석적 연구들로서 실제적인 프로그램을 개발하는 수준으로 프로그램개발의 전 과정에 대한 이론적이며 분석적인 연구는 시작 단계임을 알 수 있다.

지금까지의 한국 평생교육기관에서 이루어지고 있는 프로그램개발의 특성과 문제점을 살펴보면 다음과 같다. 프로그램개발의 특성으로, 프로그램개발과 관련하여 독특한 용어를 사용하고 있다. 대학의 평생교육기관은 교과과정, 교과과정 편성안이라는 것을, 기업체의 평생교육기관은 교육체계, 교육과정, 로드맵이라는 것을, 정부 주도형의 평생교육기관은 프로그램, 교수요목 등 각 기관마다 매우 상이한 용어를 사용한다는 점이다. 둘째, 프로그램 실체의 상이성으로 프로그램을 교육내용이나 계획된 학습결과로 보는 입장 등 여러 가지 견해로 보는 점이다. 셋째, 프로그램개발 접근방법의 독특성으로 개발의 범위와 한계, 절차 등이 종합적으로 반영된 결과로 접근한다. 넷째, 프로그램개발자의 특성으로 기업체의 경우 내용전문가와 과정전문가로 명확하게 구분하여 사용하고 있다. 마지막으로, 평생교육프로그램의 신자유주의적 동향 등을 들 수 있는데 소비자 중심의 맞춤 교육화, 시장경제가치 중심화, 상품화, 시장화와 상업화, 다양화와 선택권 강화, 사회경제 수요체감 기제화, 자격 및 학력 연계 인센티브화, 지역간 격차와 계층화 등의 성격이 내재, 평생교육을 통해 경제적 효율성을 극대화하고자 하는 신자유주의적 속성이다.

다음으로 한국의 평생교육프로그램개발에 있어서 다음과 같은 문제점을 발견할 수 있다. 체계적인 평생교육프로그램개발을 위한 전문인력이 절대적으로 부족하거나, 평생교육프로그램개발에 대한 조직적인 이해가 부족하다는 점이다. 또한 평생교육기관의 대부분이 주민 수요에 부합하는 맞춤형 학습을 기획하기 위한 충분한 기간을 보장해야 함에도 불구하고, 프로그램개발에 대한 조직의 체계적인 지원이 부족할 뿐만 아니라 개발기간을 단시간 내에 끝내야 하는 것으로 이해하고 있다는 점이다. 아울러 평생교육프로그램개발에서 모방하려는 안이한 태도와 함께 산학협동의 부재현상은 프로그램개발에 대한 체계적인 지식들의 부족현상으로 나타나는 결과가 되어버렸다.

이러한 한국의 평생교육프로그램개발과 관련하여 우리가 지향해야 할 과제를 살펴보면, 평생교육연구에서 이론과 실천의 체계적인 연계가 필요하다는 점과 조직적인 차원에서 프로그램개발과정에 대한 이해수준을 향상시킬 수 있어야 한다는 점이다. 아울러 프로그램개발과정에 대한 체계적인 이해가 필요하며, 프로그램을 원활하게 개발하는데 있어서 관련된 모든 제반 요소를 고려하여 장기간에 걸쳐 개발되어야 한다는 점이다. 마지막으로 산학협동의 차원에서 외부 전문가의 인력풀을 운영함으로써 도움을 받을 수 있는 체제를 강구해야 할 것이다.

제2절 프로그램개발의 활성화를 위한 전략적 과제

1. 프로그램개발 전문가 양성

1982년 12월 「사회교육법」(법률 제3648호) 제정 이후 2007년 전면 개정된 「평생교육법」에 의해 '평생교육프로그램개발론'이 평생교육사 양성관련 필수과목으로 더욱 강화되었다. 하지만 지금의 평생교육사 양성체제로는 프로그램을 개발하기에는 아직 부족한 실정이다. 2013년에는 「평생교육법」 일부 개정으로 평생교육사 자격증 교부 및 재교부가 양성기관에서 국가평생교육진흥원으로 일원화되었다. 이에 국가평생교육진흥원은 프로그램개발 분야를 핵심 주제로 삼아 전국의 평생교육인들에게 프로그램개발의 중요성을 지속적으로 강조하고, 이 분야의 이론과 실제를 보급하는 데 한축의 역할을 담당해야 한다. 예를 들어, 우리 사회가 직면하고 있는 각종 국가적·국민적 수요가 큰 사회문제 발굴 및 현안문제를 해결하기 위한 프로그램, 즉 ICT(정보통신기술) 융합기술을 활용한 출산장려교육프로그램, 과학기술과 문화 발전에 부응하는 기초 및 기능문해 프로그램, 다문화가정을 위한 프로그램, 고령화 및 초고령사회 진입에 대비한 노인교육프로그램 등의 개발과 시행은 일부 평생교육사에 의해 추진될 사안이 아니고 범국가적으로 대처해야 하기 때문이다(김용현 외, 2010). 따라서 프로그램개발 전문과정을 개발·운영함으로써 해당 평생교육기관의 특성에 맞는 프로그램을 평생교육사가 제공할 수 있도록 양성체제를 강구해야 할 것이다.

1) 평생교육 전문인력(평생교육사)의 양성

(1) 개요

국가는 「평생교육법」 제24조에 근거하여 평생교육을 진흥하기 위한 전문인력으로 평생교육의 기획, 진행, 분석, 평가 및 교수 업무를 수행하는 평생교육사를 양성하고 있다. 1986년에 사회교육전문요원이 양성된 이후 2023년까지 총 163,639명의 평생교육사가 양성되었다. 평생교육사는 평생교육의 기획·진행·분석·평가 및 교수업무를 수행하는 사람이다(「평생교육법」 제24조 제2항). 「평생교육법」 시행령 제17조(직무범위)는 평생교육사는 평생교육 프로그램의 요구분석·

개발·운영·평가·컨설팅과 학습자에 대한 학습정보 제공, 생애능력개발 상담·교수, 평생교육 진흥 관련 사업계획 등 관련 업무를 수행한다고 명시하고 있다.

(2) 주요 현황 및 성과

① 평생교육사 자격제도

「평생교육법」시행령 제16조(평생교육사의 등급)는 평생교육사 등급을 1·2·3급으로 구분하며, 평생교육사 1급은 2급 취득 후 평생교육 관련 업무를 5년 이상 수행한 경력이 있는 자로서, 국가평생교육진흥원에서 운영하는 평생교육사 1급 승급과정을 이수해야 취득할 수 있다. 2급은 대학원에서 필수과목 15학점 이상 이수하고 대학 또는 학점은행기관에서 관련과목을 30학점 이상 이수하고 학위를 취득한 자 그리고 평생교육사 3급 자격증을 소지하고, 평생교육 관련 업무에 3년 이상 종사한 경력이 있는 자로 평생교육사 2급 승급과정을 이수한 자 등이 취득할 수 있다. 3급은 (전문)대학 또는 학점은행기관에서 평생교육 관련과목을 21학점 이상 이수하고 학위를 취득한 자 등이 취득할 수 있다.

② 평생교육사 양성 현황

평생교육사 양성 현황을 살펴보면, 2000년 평생교육법으로의 전면개정 이후부터 취득자가 꾸준히 증가하여 2023년 12월을 기준으로 양성된 평생교육사의 수는 총 163,639명이다.

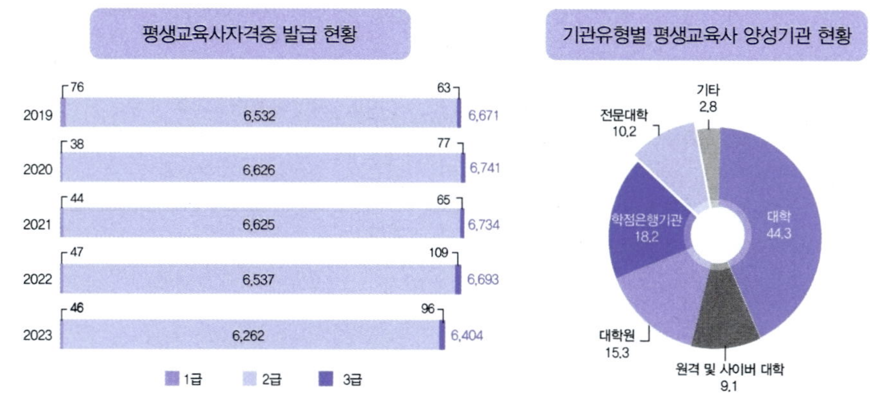

그림 13-1 연도별 평생교육사 양성(자격증 발급) 현황

출처: 교육부·국가평생교육진흥원(2023).

2023년 12월을 기준으로 양성된 평생교육사의 수는 총 163,639명으로, 등급별 양성 현황을 보면 2급(94.5%, 154,694명), 3급(4.9%, 7,914명), 1급(0.6%, 1,031명) 순으로 평생교육사의 대부분이 2급 자격을 소지하고 있다. 국가평생교육진흥원에서 운영하는 평생교육사 승급과정은 평생교육사의 등급별 역할과 직무를 고려하고, 기존 유사·중복 이수과목을 검토·정비하였으며, 개편된 승급과정의 교육내용은 표 13-1과 같다.

표 13-1 평생교육사 승급과정 교육내용

평생교육사 1급 승급과정			평생교육사 2급 승급과정		
영역	이수 과목명	시간	영역	이수 과목명	시간
평생교육 비전과정	평생교육사의 역할 및 철학 평생교육법과 정책의 이해 평생교육사의 직업윤리 평생교육 리더십 국내외 평생교육 동향 평생교육사 비전 워크숍 성평등·인권교육 조별프로젝트 운영 및 발표	3H 3H 3H 3H 3H 3H 2H 3H	평생학습 환경분석	평생교육사의 역할 및 철학 평생교육법과 정책의 이해 국내외 평생교육 동향 요구조사분석 성평등·인권교육	3H 3H 3H 3H 2H
평생교육 기관경영 및 관리	평생교육기관 운영 및 문제해결 평생교육기관 비전 및 전략 조직분석 및 기관역량 분석 마케팅 및 기관홍보전략 수립 평생교육기관 재무관리 평생교육기관 성과관리	3H 3H 3H 3H 3H 3H	평생학습 기획	사업기획의 실제 평생교육 실무행정 평생교육 자원관리	3H 3H 3H
평생교육 사업 및 정책	평생교육사업 기획 평생교육사업 타당성 분석 평생교육사업 설계 및 모니터링 평생교육사업 평가 및 성과관리 평생교육 정책제안 워크숍(1) 평생교육 정책제안 워크숍(2)	3H 3H 3H 3H 3H 3H	평생교육 프로그램 개발·운영·평가	평생교육프로그램의 이해와 텍소노미 평생교육프로그램 요구분석 평생교육프로그램 기획 및 개발 평생교육프로그램운영 평생교육프로그램 마케팅 및 홍보 평생교육프로그램평가	3H 3H 3H 3H 3H 3H
변화촉진 및 지역 디자인	평생학습과 변화촉진 평생학습동아리 조직화 평생학습네트워크전략 지역사회와 평생교육리더 실천현장 사례공유	3H 3H 3H 3H 3H	지역 네트워크	지역사회교육의 이해 지역동향 및 기관역량 분석 평생교육 네트워크 실천현장 사례공유	3H 3H 3H 3H

평생교육사 1급 승급과정			평생교육사 2급 승급과정		
영역	이수 과목명	시간	영역	이수 과목명	시간
평생학습 상담 및 컨설팅	생애발달과 평생학습상담 진로상담과 경력개발 평생교육 컨설팅의 이해 평생교육 컨설팅 실제	3H 3H 3H 3H	교수학습 기법 및 상담	성인학습자의 이해 평생교육 상담 및 학습설계 교수-학습기법 실습	3H 3H 3H
평생교육 교수학습	평생교육을 위한 효과적인 교수법(1) 평생교육을 위한 효과적인 교수법(2)	3H 3H	기타	평생교육기관 및 행사 견학 (조별 프로젝트 운영 및 발표) 개강식 및 종강식 종합시험	5H 2H 3H
기타	개강식 및 종강식 종합시험 평생교육기관 및 행사 견학	2H 3H 8H			
교육과정	**6개 영역/31과목**	**105 H**	**교육과정**	**5개 영역/21과목**	**70 H**

출처: 교육부·국가평생교육진흥원(2024).

③ 평생교육사 배치 현황

평생교육기관에 배치되어 있는 평생교육사 현황을 보면 전체 5,029개 평생교육기관에 6,567명의 평생교육사가 배치되었으며, 기관당 평균 1.3명의 평생교육사가 있다. 17개 시·도평생교육진흥원은 기관당 13.5명으로 평균 평생교육사 수가 가장 많았으며, 시군구평생학습관은 기관당 평균 1.9명이 배치되어 있는 것으로 나타났다. 반면 초중등학교 부설 평생교육시설은 기관당 0.9명, 언론기관 부설 평생교육시설은 기관당 1.0명으로 시도평생교육진흥원과 시군구평생학습관을 제외한 평생교육기관의 경우 기관당 평생교육사 수는 약 1명에 그치고 있는 것으로 나타났다(한국교육개발원, 2023).

(3) 향후 과제

평생교육사 자격제도의 개선을 위해서는 먼저 평생교육사 양성체제의 개편이 필요하다. 평생교육사는 평생교육 관련과목을 이수하면 자격을 취득하는 과정이수형 자격으로, 평생교육사의 양성과정은 평생교육사의 전문성을 키우는 데 매우 중요하다. 평생교육사 양성과정은 2007년 「평생교육법」 전면 개정 이후 현재까지 유지되어 왔다. 그러나 사회의 변화와 함께 평생교육현장은 급속하게 변화하였으며, 현장에서 요구하는 평생교육사의 역량 또한 계속해서 변화하고 있다. 디지털 사회 전환에 따른 현장의 다양한 요구에 맞는 역량개발을 통하여 전문성을 갖춘 평생교육사를 양성해야 한다. 특히 평생교육프로그램개발, 운영, 평가 이수과목의 이수시간 이외에 과제실습을 통한 작성을 중점 강화할 필요가 있다. 특히 1급 승급과정의 교육과목을 보면 '프로그램개발론' 관련 과목이 제외되어 있는 실정이다. 평생교육사로서 최고 등급인 1급 평생교육사에게 가장 중요하게 요구되는 역량이 프로그램개발 분야인데, 프로그램개발에 대한 전문성을 간과하고 있는 실정이다. 향후 승급과정부터는 반영해야 할 것이다.

다음으로 양성된 평생교육사의 전문성을 유지·개선하기 위해서는 지속적이고 체계적인 보수교육이 필요하다. 평생교육사의 전문성 유지를 위한 보수교육의 체계적 운영과 의무화가 필요하다. 유사 자격인 사회복지사, 청소년상담사와 청소년지도사는 전문성의 유지를 위해 보수교육을 의무적으로 받도록 관계 법령에서 규정하고 있지만, 「평생교육법」에서는 평생교육사의 보수교육을 의무적으로 받도록 규정하고 있지 않다. 다른 자격제도에 비해 상대적으로 부족한 30학점 충족의 과정이수제 자격제도로는 전문성 및 사회적 인식을 충족하기에는 한계가 있다. 따라서 자격 취득 이후 보수교육 의무화를 통한 전문성을 지속적으로 개발하여야 한다. 평생교육사가 의무배치형 국가자격인 평생교육 전문인력으로서 전문성을 지속적으로 개발하기 위해서는 「평생교육법」 개정을 통해 보수교육을 의무화하도록 하는 법적근거를 설정하고, 자격취득자 및 직무종사자가 의무적으로 받도록 하여야 할 것이다. 자격 취득 후 자격 취득자의 능력을 유지하고 관리하기 위한 보수교육은 개인적, 직업적, 국가적 측면에서 매우 중요한 요소이기 때문이다. 무엇보다도 보수교육을 의무화하여 평생교육사들이 업무현장에 얽매이지 않고 당연한 학습권리로서 보수교육을 받을 수 있도록 제도적 지원이 마련되어야 할 것이다.

마지막으로, 평생교육사의 배치를 활성화하기 위한 법·제도적 개선이 필요하다. 「평생교육법」 제26조(평생교육사의 배치 및 채용)를 살펴보면, 평생교육기관에는 '제24조 제1항에 따른 평생교육사를 배치하여야 한다'고 명시되어 있으며, 「평생교육법 시행령」 제22조(평생교육사의 배치대상기관 및 배치기준)에서는 평생교육사를 평생교육기관에 의무적으로 배치하도록 규정하고 있다. 평생교육기관의 평생교육사 배치율은 지속적으로 증가해 왔지만, 왔지만, 2023년에는 83.4%로 여전히 16.6%에 해당하는 평생교육기관에는 평생교육사가 배치되어 있지 않다. 그럼에도 불구하고 평생교육사 배치와 관련하여 지도·감독할 수 있는 조항이 없는 실정이다. 따라서 평생교육사의 배치 위반 사항을 관리할 수 있는 법·제도적 기반 마련이 필요하다. 이에 평생교육사가 직업인으로서 안정적으로 자리매김하기 위해서는 '배치'가 아닌 '채용'이 되어야 하기에, 「평생교육법 시행령」을 평생교육사의 배치가 아닌 '채용한다'로 수정해야 할 것이다.

지방자치단체 등에서 평생교육사업이 확대되고 있지만 이를 전담하는 인력으로서 평생교육사가 법적으로 규정되지 않고 있기에, 일반 공무원이 평생교육 업무를 담당하는 사례가 빈번히 발생하고 있는 실정이다. 이제는 공공기관에서 수행하는 평생교육의 전문성을 제고하고, 평생교육사의 배치 활성화를 위해서는 사회복지사업법을 벤치마킹하여 「평생교육법」과 공무원 임용령에 '평생교육사가 평생교육 전담공무원'이 될 수 있는 법적 근거를 마련(김동일, 2019)하여야 한다. 평생교육사는 다양한 행정 업무를 처리하는 일반직 공무원과 달리 현장 수요를 근거로 한 풀뿌리교육을 실현함으로써 시간이 지날수록 지역에서 역량을 한층 높일 수 있을 것이기 때문이다.

또한 평생교육의 질 관리를 위해서 평생교육사 배치 기준의 개편의 현실화가 필요하다. 국가평생교육진흥원(2023)의 자료에는 5,029개 평생교육기관에 평생교육사 6,567명이 재직 중(기관당 약 1.24명의 평생교육사가 배치)인 것으로 나타났다. 광역 및 기초자치단체부터 시작하여 평생교육 전담기관으로 단계적 배치를 추진하는 것이 필요하며, 법정인원의 배치기준을 위반 시 등록 취소 및 처벌조항을 마련한 현실화가 요구된다. 이는 평생교육 전문요원인 평생교육사가 평생교육 시설·기관·단체 구성원의 10%에도 미치지 못하고 있는 실정이다. 평생교육사 1명이 기획, 진행, 교수 업무 및 평가, 분석 등을 수행하기에는 업무의 범위나 강도가 과중하여 체계적인 양질의 평생교육을 제공하는 데 어려움이 있다. 보다 체계적인 평생교육프로그램개발과 높은 질의 전문적인 교육을 위해서는 현재 법규에서 규정되어 있는 평생교육 시설·기관·단체에 배치되는 평생교육사의 비율을 현격하게 높이는 방안도 고려할 필요가 있다.

민간영역 평생교육시설도 규모에 따라 평생교육사 의무 배치기준 등을 차별화하여, 이들의 경력개발을 지원하는 것은 시급한 과제라고 할 수 있다. 결론적으로 기관의 특성에 따라 소재 지역의 시민 수, 기관의 학습자 수 또는 프로그램 수 등 보다 유연한 배치 기준을 두어 평생교육사를 확대·배치할 수 있도록 개선이 필요하다.

2. 국가-시·도 평생학습 네트워크 구축

1) 개요

「평생교육법」 제20조(시·도평생교육진흥원의 운영)는 국가–시·도–시·군·구–읍·면·동으로 이어지는 평생교육 추진체제의 구축을 목적으로 시·도평생교육진흥원을 설치 또는 지정·운영할 수 있도록 하고 있다. 「평생교육법」 제20조에서 시·도평생교육진흥원의 업무기능을 평생교육기회 및 정보의 제공, 평생교육 상담, 평생교육프로그램운영, 지역의 평생교육기관간 연계체제 구축 등 시·도평생교육진흥원이 수행하여야 할 역할을 제시하고 있다. 각 진흥원이 지역평생교육의 총괄기구로서 사정에 따라 다양한 기능을 추가 수행하고 있으나, 평생교육의 지역균형발전을 위해서는 국가–시·도 간에 더 많은 연계가 요구된다. 각 시·도가 공통으로 고려하는 평생교육사업 수요와 이에 관한 다양한 정보와 공통된 기준을 설정함으로써, 수시로 발생하는 평생교육 관련 이슈에 대해서도 국가와 시·도는 지속적 협력관계를 형성하고 공동의 관심사를 발전시킬 필요를 지닌다(국가평생교육진흥원, 2020). 이러한 맥락에서 국가–시·도 평생교육네트워크가 추진되고 있다.

2) 주요 현황 및 성과

국가는 지역 평생교육 활성화 지원사업의 일환으로 2011년부터 2017년까지 시·도 평생학습 네트워크 구축사업을 통하여 100세시대 국가 평생학습체제를 구축하였다. 이에 따라 평생교육진흥원을 개원하는 시와 도에 3년간 그 운영비의 일부와 컨설팅 지원을 하였다. 그 결과, 2011년 대전평생교육진흥원을 시작으로 2016년 전라북도평생교육진흥원까지 17개 시·도평생교육진흥원의 설립 또는 지정 작업이 이루어짐으로써 시·도 평생학습 네트워크 구축은 2017년을 끝으로 종료되었다.

표 13-2 시·도평생교육진흥원 설립 현황

('23. 12. 기준)

연번	시·도평생교육진흥원	설립/지정시기	형태	지정(위탁)기관
1	서울특별시평생교육진흥원	'14. 04. 03	지정	서울연구원
		'15. 03. 12	법인	-
2	부산여성가족과평생교육진흥원	'11. 03. 01	지정	부산인적자원개발원
		'16. 12. 27	법인	부산평생교육진흥원
		'23. 07. 01	법인	-
3	대구광역시행복진흥사회서비스원	'12. 05. 10	지정	대구경북연구원
		'20. 12. 29	법인	대구평생학습진흥원
		'22. 10. 01	법인	-
4	인천인재평생교육진흥원	'13. 05. 09	지정	인천인재육성재단
		'20. 12. 31	법인	-
5	광주인재평생교육진흥원	'13. 04. 16	지정	광주발전연구원
		'15. 02. 27	법인	광주평생교육진흥원
		'23. 09. 22	변경	-
6	대전평생교육진흥원	'11. 07. 28	법인	-
7	울산연구원	'12. 07. 01	지정	울산발전연구원
		'17. 09. 20	지정	울산인재육성재단
		'20. 01. 01	법인	울산인재 평생교육진흥원
		'23. 04. 01	법인	-
8	세종인재평생교육진흥원	'16. 02. 15	지정	세종특별자치 인재육성재단
		'18. 04. 16	법인	-
9	경기도평생교육진흥원	'11. 12. 28	법인	-
10	강원인재육성평생교육진흥원	'14. 03. 25	지정	강원발전연구원
		'17. 01. 01	지정	강원연구원
		'22. 01. 01	법인	강원인재육성 평생교육진흥원
11	충북인재평생교육진흥원	'11. 04. 20	지정	충북발전연구원
		'23. 01. 01	법인	-

연번	시·도평생교육진흥원	설립/지정시기	형태	지정(위탁)기관
12	충청남도평생교육인재육성진흥원	'12. 01. 01	지정	충남인재육성재단
		'16. 05. 31	법인	충청남도 평생교육진흥원
		'23. 04. 11	법인	-
13	전라북도평생교육장학진흥원	'16. 08. 01	지정	전북연구원
		'19. 01. 01	지정	전북인재육성재단
		'20. 06. 01	법인	-
14	전남인재평생교육진흥원	'14. 03. 19	지정	전남발전연구원
		'17. 01. 22	지정	전남인재육성재단
		'20. 07. 01	법인	-
15	경상북도인재평생교육진흥원	'13. 06. 27	지정	대구대학교
		'18. 01. 01	지정	경북도립대학교
		'21. 01. 01	법인	-
16	경상남도평생교육진흥원	'15. 01. 01	지정	경남연구원
		'18. 01. 01	지정	
		'21. 04. 01	법인	-
17	제주평생교육장학진흥원	'12. 07. 19	지정	제주발전연구원
		'17. 03. 27	법인	-

출처 : 교육부·국가평생교육진흥원(2024).

최근에도 국가평생교육진흥원과 시·도평생교육진흥원 간 네트워크활동은 다양한 형태로 이루어지는데, 2019년의 경우 국가–시·도평생교육진흥원장 간담회, 실무자 협의회, 공동자료 발굴 및 사업 운영 등이 이루어졌다.

3) 향후 과제

평생교육진흥을 위해 활동하고 있는 국가평생교육진흥원과 전국 17개 시·도 평생교육진흥원은 더욱더 긴밀한 관계를 통하여 평생교육체제를 강화할 필요가 있다. 국가–시·도평생교육진흥원 간 긴밀한 관계 형성과 협력은 법령에 따른 주요 사항이지만, 2017년 시·도 평생학습 네트워크 구축 사업이 종료된 이후 지역 평생교육 활성화 지원사업의 성과관리 예산이 감액되는 등 국가–시·

도평생교육진흥원 간 협력사업 추진 및 네트워크 운영에 어려움이 발생하고 있다. 그럼에도 불구하고 재정 수요를 최소화하는 방향에서 교육프로그램개발 및 운영·조사사업 등의 영역에서 시범사업과 정책사업을 시도함으로써 평생교육 협력체제의 안정성을 모색할 필요성이 요구된다. 코로나19 정국 이후에도 평생학습도시 재지정 평가 등 지역 평생교육체제의 내실화를 위한 사업을 본격적으로 실시함으로써 각 시와 도가 시군구 평생교육에 대한 일정 수준 이상의 꾸준한 사업관리가 필요하다. 특히 시군구 단위의 평생학습도시가 전체의 70%를 넘어서고 있는 만큼 시·도 차원에서 고려할 각종 행정 사항을 공유하고 조정할 필요가 있다. 이러한 점에서 평생교육 네트워크를 행정 행위로 확대하고, 평생학습도시에 대한 지속가능발전과 질 관리를 위해 '재지정평가'를 통하여 각 시와 도의 평생교육 관내 지도력을 높이는 계기로 삼을 필요가 있다.

둘째, 국가-시·도평생교육진흥원이 협력하여 평생교육 정책사업을 발굴해야 한다. 국가의 주요 이슈에 특화된 평생교육 시범 사업을 발굴하고, 국가-시·도 간 평생교육 협력사업 모형을 개선하여 중장기적으로는 국가 차원의 정책사업으로 발전시키려는 지속적인 노력이 필요하다. 지난 2019년에 진행한 미디어 평생교육프로그램운영 시범사업과 같이 지역 평생교육기관과의 유기적 협력 증진을 강화함으로써 4차 산업혁명에 적극 대응하는 국가의 정책적 방향과 합치되도록 해야 할 것이다. 국가적인 차원에서 추진하는 정책사업은 지역에서 내실 있게 수행되어야 한다. 그렇게 하려면 정책 사업을 설계하는 단계에서부터 지역의 다양한 의견을 청취하고, 지역과 함께 하는 방식으로 사업을 수행해야 할 필요가 있다.

셋째, 평생교육사의 자격을 관리하고 지역별 평생교육 프로그램의 효과성을 높이기 위한 평생교육프로그램개발 전문가를 양성해야 한다. 국가평생교육진흥원이 국가 평생교육 추진체계의 한 축인 광역단위 평생교육 전담기구로서 그 기능과 역할을 다하기 위해서는 인적·물적 재원이 확보되어야 할 것이다. 특히 시·도평생교육진흥원의 기능과 역할에 따른 전국 시·도평생교육진흥원협의회의 비전과 전략, 발전목표와 8대 추진과제에서 '행동하기 위한 학습'(Learning to Do)을 위한 실천방안으로 평생교육프로그램 및 정책 개발·보급을 위한 관계자의 역량 강화를 설정하였다. 이에 역량 강화를 위한 주제별(문해교육, 장애인교육, 상담 및 컨설팅) 워크숍과 전문연수 실시, 17개 시·도진흥원 직원대상 직무연수 등을 추진함에 있어 평생교육프로그램개발을 위한 전문가를 양성하여 전문성을 강화하여야 할 것이다.

이에 국가평생교육진흥원과 일부 시·도평생교육진흥원이 평생교육사 연수를 함께 설계하여 진행하였고, 국가평생교육진흥원에서 발간하는 '평생교육 백서'에 시·도평생교육진흥원이 추진한 주요 사업을 수록하는 등의 활동도 전개하였다. 따라서 향후에도 국가평생교육진흥원은 시·도평생교육진흥원과 연계와 협력하는 유기적인 방안을 함께 강구하여야 한다(국가평생교육진흥원, 2020).

3. 우수 프로그램 발굴 및 포상 강화

1) 평생교육프로그램과 학습자 규모

평생교육에서 사용되는 프로그램(program)이란 용어는 학습경험이나 교육내용을 중요시 하는 커리큘럼(curriculum)과 유사하지만, 내용과 형식면에서는 상당한 차이가 있다. 정해진 순서와 활동이 강조되는 프로젝트(project)나 활동계획(plan of action)과도 다른 개념으로 사용되고 있다. 평생교육 분야에서 '교육과정'이란 용어보다 '프로그램'이란 용어를 선호하는 이유는 프로그램을 평생교육의 차별적이고 다양한 체험활동을 포함하는 개념의 의미로서 사용하려는 경향 때문이다(김진화, 2012).

오늘날 학습자들은 개인의 특화된 학습 참여목적을 충족하기 위해 다양한 평생학습 프로그램에 참여하고 있으며, 개인 혹은 그가 소속된 집단이나 지역사회가 설정한 유의미한 변화를 얻기 위해 평생교육에 참여하기도 한다(이향란, 2016). 포스트코로나의 급변한 환경 속에서의 생산연령인구의 급감 속에서 해당 연령층의 경제활동 참여를 적극화할 필요성이 제기됨으로써 평생교육의 중요성이 강조되고 있다(한국교육개발원, 2019b).

한국교육개발원이 2007년부터 매년 시행해 온 평생교육 관련 평생교육통계조사(2019) 결과를 종합해 보면, 평생교육프로그램과 학습자의 특성 및 변화 추이를 알 수 있다. 평생교육의 중요성이 강조되면서 평생교육의 대상이나 범위가 점점 확대되는 경향이 있으며, 평생교육프로그램의 적극적인 연구와 활용을 위해서는 프로그램 분류체계에 대한 정비가 필요하다는 의견을 제기하고 있다. 즉, 평생교육의 6가지 주제영역(학력보완, 성인기초·문자해득, 직업능력향상, 인문교양, 문화예술, 시민참여) 분류 이외에도 한국교육개발원의 평생교육프로그램 대·중·소 분류영역인 두 분류체계의 매칭 방안까지의 연구를 진행함으로써 우리나라 생애주기 단계별 교육체계의 연결성을 강화할 필요성이 있다(국가평생교육진흥원, 2020).

2) 평생학습도시 조성

(1) 개요

평생학습도시란 개인의 자아실현을 돕고, 사회적 통합을 증진하며, 지역사회의 경제적 경쟁력을 높여 언제, 어디서, 누구나 원하는 학습을 즐길 수 있는 도시를 건설하기 위해 추진되는 지역사회교육 운동이다. 교육부는 지역사회의 평생교육을 활성화하기 위해 시·군 및 자치구를 대상으로 평생학습도시를 지정하고, 해당 지자체가 평생교육 기반을 마련할 수 있도록 지원하고 있다. 평생학습도시 조성은 '지역 평생교육 활성화 지원사업'의 한 부분으로 추진되고 있다. 이 사업은 4차 산업혁명 시대와 인생 100세 시대를 대비하여 지역 평생학습 체계를 구축하고, 이를 통해 개인과 지역의 삶의 질을 높이며 지역사회가 함께 발전하는 것을 목표로 한다. 이 제도는 2001년 처음 도입된 이후 20년 넘게 지역사회 평생학습 문화를 확산하는 데 중요한 역할을 하고 있다(교육부, 2020). 과거에는 평생학습도시 조성과 함께 '시·도 평생학습 네트워크 구축', '읍·면·동 평생학습센터 운영사업'도 진행되었으나, 2018년부터는 평생학습도시 조성사업만 유지되고 있다. 하지만 2021년부터는 국가-시도-시군구 간 협력 체계를 더욱 강화하기 위해 '평생학습도시 특성화 지원사업'에 '시도-평생학습도시 컨소시엄'을 추가하여 운영하고 있다.

표 13-3 지역 평생교육 활성화 지원사업 추진 경과

구분	2001~2007	2011~2013	2014~2017	2018~2023
사업 내용	평생학습도시 조성 (신규지정, 旣선정도시 특성화)	평생학습도시 조성 (신규지정, 旣선정도시 특성화, 일반도시 특성화) 시도 평생학습 네트워크 구축 시도 평생교육정보망 구축	평생학습도시 조성 (신규지정, 旣선정도시 특성화, 일반도시 특성화) 시도 평생학습 네트워크 구축 시도 평생교육정보망 구축 읍면동 행복학습센터 운영	평생학습도시 조성 (신규 지정, 旣선정도시 특성화) 재지정평가 운영

구분	2001~2007	2011~2013	2014~2017	2018~2023
예산 집행 방식	교육부 특별교부금	교육부 출연	지방자치단체 경상보조, 교육부 출연	지방자치단체 경상보조, 교육부 출연
지원 대상	시도교육청/시군구	시도, 시군구	시도, 시군구	시도, 시군구
중점 방향 주요 성과	• 지역 평생교육 인프라 확충 평생학습도시 확대	• 평생교육진행원 설립 및 정보망 구축 등 시도 역량 강화 지원 • 2013년 일자리 추경을 통해 지원 대상을 일반도시로 확대	• 학습형 일자리 개념을 도입, 학습결과 환원 및 공유의 문화조성 • 주민의 학습권 보장을 위한 읍면동 평생학습센터 운영	• 학습형 일자리 창출, 사회 환원활동 참여 제고를 위한 지역 단위 특화 프로그램 운영 • 평생학습도시 확대 • 자발적 학습모임 육성
특이 사항	• 교육부 특별교부금 사업으로 시도교육청/시군구 공동신청 방식으로 추진(교육부 → 시도교육청 → 시군구 지원금 교부)	• 2007년 중단 이후 일반회계 편성하여 평생학습도시 등 세부사업 재개 • 2008년 평생교육법 전면 개정 이후 시도평생교육진흥원 설립 유도	• 세부과제 순차적 종료 • 2016년 일반도시 특성화 지원 다모아 평생교육 정보망 구축 • 2017년 시도 평생학습 네트워크 구축, 읍면동 행복학습센터 운영	• 평생학습도시 재지정평가 도입 준비(~2019) • 평생학습도시 재지정평가 운영(2020~2022) • 2주기 평생학습도시 재지 정평가 운영(2023~)

출처: 교육부 · 국가평생교육진흥원(2024) 재구성.

(2) 주요 현황 및 성과

교육부와 국가평생교육진흥원은 2020년에도 특별시 · 광역시 소속 평생학습도시 42개에 대한 재지정평가 결과를 발표하였다. 2020년 기준으로 평생학습도시 선정사업에 8개 지자체(서울 동대문구, 대구 남구, 경기 동두천시 · 안성시, 강원 원주시, 전북 무주군, 전남 나주시, 경남 거제시)가 추가되어, 누적 175개의 지자체를 평생학습도시로 선정 · 지원하였다(교육부 보도자료, 2020). 이들은 지역의 특성화를 도모하는 사업을 추진함으로써, 우수 사례 발굴을 통한 타 지방자치단체로 확산하는 성과를 거두었다. 2020년에는 8개 기초 지자체(강원 태백시, 경북 문경시, 부산 강서구, 서울 광진구, 서울 종로구, 인천 동구, 전북 순창군)를 평생학습도시로 신규선정·지원하였다.

또한, 교육부는 평생학습도시의 운영 현황에 대한 성과관리를 점검하여 지역 평생학습을 더욱 활성화하고자, 재지정 여부를 결정하는 평가제도를 2020년에 도입하였다. 지정평가는 42개 지자체를 대상으로 진행했으며, 42개의 도시 전체가 평생학습도시로 재지정되었다. 안정적인 추진체계를 갖추고 다양한 평생학습 프로그램을 특색 있게 운영하여 우수 평생학습도시로 5개 지자체(서울 송파구 · 은평구, 부산 서구 · 연제구, 광주 북구)를 선정 · 지원하였다. 이들은 각 지역의 특성에 맞는 사업을 추진하였고 다양한 성과와 우수 사례를 발굴하여 타 지방자치단체로 확산하는 성과를 거두었다. 성과를 거두었다. 1주기(2020~2022년) 재지정평가 사업이 종료 됨에 따라, 2023년에는 2주기 재지정평가를 실시하였다. 평생학습도시로 지정된 후 만 4년이 지난 특별시·광역시 자치구 및 군(郡)을 대상으로 우수 평생학습도시를 선정하고 지역의 성과관리 기반을 강화하였다.

평생학습도시 지정 및 지원을 통해 얻은 주요 성과는 다음과 같다. 첫째, 평생학습사회 실현을 위한 지역 평생학습 단위의 평생학습 체계 기반을 마련하였다. 둘째, 다양한 지역별 특화 발전에 초점을 둔 평생교육 인프라의 초석을 마련하였다. 셋째, 읍면동 평생학습센터 운영을 독려하여 학습형 일자리 확대에 기여하였다. 넷째, 평생교육이 단순한 여가교육을 넘어 시민사회 참여의 동기를 통한 사회적 실천과 연결되는 기회를 제공하였다(교육부·국가국가평생교육진흥원, 2020).

표 13-4 평생학습도시 지정 현황

광역	기초 자치 단체	평생 학습 도시	지정연도[1]				
			2001~2007	2011~2016	2017~2021	2022	2023
서울	25	22	관악구, 성북구, 양천구, 영등포구, 강동구, 강서구, 마포구	은평구, 강남구, 금천구, 노원구, 도봉구, 서대문구, 송파구, 용산구	구로구, 중랑구, 성동구, 동대문구, 동작구	종로구 광진구	-
부산	16	16	해운대구, 연제구, 사상구	영도구, 부산진구, 금정구, 남구, 사하구, 서구, 기장군, 동구	북구, 중구, 수영구, 동래구	강서구	-
대구	8	5	달서구, 동구	수성구, 북구	남구	-	-
인천	10	8	연수구, 부평구, 미추홀구	남동구, 서구	계양구	중구 동구	-
광주	5	5	남구, 광산구, 동구	북구, 서구	-	-	-
대전	5	4	유성구, 대덕구	동구, 서구	-	-	-
울산	5	5	울주군, 중구	북구, 동구	남구	-	-
세종[2]	0	1	-	-	-	세종	-
경기	31	31	광명시, 부천시, 이천시, 구리시,	남양주시, 포천시, 가평군, 군포시,	여주시, 파주시, 광주시, 하남시,	-	-

광역	기초자치단체	평생학습도시	지정연도[1]				
			2001~2007	2011~2016	2017~2021	2022	2023
			수원시, 시흥시, 안산시, 용인시, 평택시, 과천시, 안양시	김포시, 성남시, 양주시, 의왕시, 의정부시, 화성시, 고양시, 양평군, 연천군, 오산시	동두천시, 안성시		
강원	18	15	삼척시, 화천군, 강릉시, 횡성군	동해시, 인제군, 평창군, 홍성군, 철원군, 영월군	춘천시, 원주시, 양구군	태백시	양양군
충북	11	11	청주시, 단양군, 제천시, 진천군	옥천군, 음성군, 증평군, 충주시	괴산군, 영동군	-	보은군
충남	15	15	금산군, 부여군, 서산시, 아산시, 태안군, 서천군, 천안시	당진시, 홍성군, 예산군, 논산시, 공주시	보령시	-	계룡시 청양군
전북	14	12	진안군, 전주시, 익산시, 김제시, 남원시, 정읍시, 군산시	완주군	부안군, 고창군, 무주군	순창군	-
전남	22	15	순천시, 목포시 (무안)[3], 곡성군, 광양시, 여수시, 강진군, 영암군	담양군, 화순군, 고흥군	영광군, 완도군, 해남군, 나주시	-	구례군
경북	23	13	안동시, 칠곡군, 경산시, 구미시	포항시, 경주시, 영주시, 청도군	의성군, 상주시, 영천시	문경시	봉화군
경남	18	15	거창군, 창원시, 김해시, 남해군, 양산시, 하동군, 진주시, 통영시	창녕군, 합천군, 함안군	밀양시, 산청군, 거제시	-	고성군
제주[4]	0	2	제주시, 서귀포시	-	-	-	-
계	226	195	76	66	38	8	7

출처: 교육부·국가평생교육진흥원(2024) 재구성.

주1) 2008~2010년 평생학습도시 지정 중단.

주2) 세종시는 특별자치시로서 법에 따라 기초자치단체의 지위를 부여하는 특례 적용.

주3) 목포, 신안, 무안은 컨소시엄 형태로 신청·지정(1개 도시로 환산).

주4) 기초자치제도를 폐지한 제주특별자치도는 관할 시군구를 '0'으로 처리.

3) 전국평생학습도시협의회

(1) 추진 배경

전국평생학습도시협의회는 2004년 설립된 임의단체로, 평생학습도시 간 정보 공유와 협력을 목적으로 한다. 2007년 「평생교육법」 개정으로 법적협의체가 되었고, 2010년 이후 비영리법인으로 인정받았다. 현재 협의회는 평생학습도시로 지정된 196개 지방자치단체와 74개 교육지원청이 회원으로 참여하여, 평생학습 문화 확산과 지역균형 발전을 위해 협력하고 있다.

(2) 전국평생학습도시협의회 조직

전국평생학습도시협의회는 「민법」 제32조, 「평생교육법」 제15조, 관련 규칙 및 정관에 따라 운영되고 있다. 2023년에는 강원 양양군 등 7곳이 신규 지정되면서 회원 수는 총 270명으로 확대되었다. 회원은 평생학습도시 지방자치단체장과 교육지원청 교육장으로 구성되며, 회장은 총회를 거쳐 이사회에서 선출되었다. 2023년 1월 26일 박승원 광명시장이 제11대 회장으로 연임되었으며, 이사 5명, 감사 2명, 권역별 대표 16인이 임원진으로 선출되었다. 사무처는 서울 종로구에 위치하며, 평생교육사 자격을 가진 전문인력 3명이 운영을 담당하고 있다.

(3) 비전과 목표

전국평생학습도시협의회는 '대한민국 평생학습도시 허브'를 비전으로 삼고, 지역 평생학습도시와 함께 평생학습의 지역화 및 진흥을 위해 다음과 같은 목표를 가지고 있다.

첫째, 평생학습도시 간 정보 교류와 협력을 통해 상생 발전을 도모한다. 둘째, 각 학습도시의 내부 역량을 강화하여 사업 추진의 효과성을 높인다. 셋째, 전국의 국민에게 평생학습 문화를 확산하고 평생학습의 생활화를 촉진한다.

이를 위해 전국평생학습도시협의회는 평생학습도시 공동 현안 논의, 진흥사업 추진, 국가평생교육진흥원 등 관련 기관과 협력, 연수 및 워크숍 운영, 홍보 및 연구사업, 국제 평생학습 협력기구 및 단체 기관 등과의 협력사업 등을 추진하고 있다. 또한, 다양한 평생학습 기관 및 단체와 네트워크를 구축하여 협력

활동을 지속적으로 확대하고 있다.

(4) 주요 성과 및 추진 사업

전국평생학습도시협의회는 평생학습도시 간 건전한 발전을 위해 다음의 7대 목적사업을 추진하고 있으며, 국회 및 다양한 기관과 협력하여 정책 제안 및 네트워크 구축을 강화하고 있다. 전국평생학습도시협의회는 '함께하는 협의회', '역량 있는 협의회', '소통하는 협의회', '지속 가능한 협의회'라는 4가지 전략을 기반으로 다양한 사업을 추진하였다.

첫째, 함께하는 협의회중 가장 중점적인 사업으로 2023년 평생학습도시 권역별 네트워크 지원사업을 추진하고, 이를 바탕으로 국회토론회를 개최하였다. 또한, 글로벌 학습도시로 도약을 위해 전 세계 유네스코 학습도시(GNLC) 관련 학습도시 간 우수사례를 공유하고, 라틴아메리카 학습도시 국제포럼에 참여해 멕시코 및 8개국 29개 도시와 협약을 체결하였다. 또한 전 지구적 차원에서 기후위기 및 탄소중립 등의 문제해결을 위한 2023 유네스코와 함께하는 평생학습도시 국제포럼을 한국(광명·부안)에서 개최하는 성과를 거두었다.

둘째, 역량 있는 협의회 추진 사업으로 변화하는 학습도시 정책을 공유하기 위해 해외 탐방 평가회를 열고, 전국 평생학습도시 관계자 워크숍 및 부서장 간담회를 개최하였다. 또한, 평생학습도시 재지정 평가, 시군구 평생학습관 및 읍면동 평생학습센터 운영, 평생학습 집중진흥지구 정책 등을 논의하였다. 이에 더해, '기초자치단체의 새로운 정책 변화 대응'을 주제로 국회토론회를 개최하였다.

셋째, 소통하는 협의회 추진사업으로 EBS와 협력해 학습동아리 & 숨은 고수 열전 대회를 개최하였고, EBS 특별대담 <평생학습도시 기후위기를 부탁해>를 제작하였다. 또한, 평생학습도시의 정책적 어려움을 해결하기 위해 각계분야 전문가인 변호사, 회계사, 세무사, 평생교육사 등을 섭외하여 자문회의를 개최하였다.

넷째, 지속 가능한 협의회 추진사업으로 2023년 전국 평생학습도시 기초현황 통계조사를 실시하여 국회 및 정책 수립 자료로 활용하였다. 또한, 평생학습도시 우수사례 및 성과집 발간, 언론 홍보, 협의회 활동 소개 등을 통해 평생학습 문화 확산을 추진하였다.

(5) 향후 과제

전국평생학습도시협의회는 평생학습도시 지방자치단체장과 교육지원청 교육장의 법적 임무로 운영되며, 학습도시 간 교류와 협력을 증진하고 전 국민의 평생학습 문화 확산을 위해 지속가능한 학습도시 발전을 위해 노력해야 하는 과제를 안고 있다. 특히, 변화하는 정책 환경에 대응하여 평생교육 제도 개선을 위한 법 개정과 현장의 의견을 반영하는 역할을 강화하고, 협의회의 위상과 지역 활성화를 지속적으로 추진해야 할 것이다.

연구문제

1. 평생교육프로그램개발을 활성화하기 위한 전략적 과제로 거리가 먼 것은?
   ① 평생학습도시 지정을 통한 평생학습의 지평 확대
   ② 프로그램개발 전문가 양성체계를 위한 강구
   ③ 국가–시·도 평생교육네트워크 구축
   ④ 우수 프로그램 발굴 및 포상강화

2. 「평생교육법」 제20조는 국가–시·도–시군구–읍면동으로 이어지는 평생교육 추진체제의 구축을 목적으로 시·도 평생교육진흥원을 설치 또는 지정·운영할 수 있도록 하고 있다. 다음의 국가–시·도 평생교육네트워크 구축을 위한 향후 과제에 대한 설명 중 거리가 가장 먼 것은?
   ① 국가의 주요 이슈에 특화된 평생교육 시범사업을 발굴하고 협력사업의 모형 개선
   ② 평생교육사의 자격을 관리하고 이들을 지원하는 프로그램개발을 위한 전문가를 양성
   ③ 프로그램개발과정의 실체를 심층적으로 밝히기 위한 분석적 연구를 위한 네트워크 구축
   ④ 교육프로그램개발 및 운영·조사사업 등의 영역에서 시범사업과 정책사업을 시도함으로써 협력체제의 안정성 모색

3. 한국의 평생교육프로그램개발의 문제점으로 적당하지 않은 것은?
   ① 평생교육프로그램개발을 위한 접근방법의 독특성
   ② 모방하려는 안이한 태도와 함께 산학협동의 부재현상
   ③ 평생교육프로그램개발에 대한 조직적인 이해의 부족
   ④ 평생교육프로그램을 체계적으로 개발할 수 있는 전문인력의 부족

4. 평생교육사의 승급과정 중 1급 승급과정은 평생교육기관 경영자 및 평생교육 정책 전문가로서의 평생교육사를 양성하고자 한다. 1급 승급과정의 과목에 해당하는 것은?
   ① 평생교육법과 정책의 이해　　② 평생교육 자원관리
   ③ 평생교육사의 역할 및 철학　　④ 평생교육프로그램 마케팅과 홍보

5. 평생학습도시 간 정보 공유와 협력을 목적으로 2004년 설립된 임의단체인 전국평생학습도시협의회의 주요 성과와 거리가 가장 먼 것은?

① 함께하는 협의회 사업으로 평생학습도시 권역별 시도대표 네트워크 지원사업 추진
② 역량 있는 협의회 사업으로 한국-유럽 학습도시 교류 서밋 해외 탐방 평가회 개최 및 국회토론회 개최
③ 소통하는 협의회 사업으로 평생학습도시 현장에서 정책적 어려움이 있는 문제 상황을 해결하기 위해 각계분야 전문가들과 자문회의를 개최
④ 지속가능한 협의회 사업으로 평생교육 제도개선을 위한 법 개정과 현장의 목소리를 대변하기 위해 협의회 위상 확립

정답 1 ①, 2 ③, 3 ①, 4 ③, 5 ④

CHAPTER 14

프로그램개발의 사례(I)

제1절 교육과정 개설 배경

제2절 요구분석(Analysis)

제3절 교육과정 설계(Design)

제4절 교육과정 개발(Development)

제5절 교육과정 실행(Implementation)

제6절 교육과정 평가(Evaluation)

제7절 교육효과

이 장에 제시된 프로그램개발의 사례는 제 38회 공공HRD 콘테스트 교육과정 분야에서 인사혁신처장상(2020년 11월)을 수상한 한국토지주택공사 미래설계지원센터의 프로그램개발 사례를 제시함(ADDIE 모형)

사례 1

과정명	잡 스타트, 잡-고(Job-Go)과정
과정 개요	
기 간	• [기본] 2020.05.21.~5.22 [심화] 2020.06.19. [실전] 2020.07.09
대 상	• LH 임금피크 대상자
특 징	• RP-ISD 모형을 적용한 수요자 중심의 교육과정 개발 • 재취업역량 단계별 차별화된 학습방법과 취업track 교육로드맵 구축 • 임금피크 대상자의 취업활동 활성화 및 취업 제고를 위한 과정 운영 • 국정과제 및 LH전략과제 실행을 통한 일자리 안전망 강화를 위한 기반 마련
교육 인원	• LH 임금피크 대상자 124명 (기본 64명, 심화 40명, 실전 20명)
교과 편성	• [Job-Go Basic과정(기본)] 채용시장의 이해 등 6과목, 16시간 • [Job-Go Clinic과정(심화)] 이력서클리닉 등 3과목, 8시간 • [Job-Go Apply과정(실전)] 모의면접 시뮬레이션 등 3과목, 8시간

제1절 교육과정 개설 배경

1. 추진 배경

우리 사회의 급속한 고령화에 따라 정부는 「고령자 고용촉진법」 시행령을 개정하여 2020년 5월 1일부터 퇴직예정자 등에 대한 재취업지원서비스지원(제21조 3항)을 제공하도록 하였다. 이처럼 정부가 전직지원 의무화 재취업교육을 의무화에 팔을 걷고 나서게 된 가장 큰 이유는 바로 '인구구조의 변화'에 따른 위기감을 들 수 있다.

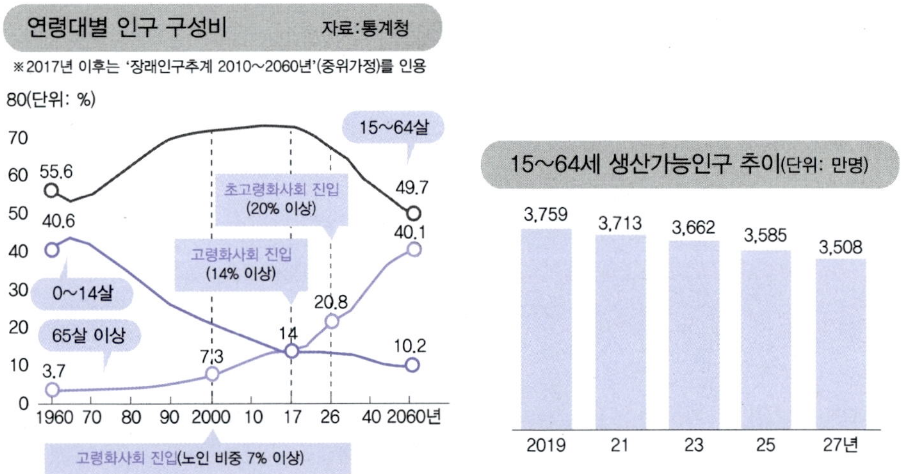

그림 14-1 연령대별 인구 구성비 및 생산가능인구 추이

특히 퇴직공무원들이 재취업을 하는 목적으로 '경제적인 필요에 의해서(40.4%)'와 '사회적 관계형성(11.0%)'이 가장 높은 것[1]을 볼 때 퇴직 이후의 경제적인 면이 필수적이라고 풀이할 수 있다. 향후 퇴직훈련교육의 가장 중요한 요소로는 재취업·창업교육(24.7%)으로 다양한 재취업교육프로그램 마련이 필요하다는 견해가 높은 것으로 나타났다.

LH 내 임금피크 대상자들을 위한 취업역량을 강화하기 위한 교육훈련 프로그램개발 및 운영이 필요하다. 임금피크 직원 450명에게 배포하여 설문에 응답

1) 장호석(2012). 퇴직공무원 생활 및 사회활동에 대한 조사, 한국행정연구원.

한 310명(회수율 68.9%)을 대상으로 퇴직 후 희망 진로를 조사한 결과, 47.6%가 재취업을 원하는 것으로 나타났다. 특히 퇴직 후 예상되는 문제 상황으로 경제적 불안(25.5%)과 사회적 역할 상실(22.1%)을 두려워하는 것으로 나타났다.

퇴직 이전 2~3년은 퇴직 예정자들이 퇴직 후 제3의 인생을 준비할 수 있도록 퇴직 전 진로설계와 재취업 준비 등이 중요한 시점이다. 특히 2020년 말 퇴직 직원들이 퇴직 이후 경제적 어려움 및 사회적 역할 상실감에 대한 고민을 줄일 수 있도록 재취업역량을 높이기 위한 체계적인 교육과정이 절실히 필요하다.

2. 교육목적 및 의의

(교육목적) 잡 스타트, Job-Go과정은 임금피크 대상자들을 대상으로 취업시장의 동향→퍼스널 브랜딩→입사지원서 작성→면접스킬→모의면접 체험 등 재취업역량을 향상시켜 자신의 직무 전문성을 기반으로 성공적인 신중년 인생 3모작을 준비하여 성공적인 취업을 지원하는 데 그 목적이 있다.

(의의) 본 과정의 의의는 다음과 같다.

첫째, 본 교육과정을 통해 임금피크 대상자들의 재취업역량을 향상시키는 것이다.

둘째, RP-ISD 개발방법 모형을 적용함으로써 수요자 중심의 교육과정을 개발한 것에 의의가 있다.

셋째, 체계적인 Job-Go과정(기본 Basic→심화 Clinic→실전 Apply)의 개발을 위해 다양하고 차별화된 교육방법을 적용하였으며, LH의 취업 track의 교육로드맵을 구축하였다.

넷째, 정부의 국정과제인 실직과 은퇴에 대비한 일자리 안전망 강화에 기여를 하였으며, 더 나아가 퇴직 예정자의 전문성을 활용함으로써 사회적 가치에 기여할 수 있는 틀을 마련하였다.

궁극적으로 본 교육과정을 통하여 공공기관 임금피크 대상자들이 재취업에 필요한 역량을 향상시킴으로써 정부의 국정과제인 '실직과 은퇴에 대비한 일자리 안전망 강화를 위한 재취업역량 로드맵 구축'과 임금피크 대상자의 '직무 전문성을 활용하여 사회에 기여할 수 있는 초석을 마련'하고자 한다.

제2절 요구분석(Analysis)

1. RP-ISD 모형을 적용한 수요자 중심의 교육과정 개발

본 교육과정은 Tripp과 Bichelmeyer(1990)[2]에 의해 제안된 래피드 프로토타입(Rapid Prototype ISD, 이하 RP-ISD) 개발방법론을 기반으로 임철일 & 연은경(2006)[3]이 수정한 모형을 적용하여 개발하였다. 전통적인 교수체계개발(ISD) 모형은 그 효과성에도 불구하고 현실의 복잡성을 제대로 반영하지 못하거나, 개발 기간이 지나치게 많이 소요되는 경향이 있으며, 수요자의 요구를 제대로 반영하고 있는지 파악하기 어려운 것으로 지적되어 왔다.

존스와 리치(Jones & Richey, 2000)[4]의 RP-ISD 모형은 기존의 ISD 모형을 바탕으로 하되, 그림 14-2와 같이 각 단계가 동시적이고 복합적으로 이루어지도록 고안되었다.

본 교육과정은 임금피크 대상자들의 재취업역량 강화를 목적으로 교수설계팀과 학습자 간의 지속적인 상호작용을 통해 학습자들의 요구사항을 충분히 반

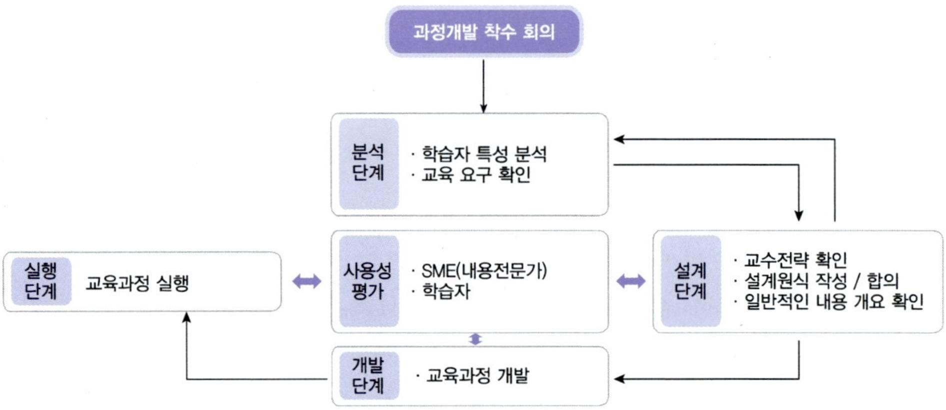

그림 14-2 RP-ISD 개발방법론 흐름도

2) Tripp, S. & Bichelmeyer, B.(1990), “Rapid prototyping: an alternative ID strategy”, Educational Technology Research & Development, 38(1), 31-44.

3) 임철일 · 연은경(2006), “기업교육프로그램개발을 위한 사용자 중심의 래피드 프로토타입 방법론에 관한 연구”, 기업교육연구, 8(2), 27-50.

4) Jones, T. S. & Richey, R. C.(2000), “Rapid prototyping methodology in action: a developmental study”, Educational Technology Research and Development, 48(2), 63-80.

영하여 학습자들의 재취업역량을 향상할 수 있도록 개발하였다. 이를 위해 학습자 요구분석 결과를 기반으로 하여, 교수설계와 1차 프로토타입을 설계하였으며, 학습자들과의 워크숍을 통해 사용성평가를 실시하였다. 사용자들의 의견을 반영하여 보다 상세한 수준의 교육목표와 내용, 방법이 포함된 2차 프로토타입이 개발되었다. 이를 기반으로 내용전문가(SME)와 학습자의 사용성평가를 통해 최종적으로 목표에 부합하는 교육과정을 설계하고 개발하였다. 본 교육과정을 설계하기 위해 그림 14-3과 같이 단계를 거쳤다.

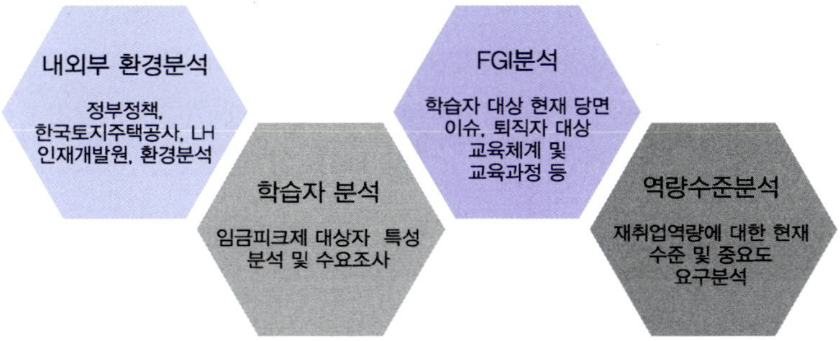

그림 14-3 **요구수준 분석내용**

2. 환경분석

가. 조직정책 및 환경분석(정부, 한국토지주택공사, LH인재개발원)

조직정책 및 환경분석을 위하여 문재인 정부 국정운영 5개년 계획의 100대 국정과제(2017년 8월)와 이를 LH 내에서 추진하기 위한 국정과제 추진계획(2017~2020년) 및 LH 국민공감 혁신계획(2017~2020년)을 연계하였다.

문재인 정부는 '국민의 나라 정의로운 대한민국'이라는 국가비전을 제시하고, 5대 국정목표, 20대 국정전략, 100대 국정과제, 487개 실천과제를 제시하였는바, LH는 100대 국정과제 중 총 40개 과제에 대하여 직·간접적 수행을 진행하고 있다. 그중 LH인재개발원은 5대 국정목표 중 '더불어 잘사는 경제'를 위한 전략 ① 소득 주도 성장을 위한 일자리 경제를 달성하기 위한 '실직과 은퇴에 대비하는 일자리 안전망 강화(국정과제 ⑲번)'를 요구하고 있다.

LH인재개발원에서는 국정과제 ⑲번을 추진하기 위하여 인재개발원 내 미래설계지원센터를 설립하여 퇴직 예정자들의 실질적인 재취업을 지원하는 LH형전직지원 프로그램을 운영하고 있다. 이에 LH는 정부 정책 방향인 '퇴직 예정자들의 은퇴에 대비하기 위한 양질의 일자리 안전망 강화'를 위한 실질적인 성과가 나타날 수 있도록 재취업역량강화를 위한 잡 스타트, Job-Go과정을 개발하였다.

나. 사회환경분석

세계적으로 유례없이 빠른 속도로 진행되고 있는 대한민국 사회의 고령화 속에서 1980~1990년대 한국 경제 발전의 핵심 주역이던 신중년 대부분은 청장년 시절 오랫동안 몸담았던 주된 일자리에서 1차 은퇴를 경험하거나 은퇴를 앞두고 있다. 이런 상황에서 정부의 「고령자고용법 시행령」은 「고령자고용법」 개정('19.4.30 개정)으로 도입되어 2020년 5월 1일부터 시행되는 대기업의 재취업지원서비스 의무제공제도와 관련하여 의무 사업주, 대상 근로자 및 제공해야 할 서비스내용 등에 관한 구체적인 사항을 규정하고 있다.

다. 재취업역량과정 교육환경(SWOT) 분석

재취업역량교육과정을 둘러싼 교육환경에 대한 분석을 위해 SWOT 분석을 활용하여 취업역량교육을 위한 전략과제를 도출하였으며, 이를 통해 이번 교육과정 개발에 반영하였다.

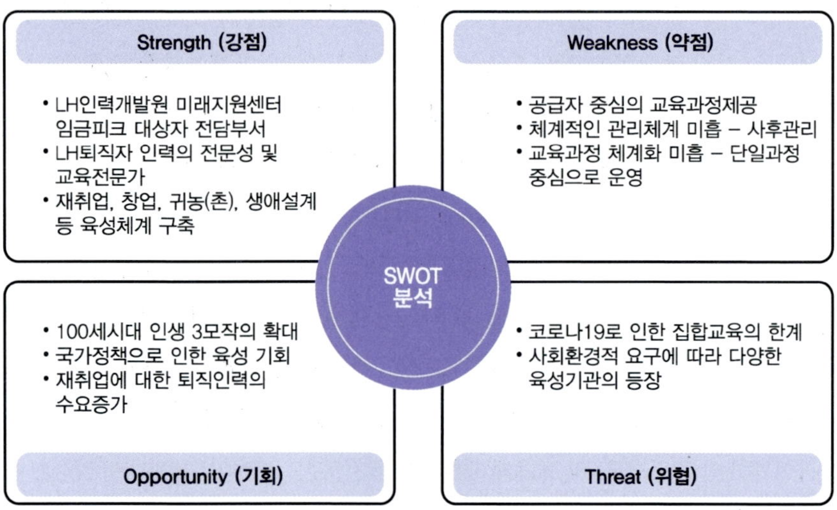

그림 14-4 **교육환경 SWOT 분석**

3. 내부 이해관계자분석

본 과정을 개발하기 위해 LH CEO, 경영혁신본부장, 인재개발원장과의 인터뷰를 진행하였다. 인터뷰를 통해 LH 임금피크 대상자의 제3의 인생설계와 재취업역량을 향상하기 위한 전략적 방향성을 확인할 수 있었다.

내부 이해관계자분석

- 퇴직자들의 성공적인 삶의 모형을 제시함으로써 미래설계 준비에 대한 의사결정에 도움이 되도록 함
- 임금피크 직원들의 개인별 수요 파일을 위한 진단, 교육프로세스 개선, 전직지원 등 전문적인 교육의 지속적인 실시 필요
- 취업, 창업, 귀농(촌) 등의 성공적인 사례발굴을 수집하고 성공요인 등을 분석 및 공유를 통한 선순환적 구조를 구축할 필요성

4. 학습자분석

본 과정은 임금피크 대상자의 재취업역량을 향상시키기 위한 과정으로 학습자들의 특성 분석, 퇴직 후 미래설계에 대한 인식, 프로그램 지원, 재취업에 필요한 교육내용 및 효과적인 학습방법 등을 분석하여 교육과정 설계 및 개발을 위한 설문지를 개발하여 임금피크 대상자 765명 중 450명에게 배포하였고, 이 중 310명에게 회수(회수율 68.9%)되어 결과를 분석하였다.

가. 임금피크 대상자분석

1 직군 및 지역별 인원

표 14-1 직군 및 지역별 인원 현황 (단위: 명)

구분		지역별												
		경기	서울	광주	부산	강원	대전	대구	경남	세종	충북	제주	인천	전북
합계	310 (100%)	170	47	14	14	11	11	10	8	6	6	5	4	4
사무직	196 (63.2%)	100	30	10	11	7	10	9	2	4	4	3	4	2
기술직	114 (36.8%)	70	17	4	3	4	1	1	6	2	2	2	-	2

2 퇴직 후 개인이 겪는 문제 상황에 대한 인식 조사

퇴직 후 예상되는 문제사항 중 경제적 불안이 152명(25.5%), 사회적 역할 상실이 131명(22.1%) 순으로 나타났다.

3 재취업교육 시 교육내용

재취업을 위해 필요한 교육내용은 이력서 및 자기소개서 작성법, 면접스킬방법, 이미지메이킹 순으로 나타났다.

표 14-2 **재취업교육 시 필요한 내용 현황**(복수 응답) (단위: 명)

구분	빈도	비율	순위
① 최신 취업 동향 및 트랜드 분석	47	7.8%	7
② 취업정보 탐색(취업사이트/채용박람회 정보 등)	59	9.8%	4
③ 이력서 및 자기소개서, 경력기술서 작성법	123	20.5%	1
④ (전문기관과 연계한) 이력서 및 면접 클리닉	43	7.2%	8
⑤ 면접스킬방법	102	17.0%	2
⑥ 스피치/화법/토론 스킬	58	9.7%	5
⑦ 이미지 메이킹 및 개인 브랜드	61	10.1%	3
⑧ 모의면접 시뮬레이션(AI면접/화상면접 등)	51	8.5%	6
⑨ 문서 작성법	31	5.2%	9
⑩ OA사용법(엑셀, PPT 등)	26	4.3%	10
⑪ 기타	0	0.0%	11
합계	601	100.0%	

5. 학습자 FGI분석

임금피크 대상자들의 재취업교육과 관련하여 집단심층면접(Focus Group Interview, 이하 FGI)을 진행하였다.

가. FGI인터뷰

다양한 직렬과 퇴직 연차별 인원을 고려하여 FGI인터뷰 대상자를 선정하였으며, 학습자 FGI는 퇴직 후 경력개발방법, 구직활동 지원, 퇴직예정자 교육체계 및 교육내용 등에서 다양한 의견을 확인할 수 있었다.

나. FGI인터뷰 내용 및 주요 시사점

1 주요 FGI인터뷰 내용

○ 경력개발 ○ 구직활동 지원 ○ 교육체계 ○ 교육과정

2 FGI인터뷰 시사점

FGI인터뷰를 통해 재취업역량과 교육과정 개발과 관련하여 몇 가지 시사점을 확인하였다. 첫째, 임금피크 대상자의 전환 시점부터 퇴직 전까지 미래설계에 대한 불안감을 제거할 수 있도록 체계적인 교육로드맵 구축이 필요하다. 둘째, 재취업역량을 향상시킬 수 있는 면접스킬, 문서작성(이력서 작성 외) 등이 필요하다. 셋째, 재취업뿐 아니라 다양한 분야에 대한 교육 및 제도적 지원이 필요하다. 넷째, 다양한 채용정보뿐만 아니라 잡 매칭 프로그램 및 지속적인 사후관리활동이 필요한 것으로 나타났다.

6. 학습자 요구분석

가. 재취업역량 설문 조사

학습자들의 재취업역량을 분석하기 위해 학습자들의 교육에 대한 니즈분석 및 FGI를 통해 총 10개 취업역량을 도출하여 설문지를 표 14-3과 같이 개발하였다.

표 14-3 재취업역량 설문내용

<table>
<tr><th>구 분</th><th colspan="4">세 부 내 용</th></tr>
<tr><td>설문응답</td><td colspan="4">• 765명 중 348명 응답(응답율: 45.5%)</td></tr>
<tr><td>설문척도</td><td colspan="4">• 6점 척도: 1점 매우 미흡 ~ 6점 매우 우수(중요)
• 현재수준과 중요도</td></tr>
<tr><td>설문방법</td><td colspan="4">• 온라인, 모바일, 메일, 센터방문 등</td></tr>
<tr><td>설문문항</td><td colspan="4">• 10개 역량 총 39문항</td></tr>
<tr><td rowspan="6">설문내용</td><td>취업역량</td><td>문항수</td><td>취업역량</td><td>문항수</td></tr>
<tr><td>경제동향</td><td>3문항</td><td>면접스킬</td><td>6문항</td></tr>
<tr><td>정부지원정책</td><td>3문항</td><td>이력서작성</td><td>3문항</td></tr>
<tr><td>변화관리</td><td>3문항</td><td>이미지메이킹</td><td>3문항</td></tr>
<tr><td>취업정보</td><td>5문항</td><td>인적네트워크</td><td>5문항</td></tr>
<tr><td>취업동향</td><td>5문항</td><td>OA 및 IT관련지식</td><td>3문항</td></tr>
</table>

설문을 통해 학습자들의 취업역량에 대한 현재수준과 중요도를 평가하였으며 보다 현실적이고 학습자의 요구사항을 합리적으로 도출하기 위해 다양한 요구분석 방법을 적용하여 최우선 개발역량을 도출하였다.

나. t-검정 및 Borich 요구도 분석 결과

요구분석 1·2단계를 통해 그림 14-5와 같은 결과를 분석하였다.

1단계	현재수준과 필요수준의 차이를 확인하고 t검정을 통해 통계적 유의성 확인
2단계	Borich요구도 공식을 통한 우선순위 제시
3단계	The Locus for Focus 모델을 활용한 좌표평면 결과 제시
4단계	The Locus for Focus 모델의 1사분면(HH)에 속한 항목 확인
5단계	Borich요구도 공식의 상위 순위 항목과 The Locus for Focus 모델의 각 분면 항목들 간의 중복성을 확인하여 최우선 역량과 차순위 역량을 결정

그림 14-5 **학습자 요구분석 수행 절차**

1단계 분석인 t-검증결과, 10개 역량 모두 현재수준과 중요도간 통계적으로 유의한 차이($p<0.01$)가 있는 것으로 확인되었다. 가장 큰 차이를 보이는 역량은 면접스킬(1.31), 이력서작성(1.28), OA 및 IT관련지식(1.10) 순으로 나타났다. 다음으로 2단계 Borich요구도분석을 실시하여 요구도 우선순위를 살펴보면, 이력서작성(3.92), 취업동향(3.91), 인적네트워크(3.37) 순으로 나타났다. 1·2단계의 분석결과를 비교하면, t검정에서 차이가 큰 역량과 Borich요구도에서 우선순위 간에 차이가 있음을 확인하였다.

다. The Locus for Focus 모형

3단계 분석은 The Locus for Focus 모형을 적용하여 분석하였다. The

Locus for Focus 모형은 가로축을 중요도 수준 평균값으로 설정하고, 세로축을 현재 수준과 중요도의 차이의 평균으로 설정한다. 이를 기반으로 각 역량들을 4사분면을 배치하여 1사분면의 역량을 최우선 개발역량으로 선정한다.

The Locus for Focus 분석결과, 중요도 평균값 4.02점과 현재수준과 중요도 차이평균 0.89점을 축으로 1사분면에 위치한 최우선 개발역량을 확인하였으며, 그림 14-6과 같이 면접스킬, 네트워크, 이력서작성, 취업동향, 취업정보, 이미지메이킹 등 총 6개 역량이 도출되었다.

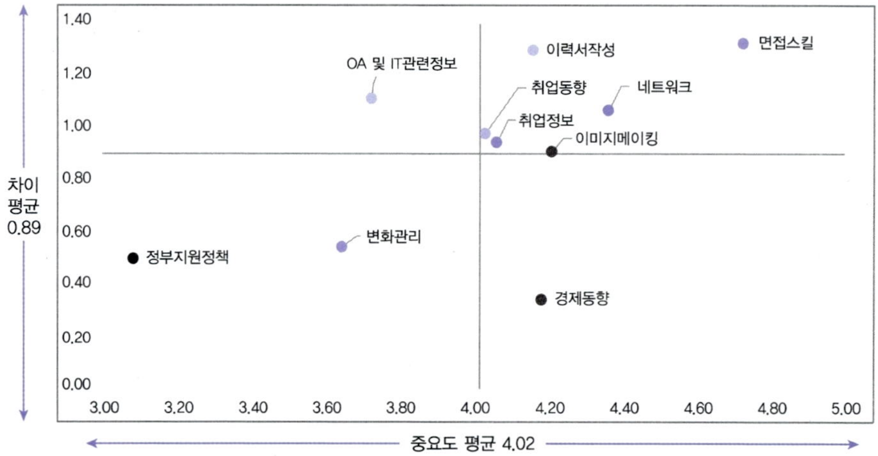

그림 14-6 The Locus for Focus 모형을 이용한 우선순위 결정 결과(3단계)

4~5단계는 3단계 보리치(Borich)요구도 분석결과와 The Locus for Focus 모형을 비교하여 1사분면 HH영역의 최우선 역량과 Borich요구도 역량을 비교하여 모두 포함된 역량을 확인하고 최우선 개발역량을 표 14-4와 같이 도출하였다.

표 14-4 재취업역량 최우선 개발역량 도출 결과(4~5단계)

역량명	t-검정			Borich 공식		The Locus for Focus 모형
	현재 수준	중요도	우선 순위	요구도	우선 순위	
경제동향	3.84	4.18	10	0.72	10	HL
정부지원정책	2.58	3.07	9	1.81	8	LL
변화관리	3.10	3.64	8	2.02	7	LL
취업정보	3.12	4.06	6	2.47	6	HH
취업동향	3.05	4.03	5	3.91	2	HH
면접스킬	3.42	4.73	1	3.07	4	HH
이력서작성	2.88	4.16	2	3.92	1	HH
이미지메이킹	3.31	4.21	7	2.56	5	HH
인적네트워크	3.31	4.36	4	3.37	3	HH
OA 및 IT관련 지식	2.63	3.73	3	0.91	9	LH
평균	3.12	4.02				

7. 요구분석 결과 및 과정설계 방향

학습자분석, FGI분석 및 학습자 요구분석을 통해 표 14-5와 같이 시사점을 도출하였으며, 이를 기반으로 교육과정 설계 및 개발방향을 확인하였다.

표 14-5 각 단계별 학습자 요구분석 결과 및 과정개발 방향 설정

분석 단계	주요 시사점
내부 이해자관계자 분석	• 퇴직자들의 성공적인 삶의 모형을 제시하여 미래설계 준비에 대한 의사결정에 도움과 불안감 해소의 극복과 지속적인 관리 시스템 구축 • 임금피크직원 대상 개인별 수요파악을 위한 진단, 교육프로세스 개선, 전직 지원 등 전문적인 교육의 지속적 실시 필요 • 취업, 창업, 귀농(촌) 등 성공적인 사례발굴을 수집하고 성공요인 등을 분석 및 공유를 통한 선순환적 구조 구축
학습자분석	• 이력서 및 자기소개서, 경력기술서 작성법 등 취업문서작성 스킬 • 면접스킬, 스피치 및 화법 중심의 효과적인 전달 스킬 • 다양한 취업정보 및 취업동향 등 정보 탐색 스킬
FGI분석	• 퇴직예정자들에 대한 체계적인 교육체계 수립 및 교육과정 제공 • 면접스킬, 이력서 및 자기소개서 작성 등 문서작성 스킬 • 창업, 귀촌/귀농 등 다양한 분야의 교육 기회 제공 • 채용 정보 제공 및 잡매칭 등 지속적인 사후관리 활동
학습자 요구도분석	• 이력서 작성 및 자기소개서 • 취업정보 및 취업동향에 대한 정보 분석 • 효과적인 면접스킬 • 이미지메이킹 및 인적 네트워크 활용 방법

교육과정 설계 및 개발 방향	• 문서작성 스킬(이력서, 자기소개서 작성 등) 및 면접스킬 등 스킬 중심의 교육과정 • 취업정보 분석 및 취업동향 등 최근 취업 트렌드에 대한 이해 • 인적네트워크를 활용한 취업활동 및 자신의 이미지메이킹 관련 교육과정 • 취업성공 사례발굴과 공유를 통한 퇴직예정자의 마인드 강화

제3절 교육과정 설계(Design)

1. 교육과정 설계 프로세스

본 교육과정은 RP-ISD 개발방법론을 적용하여 개발하였다. 이를 기반으로 최종 설계안을 완성하였으며 그림 14-7과 같이 수행절차에 따라 진행하였다.

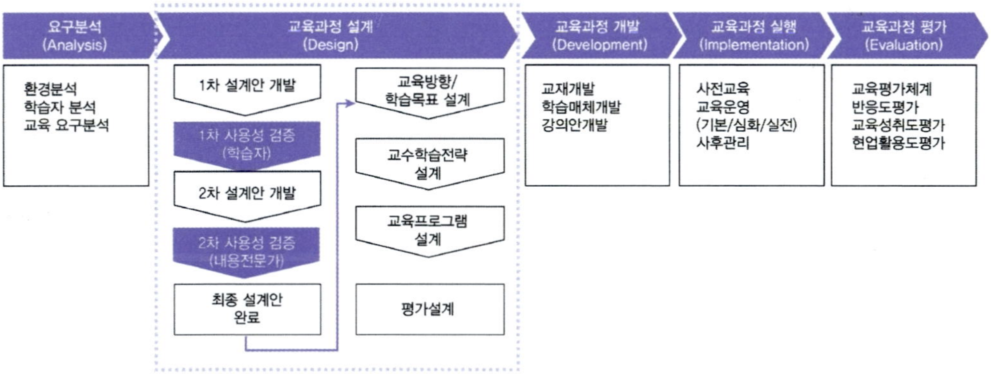

그림 14-7 교육과정 설계 프로세스

가. 1차 프로토타입 설계 및 사용성평가

1차 프로토타입은 학습자의 요구분석을 중심으로 설계자가 먼저 설계·개발을 하고, 개발된 프로토타입을 실제 사용자인 학습자들과의 FGI 사용성평가를 통해 피드백을 받는 과정을 거쳤다.

표 14-6 1차 프로토타입 사용성평가내용

구 분	세 부 내 용
평가자	• 잠재 학습 대상자 7명 / 설계자(진행자)
평가결과	• 퇴직 당해연도 실제 활용 가능한 입사지원서류 및 면접 요령 습득 (중략)
2차 프로토타입 반영	• 학습자 학습시간 확보를 위한 단계별 학습과정으로 설계 필요 - 기본과정: 기본지식 + 실습 중심 - 추가과정: (중급)심화과정 + 실전과정

나. 2차 프로토타입 개발 및 사용성평가

1차 프로토타입에 대한 사용성평가를 반영하여 각 과정을 3단계화하여 2차 프로토타입을 개발하였다.

1 2차 사용성평가 결과

외부 전문가들은 취업관련 전문 강사진과 HRD컨설팅 전문가를 초빙하여 2차 프로토타입에 대한 설계내용의 정확성 및 타당성을 표 14-7과 같이 평가하였다.

표 14-7 2차 프로토타입 내용 전문가 사용성평가

구분	주요내용	
평가자	• 내용 전문가(SME) / 설계자(진행자)	
평가 결과	과정 운영	• 단계별 과정의 학습목표의 명확화 • 학습 대상자를 고려하여 사전 / 사후 교육적 개입 필요 • 블렌디드러닝을 통한 효율적인 학습방법 도입
	교육 내용	• 학습대상자 특성을 고려한 교육 운영 필요 (실습 진행 시 분반을 통한 소수인원의 맞춤형 진행) • 4대 보험관련 컨텐츠는 재취업과정 교육내용에서 제외(중략) • 단계별과정의 학습목표의 명확화 • 취업성공 사례 등 선배들의 취업성공 공유
	기타	• 다양한 교수매체를 활용한 교육생 흥미 유도 (에듀테크 기술을 활용한 참여식 교육)
최종 설계안 반영	• 기본과정의 학습내용 관련성을 바탕으로 모듈 재설계 • 온라인 사전학습을 통한 블렌디드러닝 체계 구축 • 교육이수 후 사후관리 시스템 구축 - 기본과정 이수 후 넛지 메일링서비스, 마이크로러닝 - 자기소개서 클리닉, AI모의면접 상시 활용 • 플립러닝 방식을 통한 실습 중심의 집체교육 운영 • 4대보험 관련 학습모듈 제외 • 면접스킬 교육 시 소그룹(10명 단위)으로 분반 운영	

다. 최종 교육과정 구성도

RP-ISD 모형을 활용하여 요구분석 단계부터 최종 설계안이 개발되는 과정에서 사용자의 요구가 누락될 가능성을 최소화하였으며, 외부 전문가들의 다양한 의견을 종합하여 전체적인 내용구성과 구조의 완성도를 갖추었다.

과정명	세부 운영 내용		
	사전학습	본 교육	사후학습
Job-Go Basic 과정	· 브랜디드러닝 – 사이버연수원 – 온라인교육 · 학습 이력관리	· 채용시장 이해 · 이미지메이킹 · 취업정보/네트워킹 · 입사지원서/면접스킬	· 넷지메일링 – 취업정보 – 취업사례 · 마이크로러닝
Job-Go Clinic 과정	· 사전과제 – 입사지원서 작성	· 취업준비도 진단 · 입사지원서 클리닉 · 면접 클리닉	· 온라인 클리닉 – 이력서 – AI모의면접
Job-Go Apply 과정	· 취업목표기업 선정 및 조사 · 면접 예상질문 리스트 작성	· 스트레스관리 · 목표기업분석 · 최종입사지원서 · 실전대비 면접클리닉	· 취업 성공한 선배와의 간담회 · 온라인클리닉

2. 교육과정 방향 설정 및 학습목표 설정

단계별 교육과정의 방향과 목표를 설정하고, 교육프로그램을 통해 이루고자 하는 학습목표를 세부적으로 정의하였다.

가. 단계별 교육과정의 방향 및 목표설정

표 14-8 각 단계별 교육과정 방향 및 목표

구분	Job-Go Basic과정	Job-Go Clinic과정	Job-Go Apply과정
교육 방향	은퇴 이후 재취업을 목표로 준비하는 과정에서 취업정보수집 및 입사지원 서류 및 면접에 관한 기본 지식 습득	자신의 경력상의 강점을 활용하여 입사지원서를 작성하고, 면접실습을 통한 취업에 대한 자신감 확립	실제 취업을 목표로 하는 기업에 대한 분석을 통한 입사지원서류 준비 및 면접 준비
교육 목표	- 취업시장에 대한 이해 - 취업정보수집 방법 습득 - 입사지원서류 작성법 - 면접스킬 습득	- 취업준비도 진단 - 경력상의 강점을 활용한 입사지원서 작성 - 면접 실습을 통한 자신감 확인	- 취업목표기업 분석방법 습득 - 기업의 상황과 매칭된 입사지원서 작성 - 기업의 상황에 맞는 면접전략 수립 - 스트레스 관리 능력

나. 인지적·기능적·정의적 세부 목표수립

표 14-9 인지적·기능적·정의적 세부목표

구분	Job-Go Basic과정	Job-Go Clinic과정	Job-Go Apply과정
인지적 목표	취업을 준비하기 위해 필요한 정보수집과 준비사항을 이해할 수 있다	자신의 취업준비도를 점검하여 개선사항을 도출할 수 있다	취업을 목표로 하는 기업에 대한 현황을 분석할 수 있다
기능적 목표	입사지원서류를 작성하고, 면접상황에서 자신감 있게 의사를 전달할 수 있다	자신의 경력상의 강점을 부각시킬 수 있는 입사지원서를 작성할 수 있다	목표기업과 자신의 경력을 매칭하여 입사지원서를 작성하고, 면접전략을 수립할 수 있다
정의적 목표	중장년 취업시장에 대한 이해를 바탕으로 재취업을 위한 계획을 수립할 수 있다	모의면접 실습을 통한 취업에 대한 자신감을 가질 수 있다	취업준비 과정에서의 스트레스를 극복하고 취업준비활동을 지속할 수 있다

3. 교수-학습전략 설계 및 매체 선정

교수-학습전략에 따른 주요 학습활동 및 매체선정은 표 14-10과 같다.

표 14-10 교수-학습전략 설계 및 매체 선정

구 분	교수-학습전략	주요 학습활동	매체선정
인지적 목 표	온라인 사전학습	• 채용시장에 대한 이해 • 이미지메이킹 • 면접스킬 및 화법 • 스트레스관리	• 온라인 콘텐츠 • 강의 교재
기능적 목 표	ICT기술기반 학습용 앱 활용 (weliveON)	• 셀프브랜딩과 이미지메이킹 • 취업 정보분석과 휴먼 네트워킹	• 모바일 앱 • 화이트보드, 필기도구 • 프로젝터
	실습과 토론 중심 학습	• 입사지원서 작성 • 1대1 입사지원서 클리닉 • 합격을 부르는 면접스킬 - Role Play • 취업목표 기업 분석	• 전산실 PC, 노트북 • 화이트보드, 필기도구 • 프로젝터 • 면접 복장
정의적 목 표	단계별 사후관리	• 재취업을 위한 Action Plan 수립 • 취업준비도 진단	• 넛지 메일링 • 마이크로러닝 • AI 기반 클리닉

4. 교육과정 세부내용 설계

교육프로그램은 단계에 따라 구분하여 각 모듈별 주요 레슨과 교수-학습전략에 맞게 최종 설계를 하였다.

가. 사전학습 설계안

사전학습은 취업역량 온라인교육과 각 단계별 사전과제를 작성하여 취업관련 내용 및 지식을 학습하고, 본 교육에서는 실습 및 사례학습 등 학습자 참여 중심의 교육방법을 수행할 수 있도록 설계하였다.

나. 본 과정 설계안

1 Job-Go Basic과정(기본): 2일 / 16시간

<table>
<tr><th>모 듈</th><th>레 슨</th><th>주요 학습내용</th><th>교수법</th><th>시간</th></tr>
<tr><td rowspan="5">Module 1.
채용시장에 대한 이해</td><td rowspan="2">채용시장 트렌드 이해</td><td>• 다양한 채용 방식, 채용의 외주화, 비대면, AI활용</td><td rowspan="5">강의
사례
연구
동영상
welive
ON웹</td><td rowspan="5">2</td></tr>
<tr><td>• 미래의 유망 직업 현황</td></tr>
<tr><td>신중년의 경제활동 현황</td><td>• 신중년의 인구규모 및 경제활동 현황
• 신중년의 고용현황(기업, 직종)</td></tr>
<tr><td>신중년 취업 정책 변화</td><td>• 신중년 취업정책의 변화
• 취업지원정책 활용 방안</td></tr>
<tr><td>재취업을 위한 방향 설정</td><td>• 중장년 세대의 현실과 지향점
• 재취업을 위한 전략 수립</td></tr>
<tr><td rowspan="4">Module 2.
셀프브랜딩과 이미지메이킹</td><td>삶의 가치탐색</td><td>• 자신이 진정 원하는 삶의 가치
• 일과 삶의 재조명</td><td rowspan="4">강의
진단
실습
사례
연구
welive
ON웹</td><td rowspan="4">3</td></tr>
<tr><td>강점발굴 전략</td><td>• 자신의 현재와 미래
• 진단을 통한 강점 찾기</td></tr>
<tr><td>셀프브랜딩 전략</td><td>• 강점을 활용한 셀프브랜딩 포지셔닝
• 셀프 광고문 만들기</td></tr>
<tr><td>이미지메이킹</td><td>• 전략적 이미지메이킹 단계 및 요소
• 합격을 부르는 면접 이미지메이킹</td></tr>
<tr><td rowspan="3">Module 3.
취업정보 분석과 휴먼네트워킹</td><td rowspan="2">취업정보 탐색</td><td>• 온라인 취업 사이트 활용 방법(직종)
• 워크넷, 링크드인 활용법</td><td rowspan="3">강의
실습
사례
연구</td><td rowspan="3">3</td></tr>
<tr><td>• 신중년 일자리지원 기관 및 프로그램의 활용
• 취업관련 정보 수집 사이트 소개</td></tr>
<tr><td>휴먼 네트워크 활용 전략</td><td>• 효율적인 네트워킹의 의미
• 취업 성공을 위한 네트워킹 활용
• 자신의 인맥을 활용한 구직방법</td></tr>
</table>

모 듈	레 슨	주요 학습내용	교수법	시간
Module 4. 입사지원서 작성	이력서 및 경력 기술서 작성 원칙	• 이력서 항목별 작성 요령 • 경력기술서 작성 요령 • 작성 시 주의사항	강의 사례 연구 실습 welive ON웹	3
	매력적인 자기소개서 작성	• 경쟁력 있는 자기소개서 작성 포인트 • Best Practice 분석을 통한 적용 방안		
	실전 입사지원서 작성	• 나만의 입사지원서 작성 실습 • 상호 피드백 및 개선사항 도출		
Module 5. 합격을 부르는 면접스킬	면접합격을 위한 단계별 준비	• 면접 전 준비 및 확인 사항 • 면접 시 행동요령 • 면접 후 성과분석 방법	강의 사례 연구 실습 토론	4
	신뢰감을 주는 면접 화법	• 신뢰감을 주는 목소리 트레이닝 • 효과적인 의사전달을 위한 제스처 • 논리적 구조를 활용한 의사전달 방법(PREP 기법)		
	자신감 있는 면접을 위한 자세	• 긴장감을 해소하는 나만의 노하우 • 돌발/위기상황 대처 방안		
	면접 실습	• 자기소개(Toast Master) 실습 • 상호 피드백 및 개선		
Module 6. Action Plan	재취업을 위한 실행계획 수립	• 취업준비활동, 학습관련 계획 수립 • 실천 결의	강의 실습	1

2 Job-Go Clinic과정(심화): 1일 / 8시간

모듈	레슨	주요 학습내용	교수법	시간
Module 1. 취업준비도 진단	취업준비도진단	• 재취업 관련 준비상태 및 역량 진단	강의 진단 실습	2
	Action Plan 점검	• 개인별 취업전략에 따른 실행 여부 체크		
	재취업 마인드 확립	• 개인별 역량 분석 및 시사점		
Module 2. 입사지원서 클리닉	B/P사례 연구	• Best PractIce 사례 분석 및 활용	강의 실습 사례연구	2
	이력서 클리닉	• 개인별 이력서/경력기술서 점검 및 개선		
	자기소개서 클리닉	• 개인별 자기소개서 점검 및 개선		
Module 3. 면접 클리닉	모의면접 실습	• 그룹별 모의면접 Role Play (면접관, 면접자, 관찰자) • 개인별 개선 사항 도출/피드백	강의 실습	3
	면접 실습	• 성공적인 면접을 위한 체크리스트		
Module 4. Action Plan	개인별 취업계획수립	• 취업목표 기업 선정 기준 및 정보수집 노하우 • 취업 희망기업 리스트 작성	강의 실습	1

3 Job-Go Apply과정(실전): 1일 / 8시간

모듈	레슨	주요 학습내용	교수법	시간
Module 1. 취업 스트레스 관리	취업 스트레스의 관리 요소	• 취업준비과정에서 나타나는 스트레스 요인들	강의 진단 실습	2
	스트레스 해소를 위한 노하우	• 스트레스 진단 및 분석 • 스트레스 해소방법		
	긍정마인드 확립	• 집단상담 기법을 활용한 마음 나누기		
Module 2. 목표기업 분석 및 입사지원서 클리닉	취업목표 기업의 정보 분석	• 기업정보 수집 방법 및 도구 • 기업정보 수집 실습(산업, 고객, 경쟁사, 경영현황 등)	강의 실습	3
	입사지원서	• 목표기업과의 매칭을 통한 입사지원서 1대1 클리닉		
Module 3. 실전 대비 면접클리닉	면접 전략 수립 및 실습	• 기업분석 결과를 반영한 면접전략 수립 • 그룹별 모의면접 실습	강의 실습	3
	실전 면접준비	• 실전 면접 준비 체크리스트		

다. 사후과정 설계안

1 리마인드 넛지 레터(Remind Nudge Letter) 설계

학습 종료 후 1개월 단위로 학습자들의 메일과 사이버러닝센터 공지사항에 게시하여 운영할 수 있도록 하였으며, 각 모듈별 핵심내용을 요약하고 각 모듈과 관련된 추가적인 정보를 제공할 수 있도록 설계하였다. 리마인드 넛지 레터의 내용을 설계하였다.

학습내용	주요내용
채용시장에 대한 이해	• 발상을 바꾸면 취업이 보인다. • 활기찬 신중년을 위한 5가지 준비
셀프브랜딩	• 성공적인 경력개발과 셀프 브랜딩의 중요성 • 셀프 브랜딩을 위한 원칙
휴먼네트워킹	• 특별한 인맥관리 습관 만들기 • 내편으로 만드는 소통의 기술
이력서 및 자기소개서 작성	• 강점을 드러내는 이력서 작성법 • 눈에 띄는 자기소개서의 핵심 노하우
합격을 부르는 면접스킬	• 성공적인 면접 전략과 합격 답변의 3가지 스킬 • 면접 불패 비법 7가지 노하우
스트레스관리	• 신중년 재취업 스트레스 원인과 관리방법 • 회복탄력성이 긍정적 사고를 키운다.

2 마이크로러닝 설계

마이크로러닝은 이러닝교육과 달리 비정형화된 학습 형태로 짧은 시간의 교육콘텐츠를 활용하여 학습 매체와 상관없이 자유롭게 접속하여 학습하는 교육 형태이다. 이를 위해 신중년을 대상으로 재취업 및 인생설계 가이드를 위한 마이크로러닝을 개발하여 사후학습과제로 활용하였다. 본 과정은 한국고용정보원(2019)에서 발간한 '신중년(5060) 경력설계 안내서'를 기반으로 내용의 중복성과 학습 분량을 고려하여 일부 내용을 생략하거나 병합하여 설계하였다.

5. 교육평가 설계

가. 교육과정별평가 계획

교육과정 평가 설계는 커크패트릭(kirkpatrick)의 4수준 모형을 바탕으로 반응도평가, 학습평가, 현업적용도평가, 경영성과평가를 표 14-11과 같이 적용하였다.

표 14-11 커크패트릭 4수준 모형과 과정별 평가내용

구분	커크패트릭 4수준	LH적용	Job-Go Basic 과정 (기본)	Job-Go Clinic 과정 (심화)	Job-Go Apply 과정(실전)
1수준	과정 만족도	과정 만족도	◎	◎	◎
2수준	학습 성취도	학습 성취도	◎		
3수준	현업 적용도	구직 활동성		◎	◎
4수준	경영 성과	취업 성공도		◎	◎

3수준인 현업적용도평가는 재취업교육과정의 특성상 교육 이수 후 실제 구직활동의 실행도평가(입사지원서 제출 및 면접 실시 현황)로, 4수준인 경영성과평가는 구직활동의 결과인 취업성공도로 대체하였다.

나. 평가 수준별 평가 세부내용

구 분	평가내용	평가방법	평가시기
1수준평가 (만족도)	• 교육과정 전반 - 기대 수준 및 만족도 - 참여도 / 추천 여부 • 교육 운영 사항 - 교육 일정 및 시간 - 교육 시설 • 강사 만족도 • 건의사항	온라인 설문	기본/심화/실전과정 매 교육과정 수료 후
2수준평가 (학습성취도)	• 교육 모듈별 학습내용 - 지식, 스킬, 태도	Quiz	학습 중
		온라인 테스트	기본과정교육 전/후
3수준평가 (구직활동성)	• 구직활동 수행 정도 - 입사지원서 제출 현황 - 면접 실시 현황	관련 서류	수료 후 매월 1회 파악
4수준평가 (취업성공도)	• 구직활동의 결과 - 취업성공도	관련 서류	수료 후 매월 1회 파악

다. 평가 수준별 평가 도구 설계

1 1수준 평가: 반응평가(교육만족도)

각 단계별 학습에 대한 만족도를 평가하여 다음 과정에 학습자 의견을 반영한 설계

2 2수준 평가: 학습성취도평가

ICT 기반 앱을 모바일로 평가할 수 있도록 문항을 설계하였다.

- 사전 온라인 학습 이해도평가 (학습 중)
- 학습성취도평가 (학습 전 / 후)

구 분	평가내용	문항수
셀프브랜딩		
취업정보 및 네트워킹		
이력서 작성		
면접스킬		
합 계		

3 3수준 취업활동 및 4수준 취성률 평가: 매월 1회 현황 파악

제4절 교육과정 개발(Development)

1. 교육과정 개발 내용

교육과정 개발은 학습자들의 재취업역량 향상을 위해 다양한 학습매체를 적용하여 개발하였다.

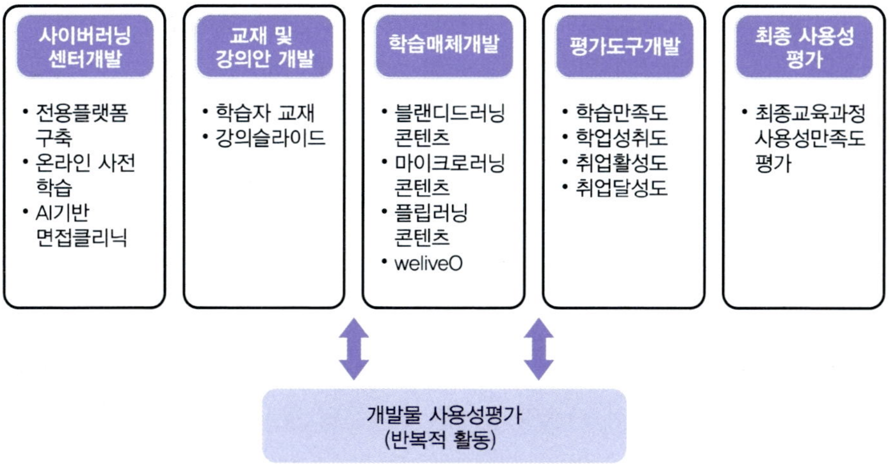

2. 미래설계지원센터 사이버러닝센터 구축

가. 미래설계지원센터 임금피크 대상 전용 플랫폼 개발

LH인재개발원에서 운영하는 LMS시스템과 별도로 임금피크 대상자만을 위한 사이버러닝센터(cyber learning center)를 구축하였다. 이를 통해 학습이력관리, 온라인 사전학습, 본 교육 과제, 사후관리활동뿐 아니라 취업정보 제공 등을 웹과 모바일로 상시 활용하여 재취업 지원활동을 강화하였다.

1 Job-Go Basic(기본과정) 온라인 사전과제 제시

2 AI 기반 모의면접 및 피드백 지원 시스템

최근 채용시장에서 큰 화제가 되고 있는 AI 기반 모의면접 및 클리닉을 지원할 수 있도록 협약을 맺었다. 학습자들은 Job-Clinic 및 Job-Go Apply과정 종료 후 사후활동으로 서비스 횟수와 관계없이 자율적인 신청을 통해 지속적으로 서비스를 받을 수 있도록 플랫폼에 연결하여 쉽게 접속하여 활용할 수 있도록 운영하고 있다.

3. 단계별 교육과정 교재 및 강의안 개발

교재는 교육생들의 재취업역량을 강화하기 위해 Job-Go Basic과정, Job-Go

Clinic과정, Job-Go Apply과정의 교재를 개발하여 교육생들에게 제공하였다. 교재 및 강의안 개발은 설계자가 일부 과정에 대해 외부 전문강사에게 개발을 의뢰하고 수차례의 내용 검수와 피드백을 통해 완성도를 높일 수 있었다.

가. 강의매뉴얼 개발 별첨자료 참고

각 단계별 교육과정의 내용 차별화, 논리성, 효과적인 강의 진행을 위해 강의 메뉴얼을 개발하여 교과목 담당 강사들에게 배포하였다. 매뉴얼에는 임금피크 대상자의 특성 및 요구분석 단계의 결과물, 강의운영 방식(도입→전개→정리 등), 각 모듈별 교안 및 교재작성 원칙, 퍼실리테이션 교수법 등의 내용이 포함되었다.

표 14-12 잡 스타트, Job-Go과정 강의메뉴얼 내용

목차	제목	이미지	세부내용
1	학습자 분석	 	• 교육생 연령, 성별, 소속 • 임금피크 연차/직급 • 퇴직 후 미래설계방향 • 선호하는 재취업교육내용 • 퇴직 후 겪는 문제인식
2	교안 작성법	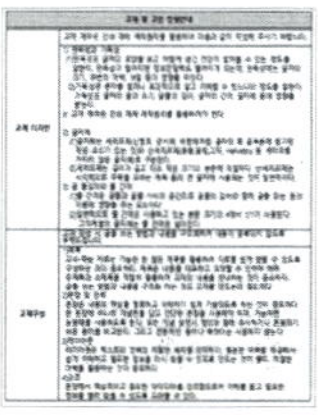 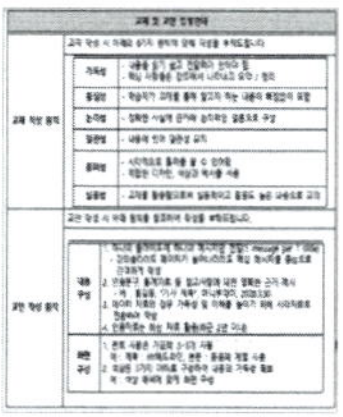	• 교재원고 집필요령 • 교재 작성 원칙 • 교안 개발 원칙 • 교재 및 교안 예시
3	기대확인과 환경탐색법	 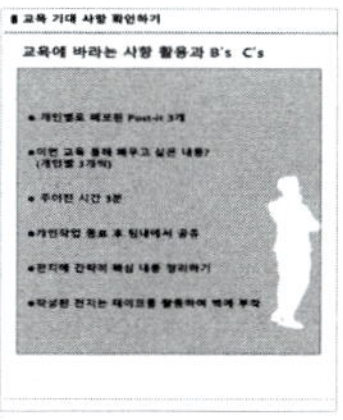	• 교육생들의 학습기대 확인법 • 활동지
4	퍼실리테이션 이해	 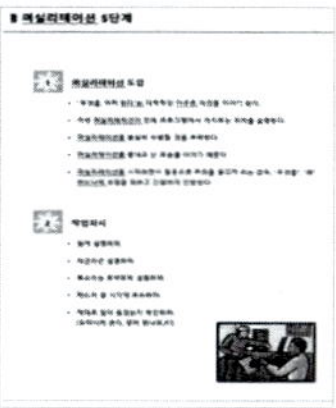	• 퍼실리테이션 개념소개 • 퍼실리테이션 유용성 • 기존 강의법과의 차이 • 퍼실리테이션 핵심스킬 (도입 → 전개 → 정리)
5	퍼실리테이션 교수법 1	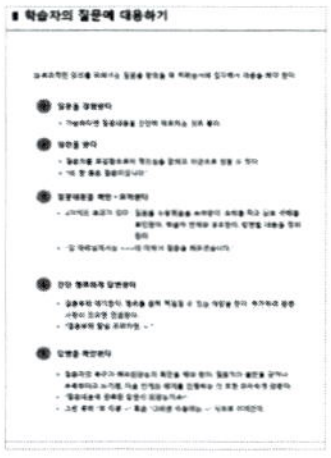 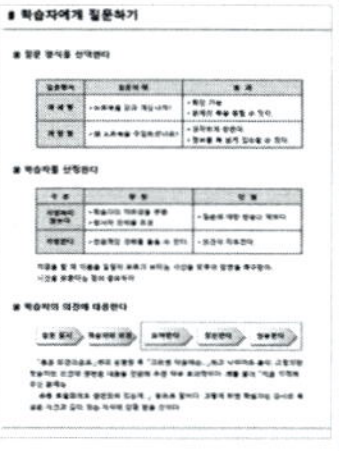	• 질문법 - 개방형질문과 폐쇄성 질문, 사실질문, 수렴 질문, 확산질문, 평가 질문, 해야 할 질문, 피해야 할 질문 • 경청법 -경청수준 5단계

나. 강의교안(예시)

1 모듈명: Job-Go Basic(기본)과정 (5모듈 / 6모듈)

M5. 합격을 부르는 면접스킬

2 세부 학습목표

- 면접 전 준비사항과 면접 시 행동요령, 면접 후 성과분석방법을 이해할 수 있다.
- 면접 시 논리적인 답변을 위해 PREP 기법을 활용할 수 있다.
- 면접진행 전 최종 준비사항을 체크하여 실제 면접을 효과적으로 수행할 수 있다.

단계	교수 전략	학습내용	주요활동		학습 자료	교 수 자 유의사항
			교수	학습자		
도입 (12분)	분위기 조성 (5분)	• 상호 인사, 분위기 형성 • 교수 소개 • 면접에 관한 궁금증 질의	설명	청취 참여	PC 빔	• 신뢰감 형성 • 친밀감 형성
	모듈 소개 (2분)	• 면접스킬에 대한 소개 - 면접 전/중/후 확인 사항 - 면접 화법 - 자신감 있는 면접 노하우 - 면접 실습	설명	청취	PC 빔	• 흥미유도
전개 (178분)	평가 (퀴즈) (10분)	• 사전 학습내용 평가 - 온라인 사전 학습 내용에 대한 퀴즈 풀이	평가	참여	PC 빔	• 사전학습 수준확인
	진단 (10분)	• 자신의 이미지 카드 선택 • 자신의 이미지 점검	진단 설명	참여	PC 빔 이미지 카드	• 참여유도 • 흥미유도

단계	교수 전략	학습내용	주요활동		학습 자료	교 수 자 유의사항
			교수	학습자		
정리 (10분)	요약 정리 및 질의 응답 (5분)	• 주요 학습내용 요약 정리 - 면접 전/중/후 확인 사항 - 면접 화법 - 자신감 있는 면접노하우 - 면접 준비 체크리스트 • 학습자의 질의 응답	설명 질의 답변	청취 답변 질의	PC 빔 칠판	• 학습내용에 대한 정리 및 이해도 확인
	학습 마무리 (5분)	• 학습자 소감 • 취업에 대한 자신감은도전과 연습이라는 사실을 통해 자신감 부여	질의 설명	답변 청취	PC 빔	• 학습자의 감성을 자극하여 자신감 부여

다. 집합교육 교재

기본과정 교재 | 심화과정 교재 | 실전과정 교재

교재개발은 설계자가 제시한 6가지 개발원칙을 따라 사내강사뿐 아니라 각 과정별 전문강사들도 공통적으로 적용하여 개발할 수 있도록 안내하였다. 이 과정에서 설계 내용과의 정합성, 교재내용의 중복성 등 지속적인 검수와 피드백활동을 통해 최종 교재를 개발하였다.

라. 강의안 개발

각 과정별 강의안 개발은 교육과정 설계와 강의매뉴얼에 맞춰 사전에 강사들에게 배포하여 개발원칙에 맞춰 강의 슬라이드를 개발하도록 요청하였다.

1 강의 슬라이드 개발원칙

내용 구성	• 하나의 슬라이드에 하나의 메시지만 전달(1 message per 1 slide) • 인용문구, 통계자료 등 참고사항에 대한 명확한 근거 제시 • 데이터자료의 경우 가독성 및 이해를 높이기 위해 시각자료로 전환하여 작성 • 인용자료는 최신 자료 활용(최근 2년 이내)
화면 구성	• 폰트 사용은 가급적 3~5개 사용 • 색상은 3가지 이하로 구성하여 내용의 가독성 확보

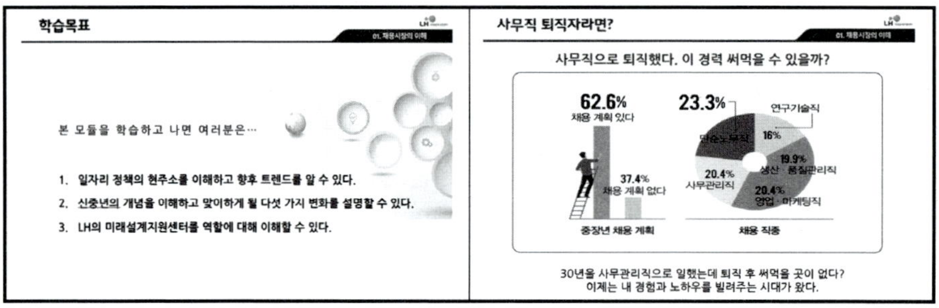

4. 학습매체 개발

가. 블렌디드러닝 콘텐츠 구성 및 사이버 학습내용

교육생들의 학습효과 제고 및 학습 흥미 유발을 위하여 블렌디드러닝(blended Learning) 학습방법을 'Job-Go Basic과정'에 적용하였다. 학습대상자들이 학습내용을 사전에 학습함으로써 본 교육 시 실습 중심의 교육과정을 운영하여 학습효과를 높이도록 하였다. 또한 강사–교육생, 교육생–교육생, 센터–교육생들 간의 지속적인 상호작용을 할 수 있도록 하였다.

나. 마이크로러닝 콘텐츠 개발 및 내용 개발

본 과정은 최근 한국고용정보원에 발간한 '신중년(5060) 경력설계 안내서'를 기반으로 마이크로러닝 11개 콘텐츠를 개발하였다. 또한 LH인재개발원 사이버 연수원에서 활용되는 콘텐츠와 외부기관의 콘텐츠를 내용을 선별하여 총 1,200여 개를 선정하여 플랫폼에 제공하였다.

다. 플립러닝 콘텐츠 개발

'잡스타트, Job Go과정'은 플립러닝 학습방법을 적용하였다. 학습자들이 사전학습 단계에서는 지식 중심의 학습, 본 교육 단계에서는 1:1 클리닉, 모의면접 실습, 역할연기, 피드백 등 실습 중심의 학습, 사후학습 단계에서는 마이크로러닝, 리마인드 넛지 레터, AI 기반의 모의면접 및 피드백을 할 수 있도록 개발하였다.

라. ICT기술을 활용한 weliveON앱 적용

weliveON앱은 학습자들의 학습몰입 및 참여도를 높이기 위하여 개발되었다. 퀴즈방식을 활용하여 사전 학습내용을 평가하고, 사전/사후 학습성취도평가, 교육 종료 후 만족도조사 등 모바일을 활용할 수 있도록 하였다.

5. 평가도구 개발

교육과정 평가를 위해 커크패트릭 4단계 모형을 적용하여 개발하였다. 1수준에서는 전체 교육만족도, 강사만족도(전문성, 교수법 등), 교육인프라 등을 평가하도록 개발하였으며, 2수준 학습성취도평가는 핵심내용을 적용하여 사전-사후 평가할 수 있도록 개발하였다.

6. 교육과정 개발 사용자평가(최종)

교육과정 개발에 대한 사용성평가는 최종 개발된 교육과정에 대한 사용자의 전반적인 만족도를 확인하는 과정으로 실시하였다. 평가설문지는 교육목적의 적합성, 교육설계의 타당성, 교육개발의 적절성, 교육의 유용성(도움도)을 묻는 설문문항으로 4개 영역 16개 문항으로 개발하여 5점 척도로 평가하였다. 사용자 만족도 평가결과는 평균 4.38점(표준편차 0.14)으로 높게 평가되었으며, 전반적으로 교육과정에 대해 만족한 것으로 나타났다.

제5절 교육과정 실행(Implementation)

1. 교육과정 실행 계획

교육과정 실행은 사전학습 단계, 본 교육 단계, 사후관리 단계로 체계화하여 운영하였다.

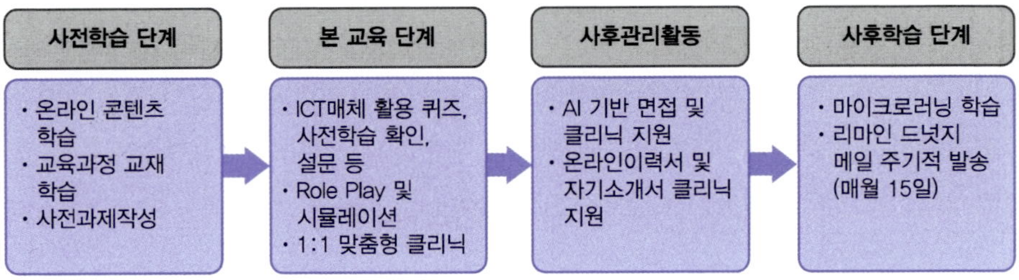

2. 사전학습 단계

가. 블렌디드러닝 콘텐츠 학습 운영

Job-Go Basic과정은 온라인 사전학습과 집합교육을 블렌디드러닝 방식으로 운영하였다. 재취업역량 중 가장 필요한 이력서/자기소개서 작성과 면접스킬을 필수과정으로 선정하였으며, Job-Go Clinic과정과 Job-Go Apply과정은 개인별 선택사항으로 과정을 학습하도록 하였다. 이에 본 과정에서는 실습 및 활동 중심의 교육을 운영하였다.

- 사이버연수원 사전교육 콘텐츠 제시
- 사이버러닝센터 사전 온라인교육콘텐츠 과정 운영(필수/선택)

3. 본 교육 단계

ICT 기술을 활용한 weliveON 앱을 활용: 교육생 동기부여 및 학습평가활동 및 각 단계별 본 교육과정 운영

1 Job-Go Basic(기본)과정 (2일 과정 / 합숙과정) 활동모습

2 Job-Go Clinic(심화)과정 (1일 과정 / 비합숙) 활동모습

이력서 작성 / 클리닉	면접 클리닉	실전 모의면접 / 클리닉

취업준비도 및 역량진단	실전 모의면접	실전 모의면접

3 Job-Go Apply(실전)과정 (1일 과정 / 비합숙) 활동모습

제6절 교육과정 평가(Evaluation)

교육과정 평가는 커크패트릭의 4단계 평가 모형을 기반으로 1~2수준은 그대로 적용하였으나, 3~4수준은 재취업의 특성에 맞게 수정하여 실시하였다. 먼저, 1수준 학습만족도와 2수준 학습성취도평가는 개발된 평가항목을 weliveON 앱을 활용하여 실시하였다. 3수준 평가는 각 단계별 교육과정 종료

후 취업활동(이력서, 면접)에 대한 월별 현황을 파악하였으며, 4수준은 취업자 현황을 집계하여 재취업 성과를 도출하고 관리하였다.

1. 평가전략 및 체계

'잡 스타트, Job-Go과정'은 각 단계별 과정 종료 후 교육과정에 대한 정성적·정량적 결과를 반영하였으며, 미래설계지원센터(운영담당자 + 강사)와 성과관리자(LH인재개발원)의 피드백을 종합하여 그림 14-8과 같이 환류체계를 구축하였다.

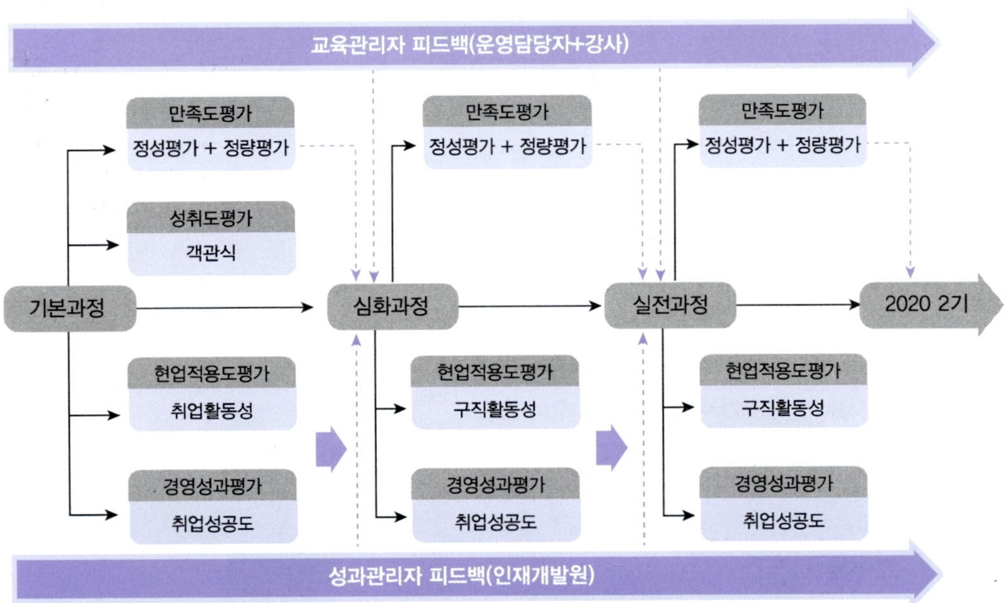

그림 14-8 **평가전략 및 체계**

2. 수준별 교육과정 평가

가. 1단계: 교육만족도평가

각 단계별 교육에 대한 만족도조사를 앱을 활용하여 실시하였으며, 학습자들의 의견을 수렴하여 다음 과정에 반영하는 개선활동을 지속하였다.

▸ 정량적 평가

구분	분반	전체 평균	전반적인 만족도	교육운영	강사	교육인프라
기본과정	A반	4.29	4.47	3.98	4.54	4.17
	B반	4.32	4.43	4.06	4.59	4.19
	평균	4.31	4.45	4.02	4.57	4.18
심화과정	A반	4.41	4.53	4.23	4.65	4.21
	B반	4.39	4.61	4.15	4.57	4.23
	평균	4.40	4.57	4.19	4.61	4.22
실전과정	평균	4.55	4.68	4.41	4.78	4.31
전체 평균		4.42	4.57	4.21	4.65	4.21

▸ 교육 참가 기대치평가

구분	교육 전 참가 기대치	교육 후 만족도	향상
기본과정	3.86	4.45	+0.59
심화과정	3.92	4.57	+0.65
실전과정	4.02	4.68	+0.66
평균	3.93	4.57	+0.64

▸ 정성적 의견 반영

공통
- 교육운영 만족도(집합교육의 적절성, 기간의 적절성)가 평균에 비해 다소 낮음
- 속초연수원의 경우 원거리로 이동시간이 다소 소요됨 → 향후 중심적인 대전연수원 활용
- 교육기간이 너무 짧음 → 모듈별 교육시간의 적절성을 고려한 운영(2기 과정부터 반영)
- 전산장비의 불편 → 전산강의실이 아닌 노트북으로 대체함(반응도 향상)

기본과정
- 교육 종료 후 교육과정에 대한 학습자의 의견을 강사들에게 피드백 제공, 이후 반영한 진행
- 이론/지식 중심의 내용을 축소하고 실습 및 토론 시간 확대
- 선배와의 간담회를 통해 취업 성공에 대한 경험담 실시(이후 4회 실시)

심화과정
- 취업성공 선배들의 입사지원서를 활용한 사례 학습을 강화하여 학습자들의 실질적인 취업 준비 서류의 완성도를 높일 수 있도록 조치
- 분반을 통한 학습 인원 조정 및 각 모듈별 전문 강사들의 추가 배치를 통해 학습자들의 1:1 클리닉 및 실습활동에 대한 피드백 활동 강화

실전과정
- 취업 희망 기업과 입사지원서의 내용을 클리닉하기 위해 교육 전 희망 기업분석 자료를 교육 전 강사와 공유하여 교육현장에서 맞춤형 피드백이 가능하도록 조치
- 모의면접 시뮬레이션 시 다양한 분야의 면접관을 초빙하여 다양한 관점에서 면접피드백을 제공할 수 있도록 조치

나. 2단계 학습성취도평가

학습성취도평가는 정의적·인지적·기능적 측면의 목표를 측정하기 위해 개발되었으며, Job-Go Basic과정에서 실시하였다.

구분	일정	교육 전 평균	교육 후 평균	향상도
A반	4지선다 객관식 10문항	69.6점	87.5점	+17.9점(25.7% ↑)
B반		71.2점	88.7점	+17.5점(24.6% ↑)
평균		70.4점	88.1점	+17.7점(25.1% ↑)

다. 3단계 구직활동성 및 4단계 취업성공도 평가

3단계 현업적용도 및 4단계 경영성과평가는 재취업역량과정의 특성상 평가도구 개발 단계에서 개발한 임금피크 대상자들의 구직활동성과 취업성공도를 적용하여 평가를 실시하였다. Job-Go Basic과정 이후 입사지원활동, 면접활동과 같은 실질적인 구직활동을 매월 말에 학습자를 대상으로 전화, 이메일, 문자, SNS 등을 발송하여 평가하였다.

1 3단계 구직활동 및 취업성공도

지난 5월부터 임금피크 대상자들은 Job-Go과정을 이수한 후 총 80건의 구직활동을 하였으며, 그 결과 총 25명이 취업을 한 것으로 평가되었다. 세부적으로 살펴보면 입사지원활동은 48건, 면접활동은 32건의 구직활동을 한 것으로 확인되었다.

2 4단계 취업 성과평가

최근 3년간 임금피크 대상자들의 구직활동성과 취업성공도의 결과를 2020년 8월 20일 기준으로 살펴보면 구직활동성은 전년에 비해 활발하게 이루어지고 있으며, 취업성공도도 2018년 대비 13.6%, 2019년 대비 47.1%가 증가한 것으로 나타났다.

구분	구직활동성		취업성공도	비고
	입사지원	면접	취업	
2020년	48	32	25	2020년 08월 20일 기준
2019년	-	-	17	2019년 12월 31일 기준
2018년	-	-	22	2018년 12월 31일 기준
Total	44	32	64	

제7절 교육효과

단기적 효과	[학습자 측면] • 2019년도 퇴직자들과의 취업활동 및 취업수(취업성공도)에서의 향상 효과 - 전년대비 80건으로 증가, 취업자 20명에서 25명으로 25% 증가 • Job-Go과정 이수자에게 지속적인 취업지원 서비스 확대를 통한 개선방향 모색 기회 제공 • 인적 네트워크 활성화와 멘토링활동의 연계성 강화 [조직 측면] • 국정과제와 LH전략과제 실현을 통한 퇴직예정자의 안정적인 조직관리 가능 및 조직구성원의 신뢰회복 계기 마련 • 재취업 성공사례를 체계적인 관리와 사례활용을 통한 환류시스템 구축 - 교육과정 시 사례활용 및 넛지 레터 사례공유 등 [교육적 측면] • RP-ISD 모형을 적용한 수요자 중심의 교육과정 개발 - 사용성평가를 반영한 교육설계, 과정개발 등 학습자의 참여 확대 • 다양한 교수학습방법 및 매체를 활용한 교육효과의 증대 - 블렌디드러닝, 플립러닝, ICT를 활용한 교육과정 운영 [파급적 측면] • 수요자 중심의 교육과정 개발을 통한 재취업 프로그램 HRD솔루션의Role model 기대 • 직무전문성을 확보한 인력들의 수요기업의 경쟁력 제고에 기여

<table>
<tr>
<td>중장기적 효과</td>
<td>[학습자 측면]
• 조직차원의 지원을 통한 퇴직예정자의 심리적 불안감 해소와 재취업과 삶에 대한 자신감 회복 효과 기대
• 직무전문성을 활용하여 사회적 가치실현에 기여하는데 중요한 역할

[조직 측면]
• 임금피크 대상자를 위한 체계적인 지원시스템 구축
• 취업준비 단계별 개인별 1:1 맞춤형 취업지원 컨설팅체계 구축

[교육적 측면]
• 재취업 외 창업, 귀농(촌), 생애설계에 대한 교육적 솔루션 모형 제시
• 커크패트릭의 4수준 평가(경영성과)까지의 확대 가능성을 확인
- 3단계 현업적용도 한계의 인식을 벗어나 개발 단계에서 경영성과를 고려한 학습과정 설계 및 개발

[파급적 측면]
• LH인재개발원의 job-matching 시스템을 공공기관으로 확대 가능성
- 축적된 인력 pool을 활용한 국가인재 DB구축 및 활용 가능성
• 퇴직 예정자의 경제활동 연장에 따른 사회적/경제적 부가효과 기대</td>
</tr>
</table>

CHAPTER 15

프로그램개발의 사례(Ⅱ)

이 장에 제시된 프로그램개발의 사례는 제 37회 공공HRD 콘테스트 교육과정 분야에서 대통령상(2019년 11월)을 수상한 산림교육원의 프로그램개발 사례를 제시함

사례 2

SCM(성공사례기법)을 도입한

산불대응 단계별 드론운용과정

제1절 교육과정 개설 배경

1. 추진 배경

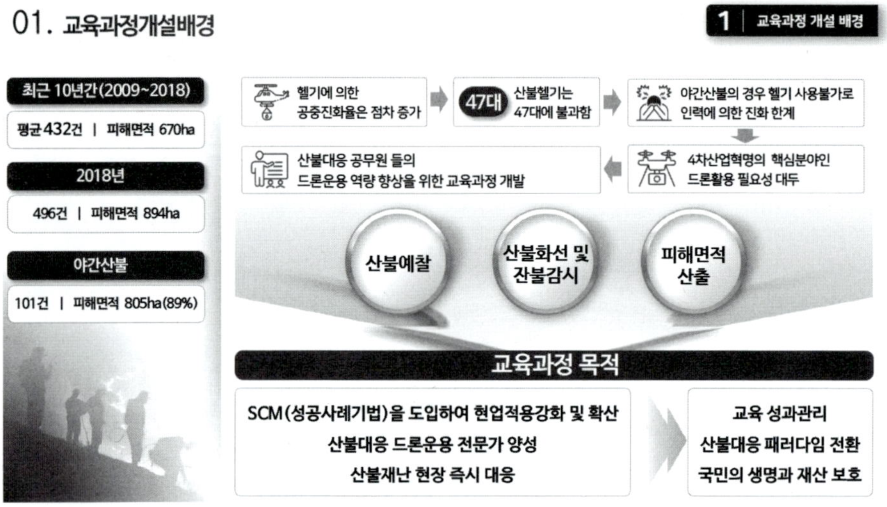

2. 교육목적 및 의의

SCM(성공사례기법)을 도입한 산불대응 드론운용과정은 드론운용으로 산불예찰 → 산불드론 촬영 → 실시간영상 전송 → 상황도 작성 → 산불방향 예측 → 진화자원관리 → 뒷불 감시 → 피해면적 산출 등의 직무역량을 강화하여 산불로부터 국민의 재산과 생명을 지키는 산불드론운용 전문가를 양성하는 데에 그 목적이 있다. 본 교육과정의 의의는 네 가지이다. 첫째, 교육과정을 통해 교육생들의 산불대응 드론운용 역량을 향상시키는 것이다. 둘째, 수료생의 산불대응 협업 역량 향상으로 인한 범정부적 산불대응 협력체계 강화에 의의가 있다. 셋째, 다른 기관에서도 적용 가능한 SCM을 도입한 교육과정개발 모형제시에 의의가 있다.

궁극적으로 본 교육과정을 통하여 산악지형 이동제한, 광활한 면적의 산불상황 파악지연, 야간산불 시 인력의존 진화 등의 한계를 극복하고, 현 정부의 국정과제인 통합적 재난관리체계 구축 및 현장 즉시대응 역량강화를 실현하고자 한다.

제2절 요구분석(Analysis)

산불대응 드론운용 교육과정 설계를 위하여 다음과 같이 5단계 요구분석 로드맵을 기획했다. 첫째, 국정과제, 산림청 목표 등의 환경분석을 토대로 둘째, 산불현장에서의 드론활용에 대한 직무분석을 하였다. 셋째, 직무분석에서 도출된 책무별 관련 교육과목 풀을 체계화하기 위해 델파이분석을 진행하였으며, 넷째, 교과목 풀을 토대로 수요자 요구를 반영하여 강의방식과 강의비중을 조절하기 위한 수요자 요구분석을 실행하였다. 마지막으로 요구분석을 통해 도출된 최종 교육과목을 학습자 맞춤형으로 교수설계에 활용하기 위해 학습자분석을 하였으며, 이러한 요구분석의 로드맵은 다음과 같다.

환경분석	직무분석	델파이분석	수요자 요구분석	학습자분석
• 조직(정부, 산림청, 산림교육원) 환경분석/국정과제, 산림청 비전 및 목표, 산림교육원 과제와 추진 목표분석 • 사회환경분석/임업관련시장 동향 • SWOT 분석	• 사전·발생·사후 등 산불단계별 책무 분석 • 예찰, 상황감시 등 책무별 관련 교과목 도출	• 설문지를 통한 의견 수집 • 전문가 협의회를 통한 의견 결집 • 상호평가 교과목 내용 타당성 확보	• 수요자 중심의 설문조사 • t검정분석 • 보리치(Borich) 분석 • The Locus for Focus분석	• 학습자 일반사항 • 학습자 특성분석 • 인지적 특성 • 기술적 특성 • 정의적 특성

1. 환경분석

가. 조직정책 및 환경분석(정부, 산림청, 산림교육원)

나. 사회환경분석

다. 산불대응 드론운용 교육환경(SWOT)분석

2. 직무분석

산불대응 드론운용 교과목 도출을 위해 43개 기관 131명의 산불담당자 설문조사를 통해 직무분석을 실시하였다. 직무 수행 시 요구되는 직무의 체계를 분석하여 책무와 과업내용 그리고 관련교과목을 도출하였다. 또한 책무별 공통 사용가능한 비행체 플랫폼 및 장비, 즉 운용환경을 제시하였다.

3. 델파이분석

교육과목에 대한 타당성을 검토하기 위해 전문가 패널들의 합의를 도출하는 델파이 방법을 사용하였다. 델파이 전문가집단의 크기는 오차를 최소화하고 신뢰성을 극대화시키기 위해 최소한 10명 이상의 패널이 필요하다고 언급한 달키(Dalky, 1969)와 델파이 패널이 10명에서 15명만 있으면 충분하며, 30명 이상의 참가자를 넘어서면 소수의 새로운 개념이 생성된다고 언급한 Delbecq(1975)의 주장들을 토대로 결정하였다.

이러한 과정을 통해 39개 교육과목을 선정하였다. 또한 산불대응 드론운용 기술을 습득하는 집합교육과정의 경우 집중력 향상 및 학습효과를 높이기 위해서 기본, 심화, 활용의 단계별 교육이 필요하고 현장사업과 연계된 로드맵 설계가 요구되었다.

과정	표준 교육과목	
산불 대응 드론 기본 과정	드론 기본이해	산불상황실 현장영상전송
	드론 비행전 준비사항	산불현장지휘본부 운영
	드론 안전사고 예방	산불드론 시뮬레이션 실습 및 발표
	기초비행술	산불맞춤형 드론 개발 동향
	응용비행술Ⅰ	포토스캔 이용 산불현장 촬영법
	응용비행술Ⅰ	SHP파일 활용법
	드론 경로 추출법	파노라마 촬영법
산불 대응 드론 심화 과정	응용비행술Ⅱ	산불상황실 현장영상전송
	항공촬영	산불현장지휘본부 운영
	산불현장 드론 활용사례 발표 및 토론	산불드론 시뮬레이션 실습 및 발표
	야간산불촬영	산불맞춤형 드론 개발 동향
	열화상카메라 촬영 실습	포토스캔 이용 산불현장 촬영법
	드론을 활용한 산불피해복구지 사례	SHP파일 활용법
	산불상황관제시스템 활용	파노라마 촬영법
산불 대응 드론 활용 과정	국내외 드론 동향	산불상황도 작성 실습
	비가시권비행술 및 캘리브레이션 실습	컬러영상후처리 실습
	자동비행술 실습	산불피해지 구획 및 분석 실습
	정사항공사진프로그램 운영 실습	포트폴리오 발표 및 피드백
	열화상 영상분석 실습	산불피해지 정사영상촬영 실습
	VR 제작	산불상황실 영상제공 실습

4. 수요자 요구분석

요구분석의 마지막 단계로 맞춤형 교육을 제공하기 위해 산림청에 소속된 자원조사 및 경영, 국유재산, 복지 등 산림관리와 산불, 산사태, 산림병해충 등 산림재해 분야의 담당자, 지방자치단체 녹지직, 교육생을 대상으로 수요자 중심의 설문과 요구분석을 실시하였다(누적인원 199명).

수요자 설문을 통한 우선순위 결정방법은 T검정, Borich, The Locus for Focus 요구분석으로 최종 단계별 교과목을 선정하였다.

- ▸1단계: T검정을 통하여 필요수준과 현재수준의 차이 파악
- ▸2단계: Borich 요구도 공식을 통한 우선순위 제시
- ▸3단계: The Locus for Focus 모델을 통한 좌표평면 결과 제시
- ▸4단계: The Locus for Focus 모델의 HH 분면에 속한 항목 확인 및 그 수만큼의 Borich 요구도 상위순위 결정
- ▸5단계: Borich 요구도 공식의 상위순위 항목과 The Locus for Focus 모델의 각 분면 항목들 간 중복성 확인을 통해 최우선 순위군과 차순위군 결정

5. 학습자분석

본 과정은 산림보호 업무를 담당하는 공무원을 대상으로 직무(산불 대응)역량을 향상시키기 위한 과정이다. 학습자 일반사항(부처 및 지역, 연령, 경력, 직급)과 학습자 특성 및 수준(지식·행동·태도) 분석결과를 교육내용 수준 및 교수방법에 반영

가. 학습자 특성 및 수준분석

입교 전 학습자 특성 설문조사를 통해 이루어졌다.

(1) 인지적(지식) 특성 및 수준분석

- 기본과정: 드론운용 관련법과 기술에 대한 지식적 이해가 부족하였으며, 교육생들 간의 수준편차가 큰 편
- 심화과정, 활용과정: 드론운용 관련법, 기술에 대한 지식적 이해가 높음

(2) 기술적(행동) 특성 및 수준분석

- 기본과정: 드론운용 경험이 부족하였으며, 정확한 드론 이착륙에 어려움이 있는 편이어서 드론운용 실습에 대한 학습욕구
- 심화과정: 드론운용 기술은 높지만, 촬영영상 데이터후처리를 위한 다양한 프로그램 활용기술에 대한 학습 욕구가 강함
- 활용과정: 드론운용 기술 수준이 높았고 촬영영상 데이터후처리를 위해 다양한 현장에서 드론촬영과 상황도 작성의 반복실습 및 피드백에 대한 학습 욕구가 강함

(3) 정의적(태도) 특성 및 수준분석

- 기본과정: 현장 드론운용에 대한 자신감이 부족하였으며, 자신감 향상을 위해 산불대응 드론운용 현장사례에 대한 학습 욕구가 강함
- 심화과정: 산불대응 드론운용 시 동료 및 타 부서와의 협업에 대한 의지가 있었고 산불진화자원 관리계획 수립에 대한 팀별 협업실습 등에 대한 학습 욕구가 강함
- 활용과정: 현장에서 적용할 수 있는 산불대응 드론운용 매뉴얼 개발에 대한 강한 의지가 있었고, 교육생이 관할하는 현장에 맞는 산불대응 드론운영 매뉴얼 개발 및 적용 후 맞춤형 컨설팅 피드백에 대한 학습욕구가 강함

제3절 교육과정 설계(Design)

1. 교육과정 설계 프로세스

SCM(성공사례기법)을 도입한 산불대응 단계별 드론운용 교육과정은 환경분석 → 직무분석 → 델파이분석 → 수요자 요구분석 → 학습자분석을 통해 도출된 결과를 종합해서 전통적 교육과정 설계기법인 ADDIE 모델을 적용하여 그림 15-1과 같이 반영하여 설계하였다.

교육과정설계(Design)	
• 2년 로드맵 설계 - 단계별 추진방향, 목표, 내용 제시 • 현업컨설팅 설계 - 직무와 교육내용의 연계 • SCM을 도입한 직무성과 평가환류체계 설계 • 직무성과 경험분석 전이촉진 방안 환류 • 학습도구 설계 - ICBN 매체, 새로운 학습기법, 전문강사 POOL 구축, 현장 피드백 설계 • ADDIE 모형을 토대로 설계	• 요구분석에 따른 교육프로그램 설계 - 단계별 교육방향 및 모듈별 교육목표 수립 • 교수–학습전략 및 매체 선정 - 인지적·기능적·정의적 목표에 따른 전략, 학습활동, 매체 선정 • 집학교육내용 핵심요소 (기본) 드론 이해 및 관련 항공법, 기초비행, 산불모양 드론활용 사례 (심화) 산불현장 드론운용 사례 토론, 산불드론 시뮬레이션 실습 및 발표 (활용) 산불현장 비행실습 및 포트폴리오 발표 및 피드백 • 단계별 차별화된 교육기법 적용 - (기본) 블랜디드러닝, (심화) 마이크로러닝, (활용) 플립러닝 - 현장교육 및 현업컨설팅: ICBM 활용, 플립러닝 • 강사풀 구성 - 산불드론연구 10년 이상의 연구자, 산불드론 운용 5년 이상의 실무전문가 • 교육목표와 연계한 평가 설계 - 교육과정 평가 전략, 학습평가 전략 수립

그림 15-1 요구분석 결과를 종합하여 ADDIE 모형으로 교육과정 설계

2. 교육방향 및 목표 설정

단계별 교육프로그램을 설계하기 위해 요구분석 단계에서 확인된 교육요구 및 필요를 바탕으로 산림교육원 교육여건 및 인프라를 최종적으로 분석하여 교육의 방향을 설정하였고, 프로그램을 통하여 이루고자 하는 학습목표를 수립하였다. 교육의 방향 및 목표 설정을 위하여 다음의 세 가지 절차를 밟았다.

가. 단계별 교육프로그램의 방향 설정 및 목표의 도식화

	기본과정	심화과정	활용과정
교육 방향	산불원리에 대한 이해를 바탕으로 산불대응 드론운용 기술 향상	산불현장 중심의 실습 및 토론을 제공하여 교육생들의 산불현장 대응력 향상	ICBM 매체를 활용한 산불대응 포트폴리오 작성 및 발표와 피드백 제공을 통한 산불대응 드론운용전문가 양성
	⬇	⬇	⬇
교육 목표	드론 비행전 준비사항, 안전 수칙 이해	과학적인 산불관리를 위해 ICBM 활용	산불피해지 구획 및 분석 수행
	산불대응 드론운용 기술 습득	산불 드론활용 성공사례 공유	산불상황도 작성 및 다각도 분석 기법 적용
	드론을 활용하여 봄·겨울철 산불 조심기간 예찰 및 대응 수행	타부처와 협업확대를 통한 산불드론 운용	무사고 산불드론 운용

나. 산림교육원 교육여건 및 인프라분석을 통한 세부교육 방향 설정

구분	분석관점	세부교육 방향
교육대상	누구를 대상으로 교육할 것인가?	• 산림청과 지방자치단체 산불 담당자를 확정하여 직무와 교육이 일치하는 집단으로 한정하여 산불대응 드론운용 전문가집단을 양성
교육체계	교육을 어떠한 방향으로 운영할 것인가?	• 산림청, 국립산림과학원, 산림항공본부, 산림교육원이 협업하여 정책–연구–산불대응시스템-교육이 연계되는 체계로 추진 • 사전학습강화, 산불현장실습/토론/피드백 중심의 집합교육 설계
학습환경	교육목표 달성을 위해 활용할 수 있는 인프라는 무엇인가?	• 산불상황관제시스템, 산림공간포털시스템 등의 ICBM 활용 기반 마련을 통한 과학적이고 체계적인 산불대응 드론운용과정 추진 • 권역별 교육생들 간 '산불드론운영' 동호회 활동 추진 등의 비정형학습 유도
역량강화	산불대응 드론운용 역량을 어떤 방법으로 강화시킬 것인가?	• 단계별 교육으로 산불대응 드론운용 역량이 향상되도록 기초, 심화, 활용과정의 교육목표 및 교육방법 차별화 • 산불드론 운용전문가, 연구원들의 산불대응 드론 운용 노하우 공유
직무성과	산불대응 드론운용 직무성과를 어떻게 창출할 것인가?	• 교육생들의 책무별 산불대응 드론운용 환경 식별 분석내용 적용 • 교육프로그램을 직무중심 교육과목으로 설계 • 교육생 직무적용 모니터링 및 피드백 제공 • 교육생 직무성과 도출 및 관리를 위해 SCM 평가체계 구축

다. 인지적·기능적·정의적 세부목표 수립

구분	내용
인지적 목표 (이해면)	• 드론운용 시 안전수칙, 사전 준비사항, 사후 정리사항에 대한 이해할 수 있다(기본과정). • 산불현장에서 드론 기본설정방법을 산불드론 담당자들에게 설명할 수 있다(심화과정). • 산불드론 영상촬영을 종합적으로 분석하여 산불예측을 논의할 수 있다(활용과정).
기능적 목표 (실무면)	• 산불조심기간 드론 운용 시 수평비행, 호버링 등의 기초비행과 4각·8자 비행 등의 응용비행을 할 수 있다(기본과정). • 산불피해지 정사영상 촬영 후 산불방향 예측 및 진화지원을 배치할 수 있다(심화과정). • 자동촬영 프로그램을 활용한 드론 경로 추출법을 단계별로 제시할 수 있다(활용과정).
정의적 목표 (태도면)	• 풍속과 풍향 등의 환경적 영향 인자를 고려하여 드론운영방법을 결정한다(기본과정). • 산불현장지휘본부와 협업을 통해 산불방향을 판단하고 산불대응에 연합한다(심화과정). • 산불현장에 특화된 산림드론 현장 맞춤형 매뉴얼 개발에 대한 의지를 가진다(활용과정).

3. 교육방향 및 목표 설정

교육과정은 2년 동안 산불대응 드론운영 전문가 양성을 최종 목표로 요구분석 결과들을 최대한 교육과정 개발에 반영하기 위해 분석 결과들을 나열하여 grouping 기법으로 교육과정 내용설계 중점사항 4가지를 도출하였다.

가. 단계별 산불대응 드론운용 교육로드맵 설계

사전학습, 집합교육, 봄·겨울철 산불대응 현장직무 적용으로 구분하여 현장직무와 연계되는 교육로드맵을 2년에 걸쳐 장기적으로 9단계로 구성하였다.

집합교육을 직무(책무)별 관련교과목 난이도를 기준으로 구분하여 기본(3일), 심화(5일), 활용(5일) 과정으로 설계하였다. 집합교육 전 드론 관련 이론을 습득하도록 하여 집합교육에서는 실습토론 중심의 교육으로 직무역량을 강화시키고자 사전학습을 설계하였다.

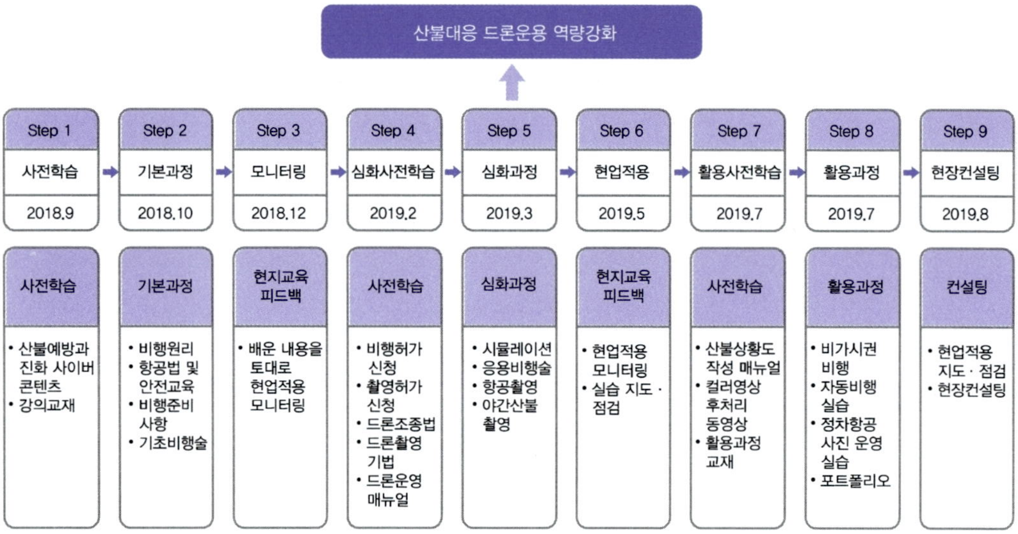

둘째, 교육과 직무의 연계성을 강화하여 교육생의 성취도와 직무성과를 동시에 발전시키고자 현업교육 및 컨설팅을 설계

셋째, 정량평가를 보완하기 위해 SCM(성공사례기법)을 도입하여 직무성과 환류 평가체계를 설계

넷째, 과학적이고 체계적인 학습을 위한 다양한 학습기법을 발굴하여 ICBM 등의 학습도구를 **표 15-1**과 같이 설계

학습도구

ICBM 매체

- Ready to Fly 앱
- FMS 앱 및 SNS 토론방
- One Stop 시스템
- 산불상황관제시스템
- 산림공간포털시스템
- 포토스캔 프로그램

전문강사 POOL 구축

- 산불현장 드론운영 전문강사진
- 드론촬영 데이터후처리 프로그램 전문강사진
- 산불현장 드론운영 연구강사진
- 산불상황도 및 산불상황관제시스템 전문강사진

새로운 학습기법

- 블랜디드러닝(기본과정)
  - 산불예방 및 진화 사이버교육, 교재
- 마이크로러닝(심화과정)
  - 드론운영 영상, 항공촬영, 교재
- 플립러닝, 하브루타 기법(활용과정)
  - 단위별 강의자료, 동영상, 교재 및 매뉴얼

현장컨설팅/피드백

- 현장적응 모니터링, 교육
- 직무수행 피드백
- 산불현장 드론운용 컨설팅 지원
- 직무성과 관리

표 15-1 산불대응 단계별 드론운용과정 학습기법 및 도구 설계

	기본과정(2018년)	심화과정(2019년)	활용과정(2019년)
주요 학습기법	블랜디드러닝	마이크로러닝	플립러닝
사전 학습도구	• 산불이해 사이버콘텐츠(온라인 사이버교육) • 강의교재	• 산불드론운용 매뉴얼 • 현장교육 동영상 • 마이크로러닝 콘텐츠 • 강의교재	• 강의영상 및 실습자료 • 현장교육 동영상 • 마이크로러닝 콘텐츠 • 강의교재
집합교육 학습도구	• 학습 ICBM 지원 • 모바일앱, 빅데이터, 클라우드, 사물인터넷 및 학습어플 등 • 사전허가신청 앱 ➡ 강의+실습 수업	• 학습 ICBM 지원 • 모바일앱, 빅데이터, 클라우드, 사물인터넷 및 학습어플 등 ➡ 실습+피드백 수업	• 학습 ICBM 지원 • 모바일앱, 빅데이터, 클라우드, 사물인터넷 및 학습어플 등 ➡ 실습+토론+피드백 수업
사후 학습도구	• 드론운용 영상 • 현장직무 컨설팅	• 강의 영상 • 현장직무 컨설팅	• 현장직무 컨설팅

4. 교수-학습전략 및 매체 선정

교육요구분석에서 도출된 직무(책무)역량을 중심으로 학습내용을 구성하고, 학습내용 전개를 위한 6대 교수-학습전략 수립 및 교육매체를 선정하였다.

표 15-2 교수-학습전략

1. 직무전문성 및 역량 강화를 위해 현장직무 중심의 현장 실습교육 강화
2. 신속하고 정확한 산불현장 대응을 위한 문제해결식 교육 강화
3. 현업 전파교육을 위한 ICBM 기술지원
4. 학습성과 파악과 환류를 위한 수행평가 진행
5. 직무성과 창출을 위한 현장컨설팅 및 교육 제공
6. 자기주도적 학습을 위한 사전학습 강화

표 15-3 교수-학습전략에 따른 주요 학습활동 및 매체 선정

세부목표	교수-학습전략	주요 학습활동	매체 선정
인지적 목표	사전학습 강화	• 산불의 원리 및 이해 • 드론의 이해와 안전교육 • 드론의 구조와 원리 • 드론의 비행운용 종류 및 방법 • 드론 관련 항공법	• 강의자료 • 동영상 * 사이버교육(산불이해) * 마이크로러닝
기능적 목표	현장 직무 중심의 현장실습교육 강화	• 드론 시뮬레이션 실습 • 드론 비행술 실습(기본 & 응용) • 항공촬영 및 자동촬영 프로그램 활용 • 열화상카메라 활용 실습	• 화이트보드, 필기도구 • 프로젝터 • 모바일: FMS앱
	ICBM 활용	• 드론 촬영화면 실시간 공유 • 산불상황실관제시스템 활용 • 임상도, 기상정보 등 클라우드 및 빅데이터를 활용한 산불상황도 작성 • 모바일을 통한 실시간 영상 전송	• 위성영상 • 모바일, 빅데이터, 클라우드: 포토스캔, 산불상황관제시스템, 산림공간포털시스템

세부목표	교수-학습전략	주요 학습활동	매체 선정
정의적 목표	문제 해결식 교육	• 야간산불 대응을 위한 드론 활용 사례 토론 • 드론을 활용한 산불진화 사례 토론 • 기상상황을 고려한 드론운영 사례 스터디 • 산림분야 드론 응용 활용 사례 스터디 • 산불 상황별 드론운용 사례 분석 및 토론	• 시청각 • 대형 포스트잇 • 모바일, 빅데이터, 클라우드: Ready to Fly 앱, one-stop 시스템
인지, 기능, 정의적 목표	수행평가	• 학습내용과 관련된 학습성과 파악	• 필기도구, 프로젝터 • 모바일, 빅데이터, 클라우드: FMS 앱
인지, 기능, 정의적 목표	맞춤형 컨설팅	• 마이크로러닝을 활용한 자기주도적 학습 • 모바일을 통한 실시간 전문가 자문 • 교육이수 후 교육생 Needs 파악 후 산불현장 드론운용 현장 맞춤형 교육 및 컨설팅 지원	• 필기도구 • 위성영상 • 모바일, 빅데이터, 클라우드: Ready to Fly 앱, one-stop 시스템, 산불상황관제시스템

5. 교육프로그램 설계

가. 교육프로그램 세부내용

교육목표를 달성하기 위한 교육프로그램은 요구분석 결과를 반영해 기본-심화-활용과정 프로그램에 대한 세부내용 설계를 하였다.

▸ 산불대응 드론운용 기본과정(2018)

- 드론운용 기술 향상을 위해 드론운용 실습과 강의가 결합된 교육방법으로 진행
- 드론의 이해도 제고를 위해 관련법령 및 비행원리 등의 이론을 동영상과 다양한 사진들을 활용하여 사례 중심적인 강의 실시

- 드론의 현업 활용도를 높이기 위한 기초비행술과 응용비행술 등 실습 중심의 학습 실시
- 산림분야 드론의 활용 사례를 상호간 공유하고, 현장에서 사업과 연계한 교육 피드백을 제공하도록 전문가 그룹 구성

나. 직무분석을 토대로 모듈별 교과목 구성

교육프로그램은 직무분석 결과인 직무(책무)역량을 토대로 구성하였다. 직무(책무)역량을 모듈화하여 모듈별 관련 교과목, 교과목 목표, 주요 학습내용, 교수법을 교육목적 및 추진방향, 교수–학습자 전략에 적합하게 기본–심화–활용 단계로 설계하였다.

표 15-4 **교과목별 주요 학습내용 및 교수법(심화과정, 2019년)**

모듈	배정시간	교과목	교과목 목표	주요 학습내용	교수법
산불상황감시	3	산불상황실 영상 전송	ICBM을 활용하여 산불상황실 영상을 전송할 수 있다.	드론으로 촬영한 현장 영상을 웹 및 모바일 앱을 통하여 전송 또는 공유하는 학습방법	강의식 시청각 참여식 실습
	4	드론 시뮬레이션	장도비행 계획을 수립할 수 있다.	비가시권 자동비행술 등 고난이도 비행기술 실습을 통해 ICT를 활용한 가상현실에서 조종기술 및 비행기능 숙지 실습	강의식 참여식 시청각 실습
	4	항공촬영	드론을 활용하여 영상촬영을 할 수 있다.	항공촬영을 위한 주의사항, 준비사항 및 파노라마 사진촬영, 영상촬영 등 학습	강의식 참여식 시청각 실습
야간모니터링	4	야간산불 촬영	야간산불 비행 및 촬영을 할 수 있다.	야간 산불촬영을 위한 주의사항, 준비사항 및 파노라마 사진촬영, VR 제작 등 학습	강의식 참여식 시청각 실습
	3	열화상 카메라 촬영	열화상 카메라를 활용해 뒷불 감시를 할 수 있다.	야간산불 및 잔불정리를 위해 드론에 장착된 열화상 카메라 촬영 및 운영기술 습득	강의식 참여식 시청각 실습

다. 교과목별 강사 구성

교과목별 강사는 산불드론 연구 10년 이상의 경력을 가진 연구자, 산불드론 운용 5년 이상의 경력을 가진 실무전문가로 구성하였다.

6. 평가 설계

교육효과 극대화를 위한 환류체계 구축의 일환으로 평가 설계 및 전략을 수립하였다. 평가 설계는 산불대응 드론운용 교육과정 평가와 수업진행에서 이루어지는 학습평가로 구분하였다.

가. 교육과정 평가 전략 수립

교육과정 평가 설계는 커크패트릭(Kirkpatrick)의 4단계 평가 모형을 바탕으로 반응도평가(만족도 평가), 학업성취도평가, 현업적용도평가와 정량평가의 한계를 극복하고 직무성과관리를 위해 SCM(성공사례기법)을 도입하여 설계하였다.

나. 학습평가 전략 수립

구분	평가 시기	평가방법	평가 관점	평가 도구
진단평가	단원 학습 전	질문평가 수행평가	• 단원과 관련된 학습자 경험수준 파악 • 단원 수행능력 진단 • 학습지도 방향 설정	구두 문제지
형성평가	단원 학습 중	질문평가	• 학습내용 이해도 측정 • 미흡한 사항 보완	구두
총괄평가	전 단원 학습 후	질문평가 수행평가	• 학습성과 측정 • 차기 학습과정 개선 적용 • 학습내용 응용력 측정	구두 문제지

제4절 교재와 매체 개발(Development)

1. 강의 매뉴얼 및 교재 개발

강사들 간의 중복 강의를 예방하고 교과목별 교육목표를 달성하기 위하여 강의 매뉴얼 및 교재를 아래와 같은 절차에 따라 개발하였다.

매뉴얼 개발	→	교재 작성	→	전문가 검토	→	교재 수정	→	교재 개발
강의 매뉴얼 개발, 강사에게 전달하여 교육 목적에 부합하는 강의 교재 작성 요청	→	강의 매뉴얼 확인 후 강의 교재(교안) 및 PPT 작성	→	내용전문가 검토 후 강사에게 피드백 * 강의내용 중복 예방	→	검토 의견에 따라 교재(교안) 및 PPT 수정 · 보완	→	교재(교안) 및 PPT 개발 + 산불드론 운용 표준 매뉴얼 개발 * 현업 적용도 및 파급효과 향상

강의 매뉴얼

과정별 교재

산불대응 드론운용 매뉴얼

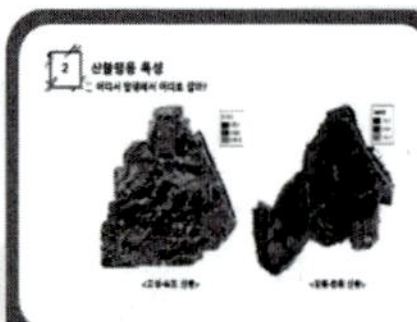
강의 PPT

가. 강의 매뉴얼 개발

교과목 강사들이 맞춤형 강의 콘텐츠를 개발하고 효과적인 강의 진행을 할 수 있는 강의 매뉴얼을 개발하여 교육과정 운영 1개월 전에 강사들에게 배포하였다. 매뉴얼에는 학습자 실태와 특성 분석결과, 강의 도입→전개→정리→형성평가→환류→질의 및 답변과 학습 차시 예고순으로 수업의 효과를 극대화할 수 있도록 교안작성법, 퍼실리테이션 교수법(질문-경청-활력기록-관찰) 내용이 포함되었다.

나. 강의교안 예시

교과목별로 교안을 개발하였으며 교안은 차시별로 작성하였다. 교안에는 교수전략, 학습내용, 학습활동, 학습자료, 지도상 유의점을 포함하도록 하였다.

- 단원명(제1/3차시): 산불상황도 작성 실습
- 세부 학습목표
  - 산불피해지 촬영 후 단계적으로 상황도를 작성할 수 있다.
  - 상황도를 보면서 산불인자 분석을 통한 확산·예측을 할 수 있다.
  - 산림공간포털시스템을 활용하여 산불 피해면적을 산출할 수 있다.
- 학습의 전개

단계	교수 전략	학습내용	학습활동		학습 자료	지도상 유의점
			교수 요원	학습자		
도입 (10분)	분위기 조성 (3분)	• 인사 및 친밀감 형성 - 분위기 활성화 멘트 - 교수요원 소개 - 산불상황도 작성의 중요성에 대한 개인적 관심 소개	설명	청취 참여	PC LCD 프로젝트	• 친밀감 형성 • 교수요원에 대한 신뢰감 확보
도입 (10분)	진단 평가 (2분)	• 드론운용 사전준비 이해도 파악 - (질문) 드론운용 사전준비사항은? - (예상답변) 드론 기체 확인 - (답변) Ready to Fly에서 비행승인 및 촬영허가신청	질문	답변 참여	칠판 질문지	• 학습지도 수준 및 방향 설정에 참고
	과목 소개 (2분)	• 학습내용 소개 - 산불피해지 촬영 - 산림공간포털시스템 활용 - 상황도 작성 및 예측 - 산불피해 면적지 산출	설명	청취	칠판 태블릿 PC LCD 프로젝트	• 전반적인 학습내용 및 전개흐름을 프로젝트로 소개 • 학습성과 기대감 조성

단계	교수 전략	학습내용	학습활동		학습 자료	지도상 유의점
			교수 요원	학습자		
	동기 유발 (2분)	• 봄철 산불 드론운용 사례 동영상 시청 - 봄철 산불 발생 시 야간 드론운용 적극행정 우수사례 동영상을 통해 산불상황도 작성에 대한 동기유발	동영상 질문 설명	시청 청취	칠판 태블릿 PC LCD 프로젝트	• 산불에 있어 상황도 작성의 중요성 강조
	목표 제시 (1분)	• 학습주제와 목표제시 - 산불 행동특성 이해 - 상황도 작성법 습득 - 피해면적 산출법 습득	설명	청취	칠판 태블릿 PC LCD 프로젝트	• 명확한 목표 제시로 학습에 대한 기대감 조성
전개 (33분)	실습 교육	• 산불상황도 작성 실습 1 - 산림공간포털시스템 접속 - 산불위치 확인 및 발화지 파악 • 산불상황도 작성 실습 2 - 1차작도: 화선길이 등 작성 - 2차작도: 진화자원 등 작성 - 3차작도: 상황보고에 맞춰 상황도 수정 • 산불상황도 작성 실습 3 - 야간산불 현장사진으로 작도 - 열화상 촬영사진으로 작도 • 피해면적지 산출 실습 - 산불확산예측 시스템을 활용한 산불 피해면적 산출 실습	설명 질문 판서 답변	청취 답변 시청 질의 응답	태블릿 PC LCD 프로 젝트 산불 시스템	• 산림공간포털시스템을 활용하여 단계적으로 산불상황도 작성 및 산불 피해면적 산출 역량 향상

단계	교수 전략	학습내용	학습활동		학습 자료	지도상 유의점
			교수 요원	학습자		
	문제 해결식 교육	• 산불상활도로 산불인자 분석 및 확산 예측 - 산불인자 분석 및 확산예측 토의 및 정리 * 다양한 산불상황도 사례 동영상 및 사진 제시로 정리	설명 질문 판서 답변	청취 답변 시청 질의 응답	태블릿 PC LCD 프로 젝트 칠판	• 산불인자 분석을 통해 확산 예측 역량 강화 • 실제 사진 및 동영상 등을 제시, 관심 집중 및 이해 증진
정리 (7분)	요양 정리 및 질의 응답 (2분)	• 중요내용 요약 정리 - 산불인자 특성 - 상황도 작성법 - 피해면적지 산출법 - 상황도 분석 방법 • 학습자의 질의 응답	설명 질문 판서 답변	청취 답변 시청 질의 응답	태블릿 PC LCD 프로 젝트	• 중요내용 • 재강조 • 참여분위기 조성 • 필요내용 보충 설명
	형성 평가 (2분)	• 학습효과 확인 - 사진을 보고 산불진행 방향을 예측하시오. * 구두평가	설명 질문 답변	답변 질문	태블릿 PC LCD 프로 젝트	• 학습내용 숙지도 측정 • 미흡사항 보완
	차시 학습 예고 및 마무리 (3분)	• 차시 학습내용 소개 - 지역별 산불상황도 작성 실습 - 상황별 산불상황도 활용법 실습 - 동영상으로 마무리 * 산불 드론촬영 후 신속한 상황도 분석으로 산림을 지키는 산림공무원이 되어야 한다는 사명감 부여 * 교육생 산불피해지 드론촬영 활동 자체영상 제작 - 경청과 참여에 대한 감사인사	설명 동영상 인사	청취 시청 청취	태블릿 PC LCD 프로 젝트	• 차시 학습에 대한 흥미와 기대감 유발 • 학습자의 감성을 자극하여 사명감을 부여

다. 교재 개발

교재는 교육생 현업적용도를 높이고 파급효과를 높이기 위해 집합교육 교재, 강의 PPT, 산불드론운용 표준매뉴얼을 개발하여 강사와 교육생들에게 제공하였다.

2. 학습매체 개발

가. 블랜디드러닝 매체 개발(기본과정)

산불예방 및 진화 사이버학습화면

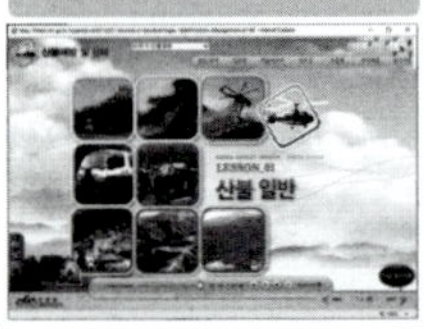

- 산불원리에 대한 이해를 기반으로 집합교육에서는 산불대응 드론운용 기술교육을 진행하기 위해 온라인교육 + 오프라인교육 결합한 블랜디드러닝 기법을 적용하여 매체 개발

나. 마이크로러닝 매체 개발(심화과정)

동영상3-5분, 주제별자료등

- 산불 상황별 드론운용 고급 기술교육과 데이터 처리를 실습피드백 중심으로 진행하기 위해 예습 및 복습강화를 위한 동영상 등의 매체제작
- 한 가지 개념(concept)을 가지고 3~5분 내의 짧은 영상콘텐츠, 과제물, 주제별 자료를 제작하여 학습자 페이지를 구축하여 집합교육 전 사전학습용, 교육 후 복습용으로 제공

다. 플립러닝 매체 개발(활용과정)

- 활용과정에서는 산불대응 드론전문가를 양성하기 위해 드론 항공촬영 → 산불상황도 작성 → 분석에 대한 케이스별 토론·실습 중심의 플립러닝 기법을 적용하여 매체 개발

  * 플립러닝 매체개발: 주제별 강의자료, 동영상 제작, 사례보고서 작성 및 주관식 문제 숙제

사전학습활동매체	사전학습 동영상(3~5분), 인쇄물, 강의노트, 콘텐츠, 퀴즈, 사례보고서 작성 및 주관식 문제 숙제(과제) 등
집합교육활동매체	문제 중심 학습, 시뮬레이션, 퀴즈, 산불 상황별 드론운용 실습, 케이스별 토론 자료 등

라. ICBM 활용 매체 개발

전산강의실 교육생 컴퓨터에 산불상황관제시스템, 산림공간 포털시스템 등을 구축하여 드론 촬영 후 실시간 영상공유, 상황도 작성 및 분석할 수 있도록 매체활용 지원 교육과정 운영은 사전 준비단계, 교육 운영단계, 사후 관리단계로 체계화하여 진행하였다.

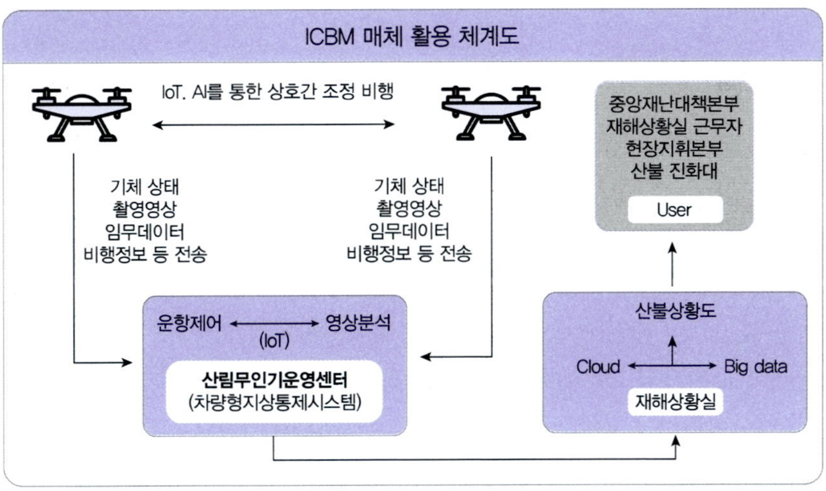

사전 준비단계

- 사전학습 플랫폼 제공
  - 블랜디드러닝, 마이크로러닝, 플립러닝 콘텐츠 제작
  - 강의교재 및 교과목 관련 자료 공유
- 강사 섭외 및 실습지 선정
  - 강의매뉴얼 및 교재 배포
- 교육운영 매뉴얼 개발
  - 교육과정운영 체크리스트 등
- 교육생 동기부여 준비
- 교육운영 과정지도관, 실기 지도관 선정

교육 운영단계

- 교육생 동기부여 전략 운영
  - ARCS 모델 적용하여 수립
- 현업적용 사례 발표와 피드백 지원
  - 교육생 피드백 지원 원칙 강사에게 지원
- 하브루타 토론 지원
  - 하브루타 수업 절차 및 강사 운영 지침 강사에게 지원
- ICBM 매체활용 지원

사후 관리단계

- 현장 직무컨설팅(직무연계)
  - 산불예찰 드론운용
  - 산불현장 상황도 작성 및 분석
  - 피해지 구획 분석
  - 야간산불 드론운용
- 평가결과 환류
  - 현업적용도, SCM 측정
- 핸드 운영
  - 교육생들 간 정보 공유
  - 강사피드백 제공

3. 사전준비 단계

가. 사전 학습플랫폼 제공

메인화면 콘텐츠

동영상 콘텐츠

우리들만의 콘텐츠(교육생 제작)

나. 강사 및 실습지 선정

(1) 강사 선정

교육과정 개설 최소 1개월 전에 다음과 같이 '산림교육원 교육훈련운영 매뉴얼' 강사 발굴 기준에 따라 교과목당 3배수 이상의 강사 풀을 구축하였다. 최종적으로 드론운영전문가, 드론촬영 데이터처리 전문가, 드론연구자 등을 강사로 선정하였다.

- 우리 원에 초빙된 경력이 있는 강사 및 설문조사 자료
- 유관기관 교육원에 출강한 경력의 실무행정에 능통한 공무원 등
- 대학교수 명부 및 세미나·학술회 참석자
- 주요 일간신문 칼럼 기고자 및 방송(TV·라디오) 출연자 등
- 각종 컨설팅회사, 연구소, 교육기관, 관련 단체 임직원
- 유관기관의 실무행정에 능통한 공무원 등

(2) 실습지 선정

현장실습 장소는 교육과정의 특성과 현장학습 주제에 부합되는 장소를 담당강사와 협의하여 선정하였다. 현장실습 교육시간을 고려하여 버스이동 1시간 이내의 장소로 선정하였고, 교육시작 2주 전에 현지 방문하여 최종 점검을 하였다.

(3) 교육운영 매뉴얼 개발

교육을 운영하는 과정지도관, 실기지도관, 과정개발담당자가 체계적으로 교육운영을 할 수 있도록 '산림교육원 교육훈련 운영 매뉴얼'을 개발하였다.

(4) 교육운영 과정지도관, 실기지도관 선정

4. 교육운영 단계

가. 교육생 동기부여 전략

교육생 동기부여를 위해 컬러(Keller, 1987)의 동기설계 이론인 ARCS 모델을 적용하여 동기부여 전략을 수립하여 교육을 운영하였다.

- ARCS: 주의집중(Attention), 관련성(Relevance), 자신감(Confidence), 만족감(Satisfaction)의 약자

ARCS	ARCS 교육생 동기부여 전략 / 적용시기(전략요소)
주의집중 (Attention)	• ICBM 매체를 활용하여 호기심 유도/드론운용, 데이터후처리 교과목 수업(지각적 각성) • 산불대응 드론운용과 관련하여 질문, 역설, 도전적 사고를 통하여 호기심 증진/질문중심, 동료 가르치기, 하브루타 토론(탐구적 각성) • 드론운용과 관련하여 구체적인 비유, 흥미 있는 사례, 예기치 못했던 사건 제시 등의 변화를 통해 흥미 지속/산림분야 드론활용 사례 등의 교과목 수업(변화성)
관련성 (Relevance)	• 교육목적을 제시하고 교육생들에게 교육을 통해 달성하고자 하는 개인적인 목적을 정의해 보라고 함/교육입교안내(목적지향성) • 학습자 동기와 가치에 민감하게 반응하는 교육 운영/교육 운영 중(동기 일치) • 교육생의 직무와 관련된 산불드론운용 사례를 제공하여 교재와 강의내용에 친밀감을 가지도록 운영/강사를 통해 교과목마다 적용(친밀성)
자신감 (Confidence)	• 드론운용 실습수행 성공요건과 평가기준에 대해 명확하게 설명하여 긍정적 기대감을 가지도록 운영/교육과정 안내, 수행평가(학습요건) • 교육생이 수행할 수 있는 드론운용 및 상황도 작성 등의 다양한 도전적인 경험을 제공하여 성취감을 증가시킴/관련 교과목(성공기회) • 실습과 토론 후 개인적 노력으로 성공했다는 것에 대한 피드백 제공/관련 교과목(개인적 통제)

ARCS	ARCS 교육생 동기부여 전략 / 적용시기(전략요소)
만족감 (Satisfaction)	• 비가시권 비행촬영 등의 실습수행 후 개인적 노력과 성취에 대한 긍정적인 느낌을 제공할 수 있는 피드백이나 정보를 제공/관련 교과목(내재적 강화) • 교육수료생 열정상, 소통상과 고성과자 산림교육원장상 등의 보상을 통해 성취동기 강화/교육 수료식, 산림교육원 종무식(외재적 강화) • 교육생 기대와 수행요건을 일치시키고 일관성 있는 수행평가 측정 기준 적용/수행평가(공정성)

나. 현업적용 사례발표와 피드백 지원

다. 하브루타 토론 지원

교육생 상호간 토론은 유대인의 전통적인 토론방식으로 답이 정해져 있지 않은 문제에 대해 여러 가지 방향에서 넓고 깊게 생각하도록 교육하는 하브루타 토론방법을 적용하여 운영하였다.

라. ICBM 매체 활용 지원

제5절 교육과정 평가(Evaluation)

1. 평가전략 및 체계

산불대응 드론운영과정 로드맵에 따라 평가전략 및 체계를 수립하여 2년간 총 12회의 평가를 진행하였다. 단계별 교육이 종료될 때마다 교육생의 반응, 성취도, 현업적용도, SCM 평가를 진행하였다. 이러한 네 가지 평가분석 결과와 산림교육원(과정지도교수 + 운영담당자 + 교과목강사)과 산림청(산불·드론관련 담당과)의 피드백을 종합하여 다음 단계 및 차기 과정에 반영하는 환류체계를 구축하였다.

2. 교육생 반응평가

교육생 반응평가는 설문지를 통한 정량평가와 교육 수료식 때 과정리뷰 및 교육생 인터뷰를 통한 정성평가로 진행하였다.

가. 설문평가 항목

구분	평가 유형	평가내용
정성적 평가	서술형평가	• 이번 과정에서의 만족한 교과목명 및 강사명/이유 • 이번 과정에서의 폐지 교과목명 및 강사명/이유 • 차기 과정(기본, 심화, 활용)에서 추천 과목명(내용) 및 강사명/이유 • 잘된 점, 개선사항 • 과정 관련 기타 건의사항
	인터뷰평가	• 현장 활용 가능성 • 현업컨설팅 희망지역 및 내용 • 그 외 기타사항 자유롭게 발언
방법	**분야(문항수)**	**내용구성**
정량적 평가 (설문지) (1~5점)	인적사항(5문항)	• 성별 · 소속 · 연령대 · 경력 · 직급
	교육과정(3문항)	• 과정이 담당업무에 도움이 되겠는가? • 과정 구성은 적절하였나? • 과정에 만족하는가?
	교육환경(5문항)	• 강의식의 만족도 • 식사–휴식공간–식당의 만족도 • 운영에 대한 만족도 • 숙박시설에 대한 만족도 • 직원 친절도
	교육활동(3문항)	• 분임활동 · 교육원 내 실습 · 현장실습
	과목 강사 및 내용(4문항)	• 교과목의 강의 유용성 • 강사의 전문성 • 강의 교재 • 강사의 강의방법

나. 정성적 반응평가분석

3. 교육성취도평가

가. 교육성취도평가 절차 수립

교육성취도평가는 인지적·기능적·정의적 측면의 목표달성을 측정하기 위해 기본–심화활용 과정별로 평가방법을 차별화하였다.

구분	평가 유형	평가내용
기본과정	객관식+실습형	• 인지적 측면: 항공법, 안전수칙, 드론구성, 비행원리, 배터리관리, 드론관리 요령: 이륙절차 등 이해도 • 기능적 측면: 우측면 호버링(고도 2m에서 5초 이상 정지) 기술 • 정의적 측면: 산불대응 드론 운용에 대한 자신감
심화과정	객관식+문제해결형	• 인지적 측면: 사전허가 신청방법, 산불현장에서의 드론운용 및 데이터수집방법 등 이해도 • 기능적 측면: 무사고 드론운용 기술, 촬영영상 전송 및 공유 기술 • 정의적 측면: 협업하여 산불상황도 분석하여 진화자원 배치 등 관련 신소한 의사결정
활용과정	객관식+포트폴리오 작성 및 발표	• 인지적 측면: 드론운용 촬영영상 데이터후처리 방법 등 이해도 • 기능적 측면: 데이터를 종합하여 산불피해자 조사 기술 • 정의적 측면: 협업하여 산불피해지 분석 및 복구계획, 해결방안 모색

4. 현업적용도평가

방법	평가항목(점수)	내용 구성
정량적 평가	인적사항(3문항)	• 성별 / • 연령 / • 소속
	교육내용 적용(5문항)	• 교육내용은 전체적으로 볼 때 교육받을 만한 가치가 있는가? • 교육내용이 직무에 도움이 되었는가? • 교육내용 중 직무에 적용하고 있는 내용이나 방법이 있는가? • 언제라도 교육내용을 직무에 적용할 수 있는가? • 교육내용 중 현재 직무에 적용한 구체적 사례가 있는가?
	학습전이(5문항)	• 드론에 대한 안목과 이해력이 높아졌는가? • 드론운용 역량이 향상되었는가? • 교육내용 정보를 동료들과 공유하고 활용하고 있는가? • 교육이수 내용 중 관심이 있어 더 알고자 노력하는가? • 교육내용을 산불분야 외 다른 직무에 활용하고 있는가?
정량적 평가	직무성과(5문항)	• 산불대응 드론운용을 수행하였는가? • 동료들과 협업하여 산불대응 드론운용을 추진하고 있는가? • 현장에 맞는 산불대응 드론운용 매뉴얼을 개발·적용하였는가? • 산불대응 드론운용 문제점을 진단하고 스스로 보완할 수 있는가? • 직무성과와 관련된 구체적 사례를 제시할 수 있는가?
	학습전이 방해(5문항)	• 교육 후 현장적용 실천의지 및 동기 부족? • 드론운용의 경직성 등 비협조? • 교육지원 등 정보공유 비협조? • 교육내용이 현업 적용하기에는 부족? • 활용기회 부족?
정성적 평가	적용사례/활용방안(2문항)	• 직무 적용 사례를 기술하시오. • 현업적용도를 향상시키기 위한 의견을 서술하시오.

5. SCM(성공사례기법)평가

학습성과 프로세스에 초점을 맞추는 성공사례기법 평가를 도입하였다. 학습자 중 직무성과 향상에 성공한 약 20%의 사람에게서 얻어낸 지식을 활용하여 더 많은 학습자가 비슷한 수준의 성공에 도달할 수 있도록 하는 것을 주요 목적으로 5단계에 걸쳐 진행하였다.

교육설계요인, 조직특성요인, 전이방법·시기·환경요인, 전이성과요인으로 구분하여 분석

상위 20% 분석	하위 20% 분석
'실습 위주의 교육이 도움이 됨' 등 13개의 요인 도출	'산불이 많지 않은 지역이라 산불대응 드론 운영 기회 부족' 등 5개의 요인 도출

분야	내용 구성
전이방법, 시기, 환경	• 교육훈련을 통해 학습한 내용을 언제, 어떠한 상황에서 적용하였는가? • 교육훈련을 통해 학습한 내용을 구체적으로 어떻게 적용하였는가?
전이의 성과	• 교육훈련이 도움이 되어 얻은 가치 있는 결과는 무엇인가? • 이 결과가 왜 중요한가? • 소속기관이나 팀에 어떤 긍정적인 영향을 미쳤는가? 이런 긍정적 영향을 변화라고 한다면 측정가능한 변화가 있었는가? • 조직의 어떤 목표와 성과에 기여했는가?
개인특성 요인	• 왜, 그리고 어떻게 교육훈련에 참여하게 되었는가? • 이전에 받았던 교육이나 조직생활, 사회생활에서 배운 내용 중 현업 직무에 적용하는 데 도움이 되었던 것은 무엇인가? • 교육훈련을 통해 학습한 내용을 현업직무에 적용하기 위해 별도의 정보자원, 인적 네트워크, 데이터베이스, 도구나 장비 등 개인적으로 추가로 활용한 자원은 무엇인가?
교육설계 요인	• 교육내용은 현업직무에서 적용할 수 있는 내용으로 구성되어 있는가? • 교육내용과 현재 직무와의 관련 정도는 어느 정도인가? • 강사의 교육내용 및 현장에 대한 전문성은 어떠했는가?
조직특성 요인	• 상사는 해당 교육과정에 참여하는 것에 어떻게 생각하는가? • 상사와 동료의 지원이 현업직무에 적용하는데 어떻게 도움이 되었는가?

분야	내용 구성
	• 기관(부서·팀)의 평상시 학습문화는 어떠한가? • 인센티브, 보상 등 성공에 기여한 특별한 제도가 있었는가? • 교육에서 배운 것을 현업직무에 적용해 볼 기회나 상황이 많았는가? • 기관(부서·팀)은 교육에서 배운 것을 현업직무에 적용하는 데 필요한 도구, 장비 등을 사용하는데 용이한가?
기타	• 교육에서 배운 내용을 직무에 적용하는데 원동력이 되는 우선순위 및 다른 참고할 수 있는 환경은 무엇인가?

제6절 교육효과

▸ **단기적 교육효과**

– 수요자 측면

• 겨울·봄철 산불조심기간 드론운용 예찰활동 성과(51건), '초경량 비행장치 조종자' 자격증 취득

• 강릉, 고성, 속초, 삼척, 인제 지역에서 야간 드론 운영, 잔불감시로 2차 산불발생 차단

– 공급자 측면

• 산림청 봄철 대형 산불 야간 드론운용으로 적극행정 우수사례 선정

• 2019년 7월부터 모든 산불피해지에 대해 드론 등을 활용하여 정밀 조사 진행

• 강원도 동해안 지역의 산불대응 드론운용에 대해 삼척시장, 고성군수, 동해안산불방지센터장으로부터 '산림재해 예방과 대응을 통한 국민안전 실현'의 성과 확인

– 교육적 측면

• SCM 평가 도입으로 교육을 통한 직무성과 도출 및 관리 실현

 * 산불예찰 및 단속 35건, 2019년 봄철 대형 산불 대응 드론운용 67건, 산불피해조서 23건

• 직무현장에서 현업적용 역량을 제고하여 산불현장에서 무사고 드론운용 등의 교육목표 달성

– 파급적 측면

• 타 직무교육에 적용 가능한 직무성과 창출을 위한 교육과정 개발 모형 제시

• 수료생들은 드론동호회, 교육모임 등의 비정형학습 실시

 * 북부지방산림청과 동부지방산림청 자체교육 진행, 춘천국유림관리소 드론동호회 운영

▸ **중·장기적 교육효과**

- 수요자 측면
  - 수료생 드론 활용 직무범위 확대로 인한 산림재해 피해지 신속한 조사·복구 가능
    * 산사태 피해지 조서 21건, 병해충 발견 18건, 방제 3건, 땅밀림 피해지 촬영 1건
- 공급자 측면
  - 수료생 타 기관 및 부서와의 협업 역량 향상으로 인한 산불대응 협력체계 강화
- 교육적 측면
  - 본 교육과정의 효과 입증으로 산림교육원 직무교육 방향성 수립에 기여
    * 산림교육원 직무교육에 학습자 직무분석과 SCM 적용 점차적으로 확대
  - 수료생들의 교육성찰은 산림재해 현장에서 적극행정 실현의 동력
- 파급적 측면
  - 산림재해관리에 드론운용으로 경제적 효과 약 8.5배 발생
  - 실습·토론 중심인 단계별 드론운용과정의 교육내용 타 드론 관련 교육기관에 전파 기대
    * 인력과 환경여건의 한계를 극복하기 위해 고민하는 다양한 업무 분야에 드론직무 교육 전파 가능

참고문헌

강소랑, 이은정, 김영식(2018). 50+ 교육프로그램평가지표 개발. 서울특별시 50플러스재단.

경기도평생교육진흥원(2016). 경기도 평생교육프로그램 6대 영역 분석 연구. 수원: 경기도평생교육진흥원.

교육부 공식블로그. 42개 평생학습도시 대상 재지정평가. https://if-blog.tistory.com/105782020 (2021. 6. 15. 검색)

교육부(2024). 2023 평생교육통계 자료집.

교육부, 국가평생교육진흥원(2020). 2019 평생교육백서. 서울: 국가평생교육진흥원.

교육부, 한국교육개발원(2015). 2015 한국 성인의 평생학습 실태. 서울: 한국교육개발원.

국가공무원인재개발원(2019). 제37집 공공HRD콘테스트 우수사례 모음집. 진천: 국가공무원인재개발원.

국가공무원인재개발원(2020). 제38집 공공HRD콘테스트 우수사례 모음집. 진천: 국가공무원인재개발원.

국가직무능력표준(2014). 평생교육 교수학습자료 개발 학습모듈.

국가직무능력표준(2016). 평생교육 자원조사 학습모듈.

국가평생교육진흥원(2009). 평생교육프로그램 분류체제 연구. 서울: 평생교육진흥원.

국가평생교육진흥원(2015). 평생교육사 자격제도 개선방안 연구. 서울: 국가평생교육진흥원.

국가평생교육진흥원(2019). 2019년 평생교육사 자격제도 운영 및 연수 사업 결과보고서. 서울: 국가평생교육진흥원.

국가평생교육진흥원(2020). 2019 평생교육백서. 서울: 국가평생교육원.

국가평생교육진흥원(2024). 2023 평생교육백서. 서울: 국가평생교육원.

권양이(2020). 스마트 시대의 원격평생교육방법론. 고양: 공동체.

권종실(2020). CIPP 평가모형을 통한 부산다행복학교 교육과정 분석 및 ADDIE 기반 교수설계모형 개발. 동아대학교 대학원 박사논문.

기영화(2001). 평생교육프로그램개발. 서울: 학지사.

기영화(2002). 평생교육프로그램개발 매뉴얼. 서울: 학지사.

기영화(2005). 평생교육프로그램 개발. 서울: 학지사.

기영화(2011). 평생교육방법론. 서울: 학지사.

김동식(역). Walter Dick, Lou Carey, James O. Carey 저(2016). 체제적 교수설계(8판). 서울: 아카데미프레스.

김동일(2019). 평생교육 활성화를 위한 전담공무원 제도 제안. 인문사회과학기술융합학회지, 9(12), 27-36.

김상무, 김수동, 김세곤, 김영규, 주재훈(2018). 대규모강의에서의 학습자참여 활성화방안에 관한 연구. 교육연구, 3(1), 91-114.

김선희, 박성민, 권정언(2004). 기업교육프로그램개발의 실제. 고양: 서현사.

김영주(역). Caffarella, R. S. 저(2002). 평생교육프로그램개발. 파주: 지구문화사.

김용현 외(2017). 평생교육프로그램개발론. 파주: 양서원.

김용현, 김종표, 문종철, 이복희(2010). 평생교육프로그램개발론. 파주: 양서원.

김종표, 이복희, 이영희, 홍성욱(2016). NCS 기반 교수법. 파주: 양서원.

김진숙(2017). 4차산업혁명과 미래교육 전망. 2017 한국교원교육학회. 학술대회 자료집.

김진화 외(2008). 평생교육사 직무모델 개발 및 타당화 연구. 평생교육학연구, 14(1), 1-31.

김진화(2001). 평생교육프로그램 개발론. 서울: 교육과학사.

김진화(2012). 평생교육프로그램개발론. 파주: 교육과학사.

김진화, 고영화, 권재현, 정민주(2010). 한국 평생교육프로그램 분류체제 개발 연구. 평생교육학연구, 16(3), 211-236.

김진화, 김소현, 전은선(2012). 평생교육프로그램운영과 자료개발. 고양: 서현사.

김진화, 이경아, 양병찬, 변종임, 김만희, 박상옥(2011). 평생교육기관 분류체계 수립 연구. 서울: 평생교육진흥원.

김진화, 이종만(2000). 사회교육프로그램개발 이론의 발전과 새로운 조망. 한국농산업교육학회지, 32(2), 99-118.

김진환(2003). 교육과정과 교육평가의 탐구. 서울: 학지사.

김창엽(2012). 평생교육경영. 서울: 청목출판사.

김창엽(2020). 생각과 실천의 어울림을 위한 평생교육프로그램개발. 고양: 공동체.

김창엽, 성낙돈(2009). 마케팅 관점에서 본 대학 평생교육프로그램 개발 방식의 특성과 시사점. 열린교육실행연구, 12, 3-27.
김한별(2015). 평생교육론. 서울: 학지사.
김형립, 김동식, 양용칠(공역). Walter Dick, Lou Carey 저(1996). 체제적 교수설계. 파주: 교육과학사.
김혜숙(2014). 교육프로그램평가의 이론과 실제. 파주: 교육과학사.
동두천시 평생교육원. https://edu.ddc.go.kr/ddcedu/courseView.do?key=19&course=3572&srcYear=2019&srcQuarter=3 (2021. 02. 02. 검색)
박찬수(2002). 마케팅 원리. 파주: 법문사.
박충환, 오세조, 김동훈, 박진용(2011). 시장지향적 마케팅관리. 서울: 박영사.
서울대학교 평생교육원. https://snui.snu.ac.kr/el/course/course_category_form2.acl?COURSE_MASTER_SEQ=12 (2021. 02. 01. 검색)
서초여성인력개발원. https://seocho.seoulwomanup.or.kr/seocho/edu/selectEduProgram.do?sch_class_code=C100116171 (2021. 02. 01. 검색)
성낙돈, 김창엽(2010). 평생교육프로그램개발론. 서울: 청목출판사.
숭실대학교 글로벌미래교육원. https://gfi.ssu.ac.kr/front/index.php?g_page=special&m_page=special04(2021. 02. 01. 검색)
신용주(2017). 평생교육프로그램개발론. 서울: 학지사.
안광호, 김동훈, 김영찬(2012). 시장지향적 비즈니스 & 마케팅전략(제3판). 파주: 학현사.
양은경(2005). 공동체 지향 평생교육프로그램 활성화를 위한 마케팅 이론의 적용 가능성 탐색. 이화여자대학교 석사논문.
연희노인문화센터. http://www.isyncc.or.kr/archive/2020?tab=2 (2021. 02. 01. 검색)
오만록, 주영흠, 박진규(2002). 신세대를 위한 교육학개론. 서울: 학지사.
유기웅(2010). 평생학습을 위한 프로그램개발 및 평가. 파주: 양서원.
윤광보, 김용욱, 최병옥(2011). 교육방법과 교육공학의 이해. 파주: 양서원.
윤옥한(2017). 평생교육프로그램개발. 서울: 양서원.
이 철(2006). 고객중심 마케팅. 파주: 학현사.
이귀윤(1997). 교육과정 연구. 서울: 교육과학사.
이예은(2020). 평생교육으로서의 미술관 교육프로그램개발 연구. 석사학위논문, 이화여자대학교 대학원.
이해주, 윤여각, 이규선(2016). 평생교육실습. 서울: 한국방송통신대학교출판

문화원.
이해주, 최운실, 권두승(2002). 평생교육프로그램 개발. 서울: 한국방송통신대학교출판부.
이향란(2016). 평생교육개론. 고양: 공동체.
장서영, 정연순(2009). 프로그램 운영자의 역할과 경험이해. Andragogy Today, 12(3), 73-101.
정주영(2012). 평생교육교수자의 교수역량 강화를 위한 핵심 역량개발 연구. 수산해양교육연구, 24(2), 210-223.
최은수, 배석영(2008). 평생교육경영론. 파주: 양서원.
한국교육개발원(2002). 평생교육프로그램 풀 구축 및 평가인정제 도입 방안 연구. 서울: 한국교육개발원
한국교육개발원(2007). 2007 평생교육프로그램 분류 자료집. 서울: 한국교육개발원.
한국교육개발원(2017). 교육개혁의 전망과 과제(Ⅱ). 충북: 한국교육개발원.
한국교육개발원(2019a). 2019 평생교육통계 자료집. 충북: 한국교육개발원.
한국교육개발원(2019b). 사회적 형평성 제고를 위한 평생교육 확대 방안. 충북: 한국교육개발원.
한국방송통신대학교 프라임칼리지. https://primecollege.knou.ac.kr/primecollege/5786/subview.do?epTicket=LOG (2021. 02. 01. 검색)
한국평생교육연합회. http://www.lnhac.com/2-3.php (2021. 1. 26. 검색)
한숭희, 양은아, 이재열(2011). 한국 평생교육프로그램 공급패턴 분석. 평생교육학연구, 17(4), 83-119.
한정선 외(2011). 21세기 교사를 위한 교육방법 및 교육공학. 파주: 교육과학사.
홍성욱(2018). 강의실 수업 교수자를 위한 현장지향 통합적 교수설계 모형(AMOS Model) 개발 연구. 교육공학연구, 34(4), 929-959.
홍후조(2002). 교육과정 이해와 개발. 서울 : 교육과학사.
황영아, 이선희(2020). 수업분석 도구 개발 및 적용을 통한 대학 내 성인학습자 대상 블렌디드 러닝 수업 운영 개선 방안 모색. 평생학습사회, 16(3). 205-226.

Andreasen, A., & Kotler, P.(2008). *Strategic Marketing for Nonprofit Organizations(7th ed.)*. Upper Saddle River: Prentice-Hall.
Apps, J. W.(1979). *Problems in continuing education*. NY: McGraw-Hill

Book Company.

Bates, T.(2005). *Technology, e-learning and distance education(2nd ed.).* UK: Psychology Press.

Bielawski, L., & Metcalf, D.(2003). *Blended elearning.* MA: HRD Press.

Booms, B. H., & Bitner, M. J.(1981). *Marketing Strategies and Organizational Structures for Service Firms.* in Marketing of Services.

Boone, E, J.(1985). *Developing programs in adult education.* Englewood Cliffs, NJ: Prentice-Hall.

Borich, G. D.(2000). *Effective teaching methods.* NJ: Merrill.

Boyle, P. G.(1981). *Planning Better Programs.* NY: McGraw-Hill Book Company.

Brookfield, S.(1985). A critical definition of adult education. *Adult Education Quarterly, 36*(1), 44-49.

Caffarella, R. S.(2001). *Planning programs for adult learners.* CA: Jossey-Bass.

Caffarella, R. S., 김영주 역(2002). 평생교육프로그램 개발. 서울: 지구문화사.

Cervero, R., & Wilson, A.(1994). *Planning responsibility for adult education.* CA: Jossey-Bass.

Cranton, P.(1992). *Working with adult learners.* Tronto: Wall & Emerson.

Dick, W.(1976). *Evaluating programmatic impact in education.* DC: Teacher Corps.

Dolnicar, S., Irvine, H., & Lazarevski, K.(2009). Mission or money? Competitive challenges facing public sector nonprofit organisations in an institutionalised environment. *International Journal of Nonprofit and Voluntary Sector Marketing. 13*(2), 107-117.

Driscoll, M.(2002). *Web-based training.* San Francisco: Jossey-Bass/ Pfeiffer.

Espy, S. N.(1992). *Marketing Strategies for Nonprofit Organizations.* Chicago: Lyceum.

Freire, P.(1970). *Pedagogy of the Oppressed.* NY: Heder and Heder.

Grinffin, C.(1987). *Adult Education: As Social Policy.* London: Croom Helem.

Heinich, R., Molenda M., Russell, J., & Smaldino, S.(2002). *Instructional media and the new technologies for learning.* NJ: Person.

Holmberg, B.(2011). *Distance education.* Malmo: Hermods.

Houle, C. O.(1972). *The design of education.* CA: Jossey-Bass.

Knowles, M. S.(1970). *The modern practice of adult education: Andragogy versus pedagogy.* NY: Association Press.

Knowles, M. S.(1975). *Self-directed learning: A guide to learners and teachers.* Chicago: Follett Publishing Co.

Knowles, M. S.(1989). *The modern practice of adult education: From Pedagogy to Andragogy(3rd ed.).* NJ: Cambridge Adult Education.

Knox, A. B.(1987). *Puntos de importancia y pautas del plan del proyecto en Espanol,* Unpublished Memorandum, January.

Long, H. B.(1983). *Adult learning: Research and practice.* NY: The Adult Education Company.

Mager, R. E.(1997). *Preparing instructional objectives(3nd ed.).* GA: Center for Effective Performance.

Maslow, A. H.(1970). *Motivation and personality.* NY: Harper & Row.

Merriam, S. B., & Brockett, R. G.(1997). Adult Education in Contemporary Society. In The profession and Practice of Adult Education. CA: Jossey-Bass Publishers.

Mocker, D. W. & Spear, J. B.(1979). *Managing adult and continuing progrems and staffs.* In P. D. Langerman, & D. H. Smith(Eds.)

Niemi, J. A., & Nagle, J. M.(1977). Learners, agencies, and program development in adult and continuing education. In P. D. Langerman, & D. H. Smith(Eds), *Managing adult and continuing education programs and staffs.* DC: National Association for Public Continuing and Adult Education.

Nordhaug, O.(1986). Adult Education in the welfare state: Institutionalization of social commitment. *International Journal of Lifelong Education, 5*(1), 45-57

Pennington, F. C.(1980). *Assessing educational needs of adult.* CA: Jossey-Bass.

Posavac, E., & Carey, R.(1997). *Program evaluation methods and case studies(5th ed.)*. NY: Prentice Hall.

Posavac, E., & Carey, R.(1997). program evaluation methods and case studies(5th ed.). Upper Saddle River, NY: Prentice Hall

Schrodeder, W.(1980). *Typology of Adult Learning Systems, in J. Perers and Associates. Building an Effective Adult Education*. NY: Jossey-Bass.

Sork, T.(2000). *Planning Educational Programs*. In A. L. Wilson & E. R. Hayes(Eds). Handbook of adult and Continuing education. CA: Jossey-Bass.

Stufflebeam, D. L. et, al.(1971). *Education evaluation and decision making*. Itasca, Ⅲ: Peacock.

Thomas, A. M.(1964). *The concept of program in adult education*. In G. Jensen, W. Liveright, & W. C. Hallenbeck.(Eds.), Adult education: Outlines of an emerging field of university study. DC: Adult Education Association of the United States.

Turkle, S.(1997). *Life on the Screen*. NY: Touchstone.

Tyler, R. W.(1949). Basic Principles of Curriculum and Instruction. Chicago: University of Chicago Press.

Unesco(1998). *Lifelong education classification*, Unesco.

Weston, C., & Cranton, P. A.(1986). Selecting instructional strategies. *The Journal of Higher Education, 57*(3), 259-288.

Worthen, B. R., & Sanders, J. R.(1973). *Educational evaluation: Theory and practice*. Belmont, CA: Wadsworth.

저자소개

권진하

숭실대학교 평생교육학박사
현) 한국평생교육박사연구회 수석연구원
숭실대학교 외래교수
총신대학교, 경민대학교 외래교수
한양사이버대학교 플랫폼교육공학과 겸임교수
꿈을심는교육 소장

고근영

숭실대학교 교육학박사(평생교육전공)
현) 한국평생교육박사연구회 수석연구원
그랜드코리아레저 근무
배화여자대학교 교양교수
한양사이버대학원 외래교수
세종사이버대학교 외래교수

김한준

숭실대학교 평생교육학박사
현) 한국평생교육박사연구회 수석연구원
한국토지주택공사 인재개발원 센터장
국가균형발전위원회 평가자문단 위원
전) ㈜비전홀딩스 컨설팅 원장
수상: 2020 국토교통 교육훈련 경연대회 최우수상(장관상)

서보람

숭실대학교 교육학박사(평생교육전공)
현) 한국평생교육박사연구회 수석연구원
안산대학교 겸임교수
오산대학교 외래교수
신안산대학교 외래교수
전) 인하공전, 숭의여대, 한국관광대 출강

이석진

숭실대학교 평생교육학박사
현) 한국평생교육박사연구회 수석연구원
국민권익위원회 과장
숭실대학교 부설 글로벌HRD 연구소 연구위원
한국평생교육학회, 평생교육·HRD학회, 한국지방자치학회 회원
한국노인학회, 한국성인교육학회, 한국과학교육학회 회원

이 책의 저자 순서는 공저자들의 협의 하에 위와 같이 기재합니다.

뉴노멀, 초연결, 플랫폼시대의

평생교육프로그램개발

초판 1쇄 발행 / 2021년 7월 5일
초판 2쇄 발행 / 2022년 8월 31일
초판 3쇄 발행 / 2025년 3월 5일

●

공저자 / 권진하 · 고근영 · 김한준 · 서보람 · 이석진
발행인 / 이 중 수
발행처 / **동 문 사**

●

서울특별시 서대문구 홍제원 1길 12
(홍제동 137-8)
Tel : 02)736-3718(대), 736-3710, 3720
Fax : 02)736-3719
등록번호 : 1974.04.27. 제9-17호
가격 : 22,000원

●

ISBN : 979-11-6328-296-9 (93330)
E-mail : dong736@naver.com
www.dongmunsa.com